독도 영유권 확립을 위한 연구 XII

이 책은 2019년 대한민국 교육부와 한국연구재단의 지원을 받아 수행된 연구임
(NRF-2019S1A5B8A02103036)

독도 영유권 확립을 위한 연구 XII

초판 1쇄 발행   2021년 7월 30일

엮은이 ㅣ 영남대학교 독도연구소
발행인 ㅣ 윤관백
발행처 ㅣ 돌선출판 선인

등록 ㅣ 제5−77호(1998.11.4)
주소 ㅣ 서울시 마포구 마포동 324−1 곳마루 B/D 1층
전화 ㅣ 02)718−6252 / 6257   팩스 ㅣ 02)718−6253
E-mail ㅣ sunin72@chol.com

정가   36,000원
ISBN   979-11-6068-497-1   94910
ISBN   978-89-5933-602-9   (세트)

영남대학교 독도연구소
독도연구총서 26

독도 영유권 확립을 위한 연구 XII

영남대학교 독도연구소 엮음

도서출판 선인

▌ 책머리에 ▐

영남대학교 독도연구소에서는 이번에『독도 영유권 확립을 위한 연구 Ⅻ』(독도연구총서 26권)을 내놓게 되었다. 한국연구재단의 지원을 받아 학술지『독도연구』등에 수록된 논문들을 엄선해서 편집한 연구총서이다. 내용은 전체 4부로 구성되어 있다. 제1부 〈한일 양국의 독도 자료와 연구 검토〉에는 3편의 관련 논문이 수록되었고, 제2부 〈독도에 관한 국제법 및 정치학적 연구〉에는 6편의 관련 논문이 수록되었으며, 제3부 〈독도에 대한 역사지리적 인식〉에는 2편의 논문이, 그리고 마지막으로 제4부 〈바람직한 독도 교육의 방안〉에는 2편의 연구논문이 수록되었다.

이 책은 제2기 정책중점연구소 제2단계 연구과제 3년(2019.10.16.~2022.10.15.) 연구사업의 2차년도 성과물로 출간하는 것이다. 현재 영남대학교 독도연구소가 수행하고 있는 정책중점연구소 총괄 연구주제는【독도 영유권 확립을 위한 융복합 연구-독도 관련 자료·연구 집성 및 독도 교육의 체계화】이다. 이 연구는 첫째, 일본 정부의 노골적인 독도 영유권 침해에 대한 대응, 둘째, 일본의 심각한 독도 자료 왜곡 교정, 셋째, 독도 교육 및 홍보 왜곡에 대한 대응, 넷째, 환동해 문화권 내 울릉도·독도 관련 문헌자료·구술 조사, 다섯째, 정부·연구기관·연구자·언론·학생·시민에 울릉도·독도 관련 자료 제공에 목적을 두었다.

【독도 영유권 확립을 위한 융복합 연구】는 '기본과제1'의 주제 〈독도 영유권 확립을 위한 학제 간 연구〉와 '기본과제2'의 주제 〈독도 영유권

확립을 위한 국제적 기반 조성과 미발굴 독도 관련 자료의 탐색과 수집)으로 구성되어 있다. '기본과제1' 〈독도의 영유권 확립을 위한 학제간 연구〉의 경우, 역사·지리·인류학, 국제법 분야의 연구자들이 1) 학제 간 융복합 연구를 통해 일본의 주장에 대응하여 치밀한 이론적 근거를 마련하고, 2) 일본의 주장에 대한 학문적 근거 마련을 위한 새로운 자료·사료를 발굴하고, 3) 독도의 역사적·국제법적 권원에 대한 실증연구를 토대로 일본 주장을 무력화 시키는 큰 구도 안에서 독도 영유권 공고화 이론을 도출하는 데 목적을 두고 있다. '기본과제2' 〈독도 영유권 확립을 위한 국제적 기반 조성과 미발굴 독도관련 자료의 탐색과 수집)은 1) 반복적, 확장적, 국제적으로 진행되는 일본의 독도 도발과 홍보에 대한 지속적 모니터링과 대응 전략 연구, 2) 독도 관련 미발굴 자료의 존재 가능성이 있는 일본, 미국, 러시아, 중국의 고문서보관서, 도서관, 전직 대통령도서관 등을 탐색, 3) 환동해 문화권의 울릉도·독도 관련 어로 문화·민속자료 조사를 통해 결정적이며 유의미한 독도 관련 미발굴 자료를 발굴하여 역사적·지리적·국제법적으로 독도가 한국령임을 다시 한번 더 입증하는 증거를 수집하는 한편, 독도에 대한 실효적 지배와 영유권을 강화할 수 있는 근거자료를 확보하는 것에 목적을 두고 있다.

또 '수시과제1'의 주제는 【개정 『학습지도요령』 및 일본의 교과서 독도 기술 분석】으로 정했다. 이 주제에서는 일본 문부과학성의 『학습지도요령』 및 『학습지도요령해설』 개정 및 왜곡된 '독도교육' 강화와 관련하여, 개정된 학습지도요령에 따라 학교 교육 현장에서 사용되고 있는 초중고 사회과 교과서의 독도 기술 실태에 대한 분석 및 연구를 추진했다. '수시과제2'의 주제는 【찾아가는 독도전시회-'독도, 그 푸른 목소리를 듣다' 전시회】로 정했다. 2021년도에는 일본의 독도 관련 역사 왜곡에 대응하여 일반 시민과 학생들에게 알기 쉽게 독도의 진실을 알리고 교육의 장으로 활용하기 위한 전시회를 대구·경북·강원권 내를 중심으로 총 66차례 개최했다, '수시과제3'의 주제는【대구·경북 시민과 함께하는 독도 인문학 교실】로 정했다. 최근「일본의 독도 교육 강화」에 따라 학생과 일반 시민을 대상으로 한「독도 시민강좌」를 마련한 것이다. 2018년 3월 30일 일본 문부과학성은 고등학교『학습지도요령』개정판을 확정·고시한 데 이어, 7월 14일에는 고등학교『학습지도요령해설서』개정판을 고시하였다. 이로써 일본의 모든 초중고 사회과 교과서에서 '죽도(독도)는 일본 고유의 영토', '현재 한국이 불법점거'라고 기술할 것을 법적으로 의무화하도록 하고 있다. 이번의 조치로 요령 및 해설서의 현장 적용 시기도 3년이나 앞당겨 내년부터 적용하게 된다. 이로써 2022년부터는 일본의 초중고 교과서에서 독도 영유권 주장을 모두 싣게 되는 등, 일본 정부는 교육 우경화를 가속화하고 있다. 이에 본 연구소는 경상북도교육청정보센터와 공동으로 〈대구·경북 시민과 함께하는 독도 인문학 교실〉을 개설하였다. 강사진은 그동안 각종 교육프로그램의 수행으로 경험과 연구업적이 풍부한 교수들을 중심으로 구성하였다. 독도의 개황과 개요, 역사적 문제, 국제법적 측면, 자연생태 연구의 현황, 독도 폭격사건, 울릉도·독도로 건너간 사람들 등으로 구성하여 일반시민에게 쉽게 전달할 수 있는 내용으로 시민강좌를 개최하였다. '수시과제4'의 주제는【일본 '죽도문제연구회'의 제4기 최종보고서』비판】으로 정했다. 시마네현 '죽도문제연구회'는 황당한 논리를 근거로 하여 우리나라의 독도 영유권을 부정하고 있는데, 이러한 논리를 펴고 있는 이유는 이들이 본래 직업 연구자가 아니기 때문으로, 이들은 단지 내셔널리즘적 측면에서 독도가 일본영토라는 논리를 날조하고 있기 때문이다. 이 주제에서는 시마네현 '죽도문제연구회'가 2020년에 내놓은「제4기 최종보고서」의 핵심적인 내용을 분석하여 그들이 펼치는 주장의 문제점을 도출하고, 그에 대한 비판을 통해 우리나라의 독도 영유권을 공고히 하는 것을 목적으로 하였다. 일본의 논리를 그대로 방치하면 독도를 일본영토로 인정하는 결과가 되기 때문에 일본의 논리가 왜곡된 것임을 논리적으로 지적을 해야 할 필요가 있다. 따라서 이 연구에서는 일본 주장의 문제점을 논증하고, 그들의 주장에 대한 비판을 중심으로 하여 연구를 추진했다. '수시과제5'의 주제는【메이지 시대 독도 관련 일본 고문서에 대한 학제적 접근】으로 정했다. 이 연구는 안용복 사건 당시 '울릉도쟁계'라는 외교적 결착을 바탕으로 내린 일본 정부의 기본입장을 나타내는「태정관지령」에 대한 분석을 통해 메이지 시대 일본 정부의 독도에 대한 영유권 의식을 명확하게 하는 것을 목적으로 삼은 것이다.「울릉도쟁계」와「태정관지령」등 역사적 사료에 관한 국제법적 연구는 종래에는 그다지 시도되지 못했다. 본 연구에서는 독도 관련 분야에서 연구역량과 인지도가 높은 국제법학자와 국제정치학자가 사료 해석의 결과 및 국가의 국제적 행위에 관한 분석을 시도했다. 이러한 시도 또한 종래의 연구와 차별화되는 요소라 할 수 있다. 이는 그동안 학계에서 전혀 논의되지 못하였던 새로운 이론적 프레임을 제시하는 것으로 독도에 대한 이론적 구성 및 발전의 기반이 될 것으로 기대하고 있다.

　이러한 일련의 연구를 수행해 오면서 이번에 『독도 영유권 확립을 위한 연구 XII』(독도연구총서 26권)을 간행하게 된 것이다. 이번 연구총서에 소중한 논문을 수록해주신 독도 연구 전문가 선생님들에게 지면을 통해 다시 한번 감사드린다. 또한 그동안 우리 독도연구소의 연구성과가 집성되기까지 협력해주시고 수고를 아끼지 않으신 모든 분께 진심으로 감사의 말씀을 드린다.

2021년 7월 30일
영남대학교 독도연구소장 최재목

▌목 차 ▌

제3부

독도에 대한 역사지리적 인식

제4부

바람직한 독도 교육의 방안

제1부

한일 양국의 독도 자료와 연구 검토

의성 비안고을과 장한상의 행적

송 휘 영

1. 머리말

17세기 말에 조일 간에 발생했던 「울릉도쟁계」의 과정에서 당시 삼척첨사로 있었던 장한상이 숙종의 명을 받아 1694년 9월 울릉도·독도 수토관으로 파견된다. 울릉도에서 어렵을 하던 안용복과 박어둔이 1693년 4월 18일 일본 오야 가문의 선원들에 의해 일본으로 납치되는 사건이 발생하였고, 8개월 후인 12월 10일 동래 왜관을 통해 돌려보내진다. 여기서 쓰시마번의 사자 다다 요자에몽(多田与左衛門)과 동래부사 홍준하 사이에 교섭이 시작되었다. 문제는 일본의 섬인 울릉도(竹島)에 조선인의 출어를 금지해달라는 것이었다. 이는 쓰시마번(對馬藩)의 계책에 의한 것이기는 하지만 이로써 조일 간 울릉도 영유권을 둘러싼 영토분쟁 「울릉도쟁계(鬱陵島爭界=竹島一件)」의 발단이 되는 것이었다.[1] 당시 조선 정부는 일본 측이 조선인의 출입을 금지해달라

---

[1] 「울릉도쟁계」의 경과에 대해서는 다음의 논문을 참조. 송휘영, 「울릉도쟁계의 결착과 스야마 쇼에몽」,『일본문화학보』제49집, 2011, pp.268-271; 이훈, 「조선후기의 독도(獨島) 영속 시비」,『독도와 대마도』(한일관계사연구회), 지성의샘, 1996,

는 '죽도(竹島)'가 '울릉도(鬱陵島)'라는 사실을 충분히 알면서도 '귀계죽도(貴界竹島)', '폐경지울릉도(弊境之蔚陵島)'라는 표현으로 회답의 서계를 보낸다. 이 서계에서 '울릉도'란 문구를 두고 조일 간의 교섭은 교착상태에 빠졌고, 1694년 윤5월 13일 대차사(差倭)의 자격으로 다다요자에몬(多田与左衛門)이 재차 동래로 건너가 2차 교섭에 나섰지만, 조선조정에서는 소론계의 남구만(南九萬)이 집권하면서 강경노선으로 급선회하였다. 2차 답서(8월 11일)에서는 "울릉도는 강원도 울진현의 동쪽 바다 가운데 위치한 섬으로 죽도와 울릉도는 이름은 다르지만 같은 섬이며 울릉도가 조선의 영토임을 명확히 하면서 일본인의 울릉도 도해를 금지해 달라"고 한 것이었다. 이러한 과정에서 울릉도를 둘러싼 조일 간의 교섭은 더욱 미궁 속으로 빠져들고 있었다.

이러한 과정에서 숙종은 울릉도의 정황을 살피고 오도록 삼척영장 장한상으로 하여금 울릉도 수토를 명한다. 때는 1694년 9월 19일(양력 11월 6일)로 초겨울의 날씨였다. 9월 20일(양력 11월 7일)부터 10월 3일(양력 11월 19)까지 13일간 장한상은 울릉도 조사를 마치고 돌아와 복명서를 올리는데 그것이 「울릉도사적(鬱陵島事蹟)」이다. 여기서 중요한 것은 독도에 대한 명확한 기록을 담고 있다는 것이고, 역사적 인물 가운데 안용복과 더불어 독도를 가보았거나 직접 본 인물이라는 것이다. 아울러 이 「울릉도사적」이 현재 한일 간 독도 영유권 논쟁에서 중요한 증거 사료라는 것이다.

본고에서는 독도 수호에 큰 공적을 세운 인물이라는 측면에서 비안고을의 장한상이라는 인물상을 확인하고, 부친 장시규 공과 더불어 국토방비에 큰 공적을 세웠다는 의미에서 '양대 절도사(兩代節度使)' 행적을 검토하고자 한다. 또한 그 공로로 봉토를 하사받게 되는데 비안고을에서 순천 장씨(順天張氏)의 입향과 세거지의 변화를 살펴볼 것이다. 두 절도사를 모셔놓은 경덕사, 세거지와 제실, 묘소 등을 답사하여 살펴보고, 독도 지킴이 장한상을 의성의 역사적 인물로서 어떻게 부각시킬 것인가를 고민해 보기로 한다.

2. 「울릉도사적」과 절도사 장한상의 행적

운암 장한상은 절도사(節度使)와 양주목사를 지낸 장시규의 둘째 아들로 1656년 10월 6일 의성군 구천면 비산동[2]에서 태어났다. 어릴 때부터 영걸스럽고 광채가 사람을 비추어 남다른 위풍이 있었다고 한다. 1676년(숙종2)에 무과에 급제하여 정략장군선전관(定略將軍宣傳官), 충무위부호군(忠武衛副護軍), 영변진첨절제사(寧邊鎭僉節制使), 자산군수(慈山郡守), 회천(懷川), 옥천(沃川), 칠곡(漆谷), 영변(寧邊), 회령(會寧) 등지의 수령(守令)과 삼척영장(三陟營將), 경상좌우도병마절도사(慶尙左右道兵馬節度使), 함경북도병마절도사(咸鏡北道兵馬節度使) 등의 요직을 두루 거치고 종2품인 가선대부(嘉善大夫) 충무위부호군겸오위도총부부총관(忠武衛副護軍兼五衛都摠府副摠管)에 이르렀다. 일찍이 무과에 급제하여 서총대(瑞葱臺)에서 시예할 때 숙종이 직접 나와 그를 보고는 크게 찬탄하여 포상하였다고 전해질 만큼 그의 무예는 뛰어나다고 한다.[3]

1682년(숙종8) 통신사의 좌막(佐幕)으로 일본에 파견됐을 때 일본인들이 그의 지략과 용맹에 감복하여 오만을 부리지 못하였다고 한다. 왜인들이 그를 무서워하여 '장한상 같은 사람 몇 명만 있으면 대국도

---

2) 현재는 의성군 구천면 내산1리 비산마을(자연부락)이다.

3) 景德祠管理委員會,『兩代節度使 張是奎와 張漢相 將軍의 實錄』, 2010, pp.2-4를 참조.

감히 모욕하지 못할 것'이라고 한 것을 보면 그의 무예는 출중했던 것
같다.

> 임술년(壬戌年, 1682) 겨울에 훈련부정(訓練副正)으로서 통신사 좌막
> (佐幕)으로 일본에 가서 맹기(猛氣)와 영풍(英風)이 왜인들을 놀라게 했다.
> 병인년(丙寅年, 1686) 겨울 숙종대왕께서 친히 서총대에서 무예를 시험할
> 때 공은 훈련정(訓練正) 겸 내승(內乘)으로 신수가 효웅(梟雄)하고 말달리
> 고 활을 쏘는 솜씨가 날아가는 듯하여 임금께서 넓적다리를 치며 칭찬하
> 시고 내금위장(內禁衛將)을 제수하였다.[4]

그의 기예와 위풍은 묘갈명에서도 확인할 수 있다. 말을 달리고 활
을 쏘는 솜씨가 출중하였으며 위풍당당함은 통신사 좌막으로 일본에
갔을 때 주변의 왜인들을 벌벌 떨게 만들 정도였다고 한다.

숙종(肅宗) 연간 울릉도에 왜구의 침범이 잦아져서 울릉도에 출어
중이던 안용복과 박어둔이 납치당하는 「울릉도쟁계(鬱陵島爭界=竹島
一件)」가 발생한다. 일본이 보낸 서계에 대한 조선 측의 답서의 문구
수정을 두고 조일교섭은 교착에 빠진다. 그러한 가운데 소론의 영수인
남구만(南九萬) 정권이 들어서자 울릉도에 대한 강경책으로 선회하게
된다. 남구만의 건의에 의해 장한상이 삼척첨사(三陟僉使)로 발탁되었
고, 1694년 9월 울릉도를 수토하게 된다. 숙종의 특명을 받은 장한상이
13일간의 울릉도 수토를 마치고 돌아와 복명서를 올린 것이 바로 「울
릉도사적(鬱陵島事蹟)」[5]이다.

---

[4] 장한상의 〈묘갈명(墓碣銘)〉, 1724.
[5] 이 「울릉도사적」에 대해서는 이미 번역본과 몇 편의 논문이 발표되고 있다. 유미
   림(2008), 손승철(2013), 손승철(2015), 유미림(2009) 등을 참조할 것.

〈그림 1〉 장한상의 초상화(왼쪽: 원본, 오른쪽: 복원판)

섬 주위를 이틀 만에 다 돌아보니, 그 리수(里數)는 150~160리[6]에 불과
했습니다. 남쪽 해안에는 황죽밭이 있었습니다. 동쪽으로 5리[7]쯤 되는 곳
에 작은 섬이 하나 있는데, 그다지 높고 크지는 않으나 해장죽(海藏竹)이
한쪽에서 무더기로 다라고 있었습니다. 비 개이고 구름 걷힌 날 산에 들
어가 중봉(中峰)에 올라보니, 남쪽과 북쪽의 두 봉우리가 우뚝 서로 마주
하고 있는데 이것이 이른바 삼봉(三峰)입니다. 서쪽으로는 구불구불한 대
관령의 모습이 보이고, 동쪽으로 바다를 바라보니 동남쪽에 섬 하나가 희
미하게 있는데 크기는 울릉도(蔚島)의 3분의 1이 안 되고[8] 거리는 300여
리[9]에 지나지 않았습니다. 북쪽으로는 20여리에 이르고 남쪽으로는 40여
리에 가깝습니다. 빙 돌아 왕래하면서 사방을 바라보며 원근을 헤아려 보
니 이와 같았습니다.[10]

---

6) 현재 거리(1里=0.3927km)로 환산하면 58.9~62.8km로, 실제 울릉도의 둘레 56.5km
   에 근접하는 수치임.

7) 5리=1.98km.

8) 실제 독도의 면적은 울릉도의 388.6분의 1정도이다.

9) 1里=0.3927km이므로 300리=118km 정도임.

10) 「其周回二日方窮則其間道里不過百五六十里乎旀篁竹田土處是遣東方五里許 有一

여기서 장한상은 울릉도 · 독도를 심찰한 결과를 기록으로 나타내고 있는데, 중봉(中峰, 성인봉)에 올라 울릉도 동쪽 2km 지점에 있는 해장죽이 무성한 '죽도=댓섬'을 확인하였고 동남쪽으로 희미하게 보이는 섬 '우산도=독도'를 확인하고 있다. 멀리 아득히 보여서 섬의 크기는 정확하게 보고 있지는 않으나 거리는 실제 거리와 근접하며 중봉에서 동남쪽으로 멀리 보이는 섬은 독도임에 틀림없다. 우리는 독도의 역사적 권원을 주장하는 자료로 『세종실록』「지리지」의 기록을 자주 인용한다. 조선시대 이전부터 동해에 있는 두 섬을 명확히 인지하고 있었으며 우리의 지계로 인식하고 있었다. 여기서 장한상의 기록 「울릉도 사적」이 가지는 중요한 의미는 역사적 인물 중 안용복과 더불어 유일하게 '독도'를 건너가거나 관찰한 사람이라는 사실이다. 또한 이 기록은 『세종실록』「지리지」의 기록에서 우리의 지계인 '울릉도'와 '우산도(독도)'를 더욱 명확히 확인해주는 사료라는 점이다. 어쨌든, 「울릉도 사적」은 오랑캐와 왜구의 침입으로부터 국민들을 보호하고자 울릉도 거주민을 모두 본토로 옮기고 공식적으로 사람을 거주하지 못하게 하였던 울릉도를 정부에서는 포기하지 않고 지속적으로 돌보아 왔음을 확인시켜주는 기록이며, 17세기 말 울릉도의 모습을 알려주는 중요한 자료이다. 더구나 독도의 인식, 일본의 침입에 대비하는 대책마련을 고심하고 있고, 당시의 식생 및 동물의 분포까지 보고하고 있어 당시의 울릉도에 관한 정보를 확인 할 수 있다. 이를 토대로 울릉도에 관한 정황에 대한 판단을 할 수 있는 기초자료로 이용될 수 있는 귀중한 자료이다.

小島 不甚高大 海長竹叢生於一面 霧雨黑捲之日 入山登中峰 則南北兩峯 岌崇相面 此所謂三峰也 西望大關嶺逶迤之狀東望海中有一島杳在辰方 而其大未滿蔚島三分之一 不過三百餘里 北至二十餘里 南近四十餘里回互往來西望遠近臆度如斯是齊」. 유미림, 「장한상의 〈울릉도 사적〉」, 『우리 사료 속의 독도와 울릉도』, 지식산업사, 2013, p.361.

본고에서는 「울릉도사적」의 분석보다는 장한상의 행적을 추적하는 것이 주된 목적이므로 울릉도 수토에 관한 부분은 더 이상 언급하지 않는다. 다만 그의 무관으로서의 행적을 보면 삼척영장으로서의 임무 수행으로 가선대부(嘉善大夫) 충무위부호군(忠武衛副護軍)으로 임명되었고, '영변진관병마동첨절제사(寧邊鎭管兵馬同僉節制使)', '함경북도병마절도사(咸鏡北道兵馬節度使)' 등 도(島)의 군사 총지휘관으로 부임하면서 북방방비에 큰 공로를 세우게 된다.

또 하나 장한상의 업적은 대기근으로 인하여 전라도 지방에 창궐했던 도적떼를 평정하고 재민을 구제하고 도적을 평정한 일이다. 1713년 전라병마절도사(全羅兵馬節度使)로 부임하여 도적을 평정하고 민심을 수습하니 향인들이 생사당을 지어 그의 공을 송덕했다고 한다.[11]

　　계사년(癸巳年, 1713) 호남이 대기근으로 도적떼가 봉기하니 공께서 묘당에 들어가서 아뢰기를 '전에 본도(本道)에 임관했을 때 민심을 얻은바 있다'하니 다시 병마사(兵馬使)로 임명하였다. 수포(搜捕)하기를 신과 같아서 도적을 평정하고 민심을 수습하여 재민(災民)을 구제하니 향인들이 생사당(生祠堂)을 짓고 동비(銅碑)를 세워 송덕했다.[12]

백성을 생각하는 수령으로서의 그의 치정은 경기수군절도사로 부임하던 시절, 기근으로 시달리고 있는 섬사람들을 위해 조정에 구휼미를 요청하는 장계를 올리는 것으로도 확인을 할 수가 있다.(〈표 1〉을 참조)

---

11) 이러한 기록의 그의 고향 비안고을의 토목사업 추진에서도 엿보인다. 멀리 전라도에서 온 사람들이 비안현의 토목사업에도 동원되고 있다.
12) 장한상의 〈묘갈명(墓碣銘)〉, 1724.

〈표 1〉 운암 장한상(張漢相)의 연보: 1656.10.6.~1724.2.19.

날 짜	왕 위	관 위	비 고
1656.10. 6	효종7	경북 의성군 구천면 비산동에서 출생	
1676. 3.21	숙종2	무과병과 제15인 급제 출신자	
3.25		정략장군선전관(定略將軍宣傳官)	종4품
4.		정략장군충무위부호군(定略將軍忠衛副護軍)	
5.15		약위장군선전관(略威將軍宣傳官)	
1680. 2.25	숙종6	진위장군선전관(振威將軍宣傳官)	
5.		보공장군선전관(保功將軍宣傳官)	
1.27		어모장군행중추부경력자(禦侮將軍行中樞府經歷者)	
3.12		어모장군행훈련원첨정(禦侮將軍訓練院僉正)	
7.11		어모장군행훈련원부정(禦侮將軍訓練院副正)	
1681. 3. 6	숙종7	어모장군행용양위부사과(禦侮將軍行龍驤衛副司果)	
4. 1		어모장군행훈련원부정(禦侮將軍訓練院副正)	
1682. 5. 8	숙종8	훈련원부정(訓練院副正) 통신사(通信使)로 일본에 감	
6.		영변진관병마동첨절제사(寧邊鎭管兵馬同僉節制使)	종3품
1684. 6.	숙종10	어모장군행충무위부사직(禦侮將軍行忠武衛副司直)	
9. 6		통훈대부행자산군수(通訓大夫行慈山郡守)	
1686.11.12	숙종12	어모장군행훈련원정(禦侮將軍訓練院正)	
12.26		절충장군충무위부호군겸내승자(折衝將軍忠武衛副護軍兼內乘者)	
1687.11.30	숙종13	절충장군행용양위부호군(折衝將軍行龍驤衛副護軍)	
1689. 3.	숙종15	절충장군행충자위사과겸내승자(折衝將軍行忠左衛司果兼內乘者)	
4. 2		절충장군행용양위부호군겸금위장(折衝將軍行龍驤衛副護軍兼禁衛將)	
1692. 2.27	숙종18	경상좌도병마절도사(慶尙左道兵馬節度使)	종2품

날 짜	왕 위	관 위	비 고
1694. 6.20	숙종20	장희재 사건에 연루되어 경상좌도병마절도사에서 파직되다	
8.14		왕의 특명으로 삼척첨사(三陟僉使)에 제수되다	
9.19		150명의 울릉도 수토단을 이끌고 삼척 출발	
10. 6		13일간의 울릉도 조사를 마치고 삼척 도착	
1698.11.27	숙종24	가선대부행충무위부호군(嘉善大夫行忠武衛副護軍)	
1700.11.12	숙종26	가선대부행용양위부호군(嘉善大夫行龍驤衛副護軍)	
1704.12.	숙종30	가선대부행충무위부호군(嘉善大夫行忠武衛副護軍)	
1708. 9.	숙종34	함경북도병마절도사(咸鏡北道兵馬節度使)	
1712. 4. 7	숙종38	北兵使 장한상 등이 백두산 남쪽 지세에 대해 치계(治界)하고 圖本을 그려 보고하다	
1715. 12.	숙종41	가선대부행충무위부호군겸오위도총부부총관(嘉善大夫行忠武衛副護軍兼五衛都摠府副摠管)	
1716. 1.17	숙종42	경기수군절도사(京畿水軍節度使)	
1718. 1.20	숙종44	기근에 시달리는 도민(島民)을 위해 구휼미를 요청하는 장계를 올리다.	
6.		영변부사(寧邊府使)	
1721. 4. 5	경종1	함경북도병마절도사(咸鏡北道兵馬節度使)	
1723.11.28	경종3	황해도병마절도사(黃海道兵馬節度使)	
12.28		사헌부 지평(持平) 趙鎭禧가 장한상을 개차할 것을 청하나 왕이 따르지 않았음.	
1724. 2.19	경종4	68세의 나이로 별세.	
		※숙종·경종 2대에 걸쳐 총29개의 관직을 지냄	

3. 비안고을과 순천장씨 세거지의 변천

의성은 일찍이 부족국가 조문국(召文國)의 영역이었다. 신라 벌휴이 사금 2년(185년)에 신라에 복속되어 그 후 문소군(聞韶郡)이 된다. 신라는 22대 지증왕 때에 왕권국가를 확립하고 지방행정도 주군제도를 처음 실시하였다. 505년 삼척에 설치한 실직주(悉直州), 555년 상주에 설치한 사벌주(沙伐州), 556년 안변에 설치한 비열홀주(比列忽州)와 같은 것이다. 주에는 장관으로 軍主(摠管)가 파견되었고 행정, 군사 양면을 지배하는 군사적 책임자였다.

이 때 의성지방은 사벌주의 통할을 받는 곳이 되었으며 아시촌소경(阿尸村小京)이 소재한 것으로 보고 있다. 의성 서부지역(안계지방)에는 아시혜현(阿尸兮縣)이 있었는데 이것이 아시촌소경의 소재지로 보인다. 그 후 757년(경덕왕16) 아시혜현은 안현현(安賢縣)으로 바뀌었다.[13]

고려초 지금의 의성 동부지역에 의성부가 설치되고 940년(태조23) 의성 서부지역에 설치되었던 안현현은 안정현(安貞縣 또는 安定縣)으로 명칭이 변경되어 1018년(현종9) 의성부는 안동부에, 비옥현(比屋縣)과 안정현(安定縣)은 상주목에 예속되었다. 고려 중엽 1143년(인종21)에 의성부가 의성현으로 개편됨에 따라 의성 지역은 의성현(동부), 비옥현(중서부), 안정현(서부)의 3현으로 편제되어 있었다.[14] 1390년(공양왕2) 안정현에 감무를 두고 비옥현도 함께 관할하였고, 1421년(세종3)에는 이를 통합하여 두 현의 앞 글자를 따서 안비현(安比縣)으로 개편하였다. 그런데 세종조에 비옥현 지역민의 민원이 빗발쳐서 1423년(세종5) 현관아를 안정에서 비옥(비안면 동부리 서부리)으로 옮기면서

---

13) 『의성군지』, 1998, pp.181-182.
14) 위의 책, pp.189-190.

비안현(比安縣)이 되었다. 이로써 일제강점기 의성과 비안이 통합되기까지 의성지역 동부에는 의성현, 서부에는 비안현이 설치되어 있었다.15)

1895년 군현을 군으로 명칭을 통일하면서 의성군과 비안군으로 되었고, 이때 상주 단밀현의 단서면, 단동면, 단북면과 예천에 예속되었던 다인현이 비안군으로 편입되었다. 1914년 3월 1일 일제강점기 일제에 의해 행정기구 통합이 이루어지면서 동부지역의 의성군(1읍 9개면)과 서부지역(8개면)을 합하여 의성군이 되었다.16)

장한상이 태어난 곳은 의성군 구천면 비산동으로 지금의 구천면 내산1리 자연부락 비산이란 곳이다. 이곳은 원래 비안군 외서면 비산동이고, 바로 지척의 거리로 경덕사(慶德祀)가 위치한 용사리(龍蛇1里)는 군 통합 이전에는 상주 단밀현 단동면에 속하였다. 예전에 윗뱀개, 아랫뱀개라 불렀던 곳으로 비안현과 단밀현의 경계에 위치한 곳이다. 어쨌든 고려말 중신이었던 장보지(張補之, 장한상의 11대조)이 의성현에 정착한 것이 순천 장씨(順天張氏)의 시작이다. 일찍이 비안군 내서면에 있었던 백천서원17)에는 장보지 공이 모셔져 있었다.

의성현에 정착한 순천장씨가 비안현지역과 현외면 비산리, 단동면 용사리 부근에 세거지를 형성한 것은 이 서원 존재와도 무관하지 않을 것이다. 그러나 지금은 비산리와 용사리에 순천장씨는 거의 없다. 대부분이 비안과 안정으로 세거지를 옮겨갔고 현재 단촌면 하화리, 비안면 용남리, 구천면 미천1리(배미, 현재 20세대 정도 거주), 안계면 안정1리(현재 10여 세대 정도 거주), 안계면 봉양2리(장시) 등에 분포되어 있다.(〈표 2〉를 참조)

15) 위의 책, pp.1632-1634.
16) 『比安郡邑誌』(1899), 『嶺南邑誌』(1871), 『比安輿地勝覽』(1729, 1878)을 참조.
17) 1867년 대원군의 서원철폐령에 의해 훼철되고 지금은 비석만 남아있다.

〈표 2〉 의성군 순천 장씨 분포지역(1986년 현재)

번호	분포지	호 수	비 고
①	경북 의성군 단촌면 하화동	30	
②	경북 의성군 비안면 용남동	41	
③	경북 의성군 구천면 미천동(배미)	17	
④	경북 의성군 안계면 안정동	70	제실: 安川齊
⑤	경북 의성군 안계면 봉양동(장시)		제실: 張善齊

※ 의성읍 지역의 분포수는 파악이 되어 있지 않음

　이들 세거지의 변화는 장시규(張是奎)·장한상(張漢相) 양대 절도사의 공에 의해 봉양2동 장시(장선)마을이 형성되면서 장시마을로 그 세거지가 이동하였다. 그 후 1940년대 초 일제가 개천지를 증축하면서 순천 장씨의 세거지 장시마을의 대부분이 수몰되었다. 이때 수몰된 마을의 주민을 삼한시대 대표적 저수지의 하나인 대제지(大堤池)를 허물고 만든 대토지로 이주를 시키는데 이것이 용기2동(새장시, 새동네)이다. 그러나 지금은 안계 용기리에도 순천 장씨가 그다지 남아있지 않다. 따라서 의성현·비안현 지역에서 순천장씨 세거지의 이동은 ①의성읍 → ②비안(용남리) → ③구천면 내산리(비산) → ④구천면 미천1리(배미) → ⑤안계면 안정리 → 안계면 봉양2리(장시) → ⑥안계면 용기2리(새장시)로 이루어졌다. 세거지가 흩어지고 순천 장씨 특히 양대 절도사의 후손이 흩어지는 이유는 70년대 이후 진행된 도시로의 인구이동, 농촌인구의 급감과 공동체 해체, 장한상의 후사가 없어 양자를 들인 점 등을 들 수 있을 것이다.

　어쨌든 2대에 걸쳐서 나라의 강역 방비에 힘썼던 장한상·장시규 양대 절도사 관련 유적·유물인 경덕사, 묘소, 묘비, 교지 등의 보존상태가 너무나 허술하고 묘소와 제실 등은 거의 방치되어 훼손이 심각한 실정이다.

〈그림 2〉순천 장씨 세거지의 이동

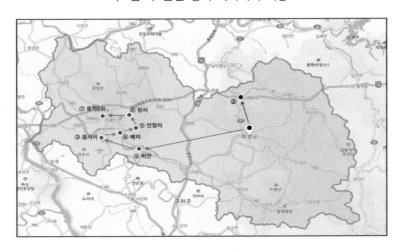

〈사진 1〉장한상 묘비(좌)와 장시규 묘비(우)

4. 의성지역 역사문화와 역사적 인물 알리기

한편, 독도·울릉도와 관련하여 관계되는 다른 지방자치단체에서는 지역의 자원으로 활용하고자 하는 움직임은 비교적 활발하게 나타나고 있다. 독도에 대한 일본의 독도침탈 도발과 강변이 강하게 나타날수록 국내에서의 반일감정은 드세어지는 한편, 울릉도 독도를 소재로 한 지자체의 관광자원화의 움직임은 더욱 빠르게 진행되고 있다.

21세기 동아시아의 관광허브를 추구하는 강원도의 경우 일찍이 삼척도호부 울진현의 속도로 울릉도가 편재되어 있었으므로 울릉도·독도와의 역사적 관련성은 다른 지자체보다 밀접하다고 할 수 있다. 강원도는 삼척에서 '동해왕 이사부 문화축전'을 개최하고 있으며, '울릉도 독도 뱃길 항로 체험', 독도사진전, 독도 동해관련 심포지엄의 개최 등을 통해서 지역의 관광자원화를 꾀하고 있다. 경상북도의 경우는 현재의 행정관할 광역지자체로서 독도정책과가 설치되어 독도관련 전담업무를 수행하고 있으며 10년 전 (재)안용복재단을 출범시켜 현재는 (재)독도재단으로 변경하였다. 여기서는 주로 독도 교육 및 홍보 활동 중심으로 사업을 전개하고 있다. 울진에서는 수토사 기념공원 조성사업 기본계획을 수립하여 현재 건설작업이 추진 중이고, 울릉도에서는 안용복장군기념관이 건립되어 운영하고 있다. 독도에 대한 역사의식을 고취시키기 위한 수련관, 전망대, 독도문학관 등을 조성하고 독도를 지킨 사람들의 행적과 유물을 전시할 예정으로 있다. 또한 안용복의 출신지 부산에서는 '안용복장군기념사업회'에서 안용복의 사당인 수강사(守疆祠)를 2001년 3월에 건립하였으며, 현재 안용복 장군의 업적을 기리는 기념관과 기념공원이 울릉도 석포에 걸립되었다.[18] 이렇

---

18) 김호동, 「독도영유권 공고화에 있어서의 강원도의 역할」, 『동해와 독도 주권 그리고 신해양시대』, pp.105-106.

듯 독도와 관계된 여타 지자체의 '독도 콘텐츠' 활용을 위한 움직임은 활발하다. 그러나 울산은 해상왕국 신라 최대의 무역항으로 당나라 등 외국과 교역의 창구역할을 하였고 조선 시대에 와서는 왜와의 삼포개 항으로 인한 활발한 무역항으로 자리매김하였으며 동해안 어렵활동의 중간 기착지였다. 또한 숙종조에 안용복과 함께 울릉도로 건너간 박어 둔의 고향으로 '염간 박어둔 재조명' 사업을 조금씩 추진해가고 있다.

〈표 3〉 독도관련 지자체의 관광자원화 동향

지자체	독도·울릉도와의 연관성	관광자원화의 움직임	비고
강원도	조선시대까지 행정관할	이사부역사문화축전 이사부학회(강원대) 활동	삼척시와 협력
경상북도	일제강점기 이후 행정관할	(재)독도재단 설립, 활동	
부산광역시	안용복의 출신지	수강사(안용복사당) 건립 각종 안용복 관련 행사	
울산광역시	박어둔의 출신지 동해안 어렵활동의 거점항구	박어둔 재조명 기획과제 (영남대 독도연구소)	'박어둔 행적' 교과서 등재
삼척시	이사부의 활동, 삼척진 조선시대까지 행정관할	이사부역사문화축전	강원도와 협력
울진군	수토사 체류 대풍헌 소재 울릉도 도항의 최종 기착지	대풍헌 수토사 기념공원 조성 중 매년 '수토사뱃길 재현 행사'	
울릉군	울릉어민의 경제활동 해역 현재 행정 관할	안용복장군기념관과 독도의용수비대기념관 건립 독도박물관 운영	경상북도와 협력
여수시	거문도인의 울릉도·독도 도항	비정기적 학술심포지엄 개최 술비노래박물관 조성	
의성군	삼척영장 장한상의 출신지	?	?

앞에서 언급한 바와 같이 역사적 인물 중에서 독도를 가보았거나 직접 본 사람은 안용복과 장한상 두 명밖에 없다. 안용복이 서민 신분으

로 불법으로 도항한 울릉도에서 납치됨으로써 울릉도 쟁계의 발단을
제공한 사람[19]이라면, 장한상은 「울릉도쟁계」를 해결하기 위해 조정
의 명을 받아 울릉도·독도 수토를 집행하고 조선의 지계를 명확히 하
여 훗날 「울릉도쟁계」의 추진과정에서 영향을 끼친 사람이라 할 것이
다. 또한 그의 울릉도 수토가 조선 후기의 수토제도를 정착시키는 단
초가 되었다는 점은 울릉도·독도 수호 활동에 있어서도 중요한 의미
를 지닌다는 것이다. 더욱 중요한 것은 장한상이 현재 독도를 관할하
고 있는 경상북도 의성(비안현)의 인물이라는 사실이다.

그럼에도 불구하고 지금까지 우리 의성에서는 향토 인물의 중요성
과 그 가치를 그다지 인식하지 못하였고 이를 부각시키지 못하였다.
이제 장한상과 그의 사료에 대한 역사성을 찾아내고 그 가치를 더욱
발굴하여 의성의 인물로 부각시켜야 할 때이다. 경북이 낳은, 의성이
낳은 독도 지킴이 장한상을 여타 지자체와는 차별화된 콘텐츠로서 자
리매김하고 의성의 다른 문화관광자원과 연계하여야 할 것이다. 이 경
우 장한상에 대한 무리한 영웅화가 아니라 의성의 역사성에 입각하여
관련 자원을 발굴하고 이들의 연계를 통한 콘텐츠화를 구상해나가야
할 것이다. 이 경우 시간과 공간을 결합하는 지역문화콘텐츠 만들기와
역사 만들기를 해야 할 것이다.

---

[19] 제1차 안용복의 도일사건(1693)에서 박어둔과 안용복은 함께 일본 어부들에게 납치
되지만, 결과적으로 '울릉도 쟁계'를 유발시킨 계기가 되었고 그 결과 일본 막부는
울릉도 독도가 조선 땅임을 인정하고, 「죽도해금지령(竹島渡海禁止令)」을 내리
게 되었다. 「울릉도쟁계」의 결착 과정에 대해서는 송휘영(2011)을 참조.

5. 맺음말

2008년 3월 일본 외무성은 「죽도-죽도문제를 이해하기 위한 10의 포인트」를 게재하면서 "죽도(독도)는 일본 고유의 영토"라는 것을 공식화하기 시작했다. 그로부터 어언 10년 이제는 초중고 학교 교육 현장에서까지 그들의 왜곡된 영토교육이 스며들고 있다. 지난 2018년 3월 30일 일본 문부과학성이 고등학교 『학습지도요령』을 확정·고시함으로써 일본의 모든 초중고 교과서에서 "죽도(독도)는 일본 고유의 영토", "한국이 현재 불법 점거하고 있다"고 명시하여 가르치도록 의무화 하였다. 또한 7월 17일에는 『학습지도요령해설서』를 고시하면서 고등학교 『요령』 및 『해설서』의 적용시기를 3년이나 앞당겨 2019년도부터 적용하기로 했다. 따라서 내후년인 2020년부터 일본의 모든 초중고 학생들은 100% "죽도(독도)는 일본 고유의 영토"라는 왜곡된 교육을 받게 된다. 이는 미래의 한일관계에서도 큰 장애물로 작용함은 물론 역사적 판단력이 없는 어린 학생들에게 그릇되고 왜곡된 영토교육을 주입함으로써 미래세대에게도 큰 짐을 부과하는 것이 된다.

이러한 점에서 보더라도 일본 정부가 주장하는 독도에 대한 「고유영토론」의 논리와 「무주지선점론」의 논리를 하루 빨리 무력화 시킬 연구결과를 축적해야 할 것이다. 그러기 위해서는 기존 사료를 재검토함과 더불어 새로운 사료를 끊임없이 발굴하는 작업이 필요하다. 독도에 관한 사료가 상당부분 일본 측에 존재하고 있기는 하나, 장한상의 「울릉도사적」은 몇 안 되는 중요한 사료이다. 뿐만 아니라 관련 문서를 더욱 찾아내어 우리의 논리를 보강할 필요가 있다.

어쨌든 의성 비안고을이 낳은 인물 장한상은 독도 수호에 기여한 중요한 인물로 평가할 수 있다. 그럼에도 불구하고 지금까지 그의 업적과 존재에 대해 인식과 관심이 부족했다고 할 수 있다. 역사문화 유산이 그다지 풍부하지 않은 의성이지만 지역이 가진 역사와 문화의 가치를 더 찾아내고 이를 의성의 역사문화콘텐츠로 조금씩 부각시키는 노력이 요구된다 하겠다. 이를 위해서는 우선 지역 역사적 인물의 가치를 재조명할 필요가 있을 것이다. 그리고 '울릉도 수토관 장한상'에 관련된 유적과 유물, 문서 등이 관리 소홀과 도난 등으로 많이 유실되고 있는데, 적어도 관련 유적 및 유물에 대해서 보존과 관리를 철저히 할 필요가 있다. 또한 「울릉도사적」뿐만 아니라 관계되는 사료 등을 통해 장한상의 업적을 다시 점검하여 '독도를 수호한' '의성'의 '역사적 인물'로 부각시킬 필요가 있을 것이다.

【참고문헌】

김종우, 「운암 장한상 공의 행장과 독도」, 『독도지킴이 수토제도에 대한 재조명』(제1회 한국문화원연합회 경상북도지회 학술대회 자료집), 2008.
김종우, 『의성 鄕土문화 실타래』, 의성문화원, 2008.
김호동, 「조선시대 수토제도 확립과정」, 『독도지킴이 수토제도에 대한 재조명』(제1회 한국문화원연합회 경상북도지회 학술대회 자료집), 2008.
김호동, 『울릉도·독도의 역사』, 경인문화사, 2007.
손승철, 「울릉도 수토와 삼척영장 장한상」, 『이사부와 동해』 5호, 2013.
손승철, 「조선후기 수토기록의 문헌사적 연구-울릉도 수토 연구의 회고와 전망-」, 『한일관계사연구』, 2015.
송병기, 『개정판 울릉도와 독도』, 단국대학교 출판부, 2007.
송휘영, 「울릉도쟁계의 결착과 스야마 쇼에몽」, 『일본문화학보』 제49집, 2011.
유미림, 「장한상의 울릉도 수토와 수토제의 추이에 관한 고찰」, 『한국정치외교사논총』 31권 1호, 2009.
유미림, 『「울릉도」와 「울릉도 사적」 역주 및 관련 기록의 비교연구』, 한국해양수산개발원, 2007.
유미림, 『우리 사료 속의 독도와 울릉도』, 지식산업사, 2013.

義城郡誌編纂委員會, 『義城郡誌』, 義城郡, 1998.
景德祠管理委員會, 『兩代節度使 張是奎와 張漢相 將軍의 實錄』, 2010.
景德祠, 『景德祠要覽』, 1988.
張洛文, 『昇平(順天張氏)文獻錄』, 順天張氏譜所, 1992.
『張氏大同文獻譜鑑』
『昇平文獻錄』

『世宗實錄』 「地理誌」, 『肅宗實錄』, 『備邊司謄錄』, 『新增東國輿地勝覽』, 『比安郡邑誌』(1899), 『比安輿地勝覽』(1729, 1878), 『嶺南邑誌』(1871), 『慶尙道邑誌』(1832)

〈자료〉

경덕사(구천면 용사리 윗뱀개 소재)

장한상의 묘소(비안면 외곡리 백학산 소재)

숭의재(의성읍 도동리 소재)

안천재(안계면 안정리 소재)

장선재(안계면 봉양2리 장시마을 소재)

돗토리번 사료를 통해 본 울릉도 쟁계

몇 가지 쟁점에 대한 검토를 중심으로

박 지 영

1. 머리말

1693년에 울릉도에서 조선인 어민들과 조우한 일본 돗토리번의 어민들은 안용복과 박어둔을 납치하였으며, 그로인해 촉발되어 발생한 조선과 일본 간의 울릉도 영유권을 둘러싼 외교교섭을 '울릉도쟁계'라 부른다. 이 외교교섭은 조정에서 동래부로 파견한 접위관(接慰官)과 쓰시마번에서 왜관으로 파견한 대차왜(大差倭) 사이에 이루어졌으며, 우여곡절을 거쳐 1696년 1월에 에도 막부가 울릉도로 일본인이 도해하는 것을 금지하는 지시를 내림으로 해서 일단락되었다. 하지만 최종적으로 모든 외교교섭이 완료된 것은 1699년의 일이었다.

이러한 과정에 대한 연구는 한국과 일본의 수많은 연구자들에 의해 이루어졌으며, 그 연구는 양적으로도 질적으로도 상당한 수준을 이루고 있다.[1] 따라서 이 연구에서는 '울릉도쟁계'의 역사적 성격과 그 의

---

[1] '울릉도쟁계'와 관련된 대표적인 연구로 한국 측에서는 신용하, 『한국의 독도영유권 연구』, 경인문화사, 2006; 송병기, 『울릉도와 독도, 그 역사적 검증』, 역사공간,

미에 대한 분석을 하고자 하는 것은 아니다. '울릉도쟁계'의 전반적인
부분에 대한 분석은 선학들의 연구에 미루고 단지 '울릉도쟁계'가 발생
한 시기를 전후한 돗토리번의 관련문서에 대한 검토를 통하여 현재 한
일 간에 쟁점이 되고 있는 몇 가지 사안에 대해서 검토하고자 한다.

현재 '울릉도쟁계'와 관련해서 한일 간에 쟁점이 되고 있는 돗토리번
사료 관련 사안은 여러 가지가 있으나, 그중에서 핵심적이라 할 수 있
는 것은 에도막부가 발급한 '다케시마[2] 도해면허'의 발급 시기와 그 성
격, 그리고 '다케시마 도해금지령'에 독도가 포함되어 있었는지에 대한
여부일 것이다. 또 1693년에 일본으로 납치되어 갔다가 귀국한 안용복
이 1696년에 스스로 또 다시 돗토리번을 찾아간 목적이 무엇인가에 대
한 고찰도 필요할 것이다. 안용복의 목적에 대해서는 한국 측에서는
울릉도와 독도가 조선 영토임을 천명하기 위해 일본으로 간 것이라는
것이 정설로 자리 잡고 있지만, 일본 측에서는 그것을 부정하려고 하
는 연구가 중점적이기 때문에 그의 도일 목적을 분석 검토하는 것은
독도영유권 문제와 관련해서 상당히 중요한 의미를 지니고 있다.

따라서 이 연구에서는 '다케시마 도해면허'의 발급 시기와 그 성격
및 '다케시마 도해금지령'에 독도가 포함되어 있는지 여부, 마지막으로

2010. 일본 측에서는 田川孝三, "竹島領有に関する歴史的考察", 『東洋文庫書報』 20
卷, 1988; 川上健三, 『竹島の歴史地理學的研究』(復刻新装版), 古今書院, 1996; 下條
正男, "日本の領土「竹島」の歴史を改竄せし者たちよ", 『諸君』 2007年 9月號; 內藤
正中, 『竹島(鬱陵島)をめぐる日朝関係史』, 多賀出版, 2000; 나이토세이츄, 『獨島와
竹島』, 제이엔씨, 2005; 池內敏, "隱岐・村上家文書と安龍福事件", 『鳥取地域史研
究』 第9號, 鳥取地域史研究会, 2007; 池內敏, "安龍福と鳥取藩", 『鳥取地域史研究』
第10號, 鳥取地域史研究会, 2008; 朴炳涉, "安龍福事件と鳥取藩", 『北東アジア文化
研究』 第29號, 鳥取短期大学北東アジア文化総合研究所, 2009 등이 있다.
[2] 이 논문에서 울릉도와 독도의 명칭은 울릉도와 독도로 표기하는 것을 원칙으로 한
다. 하지만 일본 측 사료에 등장하는 표기는 '다케시마'와 '마쓰시마'를 사용하는
것으로 한다. 이 논문에 나오는 '다케시마'는 모두 울릉도를 의미하며, '마쓰시마'는
독도를 의미한다.

안용복의 1696년 도일 목적에 대한 검토를 목적으로 하여 아래에서 고
찰해보고자 한다.

2. '다케시마 도해면허'의 발급 시기 및 성격

  '다케시마 도해면허(이하 '도해면허')'와 관련한 일본 측의 주장에 따
르면, 1617년(元和3년)에 오야 진키치(大谷甚吉)라는 돗토리 번 요나고
의 상인이 에치고(越後) 지방에서 귀항 중에 표류하여 '다케시마', 즉
울릉도에 도착하였다. 울릉도를 처음 와 본 오야는 그곳의 물산이 풍
부한 것을 알고 귀국 후에 같은 요나고 상인인 무라카와 이치베(村川
市兵衛)와 함께 도모하여 울릉도로 도항하기로 결심하였다. 당시에 돗
토리 번은 번주의 교체로 인해 막부에서 내려온 아베 시로고로(阿部四
郎五郎)가 막부를 대리하여 돗토리번을 통치하고 있었다. 따라서 오야
와 무라카와는 아베를 통해 막부에 울릉도로 도해하고 싶다는 요청을
하였으며, 이 요청에 따라 막부가 1618년에 돗토리번의 번주인 마쓰다
이라 신타로(松平新太郎)3)에게 내려준 것이 '도해면허'이다.4) 다음은
현재까지 전해 내려오고 있는 막부의 '도해면허' 문장이다.

---

3) 돗토리 번의 제1대 번주 이케다 미쓰마사(池田光政)의 별칭.
4) 『鳥取藩史』(六), 466-467쪽, 「事変志一」竹島渡海禁止并渡海沿革(1)
  元和三年甚吉越後より帰帆の時漂流して竹島に至る。島は隠岐の西北百里計。朝
鮮に五十里。周囲十里計。当時人家無くして山海産物有り。喬水、大竹繁茂し、禽
獣、魚、貝、其品を尽す。就中鰒を獲るに、夕に竹を梅に投じ、朝にこれを上ぐれ
ば、彼鮑技葉に着く事木の子の如く、其味又絶倫なり。甚吉情を齊して米子に帰る
。時に幕臣安倍四郎五郎正之検使として米子に在り。甚吉即ち村川市兵衛と共に竹
島渡海の許可を周旋せむ事を請ふ。 四年両人江戸に下り、 安倍氏の紹介に困って
請願の事募府の議に上り、 五月十六日渡海の免状を下附せらる。 之を竹嶋波海の
濫觴とす。渡海免許の状左の如し.

호키지방 요나고에서 다케시마로 몇 년 전에 배를 건네 보냈다고 들었습니다. 그러므로 그와 같이 이번에도 도해하고 싶다는 내용을 요나고 주민 무라카와 이치베와 오야 진키치가 말씀 올린 것과 관련해서 쇼군님께 보고 드렸더니 이의가 없다는 취지로 말씀하셨습니다. 따라서 그 뜻을 받들어 도해하는 것을 지시하셔야 할 것입니다. 황공하게 말씀드립니다.

5월 16일   나가이 시나노노카미   나오마사 인

이노우에 가즈에노카미 마사쓰구 인

도이 오이노카미   도시카쓰 인

사카이 우타노카미   다다요   인

마쓰다이라 신타로 님(관련자 귀중)5)

이 '도해면허'의 발급연도와 관련해서 1618년이라는 설과 1625년(寬永2년)이라는 두 가지 설이 있다. 1618년이라는 설은 1684년(天和4년)에 오야, 무라카와 가문이 막부에 제출한 「오야·무라카와 유서서(由緖書)6)」에 실린 것으로 그 내용에는 다음과 같은 내용이 실려 있다.

다이토쿠인(台德院7))의 시대인 1618년에 막부의 로주(老中)가 마쓰다

---

5) 「竹島渡海免許」, 『大日本史料』(十二編), 二十九 「大谷氏旧記」
從伯耆国米子竹島江先年舟相渡之由候、然者如其今度致渡海度之段、米子町
人村川市兵衛大屋(大谷)甚吉申上付而、達上聞候之処、不可有異儀之旨被仰出候間
、被得其意、渡海之儀可被仰付候、恐々謹言

五月十六日   永井信濃守

井上主計守

土井大炊頭

酒井雅楽頭

松平新太郎殿

6) 이 「유서」는 1828년에 오카지마 마사요시가 작성한 『죽도고(竹島考)』에 「오야·무라카와가 막부에 올린 유서서(大谷村川捧由緖書于幕府)」라는 제목으로 실려 있다. 원문은 "台德院君ノ御代、元和四年政老ヨリ松平新太郎光政公ヘ賜フ処ノ御奉書ノ文如左".

7) 제2대 쇼군 도쿠가와 히데타다(德川秀忠)의 계명(戒名).

이라 신타로 미쓰마사 공에게 내리신 바 있는 봉서의 문서는 다음과 같다.

이 문장의 뒤에는 위에 언급한 '도해면허'의 문장이 이어져 있다. 그리고 「오야가 구기(大谷氏旧記)」에도 '도해면허'를 1618년에 막부로부터 받았다는 내용이 실려 있다. 그 내용은 다음과 같다.

　저희들이 다케시마로 도해한 것은 마쓰다이라 신타로 님이 이나바와 호키를 영지로 받았을 때인 1617년으로 호키지방의 처분을 위해 파견하신 아베 시로고로 님이 오셨을 때였습니다. 저희들의 부친이 소송을 올려서 다음해 에도에 참근교대를 가셨을 때 평의를 하신 후에 신타로 님에게 봉서를 내리셨으며, 즉 그 봉서를 신타로 님으로부터 저희들의 부친이 받아서 대대로 소지했습니다. 그때부터 격년으로 두 사람이 도해하였습니다.[8]

위의 내용은 1681년(延寶9년) 5월 13일에 무라카와 이치베가 막부의 기관인 사사봉행소에 제출한 서류에 적힌 내용이다. 이처럼 오야 가문과 무라카와 가문은 어디까지나 '도해면허'를 아베 시로고로의 중재를 거쳐 막부로부터 1618년에 받았다고 주장하고 있으며, 그러한 내용을 막부의 기관인 사사봉행소에도 서면으로 제출한 바가 있다는 것을 알수 있다.

한편, 이러한 오야·무라카와 가문의 주장과 달리 위에서 언급한 '도해면허'가 발급된 것은 1618년이 아니라 1625년이라는 주장이 있다. 이케우치 사토시(池内敏) 씨는 '도해면허'에 서명한 막부의 도시요리(年寄) 4명 중에 한 사람인 이노우에 가즈에노카미가 번주에게 보내는 막

---

8) 『大日本史料』(十二編), 二十九「大谷氏旧記」, 원문은 다음과 같다.
　私共竹嶋江渡海仕候儀ハ、松平新太郎様因幡·伯耆御領知之時分、元和四年、伯耆國御仕置之為御使、阿部四郎五郎様御越被成候時分、私共親御訴訟申上、翌年御江戸江相詰、御詮議之上、新太郎様江御奉書被遺之、則其御奉書新太郎様より私共親頂戴、代々所持仕候、夫より隔年ニ両人ニ而渡海仕候.

부의 문서에 서명한 것은 부자연스러운 것이라는 이유를 들어 1618년 발급설을 부정하였다.9) 그리고 이케우치 씨는 1637년에 울릉도에서의 어렵활동을 마치고 귀국 중에 풍랑을 만나 울산에 표착한 무라카와 가문의 선원 30명에 대한 부산 왜관의 쓰시마 측 관리들의 취조 내용과 1681년에 오야 가쓰노부(勝信)가 막부의 순검사(巡檢使)에게 진술한 내용을 들어 '도해면허'가 1625년에 발급된 것이라고 논증했다.10) 당시의 쓰시마 번이 남긴 취조 내용과 오야 가쓰노부의 진술은 다음과 같다.

> 13년 전에 쇼군이 다케시마를 호키 님에게 하사해주신 것을 무라카와 이치베에게 지시하셔서 매년 다케시마에 도해하였습니다.11)

> 다이유인(大猷院12)) 때인 50년 이전 아베 시로고로 님의 주선으로 다케시마를 받았습니다.13)

즉, 울산에 표착한 무라카와 가문 선원들의 말에 따르면, 1637년부터 13년 전인 1625년에 막부는 울릉도를 돗토리 번주인 이케다 미쓰마사에게 넘겨주었으며, 돗토리번은 그것을 무라카와 가문에 맡겨서 도해 및 어렵활동을 하도록 지시했다는 것이다. 그리고 오야 가쓰노부의 진술 또한 1681년으로부터 약 50년 전인 1631년 이전에 막부로부터 울릉도를 받았다는 것이다. 이 두 가지 진술내용과 후지이 죠지(藤井讓治)의 주장을 근거로 하여 이케우치 씨는 '도해면허'가 발급된 것이

---

9) 池内敏, 『大君外交と「武威」』, 名古屋大学出版会, 2006, pp.246-247.
10) 위의 책 p.247.
11) 「漂倭入送謄錄」, 서울대학교 규장각 소장, 丁丑 七月十六日條.
12) 제3대 쇼군 도쿠가와 이에미쓰(德川家光)의 계명(戒名).
13) 川上健三, 『竹島の歷史地理學的硏究』(復刻新裝版), 古今書院, 1996, p.51. 저본은 『大谷家古文書』에서 인용, 원문은 다음과 같다.
大猷院殿御代、五十年以前、阿部四郎五郎様御取持を以竹島拝領仕.

1625년이라고 논증하고 있다.[14]

하지만 위에서 인용한 오야·무라카와 가문의 주장은 사실이 아니라는 것을 밝히고 넘어가고자 한다. 당시 울릉도가 조선 영토라는 것을 일본 측도 인정하고 있었다. 1614년에 동래부사 윤수겸, 박경업과 쓰시마번은 울릉도가 조선의 영토이므로 일본인의 도항과 거주를 금지한다는 것을 확인한 외교문서를 교환한 바가 있다. 따라서 당시 막부는 돗토리번에 울릉도 도해를 허락할 수 있는 아무런 권한도 없었으며, 그러한 행위는 조선의 영토를 침탈하는 것으로 간주해도 무방한 것이었다.

'도해면허'가 1625년에 발급된 것이라는 이케우치 씨의 주장에 어느 정도 논리적 타당성이 있는 것처럼 보이지만, 1681년에 무라카와 이치베가 막부의 기관인 사사봉행소에 제출한 서류에 기재되어 있는 1618년에 막부로부터 '도해면허'를 받았다는 진술에 대한 명확한 해명이 되지는 않는다. 이케우치 씨는 오야·무라카와 가문이 그러한 주장을 한 이유를 오야·무라카와 가문의 쇼군 알현과 관련해서 1681년에 그동안 주선을 담당했던 아베 시로고로 대신에 돗토리번이 직접 담당하게 되었는데, 그 과정에서 오야·무라카와 가문의 울릉도 도해가 유서 깊은 것이라는 것을 강조하기 위해 도해의 역사를 보다 오래된 것처럼 신임 사사봉행에게 설명한 것이라고 하고 있다.[15]

하지만 그러한 이유로 막부에 제출하는 문서에 거짓된 정보를 기술하는 것은 지극히 위험한 행동이다. 만약 사사봉행소가 사실관계를 조사하여 사실이 아닌 것으로 밝혀질 경우에는 오야·무라카와 가문뿐

---

14) 池内敏, 앞의 책, 2006, p.247. 후지이 죠지는 「도해면허」의 발급시기가 1624년 또는 1625년 둘 중에 하나라고 판정했다(藤井讓治, 『江戶幕府老中制形成過程の硏究』, 校倉書房, 1990, p.18, p.326).

15) 池内敏, 위의 책, p.270.

만 아니라 돗토리번 당국도 책임을 면치 못하는 심각한 사태를 초래할 것이기 때문이다. '도해면허'는 막부가 오야 · 무라카와 가문에게 직접 발급한 것이 아니라 돗토리 번주인 이케다 미쓰마사에게 발급한 것이다. 만약 1625년에 발급받은 것을 1618년에 발급받은 것으로 허위보고를 한 것이라면 돗토리번 또한 이러한 사실을 묵인한 것이라고 볼 수 있을 것이다. 과연 모든 사실관계를 알고 있는 돗토리번 당국자가 그런 위험천만한 행위를 방조했을 것인지에 대한 의문이 든다.

그렇다면 먼저 앞에서 기술한 오야 · 무라카와 가문이 1618년에 아베 시로고로를 통해서 막부의 허락을 받았다는 내용은 과연 이케우치 씨의 주장처럼 신임 사사봉행에게 오야 · 무라카와 가문의 울릉도 도해가 유서 깊은 것이라는 것을 강조하기 위해 도해의 역사를 보다 오래된 것처럼 설명한 것이라고 할 수 있는 것인지에 대해서 고찰해 보도록 한다.

사실관계를 명확하게 파악하기 위해서는 사료의 내용을 현재의 시점에서 판단하는 것이 아니라 악의적인 왜곡이나 조작이 없는 이상은 기술된 내용을 그대로 수긍하고서 그 맥락을 파악하려고 노력하는 것이 중요하다.

일단 오야 · 무라카와 가문이 주장하는 1617년에 당시 돗토리번에 파견을 나와 있던 아베 시로고로를 통해서 1618년에 막부의 허락을 받았다는 것은 상당히 일관성이 있다. 또한 역사적 사실과도 부합한다. '도해면허'의 발급대상자인 마쓰다이라 신타로, 즉 이케다 미쓰마사는 1617년에 막부로부터 히메지번(姬路藩)에서 돗토리번으로 전봉(轉封)을 명령받았으며, 이러한 전봉과정을 감시하기 위해 막부가 파견한 것이 아베였다. 따라서 아베가 1617년에 돗토리번에 주재했던 것은 명백한 역사적 사실이다.

오야 · 무라카와 가문은 아베를 통해 울릉도 도해에 대한 허락을 요청했으며, 그 요청은 다음해인 1618년에 막부의 승인을 받았다. 막부는 1618년에 '도해면허'를 돗토리 번주인 이케다 미쓰마사에게 발급했으며, 그 면허를 받은 미쓰마사는 오야·무라카와 가문에게 울릉도 도해를 지시했다. 이 내용에 있어서 두 가문의 주장은 상당히 일관성을 띠고 있다.

이케우치 씨의 주장대로 오야·무라카와 가문이 1625년에 '도해면허'를 발급받은 것이라면, 그들이 이미 영지를 장악한 돗토리번 당국을 도외시한 채 임무를 마치고 에도로 돌아간 아베를 찾아가서 막부의 허락을 요청하고, 그러한 요청을 막부가 받아들여서 돗토리 번주에게 '도해면허'를 발급했다는 것이 된다. 따라서 오야·무라카와 가문이 주장하는 1618년에 발급받았다는 것은 사실일 가능성이 높다. 이것을 증명해주는 것이 바로 '도해면허'의 내용이다.

막부가 돗토리번에 내린 '도해면허' 봉서는 "호키지방 요나고에서 다케시마로 몇 년 전에 배를 건네 보냈다고 들었습니다."라는 문장으로 시작한다. 이 내용을 살펴보면 요나고의 오야·무라카와 가문이 이미 울릉도로 최소한 한차례씩 도해했었다는 것을 알 수 있다. 뿐만 아니라 그들의 울릉도 도해가 돗토리번의 지시에 의한 것이었다는 것도 알 수 있다. 두 가문이 한 차례씩 도해하려면 최소한 2년의 시간이 필요하다. 따라서 '도해면허'가 발급되기 이전에도 최소한 2년간의 울릉도 도해가 이루어졌다는 것을 알 수 있다. 이 문장은 현존하는 '도해면허'가 최초로 발급된 것이 아닐 수 있다는 것을 의미한다고 할 수 있다.

에도시대에 국외로 도항하는 선박의 경우는 '주인장(朱印狀)'을 지닌 선박과 '로주봉서(老中奉書)'를 지닌 선박으로 구분할 수 있다. '주인장'의 경우는 매번 도항이 완료되면 막부에 반납하는 1회용 허가증이었다. 그리고 '로주봉서'를 지닌 선박의 경우는 막부의 로주가 나가사키(長崎)봉행소에 보내는 봉서가 필요했다. 하지만 '도해면허'는 돗토리

번주에게 발급된 것으로 전혀 다른 성격을 띤 것이라고 할 수 있다. 따라서 매년 도항이 완료될 때마다 막부에 반납하고 재발급 받는 형식의 문서는 아니었을 것이다. 그러므로 한번 발급받은 문서는 특별한 경우를 제외하고는 그대로 사용이 가능했을 것이다.

그러나 주지의 사실과 같이 에도시대에는 쇼군이 교체되거나 번주가 교체될 경우에 소령안도(所領安堵)라는 의식이 있었으며, 그 때 막부와 번주 사이의 영지에 대한 재계약이 이루어졌다.[16] 그 때 기존에 막부로부터 받은 영지에 대한 증명서를 대신하는 새로운 증명서를 발급받았으며, 그것이 쇼군과 번주 사이의 충성계약이기도 했다.

그렇다면 '도해면허' 또한 쇼군 교체 또는 번주 교체 시에 기존의 문서가 아닌 새로운 문서로 교체되어야 했을 가능성이 높다. 1624년은 제3대 쇼군 도쿠가와 이에미쓰(德川家光)가 취임한 해이다. 이에미쓰는 7월 27일에 후시미 성(伏見城)에서 정식으로 쇼군에 취임했다. 돗토리번 입장에서는 안정적인 울릉도 도해사업을 위해서는 새로운 쇼군인 이에미쓰의 허락을 받은 '도해면허'가 필요했을 것이다. 따라서 막부에 새로운 '도해면허'를 요청하고 그 허락을 받은 것이 1625년 5월 16일이었을 것이다.

이상과 같이 '도해면허'의 발급 시기에 대한 상반된 주장을 정리해보면 오야·무라카와 가문은 1617년에 아베 시로고로에게 요청하여 막부의 '도해면허'를 1618년에 발급받았으며, 그 '도해면허'로 울릉도 도해를 실시했다. 그리고 1624년에 쇼군이 교체되자 향후로도 안정적인 울릉도 도해를 약속받기 위해 새로운 '도해면허'를 신청하고 1625년에 발급받은 것으로 보는 것이 합당할 것이다. 이러한 이해를 바탕으로 앞에 언급한 사료를 살펴보면 오야·무라카와 가문의 주장이 상반되고

---

16) 大野瑞男, 「領知朱印狀」, 『日本史大事典 6』, 平凡社, 1994.

있는 것도 이해할 수 있다. 즉 그들이 최초로 '도해면허'를 막부로부터 발급받은 것은 1618년이지만 1637년에 울산에 표착한 선원들은 1625년에 재발급 받은 '도해면허'를 공식적인 것으로 인식하고 있었으며, 오야 가쓰노부 또한 동일한 인식을 하고 있었다고 볼 수 있다.

이러한 사실은 현존하는 '도해면허'가 최초로 발급된 것이 아니라는 것을 명확하게 밝혀주고 있으며, '도해면허'에 기술된 내용 또한 그 사실을 입증해주고 있다. 따라서 이케우치 씨의 '도해면허' 1625년 발급설은 시기적인 측면에서는 정확했으나 역사적 사실관계에 대한 해명이라는 부분에서는 미흡한 점이 있었다고 할 수 있다.

이상과 같이 '도해면허'의 발급 시기에 대해 고찰해 본 결과 역사적으로 돗토리번에 발급된 '도해면허'가 총 두 통이 존재했었다는 사실을 알 수 있다. 1618년에 발급된 것과 1625년에 발급된 것이 그것이다. 1618년에 발급된 '도해면허'는 1625년에 새로운 '도해면허'를 발급받으면서 막부에 반납되었을 것이므로 돗토리번 측에서 그것을 지니고 있지는 않았을 것이다. 따라서 후세에 전해지지도 않았을 것이다.

그런데 여기에서 문제가 되는 것은 1625년에 발급된 '도해면허'가 그 후로 쇼군 교체 및 번주 교체 시에 갱신되지 않고 1696년에 막부에 반납될 때까지 그대로 사용되었다는 것이다. 그것은 오야·무라카와 가문은 물론이며 돗토리번 당국조차도 울릉도로 도해하는 것에 대한 막부의 허락을 갱신하지 않고 사용했다는 것을 의미하며, 그들의 울릉도 도해가 막부의 공식적인 허락 없이 지속되었다는 것을 의미한다. 그것은 1696년에 돗토리번에 내려진 '다케시마 도해금지령'으로 불리는 막부의 '로주 봉서'에 여지없이 반영되어 있다.

몇 년 전 마쓰다이라 신타로가 이나바·호키 지방을 영지로 하였을 때에 문의한 호키지방 요나고의 죠닌 무라카와 이치베·오야 진키치가 다케

시마로 도해하였으며, 지금에 이르도록 어렵을 했을지라도 향후 다케시마
로 도해하는 것을 금지하라고 지시해야만 할 것입니다. 이 뜻을 말씀하셨
습니다. 그 취지를 잘 생각하셔야 할 것입니다. 황송하게 말씀 드립니
다.[17]

　　　　1월 28일

　　위의 문장의 밑줄 친 부분을 보면 막부는 마쓰다이라 신타로, 즉 이
케다 미쓰마사가 돗토리번을 다스릴 때 요청을 받아 허락한 울릉도 도
해가 1696년까지 그대로 지속되고 있었다는 것을 알지 못했다는 것을
명확하게 알 수 있다. 또한 1618년과 1625년에 막부로부터 '도해면허'
를 받은 이케다 미쓰마사는 1632년에 돗토리를 떠나 오카야마로 전봉
되었다. 그리고 1632년 이후 돗토리번을 다스렸던 이케다 미쓰나카(池
田光仲)는 막부로부터 발급받아야 할 '도해면허'를 요청도 하지 않았던
것이다. 그 이유는 오야·무라카와 가문이 새로운 돗토리번 당국에 요
청을 하지 않았기 때문일 것이다. 그 과정에서 돗토리번 당국자들은
오야·무라카와 가문의 울릉도 도해 사업에 대한 비용을 대여해주고
있었으며, 울릉도에서 채취해 온 전복을 특산품으로 활용하여 막부 관
계자들에게 뇌물로 공여하기도 했다. 그들이 오야·무라카와 가문이
도해하는 '다케시마'라는 섬이 울릉도인 것을 인지하고 있었는지는 알
수 없지만 1632년 이후 돗토리번이 실시한 울릉도 도해는 당시의 일본
국내법적으로 불법행위였다. 1625년에 막부가 이케다 미쓰마사에게
허락한 '도해면허'는 그대로 그들에게 상속되는 것이 아니었으며, 그들
이 도해사업을 계속할 경우에는 이케다 미쓰나카 명의의 새로운 '도해

---

17) 「竹島渡海禁止令」, 『伯耆志』, p.413, 원문은 다음과 같다.
　　先年松平新太郎因州伯州領知之節、　相窺之伯州米子之町人村川市兵衛·大屋甚吉、
　　竹嶋江渡海、至于今雖致漁候、向後竹嶋江渡海之義制禁可申付旨被仰出之候、可
　　被存其趣候、恐々謹言
　　正月廿八日

면허'로 갱신했어야만 했다. 그러나 그들은 '도해면허'를 갱신하지 않은 채로 타인 명의로 된 면허증을 사용하여 불법적인 도해행위를 몰래 하고 있었던 것이다. 막부의 '도해금지령'에 기술되어 있는 "지금에 이르도록 어렵을 했을지라도"라는 문구는 그들의 행위가 허락받지 못한 행위란 것을 명백하게 입증해주고 있다. 따라서 오야·무라카와 가문의 울릉도 도해는 조선의 영토를 침탈한 행위일 뿐만 아니라 당시의 일본정부를 기망한 행위이기도 하다. 이러한 불법적인 행위를 근거로 17세기에 영유권을 확립했다는 일본정부의 주장은 역사적 사실을 왜곡하는 것이라고 밖에 볼 수 없다.

3. '다케시마 도해금지령'과 독도[18)

　1693년에 안용복과 박어둔이 울릉도에서 납치되어 일본으로 끌려간 것으로 인해 촉발된 '울릉도쟁계'는 1696년에 에도 막부가 일본인의 도해금지를 지시하는 것으로 일단락되었다. 하지만 현재의 일본 정부 및 시마네현의 공식 입장은 막부의 '다케시마 도해금지령(이하 도해금지령)'은 울릉도만을 대상으로 한 것일 뿐 독도는 그 대상으로 한 것이 아니라는 것이다. 앞에서 언급한 '도해금지령'의 내용에 기술되어 있는 "몇 년 전 마쓰다이라 신타로가 이나바·호키 지방을 영지로 하였을 때에 문의한 호키지방 요나고의 죠닌 무라카와 이치베·오야진키치가 다케시마로 도해하였으며, 지금에 이르도록 어렵을 했을지라도 향후 다케시마로 도해하는 것을 금지하라고 지시해야만 할 것입니다[19]"라

---

18) 이 내용은 박지영, 「일본 산인(山陰)지방민과 '울릉도·독도 도해금지령'에 대하여」, 『독도연구』, 영남대학교 독도연구소, 2017에 수록된 내용의 일부분을 가필 수정한 것이다.

는 내용에도 당시 독도에 대한 일본식 명칭이었던 '마쓰시마'라는 것은 보이지 않는다. 따라서 현재 일본은 당시의 막부가 독도를 자국의 영토로 판단하고 있었다고 주장하고 있다.

그동안 이러한 일본 측 주장에 대한 한국 측 연구자들의 반론이 있었으며, 그 내용은 주로 독도는 울릉도의 속도(屬島)로 울릉도로 도해를 금지한다는 것은 당연히 독도도 포함시킨 것이라는 주장이 대다수를 이루고 있었다. 그런데 최근 당시에 울릉도로 건너가서 어로행위를 했던 오야·무라카와 가문과 막부의 담당 관료들이 '도해금지령'에 울릉도뿐만 아니라 독도도 포함되어 있다는 인식을 지니고 있었다는 것을 입증해 주는 사료가 발견되었다. 그것은 『무라카와가 문서(村川家文書)』라는 것으로 현재 돗토리현의 요나고(米子) 시립도서관에 소장되어 있다.[20]

이 문서는 1696년의 '도해금지령'으로 인해 오야·무라카와 가문이 약 70년간에 걸쳐서 생계수단으로 삼았던 울릉도에 대한 이권을 박탈당한 후에 그들의 생계를 유지하기 힘들다는 이유로 1740년에 막부의 사사봉행소(寺社奉行所)[21]와 간죠봉행소(勘定奉行所)[22], 나가사키봉행소(長崎奉行所)[23]를 상대로 청원서를 제출한 것과 관련된 것이다. 당시 두 가문을 대표하여 오야 가문의 오야 가쓰후사(大谷勝房)가 에

---

19) 「竹島渡海禁止令」, 『伯耆志』, p.413.

20) 『村川家文書』, 「延享元年子五月於江戸表奉願上候一件」, 원문 및 국역문은 경상북도 독도사료연구회, 2017, 『독도관계 일본고문서4』, 경상북도, pp.243-321에 수록되어 있다.

21) 사사봉행은 쇼군 직속의 봉행으로 절과 신사 및 그 영지의 사람들을 관리하고, 그들의 소송을 담당했다. 마치봉행, 간죠봉행과 함께 3대 봉행으로 불렸으며 가장 최상위의 봉행이었다.

22) 간죠봉행은 막부의 최고위직인 로주(老中)의 관할하에 있으며, 막부 직할령의 수세와 금전 출납, 영내 농민의 소송을 담당했다.

23) 나가사키봉행은 로주 관할하에 속하며, 에도막부의 직할령인 나가사키에서 네덜란드와 중국 대상 무역업무와 나가사키 통치를 담당했다.

도로 올라가서 청원서를 제출하였으며, 그 내용은 '도해금지령' 이후의
생계유지를 위해 오사카로 운송하는 미곡의 수송에 참여하거나, 나가
사키의 관물(貫物), 즉 무역사업에 참여할 수 있게 해달라는 것이었다.

결국 이들의 청원은 사사봉행소에서는 담당업무가 아니라는 이유로
거부당하고, 간죠봉행소와 나가사키 봉행소에서는 기존의 업자들과의
계약기간이 남아있어서 신규참여는 불가능하다는 이유로 거부당해 그
뜻을 이루지는 못했다. 하지만 청원 과정에서 오야·무라카와 가문과
막부의 담당 관료들이 '도해금지령'에 대해서 어떻게 인식하고 있었는
지를 명확하게 확인할 수 있는 내용이 기술되어 있다. 장문이지만 내
용의 정확한 전달을 위해 아래에 인용하기로 한다.

경신년(庚申年,1740년) 4월 17일,, 마키노 엣츄노카미 님께서 호출장을
보내셔서 다음날인 18일 오전 10시경에 저에게 관저로 출두하라고 지시하
셨습니다. 따라서 그렇게 하겠다는 답변서를 제출하였습니다. 따라서 18일
10시경에 출두하여 여쭤보자, 봉행님들께서 월례회의를 개최하셔서 각종
청원에 대한 조사를 시작하셨으며, 저를 부르셔서 황공스럽게 나아가서
여쭤보았습니다. 봉행님들께서 앉아 계신 순서는

- 마키노 엣츄노카미 님
- 혼다 기이노카미(本田紀伊守) 님
- 오오카 에치젠노카미(大岡越前守) 님
- 야마나 이나바노카미(山名因幡守) 님

위와 같은 순서대로 앉아 계셨습니다. 옆방에는 각 가문의 하급관리들
께서 순서대로 앉아 계셨습니다. 그 다음 방에서 저희가 제출한 청원서를
관리님들께서 꺼내서 봉행들의 앞에서 읽으셨으며, 그것이 끝났습니다.
그 다음에 엣츄노카미 님께서 말씀하셨습니다. 그것은 "규에몬, 다케시마
의 지배는 누가 한 것이냐"라고 하는 질문이었습니다. 기이노카미 님께서
도 같은 질문을 하셨습니다. 따라서 답변 드렸습니다. "다케시마를 지배하

는 것은 선조들이 받들어서 저희들까지 지배해 왔습니다"라고 말씀드렸습니다. 바로 봉행 님들께서 모두 "그것은 소중한 일이다"라고 말씀하셨습니다. 다음으로 질문하시기를 "'다케시마(竹嶋)·마쓰시마(松嶋) 두 섬에 대한 도해금지령이 내린 이후에는 호키 지방(伯耆國)의 요나고 성주가 불쌍히 여겨서 도와주셨기 때문에 생업을 유지하여 왔다'고 청원서에 적어두었는데 그렇다면 녹봉(扶持)을 받았던 것이냐'고 말씀하셨습니다. 따라서 말씀드렸습니다. "녹봉을 받은 것은 아닙니다. 불쌍히 여겨서 도와주셨다고 말씀드린 것은 요나고 성으로 각 지방에서 가지고 들어오는 생선과 조류의 도매 수수료를 받는 것을 저희 집안의 일로 맡겨 두셨습니다. 그리고 같은 처지인 무라카와 이치베(村川市兵衛)에게도 성으로 들어오는 소금 도매 수수료를 받는 것을 맡겨두셨습니다. 두 사람 모두 위와 같은 뜻을 받들어 황송하게 생각하고 있습니다"라는 뜻을 말씀드렸습니다. 그 다음으로 오오카 에치젠노카미 님께서 말씀하셨습니다. 그것은 "규에몬이 첨부서류에 적은 대로 오사카의 미곡 회선 차용 건과 나가사키(長崎)의 관물(貫物) 운송업자에 참가하는 것을 청원하는 것이냐'고 물어보신 것입니다. 따라서 답변드리기를 "도리에 어긋나지 않고 불쌍히 여기신다면 위의 두 가지를 황송하지만 부탁드린다"고 하였습니다. 그러자 에치젠노카미 님께서 말씀하시기를 "규에몬, 두 가지 건 중에 나가사키 건은 나가사키 봉행소(長崎奉行所)의 담당업무이며, 미곡 회선은 간죠봉행(勘定奉行)의 담당업무이므로 우리가 결정할 수 있는 것이 아니다. 그러므로 이 건은 간죠봉행소에서 청원하여야 하는 것이다. 우리 쪽에서 마음대로 할 수 있는 것이 아니다"라고 말씀하셨습니다.[24]

---

[24] 경상북도 독도사료연구회, 위의 책, 2017, pp.249-255, 원문은 다음과 같다.
一、申ノ四月十七日、牧野越中守様ヨリ御差紙ヲ以明十八日四時御屋敷ヘ私儀罷出可申ト被為仰付故、御請書差上、随テ十八日四時参上仕、相窺罷在候得者、御奉行様方、例月之通御寄合被為成、諸願之御吟味相始リ、私儀被為召出、乍恐罷出相窺居申候、御奉行所様方御座敷之次第

一　牧野越中守様
一　本田紀伊守様
一　大岡越前守様
一　山名因幡守様

위의 인용문은 오야·무라카와 가문이 사사봉행소에서 각 봉행들이 좌정한 가운데 조사받은 내용을 담은 것으로 그 내용을 살펴보면 1696년 의 '도해금지령' 이후에 요나고의 성주이자 돗토리 번의 가로(家老)인 아 라오(荒尾)가문으로부터 오야 가문은 생선과 조류의 도매 수수료를 징 수하는 것을, 무라카와 가문은 소금 도매 수수료를 징수하는 것을 허 락받아 생계를 유지하고 있었다는 것을 알 수 있다.

하지만 이러한 수수료 징수만으로는 생계를 유지하기가 힘들다는 이유로 위에서 언급한 것처럼 오사카로 운송하는 미곡의 수송과 나가 사키에서의 무역사업에 대한 참여를 청원한 것이다. 오야 가쓰후사는 이것을 막부로부터 허락받기 위해 1740년에 직접 에도로 가서 사사봉 행소에 청원을 하였으며, 4월 17일에 4명의 사사봉행들과 직접 면담을 하였다. 위의 내용은 그 면담에서 사사봉행들과 오야 가쓰후사의 문답 내용을 정리한 것이지만 그 후 오야 가쓰후사는 간죠봉행소와 나가사 키 봉행소에도 동일한 내용의 청원서를 제출하였다.

右之通御連座被為成候、御次ノ間御家々ノ御下役人衆中様方御連座被為成候、其次 ノ間ニテ私共奉指上候御願書御役人様方御持出シ被成候得而、 御奉行様方御前ニ テ御読上被成候得テ相終リ申候、其上ニテ越中守様被為成御意候趣、九右衛門竹嶋 之支配誰カ致候哉トノ御尋被為成候、紀伊守様ニモ御同様前ノ御尋被為成候、随テ 御請申上候、竹嶋御支配之義先祖之者共相蒙私共迄支配仕来リ候由申上候、則御奉 行様方御一同ニ夫ハ重キ事哉ト御意被為成候、次ニ御尋之趣**竹嶋松嶋両嶋渡海禁制 ニ被為仰出候以後ハ伯州米子之御城主ヨリ御憐憫ヲ以渡世仕罷在候**由願書ニ書顕 シ候段、然者扶持抔請申候哉ト御意被為成候、随テ申上候、御扶持ニテハ無御座候 、 御憐愍ト書上申候義ハ米子御城下江諸方ヨリ持参候魚鳥之問屋口銭之座則私家 督ト被為仰付下シ被置候并同役村川市兵衛儀モ御城下江入込候塩問屋口銭ノ儀被 為仰付候、 両人共ニ右之趣頂戴仕忝奉存候旨申上、 其上ニテ大岡越前守様御意被為 成候趣、九右衛門此添書書顕候通、大坂御廻米船借リ之義并長崎貫物連中江加ハリ 申度儀、弥御願申上候哉トノ御尋ニテ御座候、随テ御請申上候ハ天道ニ相叶御憐愍 相下リ申候得者、右之二品乍恐御願申上度旨申上候、然者亦越前守様ヨリ被為成御 意候趣、九右衛門二品ノ儀、長崎表ノ義ハ長崎御奉行所ノ作廻并御廻米之儀ハ御勘 定奉行方懸リニ有之候得者此方之作廻ニテ無之候故、此儀ハ御勘定方ヘ相願申候得 テ可然筋ニ候、此方ノ了簡ニ不及候ト被為仰付候.

인용문의 내용을 살펴보면 오야·무라카와 가문은 1696년에 '도해금
지령'이 내리기 전까지는 그들이 당시의 '다케시마', 즉 울릉도에 대한
지배권을 그들의 선조가 막부로부터 허락받아서 유지하고 있었던 것
으로 인식하고 있었다는 것을 알 수 있다. 하지만 그들이 그렇게 인식
하고 약 70년간에 걸쳐서 울릉도에서 어로행위를 하였다고 하더라도
앞에서 설명한 것처럼 일본 국내법질서적인 측면에서 막부의 공식적
인 허락 없이 이루어진 불법행위로 용인될 수 없는 일이었다. 그러므
로 잘못된 인식을 바탕으로 오야·무라카와 가문은 약 70년간 불법행
위를 자행하였던 것이다.

그런데 사사봉행소의 4명의 봉행과 오야 가쓰후사의 일문일답 중에
1696년의 '도해금지령' 이후에 오야·무라카와 가문이 울릉도와 독도에
대해 어떻게 인식하고 있었는지를 알 수 있는 대목이 있다. 그것은 사
사봉행들이 오야에게 질문한 내용으로 "'**다케시마(竹嶋)·마쓰시마(松
嶋) 두 섬에 대한 도해금지령이 내린 이후에는 호키 지방(伯耆國)의 요
나고 성주가 불쌍히 여겨서 도와주셨기 때문에 생업을 유지하여 왔다**'
고 청원서에 적어두었는데 그렇다면 녹봉(扶持)을 받았던 것이냐'라는
것이다.

이 내용은 오야·무라카와 가문이 사사봉행소에 제출한 청원서에
1696년의 '도해금지령'으로 인해 그들이 '다케시마', 즉 울릉도뿐만 아
니라 '마쓰시마', 즉 독도에 대한 도해도 금지 당했다고 기술하였다는
것이다. 이러한 오야·무라카와 가문의 인식은 현재 일본 정부가 주장
하고 있는 것과는 상반된 것이다. 나아가 이러한 인식이 오야·무라카
와 가문만의 인식에 그치는 것이 아니라 막부의 공식기관인 사사봉행
소의 4명의 봉행 모두가 그러한 인식에 대해 이의를 제기하지 않고 그
대로 인정하고 있었다는 것을 보여주고 있다.

뿐만 아니라 오야 가쓰후사는 동일한 청원서를 간죠봉행소와 나가

사키봉행소에도 제출했는데, 두 곳 모두 이러한 인식에 반론을 제기하지 않았다. 그것은 1740년 당시의 에도 막부도 1696년의 '도해금지령'에 울릉도뿐만 아니라 독도도 포함되어 있었던 것으로 인식하고 있었다는 것을 입증해주는 것이기도 하다. 그러므로 위의『무라카와가 문서』에 기재되어 있는 내용은 1696년의 '도해금지령'이 울릉도뿐만 아니라 독도에 대한 도해도 금지한 것이며, 현재의 일본 정부가 주장하고 있는 것이 거짓이라는 명백한 증거라고 할 수 있다.

　이와 관련해서 '울릉도 쟁계' 당시의 돗토리 번 당국자는 "울릉도, 독도는 물론 그 외에 돗토리 번에 속하는 섬은 없다"고 막부에 보고하고 있으며,[25] 특히 "마쓰시마(독도)는 어느 지방에도 부속되지 않는다고 들었습니다."[26]라고 보고한 것으로 보아 당시에 이미 독도 또한 조선 영토로 인정하고 있었다는 것을 알 수 있다. 따라서 '울릉도 쟁계' 이후에 도해가 금지된 것은 울릉도뿐만 아니라 독도도 포함되어 있었다는 것이 명백한 것이라는 것을 알 수 있다.

4. 안용복의 1696년 도일 목적

　1696년 5월 15일에 울릉도를 출발한 안용복은 승려 뇌헌 등과 함께 일본 돗토리 지방으로 건너갔다가, 8월 29일에 강원도 양양으로 돌아왔다. 그 사이 안용복은 5월 18일부터 6월 3일까지 오키노시마를 방문하고, 돗토리번의 아카사키(赤崎) 지역에 도착한 것은 6월 4일이었다. 그 후 8월 6일에 돗토리 지방을 벗어나기까지 약 2개월 반에 걸쳐서

---

25) 『竹島之書付』, 「亥12月24日 竹島の御尋書の御返答書 同25日に平馬持参 曾我六郎兵衛に渡す」.
26) 『竹島之書付』, 「小谷伊兵衛差出候竹島の書付」.

안용복 일행은 일본에 체류했다.

이러한 안용복 일행의 일본 도해에 관해서는 조선 측은 비변사에서 조사한 내용이 현재까지 남아있으며, 일본 측은 2005년에 발견된 무라카미(村上) 가문의 『겐로쿠 9년 병자년 조선 선박 도착 관련 한권의 각서(元禄九丙子年朝鮮舟着岸一卷之覺書)』(이하 『원록각서』)와 돗토리번의 번정 사료 등에 자세하게 기록되어 전해지고 있다.[27]

안용복이 비변사의 조사과정에서 진술한 내용을 간략하게 정리해보면 원래 안용복은 동래에 살고 있었다. 하지만 어머니를 만나기 위해 울산으로 갔을 때 우연히 승려인 뇌헌 일행을 만났으며, 그들에게 1693년에 울릉도로 갔다 온 사실을 얘기하고 그곳의 해산물이 풍부하다는 얘기를 하자 뇌헌 등이 그 섬에 흥미를 가지고 함께 울릉도로 가게 되었다. 하지만 그곳에 도착하자 일본에서 온 선박이 많이 정박해 있기에, 안용복은 이전의 경험을 바탕으로 "울릉도는 조선의 땅인데, 일본인이 왜 감히 국경을 넘어 침범하였는지를 따지며 그들을 체포하겠다고 했다"고 한다.

그러자 일본인들은 "자신들이 원래 송도(松島)에 살고 있는데, 어쩌다가 고기를 잡으러 왔으며, 지금 돌아가려고 하던 참이라고 했다"고 한다. 그 말을 들은 안용복은 "송도는 자산도로 이것도 또한 우리나라의 땅인데 너희들이 왜 감히 그곳에 사는가?"라고 물었으며, 다음날 배를 타고 자산도로 가보니 일본인들이 솥을 걸고 기름을 끓이고 있었다고 했다. 안용복은 그 솥을 깨부수고 큰 소리로 혼을 내자 일본인들은 배를 타고 돌아갔으며, 안용복은 그들의 뒤를 쫓아서 가던 도중에 광풍을 만나 일본으로 건너갔다고 한 것이다.

즉 안용복은 애초부터 일본으로 가기 위한 목적으로 울릉도로 간 것

---

[27] 안용복의 제2차 도일의 자세한 행적에 관해서는 池內敏, 앞의 글, 2007; 池內敏, 앞의 글, 2008; 朴炳涉, 앞의 글, 2009를 참조.

이 아니라 우연히 울산에서 만난 뇌헌 등과 함께 울릉도로 어렵을 하기 위해 간 것이었다. 그 과정에서 울릉도와 독도에 일본인이 와 있는 것을 발견하고, 도주하는 그들을 쫓아서 가다보니 일본으로 건너가게 되었다는 것이다. 뿐만 아니라 단지 도주하는 일본인을 쫓아간 것이지 일본으로 가려는 목적으로 간 것도 아니었다고 주장하고 있다. 즉 도주하는 일본인들을 추격하던 중에 갑자기 광풍을 만나 표류하여 옥기도(玉崎島, 오키노시마)에 도착했다는 것이 안용복의 변명이다.

안용복은 광풍으로 인해 오키노시마에 표착했으며, 그곳에서 도주(道主)를 만나 방문 이유를 설명하는 과정에서 "근년 여기에 와서 울릉도와 자산도를 조선의 땅으로 정하고 관백의 서계(書契)까지 받았음에도 불구하고 이 나라에서는 정해진 규칙이 없어 지금 또 다시 우리 땅을 침범했다. 이것은 무슨 도리냐?"라고 물었더니, "돗토리번에 전달하겠다고 답변한 후 오랫동안 소식이 없었다"고 주장하고 있다. 즉 안용복은 울릉도에서 만난 일본인들을 추적하던 중에 광풍을 만나 오키노시마에 표착하였으며, 그곳에서 접촉한 오키노시마의 일본 측 관리에게 일본인의 울릉도 불법도항 및 어로행위를 따졌다는 것이다.

이것이 조선 측 기록에 나타난 안용복의 일본 도해 이유이자 목적이다. 즉 일본인이 여전히 조선 영토인 울릉도로 출어하고 있는 것을 일본 정부 관계자에게 항의하기 위해서 건너갔다는 것이다. 또한 그것은 미리 계획한 것이 아니라 우연히 발생한 일본인과의 조우로 인해 돌발적으로 발생한 것이었다. 그 이후 그의 약 2개월 반에 걸친 일본에서의 행적과 관련해서는 그 진위여부를 두고 연구자들 사이에서 갑론을박이 이루어지고 있다. 그러나 이 연구에서는 그 진위여부에 대해서는 선학들의 연구에 맡기고 단지 안용복이 1696년에 스스로 일본으로 건너간 목적이 무엇인가에 대해서만 검토해보고자 한다.

안용복의 일본 도해 목적에 대해서는 그것을 밀항으로 규정하고 이미 1696년 2월에 막부가 돗토리번에 울릉도로 도해하는 것을 금지시키고 그들이 지니고 있던 '도해면허'도 반납시켰으므로 그곳에서 일본 어민을 만날 일도 없으며, 또한 일본으로 건너와서 울릉도와 독도가 조선 영토라는 것을 밝힐 일도 없었다는 주장도 있다.[28]

그러나 돗토리번 당국이 '도해면허'를 막부에 반납한 것은 2월이었지만, 실제로 오야·무라카와 가문을 비롯한 돗토리번의 주민들에게 전달한 것은 8월이었으므로 그 사이에 도해가 금지된 것을 알지 못하던 오야·무라카와 가문이 도해를 했을 가능성도 있지만 실제로는 도해하지 않았을 것이라는 주장도 있다.[29]

그리고 『원록각서』에 대한 분석과 다른 사료와의 비교검토 결과, 안용복의 소송 목적이 "다케시마와 마쓰시마를 조선의 영토로 주장했다"는 등과 같은 것이 아니었다는 것은 명백하며, 오히려 쓰시마번에서 냉대받은 사실을 돗토리번에 호소하기 위해서 도일한 것이라는 주장도 있다.[30]

이와 관련해서는 앞에서 언급한 무라카미 가의 문서인 『원록각서』에 따르면 안용복이 울릉도에서 일본인들을 만났으며 그들을 쫓아서 온 것이라는 내용이 전혀 실려 있지 않으므로 일본인과의 조우는 존재하지 않았을 가능성이 높다. 그리고 당시의 오야·무라카와 가문의 경제 상태를 감안하여 고려해본다면 1696년의 도해는 이루어지지 않았을 가능성이 높다는 것이 합리적인 설명이다.[31]

---

28) 下條正男, 「最終報告にあたって「竹島の日」条例から二年」, 『「竹島問題に関する調査研究」最終報告書』, 2007, p.4.

29) 朴炳涉, 앞의 글, 2009, p.30.

30) 池內敏, 앞의 글, 2007, p.10.

31) 박병섭의 주장에 따르면 오야·무라카와 가문은 매년 울릉도로 도해할 때 돗토리번으로부터 울릉도 도해사업자금으로 은(銀) 10kg을 대여 받았으나, 1695년에는 돗토리번이 대여를 거부했다. 그럼에도 불구하고 도해를 감행했지만 이미 조선인들이 울릉도에 와 있었기 때문에 아무런 수확을 얻지 못하고 귀국했다. 朴炳涉, 앞의

따라서 안용복이 울릉도에서 오야·무라카와 가문의 어부들과 만났을 가능성은 낮으므로 안용복이 비변사에서 한 진술이 진실이 아닐 가능성이 높다. 그렇다면 안용복은 우연히 울릉도에서 조우한 일본인들을 추적하다가 광풍을 만나 일본의 돗토리 지방으로 표착한 것이 아니라 처음부터 어떤 목적을 지니고 일본으로 건너간 것이라고 보는 것이 타당한 것인지에 대해 고찰해보기로 한다.

안용복의 도일 목적과 관련해서 그가 지참하고 있었던 '조선팔도지도(朝鮮八道之圖)'라는 것이 큰 의미를 지니고 있다. 이 '조선팔도지도'에 대해서는 지금까지 많은 연구자들 사이에 지도라는 개념으로 인용되고 있으며, 그것을 처음부터 안용복이 일본 측에 제시하기 위해 조선에서 지니고 건너갔다고 회자되고 있다.

이 지도와 관련해서 이케우치 사토시 씨는 다음과 같은 견해를 피력하고 있다. 약간 긴 문장이지만 정확한 의미전달을 위해서 인용하는 것으로 한다.

안용복이 다케시마·마쓰시마를 기재한 '조선팔도지도'를 지참하고, 뿐만 아니라 최초의 대담에서 처음부터 제시한 이유는 무엇일까라는 문제가 있을 수 있다. 해답은 간단하다. 1693년에 다케시마에서 포박되어 오키를 경유하여 돗토리번으로 연행된 안용복은 돗토리번에서는 갖가지 생활에 필요한 물품을 지급받으며 좋은 대접을 받았다. 하지만 쓰시마번에 인계된 후부터는 냉대를 받게 되었다. 그 냉대를 받은 사실을 돗토리번에 호소하기 위해서는 자신이 그러한 경험을 했던 당사자라는 것을 돗토리번에 알릴 필요가 있다. 다케시마에서 포박되어 마쓰시마나 오키를 경유하여 돗토리번의 영토인 요나고까지 끌려갔다는 소위 '당사자만이 알 수 있는 비밀을 밝히는 것'을 당시에는 어떻게하면 가능했을까? 산인지방에서 사용되고 있던 섬의 이름 즉 마쓰시마나 실제로 자신이 포박된 섬 즉, 다케시마가 기재된 '조선팔도지도'를 지참하는 것은 바로 그것을 증명해

글, 2009, p.31.

주는 문서가 되는 유일한 길이었던 것이다.[32]

이처럼 안용복은 자신이 1693년에 울릉도에서 납치되어 일본으로 끌려왔던 사람이란 것을 증명하기 위해서 '조선팔도지도'를 지니고 있었다고 이케우치 씨는 주장하고 있다. 하지만 이러한 주장에는 논리적인 타당성이 결여되어 있다는 것을 알 수 있다. 본인이 1693년에 일본으로 끌려 온 장본인이라는 것을 증명하기 위해 굳이 울릉도와 독도의 일본 측 명칭이 기재된 '조선팔도지도'를 제시할 필요성은 없을 것이다. 그리고 일본 측에서 사용하는 명칭을 안용복이 알고 있다는 사실이 3년 전에 그가 일본으로 왔던 당사자라는 것을 증명해주는 증거가 될 리도 없다.

안용복의 도일과 관련해서 『원록각서』에는 다음과 같은 내용을 기록하고 있다. 『원록각서』는 오키노시마에서 안용복 일행을 조사한 일본 측 관리들이 그 당시에 직접 기록하여 막부에 제출한 보고서이므로 당시의 상황을 설명해주는 가장 신뢰성이 높은 사료 중의 하나라고 할 수 있다.

> 안용복이 말하기를 "자신이 타고 있는 배의 11명은 호키지방(돗토리번)으로 가서 돗토리의 호키노카미 님에게 말씀드릴 것이 있어서 갑니다. 바람 사정이 안 좋아서 이곳에 기항했습니다. 순풍으로 바뀌는 대로 호키지방으로 도해하겠습니다.(중략) 안용복과 도라베, 두 사람은 4년 전 계유년 여름에 다케시마에서 호키지방 배에 끌려갔습니다. 그 도라헤로 이번에 동행하였지만 다케시마에 남겨두고 왔습니다.[33]"

앞의 내용으로부터 알 수 있는 것은 안용복 일행이 처음부터 돗토리

---

32) 池内敏, 앞의 글, 2007, p.10.
33) 『元禄九丙子年朝鮮舟着岸一卷之覺書』.

번주를 상대로 무언가 호소할 것이 있어서 일본으로 건너왔다는 것이다. 그리고 자신이 그 당사자라는 것을 증명하기 위해서 자신을 납치하여 끌고 갔던 사람들의 정체에 대한 언급과 당시에 같이 끌려왔던 박어둔에 대한 언급도 하였다. 이 정도면 본인이 그 장본인이라는 것을 입증할 수 있었을 것이다. 또한 안용복의 목적지인 돗토리번으로 가기만 하면 그가 장본인이라는 것을 증명하는 것은 그다지 어려운 일이 아니었을 것이다. 불과 3년밖에 지나지 않은 일이었으므로 그 당시에 안용복과 접촉했던 돗토리번의 관리들이 그를 기억하고 있었을 것이다. 그러므로 굳이 오키노시마에서 자세하게 그들의 정체를 입증해야할 필요성은 없었을 것이라고 할 수 있다.

특히 『원록각서』에 기술되어 있는 것처럼 안용복은 소송목적이 무엇인지를 작성하여 제출해달라는 오키노시마 관리들의 요구를 처음에는 수락했다가 다음날 아침에 돗토리번으로 가서 자세하게 설명할 것이므로 묻지 말아달라고 답변한 것을 보면 그가 오키노시마의 막부 관리들을 상대로 자세하게 설명할 필요성을 느끼지 않고 있었다는 것을 잘 알 수 있다. 그리고 안용복은 오키노시마에서 그가 1693년에 일본으로 끌려 온 장본인이라는 것을 입증해야만 하는 상황에 놓여 있지도 않았다. 단지 그에게 오키노시마는 광풍으로 인해 표착했거나, 아니면 그냥 돗토리번으로 가는 도중에 기항한 곳에 불과했던 것이다.

오히려 안용복 일행이 오키노시마에서 한 행동 중에 가장 중요한 것은 돗토리번 당국에 제출할 소송서류를 작성한 것이다. 1696년 5월 22일, 안용복 일행은 배안에서는 흔들림으로 인해서 서류를 작성하기 어렵다는 이유로 상륙하여 농가를 빌려서 배안에서 작성한 초고를 '소송일권(訴訟一卷)'으로 작성했다고 한다. 이 내용에서 알 수 있는 것은 그들이 배안에서 서류의 초안을 작성했다는 것이다. 그 문서의 내용이 어떠한 것인지는 정확하게 알 수 없으나, 『원록각서』에 실린 다음의 내용을 본다면 추측이 가능할 것이다.

> - 안용복이 말하기를 다케시마를 다케노시마라고 부르며 조선국 강원
>   도 동래부 안에 울릉도라고 부르는 섬이 있는데, 이것을 다케노시마
>   라고 한다는 것입니다. 팔도의 그림에 기재하여 지니고 있습니다.
> - 마쓰시마는 위와 같은 강원도 안에 자산이라고 부르는 섬이 있습니
>   다. 이것을 마쓰시마라고 합니다. 이 두 개 모두 팔도 그림에 기재하
>   였습니다.
> - 다케시마와 조선 사이는 30리, 다케시마와 마쓰시마와의 사이는 50리
>   가량 됩니다.[34]

이 내용을 본다면 안용복 일행이 얘기한 울릉도와 자산도라는 것이
현재의 울릉도와 독도를 가리키고 있다는 것을 알 수 있다. 또 안용복
일행은 오키노시마에 도착하자마자 '조선팔도지도'라는 것을 제시하였
으므로 지도를 일본으로 건너가기 전에 조선에서 입수하여 지니고 갔
다는 것을 알 수 있다. 그리고 울릉도와 독도를 "두 개 모두 팔도 그림
에 기재하였습니다."라는 내용으로부터 알 수 있는 것은 그들이 직접
'조선팔도지도'에 울릉도와 독도를 기재하였다는 것을 알 수 있다.

그렇다면 안용복 일행은 언제 '조선팔도지도'에 울릉도와 독도를 기
재한 것인지에 대한 의문을 해소할 필요가 있다. 그들이 일본으로 건
너가기 전에 돗토리번에 서류를 제출하여 소송을 할 의도가 있었다면
출발 전인 울산 또는 울릉도에서 작성하였을 것이다. 하지만 배 안에
서 서류를 작성하기 어렵다는 것은 이미 5월 22일의 행적을 통해서 보
면 알 수 있다. 따라서 안용복 일행은 오키노시마에서 농가를 빌려서
돗토리번에 제출할 서류를 작성했다. 이러한 사실을 본다면 그들은 애
초부터 서류제출을 통한 소송을 상정하지 않은 채로 일본으로 건너왔

---

34) 『元禄九丙子年朝鮮舟着岸一卷之覺書』.

지만, 오키노시마에 도착하자마자 '조선팔도지도'를 제시한 것을 보면 울릉도와 독도를 거쳐 오는 과정에서 기재했을 가능성이 높다.

그리고 안용복 일행의 소송내용에 울릉도와 독도에 대한 내용이 포함되어 있었다는 것은 위의 『원록각서』의 내용을 통해 알 수 있다. 그렇다면 그들이 자신들의 주장을 관철하기 위한 보조서류로서 '조선팔도지도'가 필요했을 것이라는 것은 당연한 수순일 것이다. 또한 일본 측의 이해를 돕기 위해 그 섬들을 일본에서 무엇이라고 부르는지도 밝혀줄 필요가 있었을 것이다. 때문에 그들은 '조선팔도지도'를 작성했으며, 그것을 그들이 지니고 있다고 오키노시마 관리들에게 밝힌 것이다. 따라서 그들이 지니고 있다고 밝힌 '조선팔도지도'는 일본으로 도해하기 전에 입수한 것이며, 도해과정에서 지도에 울릉도와 독도를 기재한 것으로 보는 것이 타당할 것이다.

위와 같은 내용을 정리하면 안용복 일행은 울산을 출발한 후 울릉도를 거쳐서 일본의 오키노시마로 갔으며, 그 과정에서 일본인과 조우를 했는지는 불명확하지만 그렇다고 해서 안용복 일행이 스스로 일본으로 간 사실에는 변함이 없다. 그리고 오키노시마에서 만난 막부의 관리에게 돗토리번에 송사를 하기 위해 가는 도중에 잠시 기항한 것이라는 뜻을 밝혀서 그들의 도일 목적이 돗토리번에 대한 소송에 있다는 것을 알렸다. 또한 그 내용에 대해 자세하게 밝히지는 않았지만 울릉도와 독도에 대한 설명을 하였으며, 일부러 '조선팔도지도'에 울릉도와 독도를 기재하고 조선의 강원도 소속임을 밝히고 있었다.

따라서 안용복 일행의 도일 목적은 돗토리번에 대한 소송이며, 그 소송내용에 울릉도와 독도가 관련이 있다는 것을 알 수 있다. 하지만 안용복은 돗토리번에 도착한 이후에 울릉도와 독도에 관한 언급을 하지 않았다는 다음과 같은 일본 측 기록이 있다. 이 기록을 근거로 하여 안용복의 도일목적이 울릉도와 독도의 영유권 주장과는 무관하다는 주장도 있다.

   (돗토리번의 요시다 헤마가) "오키지방에서 조선인 11명이 배 1척을 타고 6월 4일에 호키에 도착하였습니다. 그 중에 5명은 출가한 승려입니다. 호키에 있는 가로(家老)가 이나바(因幡)에 빠르게 전달해왔습니다. 예전부터 우리 쪽(돗토리번)에서는 아무 것도 받아들이지 말고 나가사키 봉행소로 보내도록 전해왔습니다. 그래서 이나바로 가는 것은 안 된다고 말했지만 화를 내며 노로 우리 쪽 사람을 때려눕히면서 '우리만 먼저 온 것이다. 다케시마에는 조선 배가 30척 이상 와 있다'고 말하였습니다. 다음 날인 5일에 조선인을 이나바에 붙잡아 두었습니다. 11명 중에 몇 년 전에 다케시마에 왔던 조선인 안히챠쿠는 여러 가지 사정을 잘 알고 있으며, 대충 일본말도 할 줄 압니다. 소송 건은 그 쪽(쓰시마번)에 관련된 일인 것으로 들었습니다. 그렇지만 가가노카미(加賀守) 님에게 그쪽의 일을 어떻게 말하기 어려우므로 아무 것도 말이 통하지 않는다고 보고했습니다. 그것과 관련해서 가가노카미 님의 생각은 '필담으로 해결이 되지 않는가? 필담은 하지 않았는가?'라고 물어보셨습니다. 그래서 '필담을 한다면 소송을 받아들이는 것과 같은 것이 되므로 필담도 하지 않았다'고 보고했습니다. 어쨌든 그 쪽의 일이므로 어떻게 해서든지 이나바에 통역을 위한 사무라이들을 파견해 주시기를 바랍니다." 그리고 "몇 년 전에 안히챠쿠가 다케시마에 왔을 때 그 쪽의 영지나 조선에 있는 왜관에서 포박하지 않았습니까?"라는 말을 하며, "어쨌든 그 쪽의 일을 얘기하고 있다"고 말하였습니다. 따라서 한베(半兵衛)는 "이전에 그런 일을 들은 적이 없습니다"라고 답변하였습니다.[35]

   인용문에 나오는 가가노카미는 막부의 로주(老中)인 오쿠보 가가노카미(大久保加賀守)를 가리키는 것이며, 요시다 헤마(吉田平馬)는 돗토리번의 에도번저에 근무하는 루스이(留守居)이다. 그리고 한베는 쓰시마번의 에도번저에 근무하는 루스이 스즈키 한베(鈴木半兵衛)를 가

---

35) 『竹島紀事』, 元禄九年六月二十三日.

리킨다.

위의 내용은 돗토리번에 도착한 안용복 일행을 조사하기 위해 쓰시마번의 통역관을 파견하라는 막부의 지시를 전달하기 위해 쓰시마번의 스즈키 한베를 찾아간 돗토리번의 요시다 헤마가 전달한 일련의 사정이다. 여기에서 보면 돗토리번에 도착한 안용복 일행은 1693년에 안용복이 일본으로 납치되어 왔다가 조선으로 귀국하는 길에 쓰시마번에서 받은 취급에 대한 불만을 호소하고 있었다는 것을 알 수 있다. 요시다 헤마의 "몇 년 전에 안히챠쿠가 다케시마에 왔을 때 그 쪽의 영지나 조선(왜관)에서 포박하지 않았습니까?"라는 질문이 그 내용을 단적으로 설명해주고 있다.

안용복은 나가사키 봉행소로부터 쓰시마번에 인계되자마자 죄인 취급을 받았으며, 묶인 채로 이동하고 심지어 동래왜관에 도착한 후에도 40일간 감옥에 감금되어 있었다. 이러한 쓰시마번 측의 취급은 그 이전에 돗토리번에서 받은 대우와 비교해보면 매우 큰 차이가 있었다. 그리고 안용복 개인의 입장에서 봤을 때 자신은 조선 땅인 울릉도에서 조업을 하던 중에 불법적으로 일본 측 어민에게 납치되어 끌려간 피해자임에도 불구하고 쓰시마번의 죄인 취급은 감내하기 어려운 일이었을 것이다. 따라서 안용복은 쓰시마번에 대한 매우 큰 불만을 지니고 있었을 것이다.

그래서 이케우치 씨는 안용복의 도일 목적이 앞에서 언급한 것처럼 쓰시마번에서 "냉대를 받은 사실을 돗토리번에 호소하기 위한 것"이라고 주장하고 있다. 그러나 박병섭 씨는 "과연 단지 냉대 받은 것을 호소할 목적으로 중대한 범죄인 해금(海禁)을 어기면서까지 일본으로 갔을까?"라는 의문을 던지면서 "일반적으로 개인적인 원한 등은 해를 넘기면 약해지는 것으로 안용복이 쓰시마번에서 냉대를 받은 지 3년이나 지나서 원한을 호소하기 위해 중죄를 각오하고 도일을 결의한 것이라고 보는 것은 동기로서 약하다"며 이케우치 씨의 주장을 부정하고 있다.[36] 오히려 박병섭 씨는 1695년에 안용복이 또 다시 울릉도로 도해하였으며 그곳에서 일본인 어민들과 조우한 것이 아닐까라는 가설을 세우고, 여전히 울릉도를 침범하고 있는 일본인들이 행위가 그의 원한과 의분을 되살려 그로 하여금 중대한 결의를 하게 한 것일지도 모른다는 주장을 하고 있다. 그 중대한 결의란 것은 "1695년에 울릉도로 출어한 안용복은 일본인이 울릉도에 있는 것을 목격하고 일본인이 조선 영토로 계속해서 도항하는 것을 어떻게 해서든지 막겠다고 결심했다"는 것이다.[37]

하지만 오키노시마와 돗토리번에서 안용복은 그러한 "중대한 결의"를 표명하지는 않았다. 오히려 돗토리번에서의 소송내용을 검토하면 쓰시마번에서 받은 죄인 취급에 대한 불만만을 밝혔을 뿐이다. 따라서 안용복이 일본인의 조선 영토 침범을 막겠다는 "중대한 결의"를 하고 1696년에 울릉도로 건너갔으며, 나아가 일본으로 건너간 것일 것이라는 주장은 문제점이 많다. 왜냐하면 1695년에 울릉도에서 일본인과 조우한 안용복이 1년간의 준비기간을 거치고 이듬해인 1696년에 울릉도를 거쳐 돗토리번으로 가는 과정에서 어떠한 계획성도 보이지 않기 때문이다.

안용복은 일본에 도착해서 소송관련 문서를 작성하였는데, 만약 그가 처음부터 일본정부를 상대로 어떠한 목적을 지니고 있었다면 출발 전에 이미 관련문서를 작성해서 지니고 출발했어야만 할 것이다. 하지만 안용복은 오키노시마에 도착해서 일본 측 관리의 요구를 받고 문서를 작성하기 시작했다. 특히 안용복은 3월 18일에 영해를 출발하여 그날 바로 울릉도에 도착했으나, 그 후 5월 15일까지 약 2개월간 울릉도

---

36) 朴炳渉, 앞의 글, 2009, p.40.
37) 朴炳渉, 위의 글, p.43.

에서 체류하고 있었다. 만약 그가 1695년에 "중대한 결의"를 하고 일본인들의 영토 침범을 막기 위해 일본으로 건너가려고 결심했다면, 그가 울릉도에서 이토록 장기간 체류한 이유를 설명할 수가 없다. 국법을 어기면서까지 실행할 "중대한 결의"를 했을 정도라면 울릉도에서 장기간 체류할 것이 아니라 곧 바로 일본으로 출발하는 것이 상식적인 행동이라고 할 수 있다. 그러므로 안용복의 1695년도 울릉도 도해라는 가설이 사실이라 할지라도 그가 1696년에 일본으로 도해한 이유를 명확하게 설명하기에는 부족하다고 할 수 있다.

　그렇다면 안용복 일행, 특히 안용복의 도일 목적은 과연 무엇이었을까? 앞에서 언급한 내용들을 정리해보면 명확하지는 않지만 그 해답이 나올 것이다. 그 해답과 관련해서 일단 안용복이라는 개인의 입장에서 일련의 사건들을 돌아볼 필요가 있을 것이다. 1693년, 안용복은 조선의 영토인 울릉도에서 조업 중에 박어둔과 함께 돗토리번의 어민들에게 납치되어 일본으로 끌려갔다. 그 이후 돗토리번을 떠나 나가사키와 쓰시마를 거쳐 귀국했으며, 그 여정은 약 8개월에 이르렀다. 그 과정에서 쓰시마번은 그를 일본의 영토를 침범한 죄인으로 취급하였으며, 그를 포박하여 감옥에 가두어 두기까지 했다. 뿐만 아니라 조선에 인계된 후에도 또다시 금지된 울릉도 도해가 문제가 되어 옥살이까지 하게 되었다. 개인적으로는 상당히 억울한 입장에 처하게 된 것이다. 상식적으로 이러한 억울한 입장에 처하게 되면 그에 대한 보상을 받고 싶은 것이 인간적인 행동일 것이다.

　하지만 이러한 억울한 사정을 보상해 줄 당사자는 사건의 원인을 제공한 돗토리번의 어민들뿐이었다. 그들은 조선이 아닌 일본에 있었으며, 당시의 제도상 개인이 외국을 상대로 어떠한 보상을 받을 수 있는 방법은 없었다. 따라서 안용복은 자신이 당한 억울한 일에 대한 보상을 요구하기 위해 국법을 어기면서까지 일본 도해를 결심하게 되었으

며, 그것을 1696년에 실행한 것이라고 보아야 할 것이다. 안용복이 돗
토리번 당국을 상대로 쓰시마번에서 당했던 죄인 취급에 대한 얘기를
한 것도 본인의 억울한 사정을 호소하기 위한 방편이었을 것이며, 또
한 '조선팔도지도'를 준비하여 제시한 것도 그가 납치된 곳이 일본에서
는 '다케시마'라고 불리는 곳이지만 명백하게 조선 영토인 울릉도라는
것을 입증하기 위한 것이라고 볼 수 있다.

그러나 돗토리번 당국이 안용복에게 보상을 해줄 수는 없었을 것이
다. 만약 보상을 해주고 훗날 그 사실이 발각되면 막부의 문책을 피할
수 없기 때문이다. 따라서 돗토리번 당국은 쓰시마번 측에 책임을 떠
넘기는 회피행위를 하였다. 돗토리번의 요시다 헤마가 쓰시마번의 스
즈키 한베에게 한 "몇 년 전에 안히챠쿠가 다케시마에 왔을 때 그 쪽의
영지나 조선(왜관)에서 포박하지 않았습니까?"라는 질문은 바로 그것
을 의미하는 것이다. 즉 막부의 지시대로 표류민 송환절차에 따라 나
가사키에서 쓰시마번에 안용복과 박어둔을 인계한 돗토리번은 그들을
가마에 태워 나가사키까지 호송하는 등, 상당히 후하게 대접하였으며,
그로인해 책임을 져야할 아무런 행위를 하지 않았다. 그런데 쓰시마번
측이 그들을 죄인으로 취급하여 문제의 소지를 제공하였으므로 그 책
임을 질 것을 요구한 것이다. 돗토리번 입장에서는 당연한 귀결이었을
지 모르겠지만 안용복 입장에서는 그렇지 않았을 것이다. 그는 원인을
제공한 돗토리번 당국이 책임을 져야한다고 판단해서 쓰시마번이 아
닌 돗토리번을 찾아온 것이었기 때문이다.

이상과 같이 일련의 전개과정을 살펴보면, 안용복은 1693년에 자신
을 조선영토인 울릉도에서 납치해서 상당한 피해를 준 어민들을 대신
하여 돗토리번 당국 혹은 일본정부에 보상을 요구하기 위해 스스로 일
본으로 건너간 것이라고 보아야 합당할 것이다. 결국 안용복은 자신의
목적이었던 개인적인 피해보상을 받지 못하고 귀국하였으나, 그가 한

행동은 독도영유권 문제에 상당히 큰 영향을 미쳤다. 그는 자신이 당했던 억울한 사정을 설명하기 위해 자신이 납치된 장소인 울릉도와 일본 측에서 '마쓰시마'라고 부르던 자산도, 즉 현재의 독도도 조선의 영토이며 강원도에 속한 섬이란 인식을 돗토리번 당국에 명백하게 밝혔다. 즉 비록 안용복의 도일 목적이 울릉도와 독도에 대한 영유권을 주장하기 위한 것은 아니었을지라도, 그 과정에서 영유권을 명백하게 밝혔다는 것은 부정할 수 없다. 이와 같은 안용복의 활약으로 인해 17세기에 일본이 독도에 대한 영유권을 확립했다는 주장은 명확하게 부정되고 있으며, 울릉도뿐만 아니라 독도 또한 한국인의 생활 터전이었음이 입증되는 것이다.

5. 맺음말

이상과 같이 이 연구에서는 17세기 말에 조일양국 간에 벌어진 '울릉도쟁계'와 관련해서 쟁점이 되고 있는 문제 중에 돗토리번과 관련 있는 부분만을 선정하여 돗토리번의 사료를 중심으로 살펴보았다. 그것은 '도해면허'의 발급 시기와 성격, '도해금지령'의 독도, 그리고 안용복의 도일 목적에 대한 기존 연구에 대한 분석과 사료에 드러난 사실관계를 해석하여 역사적 사실관계를 규명하려고 한 것이다.

독도문제와 관련해서 21세기의 시점에서 17세기의 역사적 사실을 조망해보면 현재의 일본정부보다 17세기의 일본정부가 보다 합리적인 판단을 하고 있었다는 생각이 드는 것은 필자만이 아닐 것이다. 에도시대의 막부는 당시의 지리적 식견으로 인해 울릉도와 독도가 정확하게 어디에 있는지는 알지 못했지만, 그것이 조선의 영토라는 것을 알게 되자 바로 일본인들에게 도해를 금지하는 명령을 내릴 정도로 명석

했다. 그런데 현재의 일본인들은 17세기 일본인들에 대해서도 제대로 된 이해를 하지 못하고 있는 것이 아닌가라는 생각이 든다.

본문에서 언급한 것처럼 에도시대에는 쇼군과 번주는 일종의 계약 관계를 전제로 하는 주종관계였다. 따라서 쇼군이 교체되거나 번주가 교체될 경우에는 통상적으로 새로운 계약관계를 맺어왔다. 주지하는 바와 같이 '도해면허'는 막부, 즉 쇼군이 울릉도로 직접 도해하여 어렵 활동을 했던 오야·무라카와 가문에게 내린 것이 아니라, 돗토리번의 번주로 있었던 마쓰다리아 신타로, 즉 이케다 미쓰마사에게 내린 것이다. 이것은 주군인 쇼군과 신하인 번주 사이에 이루어진 일종의 계약 관계이다. 따라서 '도해면허'와 같은 중요문서는 쇼군이나 번주가 교체되면 당연히 갱신되어야 하는 것이 맞다. 그러나 지금까지는 현존하는 '도해면허'가 유일무이한 것으로 해석되어 왔으며, 그 문서의 효력이 영원히 가는 것으로 호도되어져 왔다. 하지만 '도해면허'는 이케다 미쓰마사에게 내려진 것이므로 그가 사망하거나 번주에서 물러나면 효력이 상실되는 것이 에도시대의 일반적 상식이다. 그러므로 돗토리번에서 계속해서 울릉도 도해사업을 영위하려면 '도해면허'를 갱신하여야만 했다. 하지만 돗토리번 당국뿐만 아니라 오야·무라카와 가문은 갱신을 하지 않은 채 약 70년간 도해사업을 지속하면서 조선의 영토인 울릉도에 대한 불법적인 침탈행위를 이어왔다. 이러한 불법적인 행위를 현재의 일본인들은 독도에 대한 영유권을 확립한 사례로 들고 있다.

또 '도해금지령'에 독도가 명문화되어 있지 않다는 이유를 들어 독도를 조선영토로 인정한 것이 아니라는 주장을 이어오고 있는 일본 정부 입장에서는 『무라카와가 문서』에 기술되어 있는 내용이 상당히 불편할 것이다. 당사자인 오야·무라카와 가문이 남긴 문서이며, 거기에 에도 막부의 주요 기관들이 모두 망라되어 있는 역사적 사실 앞에 망

연자실해질지도 모른다. 그들은 자신들의 주장을 청소년에게 강제로 주입시키기 위해 교과서에서도 "17세기에 영유권을 확립했다"는 내용을 수록하고 있을 정도인데, 자국의 사료에 그것과 상반되는 사실이 수록되어 있다는 것을 어떻게 설명해야 할 것인지를 고민해야 할 것이다.

마지막으로 그동안 안용복이 왜 국가의 금령을 어기고 스스로 일본으로 건너간 것인지에 대한 의문이 해소되지 않아 한일 양국 연구자들 사이에서 갑론을박이 이루어지고 있었으나, 이 연구에서는 그에 대한 명확한 해답을 제시했다. 비록 안용복이 울릉도와 독도에 대한 영유권을 주장하기 위해서 간 것이 아니라는 결론에 도달하기는 했지만, 그가 그의 목적인 개인적인 피해에 대한 보상을 요구하는 과정에서 그가 납치당한 울릉도가 조선의 영토라는 것과 함께 독도 또한 강원도에 속한 조선의 영토라고 주장한 것은 부정할 수 없는 사실이다. 따라서 안용복이 일본으로 건너가서 울릉도와 독도가 조선의 영토라고 주장했다는 역사적 사실은 변함이 없는 것이라고 할 수 있다.

이상과 같이 이 연구에서는 일본 측이 그동안 독도에 대해 주장해왔던 내용들 중에 그들 자신의 무지로 인한 잘못된 주장이 있다는 것을 명백하게 밝히고 그것을 바로잡았다. 따라서 일본정부는 미래지향적인 한일관계를 위해 역사적 사실을 직시하고 오류로 점철된 주장을 철회하여야만 할 것이다.

【참고문헌】

신용하, 『한국의 독도영유권 연구』, 경인문화사, 2006.

송병기, 『울릉도와 독도, 그 역사적 검증』, 역사공간, 2010.

경상북도 독도사료연구회, 『독도관계 일본고문서4』, 경상북도, 2017.

田川孝三, 「竹島領有に関する歴史的考察」, 『東洋文庫書報』 20卷, 1988.

川上健三, 『竹島の歴史地理學的研究』(復刻新裝版), 古今書院, 1996.

下條正男, 「日本の領土「竹島」の歴史を改竄せし者たちよ」, 『諸君』 2007年
       9月號, 2007.

內藤正中, 『竹島(鬱陵島)をめぐる日朝関係史』, 多賀出版, 2000.

나이토세이쮸, 『獨島와 竹島』, 제이엔씨, 2005.

池內敏, 「隱岐・村上家文書と安龍福事件」, 『鳥取地域史研究』 第9號, 鳥取
       地域史研究会, 2007.

池內敏, 「安龍福と鳥取藩」, 『鳥取地域史研究』 第10號, 鳥取地域史研究会,
       2008.

朴炳渉, 「安龍福事件と鳥取藩」, 『北東アジア文化研究』第29號, 鳥取短期大
       学北東アジア文化総合研究所, 2009.

池內敏, 『大君外交と「武威」』, 名古屋大学出版会, 2006.

大野瑞男, 「領知朱印狀」, 『日本史大事典 6』, 平凡社, 1994.

下條正男, 「最終報告にあたって 「竹島の日」条例から二年」, 『「竹島問題に
       関する調査研究」最終報告書』, 2007.

『장생죽도기(長生竹島記)』와 독도 영유권

1. 머리말

이 글에서는 이즈모국의 이즈모대사에 신관(神官)[1]으로 있었던 야다 다카마사(矢田高当)가 저술한 이즈모 지역의 전문(伝文)『장생죽도기』를 통해 독도 영유권 관련 부분을 검토하고자 한다. 최근 10여년 일본 고문서를 통해 일본의 독도 인식을 분석하는 연구가 상당한 진전을 보이고 있으며, 지금까지 공개된 일본 고문서도 거의 한국어 번역판이 간행되어 독도를 둘러싼 한일 양국의 학술적 간극이 상당부분 메꾸어져 가고 있는 실정이다. 그 중『장생죽도기(長生竹島記)』는 최근 번역서[2]가 나왔고 관련 논문도 다소 발표되고 있다. 이 기록에서 중요한 것은 "일본의 서쪽 끝은 송도이다(松島は, 本朝西海のはて也)"라는

---

[1] 신사(神社)·신궁(神宮) 등에서 종사하는 직업의 사람으로 신직(神職), 제주(祭主), 대궁사(大宮司), 소궁사(小宮司) 등이 있음.

[2] 『장생죽도기』의 번역본으로는 송휘영 역, 「장생죽도기」, 『독도연구』 제17호, 2014.12, pp.359-395; 권혁성·오니시 도시테루 편역, 『長生竹島記』, 제이앤씨, 2016 등이 있다. 후자는 오니시에 의한 역주가 상세하게 다루어지고 있다.

기술로 과거 일본 측이 독도 영유권의 근거자료로 제시하기도 했다.[3]

가와카미 겐죠(川上健三)도 죽도도해 당시의 정황을 두고, "당시의 다케시마마루(竹島丸)가 울릉도(竹島)로 도항할 때 송도(松島)[4]를 도중의 기항지로 항상 이용하고 있었다"고 하여 독도에 대한 일본령 주장의 근거로 거론하였다.[5] 다무라 세이자부로(田村淸三郞)는 "송도는 오랜 뒷날에도 항해 표시로 이용되었다는 것을 알려주고 있다"며 독도=영본 영토의 근거로 들기도 했다.[6] 이전 죽도도해의 기사에 막부로부터 「죽도도해면허(竹島渡海免許)」를 받아 70년간 도해한 사실을 바탕으로 오야·무라카와 가문이 마치 막부로부터 죽도·송도를 '배령(拜領)했다'고 하거나, '일본의 영지로 삼았다'는 표현을 쓰는 것처럼, 이 『장생죽도기』의 저자 야다 다카마사(矢田高当)도 예전의 영광을 되돌리고 싶어 하는 염원과 희망을 담아 "죽도(울릉도)로 도해할 때 송도(독도)에 들른다, 송도는 본조(일본)의 서해 끝에 있는 섬이다."고 하고

---

[3] 1953년 5월 28일~7월 12일에 걸쳐 5차례나 일본 선박이 독도로 침범하는 사건이 발생하면서 일본 정부의 견해가 전달되었다. 1954년 2월 10일자 일본 견해에서 독도가 일본 영토라는 근거자료로 『은주시청합기』와 『장생죽도기』가 제시되었다. 황상기, 「독도문제연구」 『獨島』, 大韓公論社, 1965년, p.226. 권정, 「18세기말 오키도의 죽도전승-『長生竹島記』의 오키전문(傳文)을 중심으로-」, 『일본학연구』 제39집, 2013에서 재인용.

[4] 근세시기 울릉도의 일본 명칭은 '기죽도(磯竹島, 이소타케시마)' 혹은 '죽도(竹島, 다케시마)'였고, 독도는 '송도(松島, 마츠시마)'라 하였다. 이것은 대략 1800년대 중반까지의 일본 기록에서 확인된다. 막부에 의해 내려진 두 차례의 「죽도도해금지령(竹島渡海禁止令)」(1차 1696년, 2차 1836년)으로 인해, 그 이후 1905년까지는 일본 산음지방 연해민들의 인식에서 멀어져 있었다. 울릉도는 '죽도(竹島, 다케시마)', '송도(松島, 마츠시마)' 혹은 '울릉도(鬱陵島, 우츠료토)'라 불리었고, 독도는 프랑스의 포경선 리앙쿠르호에 의해 붙여진 리앙쿠르암(Liancourt Rocks)의 영향으로 '리양코(りやんこ)'라 불리어지다가, 1905년 2월 22일 독도를 일본 시마네현에 편입하면서 원래 울릉도의 명칭으로 사용했던 '죽도(竹島, 다케시마)'를 독도의 명칭에다 붙이게 된다. 이 글에서는 '다케시마(竹島, 울릉도)', '마츠시마(松島, 독도)'를 한글 음독에 따라 '죽도(竹島)', '송도(松島)'라 표기하는 것으로 한다.

[5] 田村淸三郞, 『島根縣竹島の新硏究』, 島根縣總務部, 1965年, pp.7-8.

[6] 川上健三, 『竹島の歷史地理学的硏究』, 古今書院, 1966年, p.54.

있는 것이다.

이 문서는 1801년에 저자가 이즈모대사(出雲大社)의 한 어부가 전해 들은 이야기를 듣고 기록한 전문(伝文)으로 죽도도해에 관한 사항(元禄연간), 안용복 납치사건(1693)의 경위, 재차 방문한 안용복의 제2차 도일사건(1696) 등을 상세하게 기록하고 있다. 그런 의미에서 비록 이 문서가 사찬서(私撰書)이고 전문(伝文)이라는 점에서 자료로서의 한계를 지니고 있으나「울릉도쟁계(竹島一件)」의 전모를 보완할 수 있는 것이라 할 수 있다.

『장생죽도기』에 관한 연구로서 권정(2013), 권혁성(2014), 권오엽(2015) 등[7]이 있으며 그 기록된 배경이나 기록의 모순 등을 분석하고 있다. 이 글에서는 이들 선행연구를 바탕으로『장생죽도기』의 사료적 기술을 독도 영유권과 관련지어 보면서 사료가 지니는 한계와 가치에 대해 검토하기로 한다.

2. 『장생죽도기』의 배경과 사료적 의미

『장생죽도기(長生竹島記)』는 1801년 이즈모국(出雲國) 이즈모대사(出雲大社)에서 야다 다카마사(矢田高当)가 저술한 책자이다. 책자의 형식은 전문(傳文)과 희문(戲文),[8] 그리고 와카(和歌)로 구성되어 저자가 동해의 서북쪽 아득한 곳에 있는 울릉도와 독도를 회상하면서 적은 글이다. 이 사료는 겐로쿠 연간(元禄年間)에 다케시마마루(竹島丸)[9]에

---

7) 권정(2013), pp.153-173; 권혁성,「『長生竹島記』의 戱文-송도와 죽도를 지나는 기타마에부네(北前船)-」,『일본어교육』제69집, 2014, pp.245-264; 권오엽,「『長生竹島記』의 獨島 認識-結에 나타난 編著의 思考-」,『한국일본어문학회 학술대회논문집』, 2015, pp.418-420.
8) 장난삼아 해학적으로 적는 글.

선원이던 뱃사공이 한창이던 때를 27세로 보면, 안용복 사건(元祿竹島
一件)이 1693년에 처음 발생했으므로, 그때로부터 53년 뒤(1693+53년
=1746년)인 1746년경에 이즈모대사(出雲大社)의 어부 츠바키 기자에몽
(椿義左衛門)이 한창나이에 그 뱃사공(80세)으로부터 전해들은 것이
된다. 이것을 다시 53년 뒤(1746+53년=1799년)인 1800년경에 필자인 이
즈모대사의 신관 야다(矢田)가 당시 80세 정도가 된 노인 츠바키(椿)로
부터 죽도도해에 관한 이야기를 다시 듣고서 기록한 셈이 된다. 전문
과 희문, 와카가 함께 섞인 자유로운 문체로 옛적 죽도도해의 시기를
회상하면서 저자가 「죽도도해」 재개와 울릉도를 자유롭게 드나들던
당시로 돌아가고 싶은 자신의 염원과 희망을 담고 있으므로 다분히 저
자의 주관적 견해가 포함되어 있다.

저자는 일본 오키섬(隱岐島)의 바닷가에서 서해 멀리 떨어져 이름도
오랜 세월동안 송도(松島)·죽도(竹島)라고 부르는 두 개의 섬이 있는
데 죽도는 특히 아주 넓은 어장으로 예전에는 다른 나라 사람이 왕래
하지 못하다가 겐로쿠 연간에 발생한 사건(울릉도쟁계)로 인하여 일본
에서 멀어졌다는 한탄 섞인 말로 서문을 시작하고 있다. 우선『장생죽
도기(長生竹島記)』의 목록 구성을 보면 다음 〈표 1〉과 같다.

여기서 보면, 우선 오키국(隱岐國)에서 죽도 도해에 대해 전해들은
정황과 경위를 밝히고 있다(①). 츠바키 기자에몽(椿義左衛門)이라는
어부가 젊은 나이에 겐분(元文) 연간[10]에 도고 후쿠우라(福浦港)에 5명
의 수부가 한조가 되어 이즈모(出雲)에서 출항을 한 경위와, 겐로쿠(元
祿)[11] 연중 초기에 하쿠슈(伯州)[12] 요나고(米子) 무라카와(村川)라고

---

9) 1625년 「죽도도해면허」를 받은 오야(大谷)·무라카와(村川) 양가는 격년으로 번갈
 아가며 울릉도로 불법도항을 하는데 이것은 「울릉도쟁계」가 진행되는 1695년까지
 이어진다. 이때 선원, 인부 등 20여 명의 선단을 꾸려 타고 간 배가 다케시마마루
 (竹島丸)이며,『장생죽도기』의 기록에 의해면 약 200석 규모의 배였다고 한다.
10) 1736~1741년.

〈표 1〉『장생죽도기』의 목록 구성

번호	제목	비고
①	오키국(隱岐國)에서 죽도로 도해에 대해 전해들은 것	
②	이즈모국(出雲國)에서 오키국(隱岐國)으로 건너가는 포구에 대한 것	
③	오키국(隱岐國)으로부터 송도(松島)로 다케시마마루(竹島丸) 항해의 일	
④	오키국(隱岐國)으로부터 죽도도해 및 해상 항로의 일	
⑤	오키국(隱岐國)에서 대명신(大明神) 신덕을 가지고 건너가는 죽도도해의 일	
⑥	오키국(隱岐國)으로부터 죽도 도해 6번째, 조선인을 만나 서로 놀랐던 일	
⑦	오키국(隱岐國)으로부터 죽도 도해 7번째, 조선인 술잔가 길어진 일	
⑧	오키국(隱岐國)으로부터 조선인을 연행해 돌아와 보고한 일	
⑨	부록: 패조의 다발 실없이 쓴 글	희문
⑩	죽도로부터 조선인을 연행해 올 때 배에 타고 심문한 일	
⑪	죽도로부터 8년째(1696년) 아벤테후(안용복), 도라히(박어둔) 이치를 밝히고자 오키에 재차 도해한 일	

하는 쵸닌(町人)이 막부의 허락(公義)을 받아 오키슈에서 그의 조달로 뱃사공을 모으고, 조선국에서 가까운 죽도로 도해하였다는 것을 밝히고 있다. 그때 죽도도해선 다케시마마루(竹島丸)의 수부였던 이타야 나니베에(板屋何兵衛)[13]라는 사람을 만나 죽도도해의 여정을 상세하게 전해들은 경위를 설명하고 있다.

그리고 ②이즈모국(出雲國)에서 오키국(隱岐國)으로 건너가는 포구에 관한 것, ③오키국(隱岐國)으로부터 송도(松島)로 다케시마마루(竹島丸)가 항해한 사실, ④오키국(隱岐國)으로부터 죽도도해 및 해상 항로에 관한 것, ⑤오키국(隱岐國)에서 대명신(大明神) 신덕을 받아 건너가는 죽도도해, ⑥오키국(隱岐國)으로부터 죽도 도해 6번째 나섰던 1692년에 울릉도에서 조선인을 만나 서로 놀랐던 사실과 그로 인해 어

---

11) 1688~1704년.
12) 호키노구니(伯岐國)의 이칭. 현재 돗토리현(鳥取縣)의 서부지역.
13) '이타야 아무개'라고 하는 말임.

로를 포기하고 돌아온 일, ⑦이듬해 울릉도에서 1693년 안용복과 박어둔을 만나 술로써 이들을 배로 유인하여 인질로 삼아 데리고 왔다는 것, ⑧두 사람을 연행해 와서 막부에 보고를 올린 사실, ⑨안용복과 박어둔의 마음을 비유하여 읊은 희문(戲文), ⑩두 사람을 배에 태워 데리고 오면서 심문했던 구체적인 내용, ⑪이타야(板屋)가 죽도도해를 시작한지 8년째가 되는 1696년에 아벤테후(안용복), 도라히(박어둔)가 이치를 밝히고자 오키섬에 재차 도해한 일 등으로 나누어 상세하게 기술하고 있다.

전반적인 흐름은 들은 사실에 준하여 기록하고 있으며『죽도기사』등 관찬사료와 부합하는 내용을 담고 있다. 오히려 세부적 사항에 대해서는 다른 사료에서보다 죽도도해의 정황을 자세하게 묘사하고 있다는 점이 특징적이다. 그러나 일부 전문(傳聞)의 과정에서 사실과 다르게 기술되고 있는 점도 나타나는데 전승(傳承)이라는 것을 기록화했다는 점에서 보면 어쩔 수 없는 부분일지도 모른다. 특히 안용복이 1696년 항의차 방문했던「제2차 안용복의 도일」사건에서 안용복은 순천에서 온 홍국사의 승려 뇌헌(雷憲) 등과 11명의 인원으로 건너갔으나 박어둔은 함께 동행하지 않았다. 오키에서 안용복을 다시 만난 지역주민들은 1693년에 납치되어 왔던 안용복과 박어둔이 함께 온 것으로 여기고 있는 것 같다. 아니면 전해 듣고 다시 전달하는 과정에서 사실이 다소 첨삭이 되었을 가능성도 있다. 그리고 여기에서 저자 야다 다카마사(矢田高当)는 송도(松島=독도)를 오키노시마 도고(島後)에서 남서방향에 있는 송도(松島)와 다소 혼동하여 인식하는 부분도 엿보인다. 하지만 전문임에도 불구하고 같은 어부의 신분이었던 츠바키 기자에몽(椿義左衛門)이 죽도도해를 실제 겪었고 안용복 납치사건의 당사자이기도 한 이타야 나니베에(板屋何兵衛)에게 직접 전해들은 것들이 비교적 소상히 기술되어 있다. 죽도도해와 관련된 출항지 후쿠우라항

(福浦港) 등에 대해서는 『은주시청합기』, 『오야가문서(大谷家文書)』
등에서도 유사한 정보가 있으나 안용복의 2차도일에서 납치되어 입항
했던 후쿠우라항과 불과 2리(8km)밖에 떨어져 있지 않은 니시무라(西
村)로 입항했던 점이나, 오키의 주민들과 끈끈한 교류의 정을 키운 점
등이 소상하게 묘사되어 있다. 또한 1696년 2차도일에서 안용복 일행
은 돗토리번의 호수 고야마이케(小山池)의 아오시마(靑嶋)에 유폐되었
다가 막부의 지시로 인해 쓰시마 경유가 아닌 양양으로의 직항로로 쫓
겨났다. 그런데 이『장생죽도기』의 기록을 보면 당시 안용복 일행이
돗토리번에서 추방당하였을 때 가로(加路) 항구에서 양양으로 직항한
것이 아니라, 도중에 오키섬에 들러 지역주민들과 인사를 나눈 다음
양양으로 떠났다는 것을 보여주고 있다. 이렇듯 기존의 일본 고문서에
나타나지 않는 안용복의 구체적인 행적을 알 수 있는 사료이다. 비록
전문(傳文)이기는 하지만 안용복 사건에 대해 기존의 사료를 보완할
수 있다는 점에서 의미있는 사료라 할 수 있다.

3. 『장생죽도기』에 나타난 「죽도도해」 및 안용복 사건

   우선 울릉도도해의 여정을 보면, 당시 격년제로 건너갔던 오야(大
谷)·무라카와(村川) 양가의 사람들이 울릉도로 도항하기 위해 오키섬
에서 승선할 인부들을 조달한다는 것이 묘사되어 있다. 「죽도도해금
지령」이 내려지기 전 1695년 12월 24일 막부가 돗토리번에 대해 죽도
(울릉도)의 소속 등에 대해 문의를 하게 된다. 여기서 12월 25일 돗토
리번의 담당자인 헤이마(平馬)가 지참하여 막부측의 소가 로쿠로베에
(曾我六郎兵衛)에게 건네주었던 돗토리번의 답변은 다음과 같은 것이
었다.

1. 죽도는 이나바(因幡)·호키(伯耆) 부속이 아닙니다. 호키국(伯耆國) 요나고(米子) 쵸닌(町人)인 오야 규에몽(大屋九衛門), 무라카와 이치베에(村川市兵衛)라는 자가 도해하여 어업을 한 것은 마쓰다이라 신타로(松平新太郎)가 영지로 하사 받았을때 봉서(奉書)로써 허가받았다고 들었습니다. 그 이전에도 도해하는 일이 있었다고도 들었습니다만, 그 일은 잘 모릅니다.

1. 죽도는 둘레가 약 8~9리 정도라고 하며, 사람은 살지 않습니다.

1. 죽도에 고기잡이를 나가는 시기(時節)는 2월, 3월 무렵 요나고를 출항(出船)하여 매년 나갔습니다. 섬에서는 전복, 강치(みち) 잡이를 하며 선박 수는 크고 작은 배 2척이 갑니다.

1. 4년 전의 신년(申年, 1692)에 조선인이 섬에 와 있었을 때, 선장들이 만났던 일에 관해서는 당시에 보고하였습니다. 다음 해 유년(酉年)에도 조선인이 와 있으며, 선장들이 그 중 2명을 데리고 요나고로 돌아왔습니다. 그것도 보고 드리고 나가사키로 보냈습니다. 무년(戊年)에는 바람 때문에 섬에 착안(着岸)할 수 없었다는 것을 보고하였습니다. 올해(當年)도 도해하여 보니 이국인이 많이 보였기 때문에 착안(着岸)하지 못하고 돌아오는 길(帰途)에 송도(松島)에서 전복을 조금 잡았다고 합니다. 이러한 일도 보고하여 말씀 드렸습니다.

1. 신년(申年, 1692) 조선인이 왔을 때, 선박 11척 중에서 6척이 강풍을 만나 나머지 5척이 섬에 왔는데 인원 53명이 있었습니다. 유년(酉年, 1693)에는 선박 3척, 인원 42명이 와 있었습니다. 올해는 배의 수도 많았고 사람도 많이 보였습니다. 착안(着岸)하지 않았기 때문에 분명하지는 않습니다.

1. **죽도, 송도 그 외 양국에 부속된 섬은 없습니다(ⓐ).**[14]

이에 막부는 막부가 몰랐던 새로운 정보인 송도(松島)[15]만에 대해 1696년 1월 조회[16]하게 되는데, 이것은 같은 해 1월 25일 돗토리번의

---

14) 『鳥取藩史』, 「事変志」, 1971, pp.466-477.
15) 막부가 송도(독도)의 존재를 인지하는 것은 쓰시마의 참근교대 일행이 에도에 도착하고, 이어 쓰시마 측의 히라타 나오에몽(平田直衛門)과 막부 측의 아베 붕고노카미(阿部豊後守)와의 상의 과정이 진행되었던 10월의 일이다.

답서(答書)에서 제시한다. 즉 송도란 섬은 어떤 섬이며, 소속은 어느 나라이고 건너가는 도정과 위치, 함께 승선하는 뱃사람들의 소속 등에 대해 질의한 것이다.

　　각(覺)
　1. 호키국(伯耆國) 요나고(米子)에서 이즈모국(出雲國) 구모즈(雲津)까 지의 거리 10리(里)[17] 정도.
　1. 이즈모국(出雲國) 구모즈(雲津)에서 오키국(隱岐國) 다쿠히야마(燒 火山)까지의 거리 23리 정도.
　1. 오키국(隱岐國) 다쿠히야마(燒火山)에서 동국(同國) 후쿠우라(福浦) 까지 7리 정도.
　1. 후쿠우라(福浦)에서 송도(松島)까지 80리.
　1. 송도(松島)에서 죽도(竹島)까지 40리.
　　이상.　　　　　　　　　자(子)(1696) 1월 25일[18]

　별지(別紙)
　1. 송도(松島)까지 호키국(伯耆國)으로부터 바닷길(海路) 120리 정도 됩니다.
　1. 송도(松島)에서 조선까지는 80~90리 정도 된다고 들었습니다.
　1. **송도(松島)는 어느 쪽 나라(國)[19]에도 속하는 섬이 아니라고 들었습 니다ⓑ.**
　1. 송도(松島)에 어렵을 하러 가는 건 죽도(竹島)로 도해할 때 지나

---

16) 당시 막부의 송도만에 대한 질의서는 존재하지 않는다. 다만 송도에 관한 답서를 통해 송도·죽도까지의 여정과 송도의 위치 및 소속, 죽도도항에 가담하는 자들의 소속 등에 관해 질의한 것임을 알 수 있다.

17) 1리(里)=3.928km. 우리나라의 1리(=0.393km)의 약 10배에 해당함. 또한 바닷길(海路) 1리(里)는 1리(浬)=1.818km인데, 여기서 오키섬-송도(독도)-죽도(울릉도)의 거리 는 바닷길로 보는 것이 타당하다.

18) 『鳥取藩史』, 1971.

19) 일본의 영주국=지방의 단위로 여기서는 호키국(伯耆國)과 이나바국(因幡國)을 지 칭함.

가는 곳이므로 잠시 들러 어렵을 합니다. 다른 영지(他領)로부터 어렵을 하러 오는 일은 들은 적이 없습니다. 그렇지만 이즈모국(出雲國), 오키국(隱岐國)의 사람들은 요나고(米子) 사람과 같은 배를 타고 갑니다.
　이상.　　　　　　　　(1696년) 1월 25일

　　호키국(伯耆國) 요나고(米子)의 쵸닌(町人) 오야 규에몽(大屋九衛門), 무라카와 이치베에(村川市兵衛)가 부리는 뱃사람(船子)들 이외에 영지(領國)의 사람이 죽도에 도해하는 일(儀)은 없다고 합니다. 물론 다른 영지(他領)의 사람이 도해하는 일 또한 없다고 합니다. 오야 규에몽(大屋九衛門), 무라카와 이치베에(村川市兵衛)는 몇 년 전부터 죽도 도해의 건에 대한 면허를 받아 건너가고 있으나 다른 곳에서 가는 일은 결코 없었습니다. 이들 뱃사람은 죽도에 어렵을 하러 건너갈 때 이즈모국과 오키국의 어부(獵師)들을 고용하여 요나고 뱃사람과 같은 배로 건너갑니다. 인원수는 매년 다릅니다. 이즈모국으로부터 건너가지 않은 적도 있습니다. 대략 이즈모국(出雲國)에서 2~3명 오키국(隱岐國)에서 8~9명 정도 고용하여 건너간다고 합니다.
　　이상.　　　　　　1월 25일[20]

　　여기서 오야ㆍ무라카와 양가가 울릉도 도항을 할 때 그들이 이즈모국에서 많게는 2~3명 고용하고, 오키국에서 8~9명 정도 고용하여 가는데 다른 지방(國)에서 건너가는 일은 없다고 한다. 경우에 따라 이즈모국의 인부들을 고용하지 않고 오직 오키국에서만 고용한 사람들로 건너간다는 것이다. 『장생죽도기』의 기록과 대비해서 보면 죽도도해에 200석 규모의 배에 약 20명의 선단을 꾸려 울릉도로 건너가는데 오키국에서 8~9명, 이즈모에서 2~3명, 나머지 8~10명은 오야ㆍ무라카와 가문의 사람들로 구성되는 것이다. 특히 이즈모에서 고용되는 사람들은 히노미사키(日ノ御崎)나 미호노세키(美保関)에서 합류하게 되는데 이

―――――――――――――
20) 『鳥取藩史』, 1971.

즈모대사의 해변에 살고 있었던 츠바키 기자에몽(椿義左衛門)과 같은
사람은 아마 미호노세키에서 도고(島後) 후쿠우라로 건너간듯하다.

그리고 죽도도해 때 이용했던 배는 다케시마마루(竹島丸)라는 200석
규모의 배였다. 또한 죽도도해의 여정과 죽도·송도까지의 거리는 기
존 돗토리번정자료나 『鳥取藩史』의 기록과 거의 일치한다고 할 수 있
다. 오야·무라카와 양가가 죽도도해를 통해 얻은 취득한 생산물에 대
해서도 다른 사료에 비해 구체적으로 언급되어 있다.

죽도에는 다른 곳에서는 견줄 수가 없을 만큼 커다란 오동나무가 있다.
이것을 벌채하여 돌아와, 수호신사(守護社)에 건네주어, 묘진(明神)의 큰
북을 만들었는데 옛날 말하는 이와토(磐戶)의 울림 같았다.
　재미있는 신전악(神樂, 신에게 바치는 음악-역자)을 연주하여, 신의 가
호를 받고자 기부한 것으로 지금 광장 앞에 있다. 또한 백단향(梅檀) 나무
를 싣고 돌아와서 신사를 축조하였다. 벌써 백년이 되어 건물이 비바람을
맞아 많이 낡아버렸기 때문에, 이것을 이용해 최근에 다시 축조했다. 또한
같은 곳 어부의 집에 그때 가지고 돌아온 것을 아이들의 노리개로 삼았다.
큰 갈대와 대나무를 자재건(自在鍵)[21]으로 만들어, 화로 위에 늘어뜨리고,
어촌의 촌장과 옛날이야기를 한다.
　아주 먼 옛날, 여러 가지 죄(許々太久の罪)[22]를 피하여 아침연기에 아
침밥 저녁밥의 땔감이 떨어지지 않으면, 오로지 도해의 목적은 오로지 꼬
치전복(串鮑), 해삼(生海鼠), 강치(海驢)의 기름을 채취하여 나무통에 넣어
돌아온다. 이익이 작은 것은 싣기 어렵고, 보지도 못하는 사이에 사라진
다. 강치는 모래사장에 구멍을 파두고, 그 구멍에 들어간 것을 총으로 쏘
아 잡고 있었다. 초기 무렵에는 전복, 해삼 등은 갯바위[石山]에 가면 돌을
줍듯이 많았지만, 연수가 경과하면서 전복 등은 처음 같은 것은 사라졌다.
단지 1년에 한 번 정도로 도해하여 어렵을 하고, 곧바로 히젠(肥前) 나가

---

21) 방한용 불 피우는 장치(이로리) 위에서 냄비 등을 매어다는 높이를 조절하는 도구.
　지자이가기(自在鍵)라고 부름.
22) 고코다쿠의 죄(許々太久の罪)란 여러 가지의 죄라는 의미. 원문에서 '許々'은 '許々'
　의 오기로 보임.

사키(長崎)로 달려갔다. 비단(綾錦), 모르견직물(莫臥爾), 평직비단(ちりめん), 호피(虎の皮), 설탕(砂糖)과 감초(甘草), 냄새가 좋은 가라 사향(加羅麝香), 꺾이지도 구부러지지 않는 나가사키의 바늘(針) 등 그러한 많은 물건을 조선의 물건과 교환하였다.

여기서 오동나무, 백단향, 갈대, 대나무 등의 목재를 벌채하고, 꼬치전복(串鮑), 해삼(生海鼠), 강치(海驢)의 기름을 채취하여 돌아온다고 한다. 이것도 기존의 사료와 대개 일치를 보이면서도 그 사용처 등이 보다 구체적으로 나타나고 있다. 또한 울릉도에서 얻은 생산물 중 꼬치전복, 해삼 등과 같은 것은 바로 나가사키의 건어물상에 판매하고 그곳에서 비단(綾錦), 모르견직물(莫臥爾), 평직비단(ちりめん), 호피(虎の皮), 설탕(砂糖), 감초(甘草), 가라 사향(加羅麝香), 나가사키의 바늘(針) 등과 같은 물건으로 물물교환하여 가져오는 등 울릉도 생산물의 판로에 대해서도 명시적으로 묘사하고 있다.

그러나 『장생죽도기』의 기술을 보면 송도(독도)와 죽도(울릉도)에 대한 방향 및 도정이 불분명한 부분도 엿보인다. 『장생죽도기』는 1690년대 안용복 사건이 발생했던 시기의 경험을 한 어부가 80세 정도의 고령의 나이가 된 시기(1740년경)에 무용담처럼 전해들은 이즈모다이샤(出雲大社)의 어부(20세 전후)가 다시 80세 정도의 나이에 같은 또래 정도의 신관에게 1800년경에 전달한 전문이다. 여기서 저자인 야다 다카마사(矢田高当)는 물론 구전으로 전한 어부 츠바키 기자에몽(椿義左衛門)은 죽도도해의 경험이 없었을 뿐만 아니라 울릉도·독도로 건너간 경험이 없는 사람들이다. 다이샤 가리미야(大社假宮)의 어부 츠바키(椿)도 안용복 사건 당시 도해를 하여 어로활동을 하였던 이타야 나니베에(板屋何兵衛)로부터 전해들은 이야기를 기억하고 있다가 고령이 된 후 필자인 야다 다카마사에게 전해주었고 이를 야다 다카마사가 기술한 것이다. 따라서 죽도(울릉도)와 송도(독도)에 대한 위치, 도해의 도정에 대한 거리 감각은 불분명하게 기술되고 있다.

〈표 2〉 일본 고문서에서 나타나는 죽도(울릉도) · 송도(독도)의 거리 · 위치 인식

자료명 (연도)	위치		거리		둘레		비고
	松島	竹島	松島 (島後기점)	竹島 (松島기점)	松島	竹島	
인슈시청합기 (1667)	서북방향	서북방향	이틀 낮 하룻밤	한나절 정도			
돗토리번의 답변 (1696)	죽도로 도해하는 길		80리	40리			
무라카와가 문서 (1740)	죽도로 도해하는 길		70~80리				
호키민담기 (1742)		隱岐에서 서북방향		隱岐에서 100리			
죽도도설 (1751~1763)		오키국 松島의 서도 북쪽	60리	40리		15리	
장생죽도기 (1801)	도고에서 남서쪽		70리 2일 낮밤	90리 하루 낮밤	15리		
오키고기집 (1823)	북북서쪽	서쪽	40리	70리			
죽도고 (1828)	오키국과 죽도 사이			隱岐에서 150여리			
하치에몽사건 (1836)			60리	40리			
호키지 (1858)			60여리		20정		
기죽도사략 (1875)					30정	8~9리	

에도시대에 오야 · 무라카와 양가에 의한 죽도도해의 경험을 바탕으로 당시 산음지방(山陰地方) 사람들의 인식 속에서는 죽도와 송도가

오키섬(隱岐島)의 북서(戌亥) 방향에 위치하며 송도(松島, 독도)까지의
도정이 약 60리~80리(약 160km)[23]로 이틀 낮 하룻밤의 거리에 있으며,
송도에서 다시 죽도(竹島, 울릉도)까지는 다시 하루를 가는 도정으로
40리(약 80km) 정도로 인식되고 있었다(〈표 2〉 참조). 그러나『장생죽
도기』에서는 송도(松島)를 도고(島後=오키본섬)에서 남서쪽의 먼 바다
에 있다고 기록하고 있다. 이것은 실제 오키 도고에서 남서 방향으로
약 8km정도의 거리에 마츠시마(松島)라는 섬이 존재하는데, 울릉도와
독도에 가보지 못한 필자의 지식적 착각으로 보인다. 그리고 오키섬에
서 송도까지의 도정을 바닷길 70리(약 140km)로 2일 낮밤을 가는 거리
에 있고, 송도에서 다시 죽도까지의 도정을 90리(약 180km)로 하루 낮
밤을 가는 거리로 보고 있다. 또한 오키섬에서 죽도까지의 거리는 도
합 260리(520km)로 보고 있는데 이 또한 합산을 잘못한 오기로 보인
다. 이와 같이 오키섬~송도(독도)~죽도(울릉도)에 이르는 거리감각 또
한 불명확하다. 이들은 죽도도해를 경험하지 못한 사람이 단지 구전에
의존하여 기록한 이유에 의한 것으로 여겨진다.

　다음으로 특징적인 것은 안용복과 박어둔 납치의 구체적 정황에 관
한 것이다. 기존 국내의 연구결과와 독도 홍보자료 등에서는 안용복과
박어둔이 일본인들의 총포에 위협받아 납치되어 간 것으로 묘사되고
있다. 그러나『장생죽도기』의 기록을 보면 술을 무척 좋아했던 안용복
과 박어둔이 일본 배에 올라 술로 유인되어 만취한 상태에서 납치되었
다고 묘사하고 있다.

---

23) 여기서 1리(里)를 당시의 육로거리로 환산하면 1里=3.928km이며, 바닷길 1리(浬)로
　환산하면 1浬=1.818km가 된다. 당시 바닷길 거리를 정확히 어떤 척도로 썼는가는
　명확하지 않으나, 해리의 개념과 같은 바닷길로 거리를 환산하는 것이 실제의 오
　키-독도(송도)-울릉도(죽도) 사이의 거리와 거의 부합한다. 참고로 오키섬과 독도
　사이의 실제거리는 157.5km, 독도와 울릉도의 실제거리는 87.4km이다.

우선 술잔치를 한다며 다케시마마루(竹島丸)의 배안에서 뱃사공들이 모여, 가져온 술을 손에 들고 밥공기의 잔에 따르고, 너도나도 하며 주거니 받거니 하였다. 왜국(倭國)의 예의범절로 그들 조선인 2명에게 먹이고자 몸짓을 하면서 그럴듯하게 꾸며댔다. 조선인은 크게 웃으며 끊임없이 더 달라고 수긍하였다. 일본인 배로 불러들여 취해 탔을 때, 작년 호키국(伯耆國) 요나고(米子)에서 이익 이야기로 추궁을 당했으므로 그 증거로 데리고 돌아가는 수밖에 없다고 머리를 썼다. 그러자 이번에도 의사는 허무하게 빈 배로 돌아가는 것을 한번은 봐주었지만, 많은 사람들에게 둘러싸인 배 위인 것이다. 나머지 뱃사람은 좋은 생각이라며 이 2명에게 제 정신이 없을 만큼 마시게 했다. 그 자의 이름을 물어보니 아벤테후(あべんてふ), 도라헤이(虎へひ)라고 하였다. 우리 2명은 너무 많은 술을 마셨는데 이것보다 좋은 약은 없다. 나머지 조선인에게도 마시게 해 달라고 하였다. 다행하게도 알았다고 하여 배로 불렀고, 모두 허둥지둥 널판자를 다리로 삼아 배에 올랐다. 넋을 잃고 국자로 마신 2명의 조선인이 보다 마셨고, 그 다음 섬으로 올라오라고 얼굴로 설득하였다.

순순히 배로 올라와 비틀거리다가 여기저기 쓰러져 누운 아벤테후, 도라헤이도 계략을 그대로 받아들이고, 두 번 다시 마실 수 없는 술이라며 기분도 마음도 빼앗겼다. 배안에서 취해 칠칠맞게 눕는다. 그러나 노인을 돌보는 정도 없이 수라장(修羅場)의 꿈길로 갔는데, 술이야말로 그들은 적이다. 그런데 귀국의 날씨는, 일심불란하게 바람을 가득 받도록 돛의 신풍에게 바라자, 신은 바로 머리에 머물렀다. 소원과 같이 바람이 불어와 생각한 대로 증거가 되는 2명의 어부 아벤테후, 도라헤이를 싣고, 죽도 바닷가에서 밤 4각 무렵(=오후 10시)에 정박한 밧줄을 올리고 자취도 보이지 않게 달리기 시작했다.

여기서 보면 일본인 어부들은 술잔치를 벌여 안용복과 박어둔을 배로 유인한다. 전년인 1692년에 아무런 손도 쓰지 못한 채 요나고로 돌아가야만 했지만 이번에는 총포 등의 장비와 계략을 짜서 조선인들과 만난 것이었다. 그들은 술로서 유인하는 계략으로 술잔치를 벌였다. 서로 술잔을 주거니 받거니 하면서 두 사람을 배로 끌어들였고, 두 명에게 의도적으로 술을 먹여 만취하도록 한 다음 이들을 납치하여 에도 막부에 항의할 증질로 삼기 위해 일본으로 데리고 간다. 이 납치의 정황도 지금까지의 다른 사료와는 달리 구체적이며, 안용복 사건에 관한 새로운 정보를 자세하게 담고 있다고 할 수 있다.

> 현지에 잠시 체류하여 일본어도 약간 익혔고, 그들의 조선발음으로 추측하건데 착안하자마자 다케시마마루(竹島丸)의 뱃사공(船夫)을 가리키면서 올라왔다. 게다가 지난해의 느낌도 없었다. 장군의 은혜를 입은 것을 아주 감사하게 생각하여 그 예의로 보였는데, 하늘로 손가락을 가리키며 9배의 절을 하고, 다음으로 모여 있는 사람들을 향해 다시 3배를 하고 작별하였다. 이후 유감, 무량, 은덕이라며 횡설수설 알 수 없는 소리를 외치고, 이에 마을사람도 모두 예의를 갖추어 무릎을 꿇고 손을 잡고 눈물을 흘렸다. 정말 마음을 수련하여 자신을 올바르게 하는 예의를 보여주는 이국인과의 만남이었다. 먼 옛날, 끊임없이 이국에 체면을 바로잡고자 하는 일이 있었다. 당시는 이국인을 만나 인의(仁義)의 법도를 행하는 일은 거의 없었다. 가령 마음이 있는 자도 경서를 해설하는 말뿐이다. 상스럽다고는 하지만 도고(島後)에서 분명하게 의리를 나타낸 일은 고금을 통해 드문 일이다. 아 후세에 의리를 행하는 천하의 귀감이 될 것이다. 참으로 일례(一禮)를 하고 해금(禁制)을 두려워하여 시일을 넘기지 않도록 서둘러 이국의 배에 올라탔다. 해조와 소금을 굽는 사람들이 남녀노소 해변으로 나와 말은 모르지만 헤어짐을 아쉬워하며 눈물을 흘렸다. 그리고 조선인도 멀리서 헤어짐을 아쉬워하며 눈물을 뚝뚝 흘리면서 조선을 향해 돌아갔다. 비할 데 없는 이별이었다.

또한 안용복의 2차도일(1696)에서 돗토리번 가로항에서 바로 양양으로 일본에서 쫓아낸 것으로 알고 있으나, 여기서 보면 3년 전 오키섬의 주민들과 재회하여 이별의 인사를 나누고 있다. 지난번 도일 때의 일을 감사하고 눈물을 흘리면서 해금의 시일을 넘기지 않도록 서둘러 출국하는데, 안용복은 2차 도일에서 돗토리번 가로항(加路港)에서 추방당하여 양양으로 직행한 것이 아니라 도중에 오키 후쿠우라의 주민에게 들러 인사를 나누고 떠났음을 보여준다. 이렇듯 당시 안용복의 행적과 관련하여 기존의 사료에서는 없는 자세한 사실을 담고 있다. 이것은 오키섬 후쿠우라 근처의 어부로 안용복 납치 사건의 뱃사공이었던 이타야(板屋何兵衛)가 3년 후 재회의 현장에 있었고 그가 직접 목격한 구체적인 사실을 담고 있는 것이다. 이 또한 안용복의 도일 목적과 일본에서의 안용복의 행적을 파악하는데 도움을 주는 중요한 정보를 제공할 수 있는 것이다.

4. 『장생죽도기』와 독도 영유권

과거 일본 측이 독도가 일본 영토라는 증거로 주목한 사료 중의 하나가 『장생죽도기』였다. 전술한 1954년의 일본정부의 견해에서 유력한 증거로 『장생죽도기』가 거론되었고, 시마네현 죽도문제연구회의 『죽도문제에 관한 최종보고서』에서도 거론되기도 했다. 일본 측이 주목했던 것은 다음의 부분이다.

오키(隱岐) 도고(島後)에서 송도는 방향이 신유(申酉=서남[24], 8시)의 먼 바다에 있다. 묘방(卯方[25]=동쪽)에서 불어오는 폭풍, 2일 밤낮을 배로 달리기를, 여정 36정(丁)을 1리로 하여 해상으로 70리(=275km) 정도라고 생각한다. 산 형태가 험준하다고 하며, 토지는 3리(11.8km)~5리(19.6km)[26] 정도라고 한다. 옛말처럼 소나무(十八公)[27]로 뒤덮혀 만리(萬里)에 그림

---

[24] 실제는 술해(戌亥=북서, 10-11시) 방향인데 오기로 보임.

[25] 방향(方角)을 12간지를 시계침을 기준으로 보면, 12시(子), 1시(丑), 2시(寅), 3시(卯), 4시(辰), 5시(巳), 6시(午), 7시(未), 8시(辛), 9시(酉), 10시(戌), 11시(亥)가 됨.

[26] 독도의 실제 둘레는 동도 2.8km, 서도 2.6km로 총둘레는 5.4km임.

자를 드리우는 풍경은 다른 곳에서는 볼 수 없다. 그러나 어떤 이유일까? 불볕더위 때 물이 부자유스럽다고 하고, 죽도도해 때 다케시마마루(竹島丸)가 왕복할 때는 반드시 이 섬을 거쳐 간다고 한다. 당시도 천석(石) 정도의 회선(廻船)이 에조 마츠마에(松前)[28]로 가던 중 생각지도 않게 태풍이 불어올 때는 이것이 전해들은 송도인가 라며 멀리서 본다. 우리나라(일본-역자주) 서해 끝이다.[29]

여기서 "송도는 일본 서해의 끝이다(本朝西海のはて也)"고 하고 있다. '하테[果て]'는 사전적 의미를 보면 ①끝, 마지막, ②끝나는 부분, ③끝나고 난 그 다음 부분 등의 뜻을 내포하고 있다. 이것을 필자는 처음 ③의 의미로 해석했다. 즉 송도는 일본의 판도 밖에 있는 섬 즉 조선의 섬으로 인식하고 있다고 생각했었다. 그래서 일본 고문서 전문의 일본인 교수에게 정중하게 물어봤다. 가령 A국과 C국의 사이에 B라는 섬이 있다고 하자. 여기서 「B는, A의はて也」라고 할 경우, B를 A의 지계로 봐야하는 것일까 아니면 C의 지계로 봐야하는 것일까를 물었다. 그는 논자가 위치한 장소에 따라 해석이 조금 달라진다고 하면서도 「역시 이것은 'B는 A의 지계를 의미하는 것'이라고 보는 것이 자연스럽다」고 했다. 이를 『장생죽도기』의 기술에 적용한다면 송도(B)는 일본(A)의 지계라는 것이 된다. 저자 야다 다카마사는 「울릉도쟁계」의 결과 울릉도(죽도)·독도(송도)로의 도해금지령이 내려지고 난 다음

---

[27] 소나무(松)의 이명. 와카(和歌)에서는 송(松)자를 분해하면 '十八公'이 되므로 자주 십팔공(十八公)으로 표현하기도 함.

[28] 홋카이도(北海道) 남부 오시마(渡島) 반도에 있는 지명. 에도시대에 마츠마에번(松前藩)이 설치되어 에조지(蝦夷地)와의 무역의 중심지였다. 주로 마츠마에에서는 다시마, 청어, 연어 등의 해산물을 구입하기 위해 쌀, 소금, 술, 목면 등과 교환하여 교역하였음.

[29] 원문은 「本朝西海のはて也」라 되어 있는데, '하테(果て)'는 '끝' 또는 '끝나는 부분'이라는 의미도 있으며, 다른 사전적 의미로는 '끝나고 난 다음의 부분'이라는 의미도 있다.

송도 도항도 이루어지고 있지 못함을 잘 인지하고 있었다. 겐록쿠 시기 일본의 도해선이 활발하게 울릉도로 도항을 하던 때의 모습을 아쉬워하며 도해 재개의 염원과 희망을 가득 담아 당돌하게 일본 서해의 끝에 있는 섬이라고 한 것이었다.

『장생죽도기』는 전해들은 것[傳聞]을 기록한 전문(傳文) 성격의 기록이다. 이것을 근거로 특정 영토의 영유권을 주장할 경우 이것은 '전문증거'가 된다. 증거에는 물증, 심증, 증언 등이 있다. 전문증거(傳聞證據, hearsay)는 원진술자가 공판기일 또는 심문기일에 행한 진술 이외의 진술로서 그 주장사실이 진실임을 입증하기 위하여 제출되는 것이다. 그런데 전문(傳聞)에 대한 법적 증거능력을 규정하는 것으로 '전문증거 금지의 법칙(혹은 전문법칙)'이란 것이 있다. '전문법칙'(hearsay rule)이란 "전문증거는 증거로 인정되지 않는다"는 법원칙을 말한다. 전문법칙은 배심재판을 기본으로 하고 있는 영미법에 있어서 자백배제법칙과 함께 배심원의 합리적 심증형성을 위하여 발달한 증거법칙이다. 전문법칙의 이론적 근거로서 선서의 결여, 원진술자의 공판정 불출석, 반대신문의 결여를 들고 있다.[30]

따라서 전해들은 것을 기록한 전문(傳文)은 법적 주장에서 '전문증거'가 되며 '전문법칙' 혹은 '전문증거 금지의 법칙'에 해당된다. 다시

---

[30] 전문법칙의 예외를 보면, 영미법상 전문법칙의 예외사유로는 신용성의 정황적 보장(circumstantial guarantees of trustworthiness)과 필요성(necessity)의 두 가지가 인정되고 있다. ①예외조건: 공무원의 직무상 문서와 업무상 필요에 의해 작성된 통상문서 또는 이에 준하는 특신문서는 당연히 증거능력이 있는 것으로 규정하고 있다. 본조의 특신문서는 원래 진술서의 성격을 갖지만, 신용성이 정황적 보장이 고도로 보장되어 있고, 작성자의 출정 없이도 증거능력을 인정할 만한 필요성이 인정된다는 점을 감안하여 예외를 둔 것이다. ②의료적 진단이나 치료의 예외: 증인이 의료인에게 진술한 전문진술에 대하여 그 증거능력을 인정하고 있다. 즉 의료적 진단이나 치료목적으로 행해진 병력이나 과거, 혹은 현재의 증상이나 통증, 느낌 혹은 진단이나 치료 목적에 합리적으로 적합하다고 생각되는 외부요인이나 일반적 요인의 특징 등에 관한 증언에 대해서는 전문증거의 예외를 인정하고 있다.

말해 전문은 법적 증거가 될 수 없다는 것이다. 그래서일까? 최근 일
본의 영유권 주장 논리의 근거로서『장생죽도기』는 거의 등장하지 않
고 있다.

5. 맺음말

이 글에서는 에도후기에 전문으로 기록된『장생죽도기(長生竹島記)』
(1801)를 통해 독도 영유권과 관련한 부분을 살펴보고 사료가 갖는 가
치와 한계에 대해 검토하고자 했다. 이 사료는 죽도도해 및 안용복 사
건 당시를 겪었던 이타야 나니베에(板屋何兵衛)로부터 1739년경에 츠
바키 기자에몽(椿儀佐衛門)이라는 사람이 전해들은(傳聞) 바를 그가 80세
를 지난 1801년에 비슷한 나이의 야다 다카마사(矢田高当)가 기록한
것이다. 다시 말해 110년 전의 일에 대해 전해들은 바를 다시 전해 들
어 기록한 전문(伝文)이다. 그런 면에서 사료가 가지는 증거력은 높게
평가받을 수 없다 하더라도 죽도도해(竹島渡海) 당시의 상황, 안용복
의 도일 행적과 관련된 정황을 아주 상세하게 담고 있는 자료이기도
하다. 그런 점에서「울릉도쟁계」당시 안용복의 행적과 관련한 중요한
정보를 담고 있는 것이라 할 수 있다. 본고에서 검토된 것을 정리하는
것으로 이 글에 갈음하고자 한다.

첫째,『장생죽도기』의 기록을 보면 안용복 사건의 자세한 정황을 담
고 있으며, 막부의 명에 의해 돗토리에서 양양으로 추방당한 안용복
일행이 귀국 도중 오키섬에 들렀을 가능성을 시사해 준다. 또한 안용
복의 2차도일에서 목표로 했던 후쿠우라(福浦)와 오차가 2리(8km) 밖
에 벗어나지 않고 있는데 당시 항해술이 상당히 정확했음을 알 수 있
다. 둘째, 1693년 안용복 납치사건에서 총포의 위협에 의한 것이 아닌

술잔치로 일본 배로 유인하여 납치해 갔다는 당시의 정황을 확인할 수 있다. 셋째, 이처럼 17세기에 있었던 「죽도도해」의 정황과 두 번에 걸친 안용복 납치 및 도일 사건과 관련된 역사적 사실들을 구체적으로 나타내고 있어 기존 사료를 보완한다는 측면에서 사료적 가치를 지닌다고 할 수 있다. 넷째, 『장생죽도기』는 전해들은 바를 전해 듣고 기록한 전문(傳文)이다. 「전문증거 금지의 원칙」에 의하면 전문증거의 성격을 지닌 『장생죽도기』는 영유권 주장의 증거력을 갖지 못한다는 것이다.

　결론적으로 말하자면 전문 형식을 지닌 『장생죽도기』는 독도 영유권을 주장하는 사료로서는 증거력이 충분하지 못하다는 면에서 한계를 지닌다. 그러나 '안용복 사건' 당시 안용복의 행적을 추적하고 「울릉도쟁계」의 과정을 밝히는데 필요한 정보들을 많이 담고 있다는 면에서 기존의 관찬사료 및 향토사료를 보완하는 사료로서 가치가 높다고 할 수 있을 것이다.

【참고문헌】

권 정, 「18세기말 오키도의 죽도전승-『長生竹島記』의 오키전문(傳文)을 중심으로-」, 『일본학연구』 제39집, 2013.

권혁성, 「『長生竹島記』의 戱文-송도와 죽도를 지나는 기타마에부네(北前船)-」, 『일본어교육』 제69집, 2014.

권오엽, 「『長生竹島記』의 獨島 認識-結에 나타난 編者의 思考-」, 『한국일본어문학회 학술대회논문집』, 2015.

권혁성·오니시 도시테루 편역, 『長生竹島記』, 제이앤씨, 2016.

송휘영 역, 「장생죽도기」, 『독도연구』 제17호, 2014.12.

송휘영 편역, 『죽도관계사료집Ⅰ』, 도서출판선인, 2015.

田村淸三郎, 『島根縣竹島の新研究』, 島根縣總務部, 1965.

川上健三, 『竹島の歷史地理学的研究』, 古今書院, 1966.

松浦儀佐衛門, 『竹嶋紀事』, 亨保11年 (경상북도사료연구회 편 『竹嶋紀事』 Ⅰ·Ⅱ, 2013, 권혁성·오니시 토시테루 편역주, 『죽도기사 종합편』 상·하, 한국학술정보, 2013).

池内敏, 『大君外交と「武威」』, 名古屋大学出版会, 2006.

内藤正中·朴炳涉, 『竹島＝独島論争』, 新幹社, 2007.

竹内猛, 『竹島独島問題「固有の領土」論の歷史的検討』, 報光社, 2010.

矢田高当, 『長生竹島記』, 1801.

「竹島渡海禁止令」(1695).

鳥取藩 照會에 대한 答辯書 「7個條答辯書」(1695).

『朝鮮竹島渡航始末記』(1836).

『朝鮮國交際始末內探書』(1870).

『鳥取藩史』(1971, 송휘영 편역, 『일본 향토사료 속의 독도』, 도서출판선인, 2014).

『大谷家文書』.

『村川家文書』.

『竹島渡海由來記拔書』.

『竹島渡海由來記拔書控』.

『米子村川大谷兩家竹島渡海書上』.

竹島問題研究會,『「竹島問題に関する調査研究」最終報告』, 2007.
竹島問題研究會,『第2期「竹島問題に関する調査研究」最終報告書』 第2期島根県竹島問題研究会, 2011.

제2부

독도에 관한 국제법 및 정치학적 연구

독도문제 연구에 대한 주요 쟁점 검토

도해금지령과 태정관지령을 중심으로

이 성 환

1. 머리말

독도 영유권 문제(이하 독도문제라 함)는 1693년 이른바 안용복 사건 이래 한일 간에 논쟁의 대상이다. 때문에 이에 관한 연구도 많은 축적이 이루어지고 있다. 그럼에도 불구하고 학술적으로나 현실적으로 독도 영유권 문제에 대한 해결의 기미는 보이지 않고, 한일 연구자들 사이에서 공통의 논의를 찾기도 쉽지 않다. 순수한 학문적 연구보다는 자기 나라의 영유권 확보에 유리하도록 하기 위한 당위론적이고 목적론적인 연구에 치우쳐 있기 때문이다(본고 역시 이를 탈피하기 어려울지도 모른다).

한국에서의 독도문제 연구는 능동적으로 한국의 주장을 체계화하기보다는 일본의 주장을 반박하는 수동적인 경향을 강하게 띠고 있다는 비판도 있다.[1] 한국의 독도연구는 대체적으로 일본 외무성이 공식적

---

1) 최병학, 「해양영토분쟁과 독도영유권에 관한 연구」, 『지방정부연구』 제14권 제2호,

으로 내세우고 있는 '죽도문제의 10포인트'를 중심으로 하여[2] 그들의
주장에 대해 모순을 지적하거나 음모론적인 시각에서 반론이 이루어
지는 경우가 많다. 그렇기 때문에 한국의 주도적이고 선도적인 연구는
찾기 쉽지 않다. 독도관련 연구가 상당부분 일본 측 자료에 의존할 수
밖에 없는 사정도 반영하고 있으나, 우리의 관점에서 독도문제를 보려
는 시도를 간과했기 때문일 것이다.

또 지적하고 싶은 것은, 독도문제에 대한 연구는 한국과 일본에서
다 같이 미세한 부분에 초점을 맞추어 전체를 해석하려는 경향을 강하
게 띠고 있다는 점이다. 조금이라도 유리한 자료를 발견하거나 해석을
하면, 그것을 가지고 독도문제 전체를 재단하려는 담론을 형성한다.

그러나 이러한 연구 경향은 전체를 보지 못하는 우를 범할 수 있다.
강력한 하나의 주장이 또 다른 주장에 대한 장애요인으로 작용하는 경
우도 있으며, 사건별 논리가 단절적으로 전개되기도 한다. 예를 들면,
1900년의 대한제국 칙령 41호와 1905년의 일본의 독도편입에 대한 논
쟁은 칙령에 있는 석도가 독도인가를 중심으로 이루어지고 있다. 칙령
의 석도가 독도임이 분명해지면 일본의 독도편입은 의미를 잃고, 한국
의 독도 영유권 확립이 명확해진다. 그러나 석도에 대한 논쟁은 명확
한 결론을 얻지 못하고 있다. 또 석도가 독도임이 명확해지더라도 그
다음 단계가 남는다. 1951년의 샌프란시스코 평화조약(이하 샌프란시
스코조약이라 한다)에서 미국을 비롯한 연합국이 독도를 일본 땅으로
인정한 것으로 결론이 나면 석도에 대한 논쟁을 극복한 의미는 반감된
다. 독도문제에 대한 종합적 이해를 수반하지 않으면, 이러한 현상은

2010, p.229.
2) 이에 대한 한국의 대표적인 반론으로는 동북아역사재단 독도연구소의 『일본외무
성의 독도홍보 팜플렛 반박문』(2008.9.), 한국해양수산개발원 독도연구센터의 『독
도는 과연 일본 영토였는가?(일본외무성 「독도」 홍보 자료에 대한 비판)』(2008.7.)
이 있으며, 그 외 소논문 등 다수의 연구가 있다.

계속될 것이다. 독도문제 전체를 조망할 수 있는 일관성이 있는 프레임을 구성, 개발하는 것이 절실하다.

이상의 상황을 토대로 본고에서는 독도문제를 둘러싸고 한일 간에 쟁점이 되고 있는 몇 가지 이슈를 시대 순으로 정리해보고자 한다.

2. 안용복의 행적과 활동에 대한 평가문제

안용복 연구는 일본이 주장하는 17세기 독도 영유권 확립설, 1905년의 독도 무주지선점론 등을 부정하는 데 결정적인 역할을 한다. 일본이 안용복을 폄하하고, 부정하는 이유이다. 한국에서의 안용복의 활동에 대한 평가는 대체적으로 아래와 같은 신용하 교수 주장의 범주에 머물고 있는 듯하다. 안용복과 박어둔은 1693년 봄 울릉도에서 일본인 어부들에 의해 오키 섬으로 납치되었다. 안용복은 납치의 부당성을 주장했고, 이에 막부와 오키주(伯耆州) 태수는 울릉도는 일본 땅이 아니라(鬱陵島非日本界)는 문서를 안용복에게 써주었다고 한다. 신용하 교수는 이를 다음과 같이 정리하고 있다,

> 당시 伯耆州 태수는 울릉도가 조선영토임을 알고 있었기 때문에 막부의 관백(幕府將軍)에게 안용복 등을 이송하며 보고한 결과, 막부 관백도 울릉도가 조선 영토임을 인정하여 '울릉도는 일본의 영토가 아니다'(鬱陵島非日本界)는 문서를 伯耆州 태수를 시켜서 써주고 안용복을 석방하여 조선에 송환하게 했다. 그러나 안용복이 江戸를 출발하여 長岐에 이르자 長岐 도주는 안용복이 갖고 있는 '울릉도는 일본의 영토가 아니다'는 문서를 빼앗고 안용복 등을 일본 영토인 竹島를 침범한 죄인이라고 구속해 버렸다. 이 때 對馬도주 宗義倫은 안용복 사건을 역이용하여 울릉도(독도포함)를 對馬島의 부속 영토로 편입하고자 시도했다.[3]

위 문장은 1) 관백(막부 장군)이 울릉도의 영유권을 인정했다는 사실(독도도 포함하고 있는 것으로 읽힌다)을 지적하면서 2) 나가사키 도주가 이 문서를 빼앗고 쓰시마는 이를 이용하여 울릉도를 편입하려 했다는 점을 강조하고 있다. 여기에서 그 이후의 전개과정과 관련하여 다음과 같은 점을 검토할 필요가 있다. 쓰시마는 막부의 지시를 받아 안용복의 송환과 동시에 조선 정부에 대해 조선인의 죽도(울릉도) 도해(渡海)를 금지하도록 요청하면서 한일 간에 울릉도 영유권에 대한 논쟁이 시작되었다. 울릉도쟁계(일본에서는 '竹島一件'이라함)의 시작이다. 위 인용문의 내용과 겹쳐서 살펴보면, 막부는 오키주 태수에게는 안용복에게 울릉도가 일본 땅이 아니라는 문서를 써주도록 하고, 동시에 쓰시마 번에게는 조선정부에 대해 조선인의 죽도(울릉도)도해 금지(이후 편의상 '도해금지'라 한다)를 요청하게 한 것이다. 이 두 가지 사실은 서로 상충된다. 막부가 이중플레이를 했다는 것인데, 국가 간의 외교관계에서는 성립하기 어려운 이야기이다. 합리적인 설명이 필요한 부분이다.

이를 어떻게 이해해야 할 것인가. 신용하 교수는 "동해에 울릉도가 아니면서 울릉도와 비슷한 별개의 일본 영토인 竹島가 있는 것처럼 만들어 이후로는 竹島에서 조선 선박을 결코 용납하지 않을 터이니 귀국도 (조선 어부들의 竹島 출어를) 엄격히 禁制해달라는 엉뚱한 요구를 했다"고 설명하고 있다.[4] 울릉도, 죽도 이도설(二島說)로 설명하고 있으나 설득력이 약하다. 일본이 도해금지를 요청한데 대해 조선 정부는 죽도와 울릉도를 병기하여 조선인의 도해를 금지하고 있다는 답서를 보냈으나, 일본(쓰시마)은 답서에서 '울릉도'를 삭제해줄 것을 강력히 요구했다. 이는 일본(쓰시마)이 울릉도와 죽도를 같은 섬으로 인식하

---

3) 신용하, 『독도의 민족영토사 연구』, 지식산업사, 1966, p.31.
4) 위의 책, pp.31-32.

고 있었다는 것을 의미하기 때문이다.

다음은 1696년의 안용복의 2차 도일에 관해서이다. 안용복 일행 11명은 1696년 5월 20일에 울릉도와 독도를 거쳐 오키 섬(隱岐島)에 도착해서, 8월 6일 조선으로 송환되었다. 안용복의 2차 도일의 동기를 신용하교수는 "조선 조정이 강경 대응책을 채택했고 幕府 관백의 결정이 있었는데도 對馬 도주가 여전히 울릉도와 독도를 탈취하려고 시간을 끌고 있다는 말을 듣고, 자신이 다시 일본에 건너가 伯耆州 태수와 담판을 짓고 돌아오기로 결심했다"고 설명하고 있다.[5] 일본에서의 안용복의 활동에 대해서는 "이 과정에서 동래출신 어부 안용복의 활약은 울릉도와 독도를 지키는 데 큰 역할을 했다"고 평가한다.[6]

안용복의 일본에서의 활동에 대해서는 「元祿九(丙子)年朝鮮舟着岸一卷之覺書」 등의 기록으로 사실로 입증되고 있다. 안용복은 지참한 조선팔도지도를 제시하며 돗토리 번에 울릉도와 독도의 조선 영유를 강력히 주장했다.[7] 한국 측에서는 안용복의 주장에 대해 일본은 당시뿐만 아니라 그 후에도 아무런 대응이 없었다는 점을 들어 일본이 울릉도와 독도의 영유권을 인정한 것으로 해석하고 있다.[8] 이 지적은 매우 중요하다. 여기에서 문제가 되는 것은 안용복의 도일 시점이 막부의 도해금지령이 결정된 이후라는 점이다. 물론 안용복은 이 사실을

---

[5] 위의 책, pp.34-35.

[6] 위의 책, p.36.

[7] 안용복의 2차 도일이 쓰시마가 도해금지령을 조선 측에 전달하는 것을 재촉했다는 주장이 있다. 즉 안용복을 통해 조선이 도해금지령을 인지할 경우 조선과의 교섭 청구로서의 쓰시마의 역할이 의심을 받게 될 뿐만 아니라 안용복의 활동에 밀려 일본이 도해금지령이 내려지게 되었다는 오해를 피하기 위해 쓰시마가 서둘러 도해금지령을 조선에 알렸다는 의미이다.

[8] 김병렬, 「독도영유권과 관련된 일본 학자들의 몇 가지 주장에 대한 비판-원록 9년 조사 기록을 중심으로-」, 『국제법학회논총』 50권 3호, 대한국제법학회, 2005, pp.84-92.

모르고 울릉도와 독도의 영유권을 주장하기 위해 도일한 것은 사실이며, 높이 평가해야 한다. 그러나 안용복의 활동이 실질적으로 울릉도 (독도 포함) 영유권 확보, 다시 말하면 막부의 도해금지령 결정에는 영향을 미치지 못했다.

안용복의 활동에서 보다 중요한 것은 안용복의 활동으로 당시 조선의 독도와 울릉도에 대한 인식을 엿볼 수 있다는 점일 것이다. 안용복의 신분에 대해서는 불분명한 부분이 있으나, 적어도 그가 높은 신분은 아니었으며, 관리도 아니었다. 그렇다면 신분이 낮은 민간인이 일본에 건너가 독도와 울릉도의 영유권을 주장했다는 사실은 당시 조선에서 울릉도와 독도에 대한 인식이 일반에 널리 침투되어 있었을 뿐만 아니라, 독도와 울릉도에 대한 영유권 의식도 보편화되어 있었다는 것을 말해주는 것이라고 추론할 수 있다. 안용복의 평가에서는 이 점이 강조되어야 할 것으로 사료된다.

3. 도해금지령에 대한 평가

1) '도해금지령'은 조약인가

1693년부터 1699년까지 약 6년간에 걸쳐 울릉도 도해를 둘러싸고 한일 간에 치열하게 전개된 울릉도쟁계의 결과 일본인의 울릉도도해가 금지되었다. 이 도해금지령은 한일 간에 최초로 이루어진 국경교섭의 결과물이다.

안용복 납치사건을 계기로 일본은 조선 정부에 대해 조선인의 울릉도 도해를 금지해줄 것을 요청했다. 이는 일본이 울릉도를 자국의 영토로 간주했거나, 이를 계기로 울릉도를 자국의 영토로 편입하기 위한 의도에서 나온 조처였을 것이다. 공도정책을 취하고 있었음에도 불구하고 조선정부는, 일본의 요구에 강력히 대응하였다. 이 과정에서 일본은 울릉도가 자국의 영토라는 구체적인 근거를 명확히 제시하지 못했으나, 조선 정부는 『여지지』(輿地誌)의 기록, 울릉도와 조선 및 일본의 거리관계 등 구체적인 근거를 제시하면서 울릉도 영유권을 주장했다. 조선의 주장에 대해 막부는 자체 조사와 돗토리 번에 대한 질의 등을 통해서, 일본은 울릉도를 영유한 적이 없으며, 거리도 조선에 가까우며, 『여지지』의 기록이 있는 점 등을 들어 울릉도에 대한 조선의 영유권을 인정하고 일본인의 도해를 금지했다.[9] 막부는 울릉도에 대한 조선의 권원을 인정하고, 이에 기초하여 도해금지령을 내린 것이다. 막부는 이 결정을 정식으로 조선 정부에 문서로 전달하고 조선 정부도 이를 승인했다.

　이 과정을 검토하면, 막부의 도해금지령은 1) 막부가 조선 정부와의 논의를 거쳐 내린 결정이며, 2) 양국 정부가 이를 승인하는 절차를 거쳤다는 점을 알 수 있다. 단순화하면 양국의 합의에 의해 결정된 것이다. 그러면 양국의 합의에 의해 작성된 도해금지령을 한일 간의 국경조약으로 볼 수 있는가이다. 종래 통용되었던 국제관습법을 반영하여 조약에 관한 일반원칙을 규정한 조약법에 관한 비엔나협약(1969년에 채택되고 1980년 1월에 발효, Vienna Convention on The Law of Treaties) 제2조 제1항 (a)에 의하면 "조약이라 함은 (중략) 특정의 명칭에 관계없이, 서면형식으로 국가 간에 체결되며 또한 국제법에 의하여 규율되는 국제적 합의를 의미한다"고 규정되어 있다. 명칭에 관계없이 국가 간의 문서화된 합의를 광의로 조약으로 규정하고 있는 것이다. 따라서 도해금지령은 한일 양국의 국경조약으로 간주할 수 있다.[10] 이에 대해

---

9) 이 과정에 대해서는 이성환·송휘영·오카다 다카시, 『일본태정관과 독도』, 지성인, 2016의 태정관 관련문서 참조.

서는 박현진 씨가 자세한 연구 성과를 내놓고 있다.[11] 태정관지령에
첨부된 울릉도쟁계 당시 조선과 일본 사이의 왕복문서는, 현대 국제법
상 '교환공문'(Exchange of Letters)의 법적 성격과 지위를 가지는 것으
로 볼 수 있다는 것이 그의 결론이다.

　당시의 도해금지령을 위와 같은 현대국제법의 이론으로 따지기보다
는 당시에 일본에서 이를 어떻게 인식하고 있었는가를 살펴보는 것이
보다 더 실질적인 의미를 가질 것이다. 1877년 3월 내무성은 울릉도쟁
계 과정에서 막부와 조선 정부사이에 오고 간 서계 등을 검토한 후,
"겐로쿠 12(1699)년에 이르러 대체로 (조선과 일본 사이에-인용자) 문
서왕복이 끝나 (죽도 외 일도는-인용자) 본방(本邦, 일본)과 관계없"다
는 결론을 내리고, "판도(영토)의 취사(取捨)는 중대한 사건이기 때문
에 …(중략)… 만약을 위해 이 건을 (태정관에) 문의한다"고 밝혔다.[12]
내무성은 17세기 말 조선과 일본이 주고받은 "왕복문서"를 근거로 울
릉도와 독도가 조선의 영토로 확정되었음을 확인하고 메이지 정부가
이를 승계할 것을 태정관에 상신했으며, 태정관은 울릉도와 독도는 일
본과 관계없다는 지령(태정관지령)을 내린 것이다.

　또 일본인의 울릉도 도해에 대해 조선정부의 항의를 받은 일본 정부
는 1883년 3월 1일 울릉도 도해를 금지하는 유달(諭達)을 발포했는
데.[13] 유달문에는 "울릉도 (우리나라 사람은 죽도, 또는 송도라 부름-

10) 이 당시에도 영유의식, 경계의식은 존재한 것은 분명하나, 그러한 개념을 근대적
　영유권 및 국경개념과 동일하게 볼 수 있느냐에 대한 논의는 있을 수 있다. 그러나
　연속된 육지가 아니라 섬이라는 독립된 영역이기 때문에 동일하게 취급할 수 있을
　것이다.
11) 이에 대해서는 박현진, 「17세기 말 울릉도쟁계 관련 한·일 '교환공문'의 증명력」,
　『독도 영토주권 연구』, 경인문화사, 2016, pp.301-351에 상세하게 논하고 있다. 또
　박현진, 「17세기 말 울릉도쟁계 관련 한·일 '교환공문'의 증명력 : 거리관습에 따른
　조약상 울릉·독도 권원 확립·해상국경 묵시 합의」, 『국제법학회논총』 58(3), 대한
　국제법학회, 2013, pp.191-192.
12) 이성환·송휘영·오카다 다카시, 앞의 책, pp.288-289.

원주)가 조선국의 판도임은 이미 원록 연간(1699년-인용자)에 우리(일본) 정부와 조선 정부가 의정(彼我政府議定議定)한 바"이므로 "앞으로 잘못알고 있는 일이 없도록 (각 지방관은) 관하 인민에게 고유(告由)"하라고 지시했다.[14] 즉 조선 정부와 일본 정부는 울릉도를 조선의 영토로 '의정(議定)'했으니 도해를 금지한다는 것이다. 이와 관련하여, 후술하는 바와 같이, 1883년 당시 불법으로 울릉도에서 벌목을 하고 있던 일본인들이 조선 관리들의 퇴거 명령을 받고 "울릉도는 귀국(조선)의 땅이라는 조선과 일본정부 사이의 조약(條約)이 있으므로"[15] 라는 이유를 들어 철수한 사건이 있었다. 적어도 울릉도를 왕래한 일본인들은 1699년의[16] 도해금지령을 조선과 일본 정부 사이의 조약으로 인식하고 있었던 것이다. '왕복문서' '의정' '조약' 등의 용례는 일본 정부 및 울릉도 도해 일본인들이 도해금지령을 한일 간의 국경조약으로 명확히 인식하고 있었다는 사실을 보여주는 것이다.

2) 조약으로서의 도해금지령은 전후에도 효력이 있는가

문제는 이 국경조약의 시효에 관해서이다. 일반적으로 국경분쟁과 관련해 '국경획정의 안정성과 명확성(stability and definitiveness in boundary limitation)'은 중요한 판단 근거가 된다. 국경조약은 국가의 변경, 국가 정체의 변경 등에도 불구하고 승계되어 항구성을 가지는

---

13) (일본)外務省編纂,『日本外交文書』제16권, 巖南堂書店, 1996, pp.325-326.

14) 일본외교문서(일본외무성외교사료관)「朝鮮国蔚陵島犯禁渡航ノ日本人ヲ引戾処分一件」; 池内敏, 앞의 책, p.73 재인용.

15) 蔚陵島一件錄(山口縣文書館 소장, 청구번호 戰前A土木25); 木京睦人,「明治16年蔚陵島一件」,『山口県地方史研究』제88호, 山口県地方史学会, 2002, p.81.

16) 일본 막부가 도해금지령을 내린 것은 1696년이며, 일본인의 울릉도 도해가 금지된 것도 1696년이다. 그러나 조선과 일본의 양국이 완전한 합의에 도달한 것은 1699년이기 때문에 본고에서는 도해금지령의 성립을 1699년으로 한다.

것이 국제적으로 관습법화 되었다고 할 수 있다.[17] 이는 현대 국제법
과 국제중재재판 등의 사법적 결정에 의해서도 확인되고 있다.[18] 이순
천 씨는 이를 다음과 같이 설명하고 있다.[19]

> 1978년 비엔나협약(조약에 대한 국가승계에 관한 비엔나협약 Vienna
> Convention on Succession States in Respect of Treaties, 이하 편의상 비엔나
> 협약이라 함-인용자) 제11조는 조약에 의해 획정된 국경과 조약에 의해 확
> 립된 국경체제(regime of boundary)에 관한 권리와 의무는 국가승계에 의
> 해 영향을 받지 않는다고 규정하고 있는데 이는 국경의 신성함(sanctity of
> frontiers)에 관한 관습법을 재확인한 것이다. ……(중략)…… 그리고 이 11
> 조는 1969년 조약법에 관한 비엔나 협약 제62조 제2항의 〈사정의 근본적
> 변경〉은 국경조약을 종료시키거나 동 조약에서 탈퇴할 수 있는 근거로 원
> 용될 수 없다는 규정과도 관련된다.[20]

  비엔나협약 제11조는 당사국 간의 합의가 없는 한 국경은 변경되지
않는다는 국경 신성의 원칙(principle of sanctity of frontier)에 기초한 국
제 관행을 확인한 것이다. 이를 원용하면, 1699년의 국경조약(도해금
지령)은 한일 간에 변경에 대한 합의가 없는 한 시간의 경과에 구애받
지 않고 그 효력은 계속되는 것이다. 이러한 관점에서 본다면 현재 논
란이 되고 있는 한일 간의 독도영유권 문제는 1699년의 한일 간의 국
경조약(도해금지령)에 의해 이미 해결된 것으로 간주된다(도해금지령

---

[17] 1978년의 조약에 대한 국가승계에 관한 비엔나협약(Vienna Convention on
Succession States in Respect of Treaties) 제11조는 다음과 같다. "국가승계는 그 자체
로서 다음의 사항에 영향을 미치지 않는다, (a) 조약에 의해 확정된 경계 또는 (b)
조약에 의해 확정된 그리고 국경제체(regime of boundary)에 관련한 의무 및 권리.
[18] 이순천, 『조약의 국가 승계』, 열린책들, 2012, p.77.
[19] 위의 책, p.80.
[20] 조약법에 관한 비엔나 협약 제62조 (사정의 근본적 변경) 2항은 다음과 같다. ②
사정의 근본적 변경은, 다음의 경우에는, 조약을 종료시키거나 또는 탈퇴하는 사
유로서 원용될 수 없다. (a) 그 조약이 경계선을 확정하는 경우, 또는 …(후략).

에 독도가 포함되어 있다는 점을 전제로 한 경우이나, 이에 대해서는 후술함).

그럼에도 한국 측이 현재의 독도문제 해결의 원칙으로 1699년의 한일 간의 국경조약(도해금지령)을 강조하지 않는 이유는 무엇인가. 1699년의 국경조약이 현재에도 그 효력을 유지하고 있는가에 대해 명확한 인식을 가지고 있지 못하기 때문일 것이다. 여기에서 검토되어야 할 사항은 1699년 일본 막부와 조선정부 사이에 성립된 국경조약(도해금지령)이 그 후의 일본 및 한국의 정체(政體, 정권)의 변동에도 불구하고 계속해서 효력을 유지하고 있는가이다. 막부와 조선정부에 의해 체결된 조약이 메이지 유신(明治維新) 및 제2차 세계대전 등으로 인한 일본의 정체의 변동에 영향을 받는 것인가이다. 이것은 국가의 동일성 및 계속성에 관한 문제이다.

국가의 동일성 및 계속성 문제는 관련 당사국의 이해관계뿐만 아니라 국제관계의 안정성, 조약의 계속성 등에서 매우 중요한 요소로서 국제법뿐만 아니라 국제정치적인 요소도 포함하고 있으나, 국제법적인 측면이 강조될 것이다. 지금까지 확립된 국제관습법에 의하면 조약에 의해 확정된 국경에는 '사정의 근본적 변경'이 허용되지 않듯이, 정부나 정체의 변동은 국가의 동일성과 계속성에 영향을 미치지 않는다.[21] 정부나 정체의 변경은 합법적으로나 쿠데타 등과 같은 비합법적 방법으로도 이루어질 수 있으나, 비합법적인 방법으로 정부나 정체가 변경되더라도 국가의 동일성은 유지된다. 예를 들면 1917년 러시아 혁명 이후 소비에트 정권이 러시아 정부의 채무를 부인했으나, 이는 국가의 동일성을 부정하는 국제법위반으로 간주되어 당시에 많은 국가들이 소비에트 정부를 승인하지 않았다. 그리고 전시 점령과 같이 일

---

21) 한영섭, 『남북통일과 북한이 체결한 국경조약의 승계』, 한국학술정보(주), 2011, pp.191-192.

시적으로 영토가 점령되고 통치권이 중단되거나 하여도 국가의 동일성과 계속성에 영향을 미치지 않는다. 제2차 세계대전이후 연합국이 독일과 일본을 점령하였으나 독일과 일본의 법인격이 소멸된 것은 아니었다. 서독은 전쟁 전의 채무에 대한 책임을 인정했고, 미국, 영국, 프랑스도 서독 정부가 구 독일제국의 권리와 의무의 주체로 인정했다.[22]

이러한 관점에서 본다면 메이지유신과 제2차 세계대전 후의 일본의 정체의 변화는 국가의 동일성과 계속성에 영향을 받지 않는다. 따라서 1699년 막부에 의해 체결된 국경조약도 영향을 받지 않는 것으로 봐야 한다. 일본과 한국 사이에 이 조약의 변경에 관한 새로운 합의가 없으면 이 조약은 현재까지도 효력을 계속 유지하고 있는 것이다.

3) 도해금지령에 독도가 포함되었는가

다음으로 이와 관련하여 가장 중요한 쟁점은, 도해금지령이 계속 효력을 유지한다고 해도, 이 도해금지령에 독도가 포함되어 있는가 하는 것이다. 1699년의 국경조약(도해금지령)이 현재의 독도문제를 해결하는 국제법적 규범으로 사용되기 위해서는 도해금지령에 독도 도해금지도 포함되어 있었다는 점을 입증해야 한다. 독도가 포함되어 있지 않다면 국경조약으로서의 도해금지령의 지역적 적용범위는 울릉도에 한정되므로 현재의 독도문제와는 관련이 없게 된다. 이에 대해서는 두 가지의 견해가 존재한다. 하나는 도해금지령을 문언 그대로 해석하여, 도해금지령은 울릉도 도해만을 금지했을 뿐 독도 도해는 금지하지 않

---

22) Lauterpacht, "Continuity of States and Effectof War: The present position of treaties concluded with Prussia", 5 *ICLQ*, 1956, pp.414-420; 이순천, 앞의 책, 2012, p.243 재인용.

앗다는 주장이다. 도해금지령은 독도와 관련이 없다는 것이다.

그러나 이케우치 사토시 등 일본 측의 연구에서도 도해금지령에는 독도가 포함되어 있었다는 것이 입증되고 있다. 그의 주장은 1) 막부의 도해금지령은 막부가 독도를 인식하고 결정을 내렸으며, 2) 또 막부는 독도에 대한 도해허가를 한 적이 없는데도 불구하고 일본인이 독도 도해가 가능했던 것은 울릉도 도해허가가 독도 도해를 포함하고 있었기 때문이다. 따라서 울릉도 도해 금지는 독도 도해금지를 포함하는 것이라고 결론지었다.[23] 또 일본인의 울릉도와 독도 도해 관행을 보면, 일본인들은 독도에만 도해를 한 경우는 없고 울릉도 도해를 위해서 또는 울릉도 도해를 위한 항행의 목표나 중간 기착지로 활용하기 위한 것이었으므로 울릉도 도해금지는 자연스럽게 독도 도해를 금지하게 된다는 것이다.[24]

이와 관련하여 최근 박지영 씨는 무라카와가 문서(村川家文書)(요나고 시립도서관 소장)를 통해 이를 입증하고 있다. 울릉도쟁계 이전 막부의 도해허가를 이용하여 울릉도와 독도에서 어로활동을 했던 오야와 무라카와 가문은 1740년 막부의 사사봉행소에, "죽도(竹嶋)·마쓰시마(松嶋) 두 섬에 대한 도해금지령"이 내려진 후 궁핍해진 생활을 타개하기 위해 청원서를 제출했다. 이 청원서에는 당시의 도해금지령이 독도(竹島)를 포함하고 있었다는 내용이 적혀있으며, 청원서를 접수한 봉행도 청원서의 내용을 부정하지 않았다.[25] 이러한 사실을 통해 박지영 씨는 "당시 막부로부터 도해를 금지당한 당사자인 오야와 무라카와 가문은 독도로의 도해도 금지당한 것으로 인식하고" 있었으며 "당시

23) 池内敏, 『竹島問題とは何か』 名古屋大学出版会, 2012, p.36.

24) 위의 책, p.36.

25) 박지영, 「일본 산인 지방민과 울릉도 독도 도해금지령에 대하여」, 『독도연구』 제23호, 2017, pp.381-385.

막부의 공식 견해 또한 독도에 대한 도해도 금지한 것"이라고 결론지
었다.[26]

4. 태정관지령과 도해금지령의 관련성

1) 일본은 왜 태정관지령을 발령했는가

1877년의 태정관지령은 지령 단독으로서가 아니라 1699년의 도해금
지령과의 관련성 속에서 논할 때 보다 분명한 가치를 정의할 수 있다.
1) 일본은 왜 도해금지령을 승계하여 태정관지령을 발했는가. 2) 도해
금지령에는 없는 외일도(독도)가 태정관지령에 포함된 이유는 무엇인
가. 3) 태정관지령은 일본 국내법령체계에서 어떤 효력을 가지고 있는
것인가 등에 대한 검토가 필요하다.

일본은 도해금지령을 승계하여 태정관지령을 발한 이유를 직접 설
명하는 자료는 없다. 『공문록』에 편철되어 있는 태정관지령 관련 문서
에는 지적(地籍) 편찬을 위한 시마네 현의 질의를 계기로 내무성이 울
릉도와 독도에 대한 영유권을 조사하여 태정관에 상신함으로써 독도
와 울릉도는 일본 땅이 아니라는 취지의 태정관 지령이 나오게 되었다
는 과정을 보여주고 있을 뿐, 태정관 지령이 나오게 된 근본적인 이유
에 대한 설명은 없다. 아래와 같은 당시 일본의 상황 속에서 그 이유를
찾을 수밖에 없다.

태정관지령이 만들어지는 1877년은, 나카 노리오(名嘉憲夫) 씨가 밝
히고 있듯이, 메이지 유신 후 일본이 국민국가로서의 국경을 획정해가

---

26) 위의 논문, p.385.

는 '국경획정기'에 해당한다.[27] 근대 국민국가는 기본적으로 배타적 주권을 가진 정부, 동질적인 국민 그리고 영토를 구분하는 국경의 획정으로 이루어진다. 국민은 같은 문화와 아이덴티티를 가진 집단에 의해 자발적으로 형성되는 것으로 여겨지나, 실제로는 확정된 국경 안에서 교육이나 정책 등을 통해서 국민을 만들어가게 된다(nation building). 이탈리아 통일기의 "이탈리아는 만들어졌다. 이제부터는 이탈리아 국민을 만들어야 한다"는 경구는 이를 상징하고 있다. 따라서 국민국가 형성을 지향하는 메이지정부의 최우선 과제는 국경을 확정하는 것이었다. 이와쿠라 도모미(岩倉具視)가 1871년 사절단을 이끌고 구미 순방에 나설 즈음 대만, 죽도(울릉도), 무인도, 유구(琉球)의 경계를 조사할 필요가 있다고[28] 국경 획정의 시급함을 시사한 것도 이 때문이다.

그 후 일본은 "주변지역을 강권적으로 점령 병합"해 국경을 획정해 갔다.[29] 1875년에는 카라후토(樺太)·치시마(千島) 교환조약을 통해 홋카이도를 비롯한 북방지역의 국경을 확정하고, 1876년에는 오가사와라제도를 편입했으며, 1879년에는 유구(오키나와)를 병합했다(琉球處分). 애매한 상태에 있던 주변 지역을 편입, 확장하면서 국경을 획정해 간 것이다.

그런데 국경획정 과정에는 홋카이도, 오가사와라제도, 유구(오키나와) 등에 대해서는 공세적으로 영토 편입을 했으나, 송도(독도)는 반대로 일본의 영토에서 제외했다는 특이점이 보인다. 오가사와라 등의 예에 비추어 보면, 일본이 독도 편입을 시도할 수 있었음에도 불구하고

---

27) 名嘉憲夫, 『領土問題から国境劃定問題へ』, 明石書店, 2013은 역사적으로 일본의 영토변화(국경획정)과정을 집권국가형성기(1867~1873년), 국민국가로서의 국경획정기(1874~1881년), 대외팽창기(제국 형성, 1882~1945년), 대외축소기(제국 붕괴, 1945~현재)로 구분했다.

28) 『岩倉具視關係文書』 제7권, 日本史籍協會, pp.306-309.

29) 名嘉憲夫, 앞의 책, p.101.

송도(독도)를 일본영토에서 제외한 이유는, 죽도(울릉도)와 송도(독도) 는 일본이 영토로 편입할 수 없을 만큼 조선의 영유권이 명확했기 때 문이었을 것이라는 점을 제외하고는 설명하기 어렵다. 명치3년(1870) 에 영해 3해리설을 도입하는 등 근대 국제법을 적극적으로 수용하고 있던 일본 정부는 1699년의 국경조약의 존재를 의식하지 않을 수 없었 을 것이다.

또 다른 한편으로는 이시기 일본에서는 블라디보스톡에 왕래하는 일본인이 증가하면서 울릉도의 목재와 자원을 탐내 울릉도(송도)개척 원이 빈번하게 제출되고 있었다. 1876년부터 1878년 사이에 제출된 아 오모리 현의 무토 헤이가쿠(武藤平學)의 '송도개척지의(松島開拓之 議)', 지바현의 사이토 시치로베에(齋藤七郎兵衛)의 '송도개척원(松島 開拓願)', 시마네 현 사족 도다 다카요시(戶田敬義)의 '죽도도해원(竹島 渡海願)' 등이다.[30] 여기서 '송도'는 죽도(울릉도)를 가리키나, 당시 명 칭의 혼란으로 죽도(울릉도)를 송도라 한 것이다. 이러한 개척원은 영 유권이 다소 모호한 상태에 있던 울릉도를 일본의 영토로 하려는 인식 의 발로로 봐야할 것이나, 개척원은 일본 정부에 의해 전부 각하되었다.

그러면 내무성을 중심으로 일본정부가 울릉도와 독도를 편입하지 않고 오히려 일본의 영토가 아님을 보다 명확히 한 이유는 무엇일까. 위의 요인들, 즉 국민국가 형성을 위한 국경획정의 시급성, 국제법 준 수 의식, 국경에 대한 모호성을 해소하기 위해서는 죽도(울릉도)와 송 도(독도)에 대한 영유권을 명확히 할 필요가 있었을 것이다. 태정관 지 령의 형성과정에서 내무성이 울릉도와 독도의 영유를 "판도(版圖)의 취사(取捨)는 중대한 일"[31]로 취급하여 태정관에 상신한 것은 이를

---

30) 도다 다카요시(戶田敬義)의 청원서는 도쿄 지사 앞, 다른 2통은 재블라디보스톡의 무역 사무관을 거쳐 외무성에 제출되었다. 정영미 역,『독도자료집 Ⅱ 죽도고증』, 바른역사기획단, 2006, pp.294-354.

말한다고 하겠다.

그런데 당시 일본은 국경을 획정하는 과정에서 다소 애매한 상태에 있던 주변 지역을 편입했으나, 울릉도와 독도는 배제했다는 점을 주목할 필요가 있다.[32] 그 전해 1876년에 불평등 조약인 조일수호조규를 체결할 정도로 일본과 조선의 역학관계는 일본에게 절대적으로 유리하게 형성되어 있는 상황이었기 때문에, 일본은 독도를 자국의 영토로 편입하는 시도를 할 수 있었을 것이다. 그럼에도 불구하고 일본은 울릉도와 독도를 일본의 영토에서 배제하는 태정관지령을 발령한다. 그 이유를 해명할 수 있어야만 일본 정부의 영토정책의 일환인 태정관지령의 의미를 보다 명확히 할 수 있을 것이다. 반대로 1905년에 일본이 울릉도에서 독도를 분리하여 영토로 편입한 이유도 설명이 가능할 것이다.

2) 태정관지령에서 외일도(外一島)의 의미

1699년의 도해금지령을 승계한 태정관지령은 '죽도외일도(竹島外一島)'를 일본의 판도 외로 규정했다. 여기에서 죽도는 울릉도이며, '외일도(外一島)'는 독도이다. 도해금지령을 승계한 태정관지령에 '외일도(外一島, 독도)'가 명기된 이유는 무엇일까. 태정관 지령에 '외일

---

31) 이성환 외, 앞의 책, p.287, p.289.

32) 태정관지령이 독도가 일본 땅이 아니라고 했다고, 그것이 독도가 조선 땅임을 인정하는 것은 아니라는 일본 측 주장이 있다(이성환, 「독도에 대한 무주지 선점론은 성립하는가」, 『영토해양연구』 6호, 동북아역사재단독도연구소, 2013, pp.294-297 참조). 태정관지령의 문언적 표현만을 보면 이러한 주장도 가능하다. 그러나 이 주장은 독도 영유권에 대한 역사적 연원을 간과한 것이다. 독도에 대한 영유권의 연원이 1699년의 한일 간 국경조약에 있고, 태정관지령이 이를 계승하고, 또 양자가 현실적으로 효력을 유지하고 있다는 점을 고려하면, 이 주장은 명백히 사실에 어긋나는 견해이다.

도(독도)'가 명기됨으로써 1699년의 도해금지령에 독도가 포함되어
있다는 것을 소급해서 명확히 해주고 있다. 뿐만 아니라 도해금지령의
죽도는 죽도(울릉도)와 송도(독도)를 포괄하는 명칭으로 사용되었다
는 것도 알 수 있다. 죽도(울릉도)가 송도(독도)를 포괄하는 용어로
사용된 사례는 그 후에도 종종 보이고 있으며,[33] 앞서 언급한 송도
(울릉도)개척원도 독도를 포함한 것으로 봐야 한다.

　'외일도(竹島外一島)'라는 표현은 시마네 현의 내무성 보고에서 처음
사용되었고 내무성과 태정관도 이를 그대로 수용하여 사용하고 있다.
그러면 시마네 현은 송도(독도)라는 명칭을 두고 '외일도'라는 대용어
(代用語)를 사용한 이유는 무엇일까. 시마네 현은 부속문서로 첨부한
「원유의 대략(「原由の大略」)」에서 "다음에 또 한 섬이 있다. 송도(독
도)라 한다(次二一島アリ松島ト呼フ)"고 밝혀 '외일도(外一島)'가 송도
(독도)임을 분명히 하고 있으면서도 굳이 외일도라 표현한 것이다. 내
무성이 죽도(울릉도)에 대해서만 조회를 했기 때문에 하급기관인 시마
네 현이 당돌하게 '송도(독도)'라는 명칭을 사용하지 못하고, 소극적으
로 '외일도'로 표현했거나, 내무성이 주도(主島)인 죽도(울릉도)에 대한
조사를 요청했기 때문에 그에 딸린 부속도(附屬島)라는 의미로 외일도
라 했을 것으로 추측된다('죽도외일도'라는 문언에서는 외일도[外一島,
독도]가 죽도[울릉도]의 부속섬이라는 뉘앙스는 없다). 여기에서 사용
된 '외일도(外一島)'라는 용어는 송도(독도)를 가리키는 대용어로서 태
정관지령문에도 그대로 사용되었다.

　앞에서 언급한바와 같이, 이전까지 울릉도와 독도를 포괄하여 죽도

---

33) 예를 들면 1881년의 송도개척원(松島開拓願)의 '朝鮮国蔚陵島即竹島松島之儀二付'
　　라는 표현에서도 울릉도가 울릉도와 독도를 포괄하는 용어로 사용되었다는 점을
　　알 수 있다. 죽도(울릉도)가 송도(독도)를 포괄하는 용어로 사용된 점은 독도연구
　　에서 중요한 의미를 가진다. 이에 대해서는 별고에서 다루기로 한다.

(울릉도)라 하던 것을 시마네 현이 처음으로 두 섬을 분리하여 표현한 점을 주목할 필요가 있다. 이것은 시마네 현이 독도를 울릉도와 분리하여 인식하기 시작했다는 것인데, 그 의미는 무엇일까. 울릉도 도해를 위한 중간 기착지나 울릉도의 부속섬 이상으로 독도에 대한 새로운 가치(어업 등)를 발견했기 때문일 것이다. 다시 말하면 울릉도의 부속섬으로서가 아니라 독립된 섬으로서의 독도에 대한 가치 부여이다. 내무성과 태정관이 시마네 현의 표현을 그대로 수용하여 사용했다는 사실은 내무성과 태정관도 죽도(울릉도)와 송도(독도)를 분리하여 인식했다는 것을 의미한다. 이러한 인식의 전환은 1905년에 일본이 독도를 울릉도에서 분리하여 자국의 영토로 편입하게 되는 단초를 제공한 것으로 추론할 수 있다. 독도를 울릉도의 부속섬이나 기착지 정도로 인식하고 있었다면 독도를 분리하여 편입하는 발상은 하지 않았을 것이기 때문이다. 그렇다고 이 시점에서 일본이 장래 독도를 분리하여 편입시킬 것을 염두에 두고 있었다는 것은 아니다. 그렇다면 송도(독도)를 분리하여 명기하지 않고, 도해금지령과 같이 죽도(울릉도)만으로 표기하여 여지를 남겨 두었을 것이다.

5. 조일(朝日)/한일국경조약체제의 형성과 전개[34]

태정관지령의 성립에서 주목할 점은 다음의 두 가지이다. 첫째, 태정관지령이 울릉도쟁계의 도해금지령(국경조약)을 승계하고 있다는 점이다. 둘째, 태정관지령이 도해금지령을 승계한 것은, 1699년의 한일 간의 국경조약이 계속해서 효력을 유지하고 있다는 것을 의미한다. 이

---

34) 본장은 이성환, 「朝日/韓日국경조약체제와 독도」, 『독도연구』 제23호, 2017을 재정리한 것임.

둘을 종합하면, 태정관지령은 1699년의 한일 간의 국경조약을 국내적
으로 실행하기 위해 일본의 국내법 체계로 수용(adoption)한 것으로 볼
수 있다.[35] 이를 통해 일본은 울릉도쟁계에서의 한일 간의 합의(국경
조약)를 지켜가기 위해 국내외적으로 법령체제를 갖춘 것이 된다.
1699년의 국경조약(도해금지령)과 1877년의 태정관지령을 축으로 한일
간에 국경체제(regime of boundary)가 성립한 것이다, 이를 필자는 '조
일(朝日)/한일국경조약체제'라 명명했다. 도식적으로 정리하면 한일
간에는(국제적으로는) 1699년의 국경조약이, 일본 국내적으로는 태정
관지령이 직접 작동하는 체제가 형성된 것이다.

이 국경조약체제는 1905년 일본의 독도편입 때까지 유효하게 작동,
유지된다. "한번 합의되면 국경은 지속된다(once agreed, the bouncary
stands)"는 국경의 현상유지원칙, 그리고 국경은 안정성과 영속성
(stability and permanence)을 중시하기 때문에 근본적인 사정변경의 원
칙조차 적용되지 않는 국제관습법의 원칙에 비춰보면[36] 1877년에 형
성된 조일국경조약체제는 영속성을 가진 역사적 체제라고 하겠다. 그
러면 이 국경조약체제는 실제로 그 후 어떻게 작동되었는가를 검토할
필요가 있다.

몇 가지 사례를 중심으로 이를 살펴보면 다음과 같다. 내무성이 울
릉도쟁계를 조사하고 있을 즈음, 1877년 1월부터 시마네 현 사족(士族)
도다(戸田敬義)는 동경도지사에게 몇 번에 걸쳐 죽도도해원(竹島渡海
之願)을 제출했으나, 태정관지령이 나온 직후인 6월 8일에 각하되었
다.[37] 이케우치 사토시(池内 敏)는 이를 "울릉도 도해금지령이 효력을

---

35) 안홍익, 「條約의 大韓民國 法體系로의 受容 : 條約의 分類와 國內法的 地位」, 부산
   대학교 석사논문, 2009, pp.15-18; 이상현, 「國際法과 國內法과의 關係에 관한 硏究
   : 理論과 實際를 中心으로」, 건국대학교 석사논문, 1991.
36) 이근관, 「통일 후 한-중 국경문제에 관한 국제법적 고찰」, 『국제법학회논총』 55(4),
   2010, p.135.

발휘하고 있었기 때문이다"고 지적하고 있는데,[38] 이는 도해금지령을
승계한 태정관지령이 효력을 발휘하고 있었다는 것을 의미한다.

1881년 11월 14일, 사카이 지로(境二郎) 시마네 현 지사는 오야(大屋
兼助) 외 1명이 제출한 '송도개척원(松島開拓願)'을 내무성에 제출하여
울릉도 도해를 요청했다. 개척원을 접수한 내무성은 울릉도쟁계에 관
련된 문서를 첨부하여 외무성에 최근 조선정부와 새롭게 교섭을 한 사
실이 있는가를 문의한다. 12월 1일 외무성은 "조선국 울릉도 즉 죽도와
송도(朝鮮國鬱陵島卽竹島松島)에 대한 특별한 변경[교섭]"이 없다고 회
신한다. 외무성의 회신을 기초로 내무성은 1882년 1월 31일자로 시마
네 현에 "최전지령(最前指令, 1877년의 태정관지령-인용자)과 같이 죽
도와 송도(울릉도와 독도)는 본방(本邦)과 관계가 없으므로 개척원의
건은 허가할 수 없다"고 각하하였다.[39] 내무성이 외무성에 조선과의
새로운 국경교섭의 유무를 확인한 것은 국경조약을 수용한 태정관지
령은 조선과의 교섭여하에 따라 영향을 받기 때문이다. 외무성이 '특
별한 변경'이 없다고 함으로써 1699년에 성립한 국경조약(도해금지령)
은 계속 효력을 유지하고 있으며, 이를 수용한 태정관지령도 유효하다
는 것을 뜻한다.

조선정부는 1880년 원산진 개항을 앞두고, 1879년 10월 임한수를 강
원도관찰사로 임명하고 울릉도 등 관방(關防)의 방책을 마련하도록 했
다.[40] 1881년 5월 임한수로부터 울릉도에서 일본인이 무단으로 벌목을

37) 北澤正, 『竹島考証』, 1881; Web竹島問題研究所, "戸田敬義と「竹島渡海之願"
　　http://www.pref.shimane.lg.jp/admin/pref/takeshima/web-takeshima/takeshima04/takes
　　hima04-1/takeshima04-230728.html(검색일: 2017.06.25.)
38) 池内敏, 앞의 책, p.72.
39) 杉原隆, 「明治10年太政官指令·竹島外一島之儀ハ本邦関係無之をめぐる諸問題」, 竹
　　島問題研究会, 『第2期「竹島問題に関する調査研究」中間報告書(平成23年 2月)』, pp.15-16.
40) 고종실록, 고종16년(1879년) 8월 4일. 박은숙, 「동남제도개척사 김옥균의 활동과 영
　　토·영해인식-울릉도·독도인식을 중심으로」, 『동북아역사논총』 36호, 2012, p.98.

하고 있는 사실을 보고받은 조선정부는 6월에 예조판서 이회정의 이름으로 이노우에 카오루 일본 외무경에게 "일찌기 서계를 올려 귀 조정에서 특별히 (울릉도 도해를) 금지하겠다는 약속을 받았는데, …(중략)… 귀 조정에서 미처 금령을 세우지 않아서 백성들이 아직도 불법을 저지르"고 있으니, 이를 금지하라는 항의 서한을 보냈다. 1699년의 도해금지령을 근거로 하여 조일국경조약체제를 지키라고 요구한 것이다. 이에 대해 일본 외무성은 같은 해 10월 조선정부에 일본인을 철수하고 울릉도 도해를 금지하겠다는 회답을 보내고,[41] 동시에 태정대신(太政大臣)에게 1699년의 도해금지령에 의거하여 일본인의 도해금지를 포고해야 한다는 의견서를 제출했다.[42]

또 조선정부는 1882년 5월 이규원을 울릉도에 파견하여 현지조사를 실시하고, 울릉도에 침입해 있는 일본인(77명)의 철수를 요구하는 등 공도정책을 폐기하고 울릉도 개척에 착수하였다. 조선의 울릉도개척에 호응하여, 일본 정부는 일본인의 철수에 착수하고, 1883년 3월 1일 "울릉도(우리나라 사람은 죽도 또는 송도라 부름-원주)가 조선국의 판도임은 이미 원록 연간(1699년-인용자)에 우리 정부와 조선 정부 사이에 의정(議定)한 바"이므로 "앞으로 잘못알고 있는 일이 없도록 (각 지방관은) 관하 인민에게 고유(告由)"하라는 유달(諭達)을 발포했다.[43] 그리고 태정대신은 사법경에게, 울릉도에 도항하는 자들을 조일무역규칙 제9칙(則) 및 형법 제373호(1월 이상 1년 이하의 유기징역)에 따라 처벌하도록 각 재판소에 지시하도록 했다.[44] 처벌규정이 없는 도해

41) 『구한국외교문서』 제1권, 日案1, 문서번호74(1881.7.26.), 75번(1881.10.24.); 박은숙, 앞의 논문, p.99.
42) 池内敏, 앞의 책, pp.73~74.
43) 『일본외교문서』(일본외무성외교사료관)「朝鮮国蔚陵島犯禁渡航ノ日本人ヲ引戻処分一件」; 池内敏, 앞의 책, p.73 재인용.
44) http://blog.naver.com/cms1530/10015986629(검색일 2018.4.25.).

금지령과 태정관지령으로 형성된 국경조약체제를 강제하기 위해 조일
무역규칙과 형법을 적용한 것이다.

　일본인의 철수를 위해 울릉도에 파견된 야마구치 현의 야마모토 오
사미(山本修身)의 복명서(1883년 9월)에 실려있는 울릉도에서의 조선
관헌과 일본인의 대화록에도 도해금지령에 대한 당시 일본인들의 인
식이 명확히 드러나고 있다. 일본인들은 만국공법(국제법)을 언급하면
서 울릉도를 무인도(무주지)로 간주하여 퇴거를 거부했다. 이에 대해
조선 관헌이 "일본 정부에 조회를 하겠다"고 하자 일본인들은 "울릉도
는 귀국(조선)의 땅이라는 조선과 일본 정부 사이의 조약(條約)이 있으
므로"라며 철수했다.45) 여기에서 '조약'은 1699년의 도해금지령을 가리
킨다. 울릉도에 도해한 일본인들이 직접 '조약'이라는 용어를 사용하고
있었다는 사실은 1699년의 도해금지령=국경조약이라는 인식이 당시
일본인들에게 상당한 정도로 침투되어 있었다는 것을 말한다.

　그 후 울릉도 도해자들에 대한 처벌은 이루어지지 않았다. 이에 대
해 이노우에 카오루 외무대신은 "막부이래 그 귀속이 결정(從前彼我政
府議政)되었다고 선언하고 있음에도 불구하고 그와 같은 재판소의 처
치를 허용하면" 조선정부뿐만 아니라 외국으로부터 일본의 공정성이
의심을 받을 것이라고 정부에 항의했다.46) 이노우에의 인식은 도해금
지령이 단순히 일본 국내용이 아니라 국제적인 성격을 가진 것이라는
점을 보여주고 있다. 이상의 사례에서 적어도 1880년대까지 조일국경
조약체제가 유효하게 작동하고 있다는 것을 알 수 있다.

---

45) 木京睦人,「明治十六年『蔚陵島一件』」,『山口県地方史研究』第88号, 2002년 10월,
　　 p.81.
46)『일본외교문서』제16권 133쪽 附記1. 木京睦人,「明治十六年『蔚陵島一件』」,『山口
　　 県地方史研究』第88号 2002년 10월, p.74.

6. 조일(朝日)/한일국경조약체제와 일본의 독도 편입

1905년 1월 28일 일본 내각은 독도 편입을 결정을 했다. 일본의 이 조치에 대해 한국에서는 1) 무주지 선점론에 대한 비판, 2) 대한제국칙령 41호와 일본의 각의결정의 충돌문제, 3) 한국에 통보하지 않은 데 대한 국제법적 효력 문제 등에 초점을 맞추어 비판을 가하고 있다. 1)과 2)는 매우 밀접한 관련이 있으므로 논점은 1)과 3)의 두 가지로 정리할 수 있다.

우선 무주지 선점론에 대해서이다. 각의 결정문에는 "이 무인도는 타국이 이를 점유했다고 인정할 형적이 없"고, 나카이 요자부로(中井養三郎)가 이곳에서 어업을 한 것을 "국제법상 점령의 사실"로 인정하여 독도(죽도)를 일본의 영토로 편입한다고 밝히고 있다.[47] 무주지선점론에 기초해 독도를 편입한다는 것이다. 이에 대해 한국 측은 1) 17세기 안용복의 활동, 2) 1900년 10월의 대한제국 칙령41호로 석도(독도)는 이미 울도군(울릉군) 관할하에 있었다는 점, 3) 1905년 이전에 한국의 민간인이 독도에 왕래한 흔적이 있다는 점 등을 중심으로 일본의 무주지 선점론을 비판한다.[48] 2)에 대해 일본 측은 석도는 독도가 아니라 주장하고 있으나, 한국 측에서는 음운학적인 반론 외에는 충분한 실증적 연구를 내놓지 못하고 있다. 3)에 대해 일본 측은 1905년 이전의 한국인의 독도 왕래의 흔적은 회상록 등에 의한 간접적인 것이며, 또 민간인의 행위가 영토의 실효적 지배를 의미하는 것은 아니라고 반론한다. 이 논쟁은 명확한 결론이 유보된 상태이나, 한국 측의 보다 명확한 실증적 연구가 필요하다. 1)의 안용복에 대해서도 한일 양국 학

---

[47] 『公文類聚』第29篇 明治38年 卷1(일본 국립공문서관 소장).

[48] 이에 대해서는 김수희, 「개척령기 울릉도와 독도로 건너간 거문도 사람들」, 『한일관계사연구』 제38집, 2011의 연구가 있다.

계의 평가는 엇갈리고 있다.

필자는 이와는 다른 관점에서 일본의 무주지 선점론을 비판하려고
한다. 태정관지령과 1699년의 국경조약(도해금지령)을 이용하여 일본
의 법제사적인 측면에서 이를 규명하려는 것이다.[49] 앞서 언급한 바와
같이 1877년 이후 조일국경조약체제는 안정적으로 작동하고 있었으며,
메이지 헌법 76조가 "이 헌법에 모순되지 않는 현행의 법령은 모두 준
유(遵由, 지키고 따르다-인용자)의 효력을 가진다"고 규정함으로써 메
이지 헌법 체제하에서도 조일국경조약체제는 그 효력을 유지한다. 이
처럼 조일국경조약체제가 유효하게 작동하고 있다는 것은 일본 스스
로 독도와 울릉도를 조선의 영토로 인정하고 있다는 의미이다. 그렇기
때문에 조일국경조약체제와 무주지론은 양립 불가능하다. 나카이 요
자부로(中井養三郎)가 독도에 대해 대하원(貸下願)을 제출했을 때, 내
무성이 독도가 조선 영토일 가능성을 염두에 두고 반대 의사를 내비친
것은, 내무성이 태정관지령 성립에 주도적인 역할을 한 조일국경조약
체제 형성의 당사자였기 때문일 것이다. 그럼에도 불구하고 내무성이
각의에 독도편입을 청의(請議)한 것은 러일전쟁에 편승하여 군사적 중
요성을 강조하는 외무성 및 해군성의 주장에 밀렸기 때문이라고 볼 수
있다.

각의 결정문에는 조일국경조약체제를 형성하고 있는 1699년의 국경
조약과 1877년의 태정관지령에 대한 언급이 없다. 앞에서 기술한 바와
같이, 20여 년 전까지만 해도 이를 어긴 자에 대해 형법을 적용하는 등
국경조약체제를 안정적으로 유지해온 일본 정부가 이 시점에서 이를
무시하고 독도를 편입한 이유가 무엇일까. 약 20년의 기간 동안에 조
일국경조약체제에 변경을 가져올 사정변경이 있었는가. 적어도 조선

49) 이성환, 「일본의 태정관지령과 독도편입에 대한 법제사적 검토」, 『국제법학회논총』
제62집 3호, 2017.

과 일본 사이에서는 이를 설명할 만한 사안이 발생하지 않았다. 그렇다면 일본 정부가 조일국경조약체제를 무시하고 자의적으로 독도를 편입했다고 볼 수밖에 없다. 거기에는 러일전쟁의 와중에 조선이 실질적으로 일본의 전시체제에 편입되면서 제대로 된 정상적인 국가 기능을 발휘할 수 없는 한일 간의 역학관계가 반영되었다고 하겠다.

다음으로는 행정 명령 내지는 행정 조치에 지나지 않는 각의 결정으로 조일국경조약체제를 무력화할 수 있는가이다. 국경조약체제를 형성하고 있는 태정관지령 및 1699년 국경조약과 각의결정의 효력의 상하관계를 따져야 한다. 앞서 언급한 바와 같이, 일반적으로 조약은 국내적으로는 법률과 같은 효력을 가지고 있기 때문에 1699년의 국경조약 역시 법률과 같은 효력을 가지며 주권(영토)에 관련된 태정관지령 역시 법률과 같은 효력을 가지고 있다. 이를 바탕으로 각의 결정의 성격과 기능을 살펴볼 필요가 있다.

각의 결정은 "헌법과 법률의 범위 내에서"이루어져야 한다.[50] 또 메이지 헌법 제9조는 "천황은 …(중략)… 필요한 명령을 발하거나 발하게 할 수 있다. 단, 명령으로 법률을 변경할 수는 없다"고 규정하고 있다. 헌법상 "국가원수로서 통치권을 총람(總攬)하는" 천황조차도 법률에 반하는 명령을 발할 수 없는 데,[51] 하물며 천황을 보필하는 지위에 있는 내각이[52] 조약에 해당하는 도해금지령을 어기면서 영토(주권)의 변경을 가져오는 독도 편입을 결정할 권한이 있을 리 없다. 그리고 각의결정은 당해 내각의 시정방침을 밝히는 데 대한 정치적 결정으로서

---

50) "閣議決定の有效性に関する質問主意書",
http://www.shugiin.go.jp/internet/itdb_shitsumon_pdf_t.nsf/html/shitsumon/pdfT/b183125.pdf/$File/b183125.pdf(검색일 2017.7.11.)

51) 메이지헌법 제4조.

52) 메이지헌법에는 내각의 용어가 없으며, "각 국무대신은 천황을 보필한다"고만 규정되어 있다(55조).

각의 결정 그 자체만으로는 실효성이 없고 선언적 의미를 가질 뿐이
다. 각의 결정은 관련 행정기관의 실행이나 의회에서 법적 뒷받침이
되어야만 실효성을 가진다. 각의 결정에 기초하여 내무성이 시마네 현
에 독도편입 조치를 취하도록 훈령하고 이를 근거로 시마네 현이 고시
를 통해 독도 편입 조치를 취함으로써 비로소 각의결정이 효력을 발휘
하게 된다. 각의결정은 현 고시를 통해 실효성을 가지게 된 것이다.

　그렇다면 각의결정에서 비롯된 시마네 현의 고시가 태정관지령을
번복할 수 있는가하는 법리 문제가 남게 된다. 일종의 행정명령에 해
당하는 각의결정이 법률적 효력을 가진 태정관지령을 무효화할 수 없
으며, 지방 정부인 시마네 현의 고시도 태정관지령을 무효화할 수 없
다. 환언하면, 각령(閣令)이 법률(태정관지령)을 변경 내지 폐기한 상
위법 위반에 해당한다.53) 추가적으로 부언하면, 가장 핵심이 되는 태
정관지령과 각의 결정의 효력의 상하관계를 따지기 위해서는 태정관
과 내각의 성격과 기능을 정치 권력적인 측면에서, 그리고 법제사적인
측면에서 보다 면밀한 검토가 필요하다.

　또 도해금지령을 승계한 태정관지령은 조약의 의미를 내포하고 있
기 때문에, 태정관지령을 무효화하는 것은 한일 간 국경조약의 파기로
직결된다. 일본 내각의 독도편입 조치는 조약 파기에 따른 한국 정부
에 대한 통고 의무를 이행하지 않은 것이 된다.54) 조약 파기 결정은
일방적으로도 가능하나, 그것이 효력을 발휘하기 위해서는 조약 당사
자에게 반드시 통고를 해야 하고, 통고 후 일정 기간이 경과한 후에야
효력을 발생하게 된다.55) 일본은 조일국경조약을 파기하는 독도 편입

---

53) 여기에서는 좀 더 면밀한 검토를 위해서는 태정관지령과 각의 결정의 효력의 상하
　　관계에 대한 보다 세련된 법리적 검토가 필요하고, 또 조약의 국내수용 이론에 대
　　한 이론적 구성이 필요하다.
54) 통고의 의무: 현고시를 비롯한 편입에 대한 통고냐, 조약파기에 따른 통고냐.
55) '조약법에 관한 비엔나 관한 비에나 협약'에 의하면 적어도 12개월 전에 통고하도록

을 조선 정부에 통고하지 않았기 때문에 조약 파기의 효력은 발생하지 않는다. 지금까지 한국에서의 논의는 주로 일본이 영토 편입을 고시하면서 이를 한국에 통보하지 않았기 때문에 편입이 무효라고 주장해 왔다.[56] 그러나 편입에 대한 통고 의무가 반드시 국제적으로 확립된 이론이나 관습으로 존재하는가에 대해서는 이론이 있다는 점을 감안하면, 한국으로서는 편입에 대한 통고 의무가 아니라 조약파기에 대한 통고 의무를 강조하는 것이 보다 설득력이 있고, 합리적일 것이다.

일본의 독도 편입 사실은 일본의 한국 통감부가 설치된 후, 1906년 3월 28시마네 현 사무관(제3부장) 가미니시 유타로(神西由太郎)가 인솔하는 죽도(독도)조사대(관민 45명)가 울릉도에 상륙하여 군수 심흥택을 방문함으로써 이 사실이 알려지게 되었다. 심흥택은 이 사실을 강원도관찰사 이명래에게 보고하고, 이어서 내부(內部)에도 보고되었다. 일본은 이 때 한국 정부가 일본에 항의를 하지 않았다는 점을 지적한다. 당시 한국은 일본에게 외교권을 박탈당한 피'보호'국의 상태에 있었다. 간도 영유권을 둘러싼 청국과의 외교 교섭권도 일본이 가지고 있었다. 이러한 정황을 고려하면, 조선 정부의 항의는 현실적으로 실효성을 가질 수 없다. 때문에 항의를 하지 않은 것을 문제삼는 것은 무의미하다. 일본이 정식 외교루트를 통해서 조약파기를 통고해 오고, 조선정부의 주권이 살아 있는 상태였다면, 조선 정부는 일본에 항의를 하고 독도가 조선 영토임을 재삼 천명했을 것임이 분명하다. 그렇기 때문에 일본 정부에 항의를 하지 않았다고 문제삼는 일본 측의 주장은 무의미하다. 같은 맥락에서 1909년 조선정부를 대신하여 일본이 체결한 간도협약에 대해서도 조선정부는 일체의 항의를 할 수 없었다.

극단적인 논의를 한다면, 피보호국에 대한 '보호'의 의무를 다하기

되어 있다.
[56] 신용하, 『독도의 민족영토사 연구』, 지식산업사, 1966, pp.46-47.

위해서는 외교권을 가진 통감부가 일본정부에 항의를 해야 한다. 을사
조약의 유무효론은 차치하고, 피보호국(조선)의 영토 처분에 대한 보
호국(일본)의 역할에 대한 국제법적인 법리 분석이 필요할 것으로 사
료된다.

7. 샌프란시스코 평화조약의 잘못된 해석-맺음말을 대신하여

1952년 이래 일본은 한국을 상대로 독도 영유권을 본격적으로 주장
하기 시작했다. 일본은 전후 일본의 영토 범위를 확정한 1951년의 샌
프란시스코 평화조약(이하 샌프란시스코 조약이라 함)을 독도 영유권
의 가장 중요한 근거로 보고 있다.[57] 만약 샌프란시스코 조약으로 독
도 영유권이 결정되면, 그 이전의 조일/한일국경조약체제와 일본의 독
도 편입 등의 한일 간의 쟁점은 의미가 없어진다. 이러한 측면에서 샌
프란시스코 조약은 현재 한일 간의 독도 논쟁의 핵심이라 할 수 있다.
독도문제가 국제사법재판소에 회부될 경우 일본은 샌프란시스코조
약을 가장 유력한 근거로 제시할 가능성도 있다.[58] 또 일본이 샌프란
시스코조약 발효일을 기준으로 하여 1952년을 독도문제에 대한 '결정
적 기일'(critical date)로 보려고 하는 것은 샌프란시스코조약이 일본에
게 유리하게 작용한다고 인식하고 있기 때문이다.[59] 1952~1954년 사이
에 앨리슨(John M. Allison) 주일대사, 레온하트(Leonhart) 참사관, 핀
(Richard Finn) 서기관 등 주일미국 외교관들도 샌프란시스코조약을 근

---

57) 정병준, 「샌프란시스코 평화조약과 독도」, 『독도연구』 제18권, 영남대학교 독도연
    구소, 2015, p.138.
58) 정갑용, 「샌프란시스코 평화조약 제2조 (a)항과 독도」, 『민족문화논총』 제60집, 영남
    대학교 민족문화연구소, 2015, p.155.
59) 박현진, 「대일강화조약과 독도 영유권」, 『국제법평론회』 제28호, 2008, p.128.

거로 독도를 일본령으로 하여 독도문제를 해결해야 한다는 주장을 하기도 했다.[60] 일본이 주장하는 한국의 독도 불법 점거론도 샌프란시스코조약을 근거로 하고 있다.

이에 대해 한국은 제2조 a항에는 독도에 관한 언급이 없으며, 한국의 대표적인 섬을 열거했을 뿐이라고 주장한다. 동시에 샌프란시스코조약 이전 1946년의 SCAPIN677호에 의해 이미 독도가 한국의 영토로 인정되었다고 주장하는 등 샌프란시스코조약을 무력화하는 데 초점을 맞추고 있으나 설득력이 약하다. 이석우 씨는 "샌프란시스코 평화조약의 해석이 일본의 독도에 대한 영유권을 인정하는 것으로 결론 내려진다는 것이 분명해진 이상" SCAPIN677호의 강조는 결코 바람직하지 않다고 지적한다.[61]

그러면 샌프란시스코조약은 독도문제와 어떠한 관련성을 가지고 있는가. 샌프란시스코조약 제2조 a항은 "일본은 한국의 독립을 승인하고 제주도, 거문도, 울릉도를 포함한 한국에 대한 모든 권리, 권원 및 청구권을 포기한다"고 규정하고 있다. 이 조항에서 독도에 대한 언급이 없는 것은 샌프란시스코조약의 형성 과정에서 한국과 일본이 독도를 자국의 영토로 표기하는데 실패했기 때문이다. 이를 이용하여 한국과 일본은 아전인수식으로 국제사회로부터, 그리고 국제법적으로 독도가 각각 자국의 영토로 인정받았다고 정반대의 주장을 하고 있다.[62] 일본은 샌프란시스코 제2조 a항은 일본이 포기해야 할 영역을 규정하고 있으나, 독도에 대한 언급이 없으므로 독도는 일본이 포기해야 할 영역이 아니기 때문에 일본의 영토로 남았다고 주장한다. 한국은 일본이 포기해야 하는 영역에 독도를 포함시키고자 했으나, 실패했기 때문에

---

60) 정병준, 앞의 논문, p.137.

61) 이석우, 『동이사아의 영토분쟁과 국제법』, 집문당, 2007, p.18.

62) 신용하, 『한국과 일본의 독도영유권 논쟁』, 한양대학교 출판부, 2005, pp.38-39.

독도는 한국의 영토로 인정받지 못했다는 주장도 같은 맥락이다.[63]

그러나 문언적으로 보면, 독도에 대한 언급이 없는 제2조 a항으로는 독도의 영유권을 확정할 수 없으므로 이 조항에 대한 해석에 따라 독도 영유권이 결정되는 것이다. 일본의 위와 같은 주장은 1951년 8월 10일 자로 딘 러스크 미 국무성차관이 주미 한국대사관에 보낸 이른바 딘 러스크 서한을 주요한 근거로 하고 있다. 1951년 7월 19일자로 양유찬 주미 한국대사는 미국 국무장관에게 일본이 포기해야 할 도서들 가운데 제주도, 거문도, 울릉도에 더하여 독도를 포함시켜줄 것을 요청했다. 미국은 한국의 주장을 수용하지 않았고, 그 결과 제2조 a항에서 독도가 누락되었다. 딘 러스크 미 국무성차관이 주미 한국대사관에 보낸 서한(이른바 딘 러스크 서한이라 함)이 그 이유를 설명하고 있다. 서한에서 언급하고 있는 독도 관련 내용은 다음과 같다.

> 독도 섬에 관련하여, 우리의 정보에 의하면, 혹은 타케시마 혹은 리앙쿠르암으로도 불리는, 정상 상태에서 사람이 살지 않는 이 암석체가 한국의 일부로 취급된 적은 전혀 없으며, 대략 1905년부터 지금까지 일본 시마네 현 오키섬 지청 관할 하에 있었다. 한국이 그 이전에 그 섬의 영유권을 주장한 적이 있는 것으로 보이지 않는다.[64]

요약하면, 1905년 이전에 독도가 한국의 영토로 취급된 적이 없고, 1905년 이후에 독도는 일본의 관할하에 있었기 때문에 한국의 제안을 받아들일 수 없다는 것이다. 그러면 위의 서한에 의하면 독도가 일본의 영토인 것이 명확한데 미국은 왜 독도를 2조 a항에 일본의 영토로 명확히 하지 않았는가에 대한 의문이 남는다. 이에 대해서는 동아시아

---

[63] 이석우, 앞의 책, p.18.
[64] 딘 러스크 서한은 인터넷 상에서 원문을 쉽게 확인할 수 있다.
(http://blog.daum.net/hangun333/3143(2018. 6. 11.검색)

영토문제를 불명확한 상태로 남겨두려는 미국의 의도가 작용했을 것으로 추론하는 견해가 있으나,[65] 설명이 부족하다.

딘 러스크 서한은 "우리(미국)의 정보에 의하면"이라는 단서를 전제로[66] "한국이 1905년 이전에 그 섬의 영유권을 주장한" 적이 없으며, "1905년부터 지금까지 (독도는) 일본 시마네 현 오키섬 지청 관할 하에 있었다"고 강조하고 있다. 이러한 미국의 인식은 1905년 일본의 독도 편입조치 이후의 독도에 대한 정보에만 의존하고 있다는 것을 의미하며, 이는 미국이 1905년의 일본의 독도편입을 정당한 것으로 간주하고 있다는 것을 말한다.

이점을 주목할 필요가 있다. 1905년 일본의 독도편입 조치가 부당하거나 1905년 이전에 독도가 한국의 영토로 간주되었다는 사실이 입증되면, 미국은 잘못된 정보를 근거로 하여 독도를 제외하였다는 것이 되며, 나아가 딘 러스크서한을 근거로 한 일본의 주장도 의미를 상실한다. 반대로 한국은 샌프란시스코조약 제2조 a항의 "일본이 포기한 한국이라는 개념 속에 독도가 포함되어 있음을 주장"할 수 있으며,[67] 국제적으로 독도에 대한 한국의 영유권이 인정되었다고 해석할 수 있게 된다.

이를 조일/한일국경조약체제와 관련하여 분석하면 다음과 같다. 앞에서 서술한 바와 같이, 1905년 시점에 조일국경조약체제가 작동하고 있었기 때문에 일본의 독도 편입과 조일국경조약 체제는 양립할 수 없다. 그러면 독도가 1) "1905년부터 지금까지 일본 시마네 현 오키섬 지청 관할 하에 있었다." 2) "한국이 1905년 이전에 그 섬의 영유권을 주

---

65) 原貴美惠,『サンフランシスコ平和条約の盲点-アジア太平洋地域の冷戦と戦後未解決の諸問題』, 渓水社, 2012 참조.

66) 정병준, 앞의 논문, p.156, p.160; 정병준,『독도 1947』, 돌베개, 2010, pp.775- 786.

67) 이석우,「1951년 샌프란시스코 평화조약에서 독도의 영토 처리 과정에 관한 연구」,『동북아역사논총』7호, 2005, p.135.

장한" 적이 없었다는 딘 러스크 서한의 내용은 성립하지 않는다.[68] 또 설령 1905년의 일본의 독도편입이 유효하게 성립되었다고 하더라도 적어도 1905년의 각의 결정의 시점까지 조일국경조약체제가 유지되고 있었다는 사실은 부정할 수 없는데, 이는 1905년 이전에 일본에 의해 독도에 대한 한국의 영유권이 인정되고 있었다는 것을 의미한다. 이러한 사실이 독도에 대한 한국의 관할권을 인정하는 직접적인 증거는 아니라하더라도, 일본에 의해 한국의 독도 영유권이 인정되고 있었다는 사실을 반증한다.

이상과 같은 점을 종합적으로 고려하면, 1905년의 일본의 독도 편입이 정당하고, 또 1905년 이전에 한국이 독도를 관할 한 적이 없다는 두 가지 점을 전제한 일본 측의 샌프란시스코조약 제2조 a항의 해석은 잘못된 전제를 근거로 하고 있다는 점을 확인할 수 있다. 결론적으로 말하면, 샌프란시스코조약 제2조 a항에 독도가 언급되지 않았다고 해서 그것이 곧 일본이 포기해야 할 섬이 아니라는 해석, 즉 제2조 a항을 근거로 한 일본의 독도 영유권 주장은 타당하지 않다. 이는 역설적으로, 샌프란시스코조약 제2조 a항이 독도에 대한 한국의 영유권을 인정하는 근거가 될 수 있다는 논리로 귀결된다고 하겠다. 조일국경조약체제의 현재적 의미는 여기에 있다 하겠다.

---

[68] 池内敏, 앞의 책, 『竹島問題とは何か』에서 "결국 샌프란시스코조약에 독도가 일본령이라는 의미가 포함되어 있다는 근거가 딘 러스크 서한에 의거하고 있다면, 딘 러스크 서한에 내포된 인식의 진위를 다시 검토하지 않을 수 없다. 그것은 1905년 전후의 독도를 둘러싼 사실(史實)의 재검토를 요하게 된다"고 지적하고 있다 (p.300).

【참고문헌】

김명기, 「국제법상 태정관 지령문의 법적효력에 관한 연구」, 『영토해양연구』 11호, 동북아역사재단 독도연구소, 2016.

김병렬, 「독도영유권과 관련된 일본학자들의 몇 가지 주장에 대한 비판」, 『국제법학회논총』 50(3), 2005.

김채형, 「샌프란시스코평화조약상의 독도영유권」, 『국제법학회논총』, 대한국제법학회, 2007.

박은숙, 「동남제도개척사 김옥균의 활동과 영토·영해인식-울릉도·독도인식을 중심으로」, 『동북아역사논총』 36호, 2012.

박현진, 『독도 영토주권 연구』, 경인문화사, 2016.

송휘영, 「天保竹島一件을 통해 본 일본의 울릉도·독도 인식」, 『日本文化學報』 第68輯, 2016.

안홍익, 「條約의 大韓民國 法體系로의 受容 : 條約의 分類와 國內法的 地位」, 부산대학교 석사논문, 2009.

이상현, 「國際法과 國內法과의 關係에 관한 研究 : 理論과 實際를 中心으로」, 건국대학교 석사논문, 1991.

이석우, 「1951년 샌프란시스코 평화조약에서 독도의 영토처리 과정에 관한 연구」, 『동북아역사논총』 제7호, 동북아역사재단, 2005.

이성환, 「태정관지령과 샌프란시스코 조약의 관련성에 대한 검토」, 『독도연구』 제21호, 영남대 독도연구소, 2016.

_____, 「독도에 대한 무주지 선점론은 성립하는가」, 『영토해양연구』 6호, 동북아역사재단 독도연구소, 2013.

_____, 「태정관과 '태정관지령'은 무엇인가?」, 『독도연구』 제20호, 영남대 독도연구소, 2016.

이성환·송휘영, 오카다 다카시, 『일본 태정관과 독도』, 지성인, 2016.

이순천, 『조약의 국가 승계』, 열린책들, 2012.

이예균, 김성호, 『일본은 죽어도 모르는 독도 이야기 88』, 예나루, 2005.

정갑용, 「샌프란시스코 평화조약 제2조 (a)항과 독도」, 『민족문화논총』 제60집, 영남대학교 민족문화연구소, 2015.

정병준, 「샌프란시스코 평화조약과 독도」, 『독도연구』 제18권, 영남대학교 독도연구소, 2015.

정병준, 『독도 1947』, 돌베게, 2010.

정영미역, 『독도자료집 Ⅱ 죽도고증』, 바른역사기획단, 2006.

제성호, 「1905년 일본의 독도 편입 증거에 대한 국제법적 분석」, 『중앙법학』 제16집 1호, 2014.

최철영, 「대한제국 칙령 제41호의 법제사적 의미 검토」, 『독도연구』 19호, 영남대학교 독도연구소, 2015.

최철영, 「샌프란시스코 평화조약과 국제법원의 영토주권법리」, 영남대학교 독도연구소, 『독도연구』 21호, 2016.

허영란, 「1905년 '각의결정문' 및 '시마네 현 고시 제40호'와 독도 편입」, 『독도연구』 17호, 영남대학교 독도연구소, 2014.

保坂祐二, 「샌프란시스코 평화조약과 러스크 서한」, 『일본문화연구』 제43집, 2012.

大西俊輝, 『第四部 日本海と竹島 元禄の領土紛争記録 「竹島紀事」を読む』 (전3권으로 되어 있으나 페이지는 연속), 東洋出版, 2012.

鳥取県編, 『鳥取藩史-第六巻 殖産商工志 事変志』, 鳥取県立鳥取図書館, 1971.

川上建三, 『竹島の歴史地理学的研究』, 古今書院, 1966.

池内敏, 『竹島問題とは何か』, 名古屋大学出版会, 2012.

外務省, 『大日本外交文書, 第一巻第一册』, 文書九九(明治元年一月十五日)の付属文書.

原貴美恵, 『サンフランシスコ平和条約の盲点-アジア太平洋地域の冷戦と戦後未解決の諸問題』, 渓水社, 2012.

北澤正, 『竹島考証』, 1881.

杉原隆, 「明治10年太政官指令竹島外一島之儀ハ本邦関係無之をめぐる諸問題」, 竹島問題研究会 『第2期「竹島問題に関する調査研究」中間報告書(平成23年2月)』.

石井良助, 『日本法制史概要』, 創文社, 1979.

岩谷十郎, 『日本法令索引(明治前期編)解說 明治太政官期 法令の世界』, 日本國會圖書館, 2007.

伊藤博文, 『憲法義解』, 岩波書店(원본은 1889년), 1940.

『公文類聚』第29篇 明治38年 巻1(일본 국립공문서관 소장).

대한제국칙령 제41호 전후
조선의 독도에 대한 실효적 지배
다케시마 10포인트 제6포인트 제7항에 대한 비판

김 명 기 · 김 도 은

1. 머리말

2008년 2월 일본 外務省은 "다케시마 문제를 이해하기 위한 10포인트"[1]를 공간하고, 1950년대 초에 시작되어 1960년대 중반에 끝낸 구술서를 통하여 한국의 독도 영유권 문제에 관하여 한국과 일본 정부의 포괄적인 논쟁재개를 제의해왔다. 소위 "다케시마 10포인트"는 온라인과 오프라인 기능을 사용하여 불특정 다수인을 상대로 국경을 초월하여 전세계 모든 곳에 전파되고 있다. 일본 外務省의 의도는 주로 한국 이외의 국가와 국민을 대상으로 독도는 일본의 영토라는 국제적인 여론을 주도하고 일본 자국민에게 영토의식을 고취하게 하려는 것으로 보여 지지만, 이 "다케시마 10포인트"는 한국정부에 대해 독도 영유권 문제를 불러일으키는 논쟁이 된다.

이에 대한 한국정부의 대응은 유감스럽게도 소극적이다. 東北亞歷

---

[1] Pamphlet "10 Issue Takeshima", 以下 "다케시마 10포인트"라고 칭한다.

史財團의 "독도의 진실"(The Truth of Dokdo, 2008) 이라는 이름의 비판
과 韓國海洋開發院(KMI)의 "독도는 과연 일본의 영토였는가? 2008"이
라는 이름의 비판이 공간되었으나, 이 양자는 모두 "다케시마 10포인
트"를 현저하게 압도하는 수준의 것으로 보기 어렵고, "다케시마 10포
인트"를 공간한 일본 외무성의 파트너인 韓國 外交通商部는 이에 대한
어떠한 비판도 공간하지 않고 있다. 독도의 영유권은 물리력에 의한
실효적 지배만으로 보전할 수 없고 일본의 끈질긴 침략논리를 압도하
는 역사적·국제법적인 논리의 개발과 정립이 선행되어야 한다고 보
여 진다.

"다케시마 10포인트"의 제6포인트는 1905년 시마네현 편입에 관한
주장이다. 제6포인트 제7항은 대한제국칙령 제41호 전후에 조선이 독
도를 실효적으로 지배하였던 사실이 없다고 주장하는 데 대하여 본 연
구는 이를 논박하기 위해 시도한 것이며, 또한 한국 정부의 논박을 보
완하고 수정하기 위한 점이다.

이하 본 연구는 첫째, 일본정부의 주장과 한국정부의 반박, 둘째, 독
도에 대한 실효적 지배의 사실적 측면, 셋째, 독도에 대한 실효적 지배
의 규범적 측면, 넷째, 일본정부 주장에 대한 비판 순으로 논하고, 맺
음말에서 정부관계 당국에 대해 領有權 지배의 政策代案을 몇 가지 제
의하고자 한다. 이 연구의 法實證主義는 法思想的 기초에 의거하고,
lex lata를 연구의 대상으로 한다.

2. 일본정부의 주장과 한국정부의 반박

日本政府는 다케시마 10포인트 제6포인트 제7항에서 "어찌되었든
설령 이 의문이 해결된다고 하더라도, 동 칙령의 공포 전후에 조선이

다케시마를 실효적으로 지배하였다는 사실은 없으며, 한국의 다케시마 영유권은 확립되지 않은 것으로 여겨집니다."라며, 韓國의 獨島에 대한 失效的 支配가 확립되어 있지 않다고 주장하고 있다.

이에 대하여 韓國政府의 반박에 있어서, 東北亞歷史財團 獨島研究所는 제6포인트 제7항에 대하여 "1947년 울릉도 개척민(홍재현)의 증언 및 1948년 독도폭격사건 등에서 보는 바와 같이 1905년 이전뿐만 아니라 그 후에도 독도는 계속해서 울릉도 주민들의 어로작업에도 이용되었다."[2]라고 비판하고 있다. 이 비판은 비록 홍보자료이지만 지나치게 간략하며, 실효적 지배의 주체가 국가기관이 아닌 것으로 표시되어 있는 것이다.

다음으로 韓國海洋水産開發院 獨島研究所는 제6포인트 제7항에 대하여 "우리나라는 1900년 대한제국칙령 제41호를 반포할 때 이미 독도영유권이 확립되었다고 보았기 때문에 관할구역과 명칭만을 명시한 것임."[3]이라고 비판하고 있다. 이 비판도 동북아역사재단 독도연구소의 비판과 마찬가지로 지나치게 간략하고 제6포인트 제7항 자체에 대한 비판으로는 미흡한 점이 있다.

또한 外交部도 제6포인트 제7항에 관하여 "1905년 시마네현고시에 의한 일본의 독도편입시도 이전까지 독도가 일본의 영토라고 기록한 일본정부의 문헌이 없고, 오히려 일본정부의 공식문서들이 독도가 일본영토가 아니라고 명백히 기록하고 있는 사실을 통해 잘 알 수 있습니다."[4]라고 일본의 주장을 비판하고 있다. 이러한 외교부의 비판도 홍보자료로 사용되고 있어 지나치게 간략하고, 이에 대한 비판으로 한국정부가 독도를 실효적으로 지배한 증거 제시로는 미흡하지 않을 수 없다.

---

[2] 동북아역사재단,『독도의 진실』, 동북아역사재단, 발행연도불표시, p.7.
[3] 한국해양수산개발원 독도연구소(www.kmi.re.kr).
[4] 외교부,『대한민국의 아름다운 영토 독도』, 외교부, 발행연도 미표시, p.8.

3. 독도에 대한 실효적 지배의 사실적 측면

1) 대한제국칙령 제41호 제정 공포 이전

'大韓帝國勅令 第41号' 제2조의 규정상 獨島가 鬱陵島의 屬島라는 사실입증을 위해서는 시제법(時際法, intertemporal law) 상 1900년 10월 25일 제정·공포된 '大韓帝國勅令 第41号' 이전에 독도가 울릉도의 屬島로 인정되어 온 역사적 사실의 입증이 필요하다. 勅令 이전의 역사적 사실만이 동 칙령 제2조에 규정된 석도가 독도라는 해석의 기준이 되기 때문이다. 그러므로 이러한 역사적 사실을 살펴보기로 한다.

첫째, 太宗의 刷還政策은 世宗에 의해서 승계되었다. 세종은 태종이 임명한 무릉등처안무사(武陵等處按撫使) 직책을 '우산·무릉등처안무사'(于山武陵等處按撫使)로 개칭, 임명하여 섬의 쇄환정책을 추진했다.

世宗은 세종 7년(1425년) 8월에 김인우(金麟雨)를 '우산무릉등처안무사'로 임명하여 군인 50명, 병기, 3개월분의 식량을 준비하여 울릉도에 도망하여 거주하고 있는 남녀 28명을 쇄환하여 오도록 명[5]하였다는 기록[6]이 있다.

太宗이 搜討使로 임명한 '무릉등처안무사' 직책을 '우산무릉등처안무사'로 개칭한 것은 按撫使의 관할 구역으로서 鬱陵島에서 武陵島 및 于山島(독도)로 확대된 것을 뜻하고, 또한 『世宗實錄』에도 울릉도를 본도(本島)라고 기록한 것은 울릉도를 主島로 보고 于山島를 그에 부

---

5) 신용하, 『독도의 민족영토사연구』, 지식산업사, 1996, pp.77-79; 임영정·김호동·김인우, 한국해양수산개발원, 『독도사전』, 한국해양수산개발원, 2011, p.51; 김명기, 『독도강의』, 독도조사연구학회, 2007, pp.59-60.

6) 『세종실록』 세종7년(1425년), 10월 을유조: 于山武陵等處按撫使金麟雨 搜捕本島避役男婦 二十八 來復命(우산무릉등처안무사 김인우가 본토에 부역을 피해 간 남녀 20명을 수색하여 잡아와 복명하였다.)

속된 屬島로 본 것이다. 따라서 世宗大王은 鬱陵島를 本島(主島)로 하고 于山島를 울릉도에 부속된 屬島로 본 것이다.

이외에도 『世宗實錄』에는 鬱陵島를 本島로 기록한 곳이 여럿 있다.[7] 즉 조선은 울릉도와 그 屬島인 于山島를 실효적으로 지배한 것을 뜻한다.

둘째, 『世宗實錄地理志』는 1454년(단종2년) 『세종실록』을 편찬 해 낼 때 부록으로 편입한 것으로, 여기에는 우산과 무릉 2도에 관하여 "우산 무릉 2도가 … 신라시대는 우산국이라고 칭하였다"[8]라는 기록이 있다. 우산·무릉 2도를 우산국이라는 "하나의 전체로서의 실체 또는 자연적 단위"(one entity or natural unity as a whole)[9] 또는 "하나의 지리적 단위"(one geographical unity)[10]로 본 것이며, "일은 울릉도라고도 한다"는 이 지리적 단위를 이루고 있는 2島嶼 중 울릉도를 主島로 본 것이며, 그러므로 于山島는 鬱陵島의 屬島로 본 것이다. 따라서 세종은 主島인 무릉(울릉도)과 그 屬島인 于山島(獨島)를 실효적으로 지배했다는 근거가 된다.

셋째, 숙종은 1694년(숙종20년) 삼척첨사 장한상(張漢相)을 울릉도에 파견하였으며 장한상 첨사는 그해 9월 19일 역관을 포함 총 150명의 인원을 6척의 배에 승선하여, 9월 20일에서 10월 3일까지 울릉도에 체류·검찰하고 10월 8일 귀환하여 조정에 지도와 함께 검찰 결과를 보고했다. 장한상 검찰은 울릉도를 검찰하는 과정에서 독도를 확인했

7) 『세종실록』 세종 7년(1425년), 12월 계사(癸巳)조.

8) 于山·武陵二島 在縣正東海中 二島相距不遠 風日淸明 則可望見 親羅時稱于山國 一즙鬱陵島 地方百里(『세종실록』권153, 지리지, 강원도 울진현조.); 이홍직, 『한국 사대사전』, 상권, 교육도서, 1993, p.826.

9) G. Fitzmaurice, "The Law and Procedure of the International Court of Justice, 1951-4", *BYIL*, Vol.32, 1955-6, p.75.

10) C.H.M. Waldock, "Disputed Sovereignty in the Folk Island Dependencies", *BYIL*, Vol.25, 1948, pp.344-45.

다. 그 후 조선은 매3년마다 정기적으로 울릉도에 관원을 파견 시찰하
고 결과를 조정에 보고하도록 했다[11])는 것이다.

넷째, 『만기요람』은 순조의 명령에 의해 1808년(순조81년) 서영보
(徐榮輔)와 심상규(沈象奎) 등이 편찬하였고, 이 요람은 "재정편"과 "군
정편"으로 구성되어 있는데, 군정편에서는 "여진지에 이르기를 울릉과
우산은 우산국의 땅이다. 우산국은 왜인이 말하는 송도이다."[12])라고
기술되어 있다. 이러한 우산국은 "하나의 전체로서의 실체" 또는 자연
적 단위(one entity or natural unity as a whole) 또는 "지리적 단
위"(geographical unit)를[13]) 뜻하는 것이며 이 실체 내에는 울릉도와 우
산도만이 있으므로 지리적으로 양자 중 울릉도가 우산도 보다 넓고 높
으므로 울릉도가 主島이고 우산도가 울릉도의 屬島인 것이다. 이는 순
조가 主島인 울릉도와 그의 屬島인 우산도(독도)를 실효적으로 지배한
근거이다.

다섯째, 울릉도의 刷還政策과 搜討政策은 태종 때 수립되어 세종 때
추진되다가 고종 시대에 폐기된다. 고종은 울릉도를 다시 개척하기 위
하여 이규원(李奎遠) 鬱陵島 검찰사에게 섬을 검찰 할 것을 지시하였
다. 이렇게 고종은 于山島, 松島 그리고 鬱陵島를 모두 通稱하여 鬱陵

---

11) 김병렬, 『독도』, 다다미디어, 1997, pp.169-173; 유미림, 「장한상의 울릉도 수토와 수
　 토제의 추이에 관한 고찰」, 『한국정치학회외교사논총』 제31집 제11호, 2009; 손병
　 기, 『고쳐쓰는 울릉도와 독도』, 단국대출판부, 2005, pp.53-54; 손승철, 「울릉도수토
　 제」, 『독도사전』, 한국해양수산개발원, 2011, pp.249-50; 국사편찬위원회, 『한국사』
　 제52권, 제72권, 2013, p.125; 한국정신문화연구원, 「한국민족문화백과사전」 제19권,
　 한국정신문화연구원, 1996, p.310.

12) 與地志云鬱陵于山皆于山國地于山則倭稱謂松島也
　 신용하, 『독도의 민족영토사연구』, 지식산업사, 1996, p.28; 김명기, 『독도강의』, 독
　 도조사연구학회, 2007, p.55; 유미림, 「만기요람」, 『독도사전』, 2011, p.146; 교학사,
　 『한국사대사전』 제3권, 2013, p.452; 국사편찬위원회, 『한국사』 제32권, 2013,
　 pp.222-228; 이홍직, 『한국사대사전』 상권, 교육도서, 1993, p.518.

13) Fitzmaurice, supra n. 8, p.75; Waldock, supra n. 9, p.344.

島라고 일컬었다. 이것은 于山島(獨島)가 넓은 의미에서 울릉도에 속하고, 울릉도에는 主島인 울릉도와 그 屬島인 于山島가 있다고 기술한 것으로 해석된다. 따라서 于山島(獨島)를 울릉도의 屬島로 본 중요한 근거이고, 실효적 지배의 근거가 된다.

여섯째, 고종은 울릉도를 적극적으로 개척하기 위하여 개화파의 영수인 김옥균(金玉均)을 1883년 3월 16일 "동남제도개척사겸관포경사(東南諸島開拓使兼官捕鯨事)"로 임명하였다.[14]

여기서 김옥균의 직함을 보면, "동남제도개척사"(東南諸島開拓使)라고 하여, "제도"(諸島)를 넣은 것은 국왕 고종은 鬱陵島뿐만 아니라 鬱陵島・竹島・于山島 3島 개척에 큰 관심을 가지고 있음을 나타낸 것으로 해석된다. 이 3島를 포함하는 "東南諸島"를 "하나의 전체로서의 실체 또는 자연적 단위"(one entity or natural unity as a whole) 또는 "지리적 단위"(geographical unit)로[15] 보며, 그 가운데 지리적으로 가장 넓고 높은 鬱陵島가 主島이고, 竹島와 獨島는 鬱陵島의 屬島인 것이다. 이것은 獨島에 대한 개척사이고, 조선은 獨島를 실효적으로 지배한 증거가 된다.

2) 대한제국 칙령 제41호 제정공포 이후

'대한제국칙령 제41호'가 제정・반포된 이후의 독도에 대한 실효적인 지배의 사실 입증으로서 그 역사적 사실을 살펴본다.

첫째, '대한제국칙령 제41호'(1900년)에 의한 獨島의 실효적 지배는

---

[14] 『승정원일기』 고종20년 1883년 3월 16일 조; 손병기, 『고쳐쓰는 울릉도와 독도』, 단대출판부, 2005, p.112; 신용하, 『독도의 민족영토사연구』, 지식산업사, 1996, p.183; 임영정, 「동남제도개척사」, 『독도사전』, p.125; 국사편찬위원회, 『한국사』 제38권, 국사편찬위원회, 2013, p.100; 교학사, 『한국사대사전』 제3권, 2013, p.242.

[15] Fitzmaurice, *supra* n. 8, p.75; Waldock, *supra* n. 9, p.344.

'대한제국칙령 제41호' 이전으로 볼 수도 있고, 그 이후로 볼 수도 있고, 이전 이후 어디에도 해당되지 않는 것으로 볼 수도 있지만, 독도에 대한 실효적 지배의 측면에서 착안하여 보면 그 이후가 실효적 지배로 보는 것이 타당한 것으로 본다.

둘째, 1905년 2월 22일 '시마네현고시 제40호'에 의한 일본정부가 '선점'이라고 주장하는 獨島 침탈행위가 있은 지 1년이 경과한 1906년 3월 28일 시마네현 오키도사 마즈마 분스케(東文輔)와 사무관 긴다 요시타로(神田由太郎) 일행은 鬱陵島郡守 심흥택(沈興澤)에게 "시마네현고시 제40호"에 의해 독도가 일본의 영토로 편입되었다는 사실을 구두로 통보해 왔다. 이에 대해 울릉군수 심흥택은 다음날인 1906년 3월 29일 이러한 사실을 江原道 관찰사 서리 이명래(李明來)에게 보고했다. 이에 이명래는 이 사실을 즉시 내부대신 이지용(李址鎔)에게 보고했다.[16] 심흥택 보고서(1906년)에 "本郡所屬 獨島"[17]라고 기술되어 있는데, "本郡"은 울릉군 즉 鬱陵島이므로 "本郡所屬"은 鬱陵島 所屬을 뜻하는 것이다. 이렇게 울릉군수라는 대한제국의 국가기관이 獨島는 鬱陵島의 屬島임을 표현했고, 울릉군수의 실효적 지배하에 있다는 것을 명시하고 있다. 따라서 '심흥택 보고서'도 독도를 울릉도의 屬島로 인정한 것이고, 大韓帝國은 울릉도와 독도에 대한 실효적 지배를 했다는 증거가 되는 것이다.

셋째, 江原道 관찰사 이명래의 보고서(1906년) 내용도 울릉군수 '심흥택 보고서'를 그대로 인용하고 있다. 江原道 관찰사라는 大韓帝國의 국가기관이 獨島는 울릉도의 屬島로 인정하고 독도는 울릉도와 같이

---

16) 김명기,『독도강의』, 독도조사연구학회, 2007, pp.88-89; 신용하,『독도의 민족영토사연구』, 지식산업사, 1996, pp.225-227; 임영정·허영란, 「심흥택보고서」, 임영정·김호동·김인우,『독도사전』, 한국해양수산개발원, 2011, pp.204-205.

17) 심흥택보고서,『각 관할 도안』제1책, 보고서 호외.

대한제국의 실효적 지배하에 있음을 명시한 것이다.

넷째, 1948년 8월에 조선산악회가 과도정부와 공동으로 제1차 "울릉도 · 독도 학술조사대"를 구성하고, 1952년 9월에도 조선산악회가 동학술조사단에 참여하여 제2차로 독도를 학술 조사한 기록[18]이 있다.

다섯째, 1951년 8월 31일 내무부장관은 경찰무전 전보를 하여 경상북도지사에게 독도조사를 지시한 적이 있고, 이 지시에 대해 1951년 1월 경상북도지사는 독도조사 보고서를 제출한 적이 있다.

여섯째, 1952년 미조기에 의한 독도폭격사건이 있었을 때 경상북도지사는 1952년 9월 20일 사건의 전말을 보고한 적이 있다.

일곱째, 1953년 7월 8일 제19차 본회의에서 일본정부의 독도 침해에 대해 강력히 항의한 것은 정부에 청하는 결의이고, 이것은 주무처장이 내무, 외무, 국방장관에게 회람을 요청하였던 것이다.

4. 독도에 대한 실효적 지배의 규범적 측면

1) 실효적 지배의 요건측면

섬의 실효적인 지배 요건으로 첫째는 "국가기관"에 의하여 행해져야[19] 한다. 권원의 기초를 형성하는 지배는 그 국가의 당국(the authority of the state)에 의한 것을 요하고,[20] 국가 주권의 주장과 관계

---

[18] 최재목 · 이태우 · 김도은 · 김은령 편저, 『해방 이후 울릉도 독도 조사 및 사건 관련 자료해제』, 영남대학교 독도연구소, 2017, pp.17-41.

[19] Brownlie, *Principles of Public International Law*, 5th ed., Oxford: Oxford University Press, 1998, p.159; D.H.N. Johnson, "Acquisitive Prescription in International Law", *BYIL*, Vol.27, 1950, p.344.

[20] Shaw, *International Law*, 4th ed., Cambridge: Cambridge University Press, 1997,

없는 순수한 개인적인 노력의 표현이 아닌 것(not a manifestation of purely individual effort unrelated to the states sovereign claims)이어야 한다.[21] Island of Palmas Case(1928)에서 Max Huber 판사는 실효적 지배는 "국가당국"(state authority)에 의한 주권행사가 요구된다[22]고 판시한 바가 있다.

둘째는 "실효적"인 것을 요한다.[23] 국가기관의 권한의 행사는 立法權·行政權·司法權의 행사로 구분되며, 실효적 지배의 성립요건의 하나인 실효적인 점유는 그 지역에 있는 주민에 대한 입법기관만의 권한의 행사로 이루어질 수 없다. 따라서 특정 영토에 거주하는 주민에 대해서가 아니라 그 영토에 대한 권원을 인정함으로써 충분한 영토 자체에 대한 주권의 행사가 있어야 한다.[24]

셋째는 "평온·공연·계속적"인 것이어야 한다. 학자에 따라 평온, 즉 평화(peaceful)만을 요구하기도 하고,[25] 평온·계속(continuous, continued, continuously)을,[26] 평온·계속·공연(public)을[27] 요구하기도 한다.

Island of Palmas Case(1928)에서 Max Huber 판사는 실효적 지배란 국가 당국의 계속적이며 평화적인 행사(continuous and peaceful display

---

p.291.

[21] Ibid.

[22] Johnson, supra n. 26, p.345.

[23] Brownlie, supra n. 23, p.160.

[24] Ibid.

[25] G. Schwarzenberger and E. D. Brown, A Manual of International Law, 6th ed., Milton: Professional, 1976, p.98; 그러나 Louter는 "평화"는 요건이 아니라고 한다(Johnson, supra n. 26, p.345).

[26] R. S. Chavan, An Approach to International Law, New Delhi : Sterling Publishers, 1983, p.108; Shaw, supra n. 27, p.295.

[27] Wallace, supra n.30, p.85; Wesley L. Gould, An Introduction to International Law, New York: Harper and Brothers Publishers, 1957, p.356; G.D.Triggs, International Law, New York: Butlerworths, 2006, p.230.

of state authority)에 의한 주권의 행사라고 하면서 이러한 계속적이고 평화적인 영토주권의 표시가 실효적 지배의 요건의 하나[28]라고 했다.

Eastern Greenland Case(32)에서 상설 국제 재판소는 덴마크가 특별한 선점행위보다는 계속적이고 평화적인 국가권한을 행사했다는 사실에 근거하여 덴마크의 권원을 인정[29]한 적이 있다.

넷째는 "관계 국가의 묵인"이 있어야 한다.[30] 그 근거는 주로 국제법질서의 안정을 창조하는[31] 데에 있다. 따라서 상당기간 동안 점유국가에 대한 관할권의 행사를 위협하는 거부가 없어야 한다.[32] 실효적 지배에 의한 시효는 본원적인 점유자(original possessor)의 묵시 또는 묵인(toleration of acquiescence)이 유효한 권원을 허락하는 효과를 주는 것으로 인정[33]되는 것이기 때문이다.

2) 실효적 지배의 屬島측면

(1) 학설

실효적인 지배의 屬島에 관한 학설로서 첫째, Gerald Fitzmaurice는 "하나의 전체로서의 실체 또는 자연적 단위"(an entity or natural unity as a whole)[34]의 개념을 설정하고, 이에 대한 주권은 이를 구성하는 모든

---

[28] Johnson, *supra* n. 26, p.345.

[29] I.C.MacGibbon, "Some Observations on the Part of Protest in international Law", *BYIL*, Vol.30, 1953, p.306.

[30] Shaw, *supra* n. 27, p.292; Sberri Burr, *International Law*, 2nd ed., St. Paul: West, 2006, p.22.

[31] W.E.Hall, *International Law*, 6th ed., Oxford: Clarendon, 1909, p.119. : (in creating a stability of international order)

[32] D.G.Wilson, *International Law*, 9th ed., New York: Silver, 1935, p.115. : (no objection threatening the exercise of jurisdiction by the state in possession)

[33] Gould, *An Introduction to International Law*, New York; Harper and Brothers Publishers, 1957, p.356.

부분에 확대된다고 하여, 主島의 주권이 屬島에 확대됨을 인정하고 있다.

Fitzmaurice는 主島와 屬島라는 용어는 사용하지는 않았지만 "하나의 전체로서의 실체 또는 자연적 단위"의 "모든 부분"에 주권이 확대된다고 하여 主島와 屬島의 모든 부분에 주권이 확대되는 것을 인정하고 있다.

둘째, C.H.M. Waldook은 Palmas Island Case(1928)에서 Huber 중재관의 지리적 단위(geographical unit)의 주요 부분의 주권은 잔여 부분을 포함한다는 취지의 판정을 수용하면서 영토를 통한 주권의 표명35)이 요구된다고 기술하고 있다. 그도 主島와 屬島라는 用語는 사용하지 않는데 "지리적 단위"를 형성하는 영토의 부분(主島)과 전체단위(屬島포함)의 개념을 인정하고 전자가 후자에 확대된다고 인정하고 있다. 다만 차후에 주권의 현시에 의한 주장에 대해서는 주권의 표명이 요구될 것으로 보인다.

셋째, H.Lauterpacht는 Palmas Island Case(1928)의 판정을 인용하여 도서의 그룹이 "법적으로 한 단위"(in law a unit)를 구성할 경우 주요부분의 운명은 잔여 부분을 포함한다36)고 기술하고 있다. 또한 그는 島

---

34) There could be scarcely be a clearer illustration of the principle that sovereignty, once shown to exist in the respect of an entity or natural unity as a whole may be deemed, in the absence of any evidence to the contrary, to extend to all parts of that entity or unity. (Fitzmaurice, *supra* n. 8, p.75).

35) There as certainly some authority, including that of Judge Huber for the view that, on first annexation of part of territories which form a geographical unit, the annexation extends by presumption to whole unit. ··· when title is claimed by a continuous and prolonged display of sovereignty, there must be some manifestation of sovereignty throughout the territory claimed. (Waldock, *supra* n.16, pp.344-345).

36) the arbitrator admitted that a group of islands may form in law a unit, and that the fate of the principal part may involve the rest. (H.Lauterpacht, "Sovereignty over Submarine Area", *BYIL*, Vol.27, 1950, p.428)

의 그룹이 법적으로 한 단위를 구성할 수 있고, 主島(주요 부분)의 운명은 屬島(잔여부분)도 포함함을 인정하고 있다.

넷째, Santiago Torres Bernardez는 "조직적 또는 개별화된 전체"(organic or individualized whole)[37]로서의 지역의 개념을 설정하고, 그 중요성을 보인다.

Guyana Boundary Case에서 중재관은 유기적 전체(organic whole)를 구성하는 지역의 주권은 그 지역의 부분에 영향을 끼친다고 판시했다. 그도 主島와 屬島라는 용어는 사용하지 않았지만, 주권은 그 지역 내의 主島와 屬島에 영향을 미친다고 기술하고 있다.

(2) 판례

첫째, British Guiana Boundary Case(1904)에서 중재관은 "유기적 전체"(organic whole)[38]라는 개념을 설정하고 유기적 전체의 부분의 점유는 전체에 대해 주권이 미친다고 판시한 적이 있다. 판시내용에는 主島와 屬島의 용어는 사용하지 않았는데 主島와 屬島가 유기적 전체의 개념에 포섭될 수 있음을 승인한 것이다.

둘째, Palmas Island Case(1928)에서 중재관 Huber는 島의 한 그룹이 "법상 한 단위"(an unit)를 구성할 수 있음을 인정하고 主島의 운명은 잔여도를 포함한다[39]고 판시하고 있다. 이 판정은 "主島"(the principal)

---

[37] contiguity will generally carry more weight when the area in question constitutes an "organic" or "individualized" whole. (Bernardez, "Territory Acquisition", *EPIL*, Vol.10, 1987, pp.501-502).

[38] the effective possession of part of region ⋯ may be held to confer a right to the sovereignty of the whole region which constitute a simple organic whole. (British MOFA, *British and Foreign State Paper*, Vol.99, 1904, p.930; Fitzmaurice, *supra* n. 8, p.75).

[39] It is passible that a group of islands may under certain circumstances be regarded a in law an unit, and that the fate of the principal may involve the rest.(UN, *RIAA*, Vol.2, 1949, p.855; Fitzmaurice, supra n.8, p.74).

와 "잔여도"(the rest)의 용어를 사용하고 主島와 잔여도, 즉 主島와 屬島가 한 단위(an unit)를 구성할 경우 主島의 운명에 屬島도 따른다는 것을 명시했다.

셋째, Minquiers and Ecrehos Case(1953)에서 Levi Carneiro 재판관은 그의 개인적 의견(individual opinion)에서 島의 "자연적 단위"(natural unity)라는 개념을 설정하고 분쟁의 대상인 Minquiers와 Ecrehos는 "자연적 단위"의 부분40)으로 Jersey의 屬島에 대한 의견을 표시하고 있다. 즉, 主島인 영국의 영토 Jersey에 屬島인 Minquiers와 Ecrehos는 귀속된다고 보았다.

넷째, Land, Island and Maritime Frontier Dispute Case(1992)에서 국제사법재판소는 한 島의 법적 지위와 다른 島의 법적 지위가 일치될 수 있음을 인정하는 경우41)를 판시했다. 이는 "단일 그룹"(single group) 또는 "단일의 물리적 단위"(single physical unit)의 존재를 긍정한 것이고, 主島와 屬島의 법적지위가 일치함을 인정한 것이다.

다섯째, Case concerning Sovereignty over Pedrd Branca(2008)에서 싱가포르는 Pedra Branca, Middle Rocks 와 South Ledge는 지리적으로 단일 그룹(single group)을 형성하고, "하나의 단일 물리적 단위"(a single physical unit)를 형성한다고 주장하며, land, Island and Mritime Frontier Case(1992)에서 主島의 운명은 잔여도를 포함한다는 판정을 인용42)하고 있다.

---

40) the Minquiers and Ecrehos are closer to Jersey than the mainland. They must be regarded as attached to Jersey rather than to the mainland. These islets were, and continue to be part of the "natural unity". It is for this reason that they remained English under the archipelago itself. (ICJ, *Reports,* 1953, p.102).

41) As regards Meanguerra the Chamber does not consider it possible, in the absence of evidence on the point, that legal position of that island could have been other than intial with that of Meanguerra, (ICJ, *Reports,* 1992, p.281).

42) ICJ, *Reports,* 2008, p.280.

이상의 고찰에서 학설과 판례는 島의 한 그룹이 법적으로 하나의 실체를 형성할 경우에 특정한 사정상의 반대 증거가 없으면 그 실체의 모든 부분은 법적지위의 동일성을 인정하게 된다. 主島와 屬島의 동일 원칙을 승인한 학설과 판례는 모두 '主島'와 '屬島'의 用語를 사용하지 않을 뿐 아니라 더더욱 '主島의 명칭', '屬島의 명칭'과 관계없이 主島와 屬島는 同一原則을 인정하고 있다[43]는 것이다.

따라서 울릉도의 屬島인 독도의 명칭이 석도인가, 독도인가를 불문하고 鬱陵島의 법적지위와 그 屬島의 법적지위는 동일하다. 主島의 법적지위와 屬島의 법적지위의 동일원칙을 '大韓帝國勅令 第41号' 제2조 규정에 적용하면 獨島는 鬱陵郡守의 관할하에 있기 때문에 鬱陵島와 법적지위가 동일하다는 것이다.

3) 실효적 지배의 정도 측면

(1) 판례

첫째, Palmas Island Case(1928)에서 중재관 Max Huber는 사람이 살고 있지 않은 지역은 발견만으로도 실효적 지배로 볼 수 있다고 판시했다.

둘째, Clipperton Island Case (1931)에서 중재재판관은 무인도에 대한 실효적 지배는 통상의 경우와 동일한 것이 아니라고 판시했다. 즉 어

---

[43] Pedra Branca Case(2008)에서 분쟁의 도서의 명칭으로 포르트갈의 명칭인 "Pedra Branca"와 동 도의 말레이시아의 명칭인 "Pulau Batu Puteh"가 모두 사용되었으며, 명칭의 차이에 관해 재판소는 영유권 귀속에 관해 어떠한 판단도 표시한 바 없다 (ICJ, *Judgement*, 23 May 2008, paras.16-17.). 또한, Clipperton Island Case(1931)에서 Clipperton 도가 어떤 이름으로 불리어지든 불문한다고 판시했다. (*AJIL*, Vol.26, 1932, p.393). Palmas Island Case에서 다른 철자나 다른 지명의 사용은 당사자의 의도를 무색하게 하지 아니하며 진술자에 의하여 잘 성명될 수 있다고 판시되었으며 (AJIL, Vol.22, 1928, p.900). 동일한 취지의 판결이 The Temple Case에서 반복되었다. (ICJ, *Reports*, 1962. p.24): Cukura, *supra* p.220-221

떤 한 지역에 사람의 거의 거주하지 않는 사실에 의거하여, 선점국가
가 그곳에 출현했을 당시부터와 그 국가의 처분이 절대적이고 다툼이
없는 그때부터로 하여 소유권 취득이 완성되고 그에 따라 선점이 완결
된 것으로 간주되어야 한다.

셋째, Eastern Greenland Case(1933)에서 상설국제사법재판소는 극소
수의 사람이 거주한다거나, 정확하지 않은 지역에 대한 실효적 지배는
최소한의 것으로 재판소는 만족한다[44]고 기술하고 있다.

(2) 학설

첫째, John O'Brien은 "각종 군대가 있는 영토보다 불모의 영토에 대
한 실효적 지배의 수립은 용이하다. 행사의 상대적 성격은 상설국제사
법재판소의 Eastern Greenland Case에서 기탄없이 승인되었다."[45]고 하
여, 무인지역에 대한 실효적 지배는 용이하다고 기술하고 있다.

둘째, Peter Malanczuk는 "실효적 지배는 상대적 개념이다 이는 관련
영토의 성격에 따라 다른 것이다. 예컨대 사나운 부족, 부대의 주둔이
예상되는 영토보다 불모의 무인 영토에 대한 실효적 지배의 수립은 매
우 용이하다. 전자가 아닌 후자의 경우 실효적 지배는 다른 의미에서
역시 상대적이다. 이는 Eastern Greenland Case에서 상설국제사법재판
소에 의해 판시되었다."[46]고 하였다. 독도는 원거리이고 무인도이므로

---

[44] in many cases the tribunal has been satisfied with very little in the way of actual
exercise of sovereign rights, provided that the other State could not make out a
superior claim. This is particularly true in the case of claims to sovereignty over areas
in thinly populated or unsettled countries. (PCIJ, *Series A/B*, No.53, 1933, p.46).

[45] it is easier to established effective control over barren inhabited territory than it is over
territory where there are various armed faction. The relative nature of the exercise was
candidly acknowledged by the permanent court of International Justice in the Eastern
Greenland Case. (John O'Brien, *International Law,* London: Cavendish, 2001, p.209).

[46] effective control is a relative concept, it varies according to the nature of territory
concerned, It is, for instance much easier to uninhabited territory than over territory

上記에서 열거한 정도의 실효적 지배를 만족한다는 것이다.

셋째, Schushnigg는 "인구가 희박하거나 정착되지 아니한 지역에서 그러한 주권을 행사하는 의도와 의사는 그러한 당국의 권원의 발견의 요구로 만족한다."[47]고 하여, East Greenland Case의 판결문을 인용하고 있다.

넷째, Grant 와 Baker는 Clipper Island Case의 판정을 인용하여 영토가 무거주지이거나 무거주가 가능한 경우 당국의 현시가 요구되지 않는다[48]고 기술하고 있다.

5. 일본정부 주장에 대한 비판

일본정부의 주장에 대한 비판으로서, 사실에 관한 비판을 들 수 있다. '다케시마 10포인트' 제6포인트 제7항은 "동 칙령의 공포 전 후에 조선이 다케시마를 실효적으로 지배하였다는 사실은 없으며……"라고 주장하는 부분에 있어서 동 칙령 공포 전후에 조선이 독도를 실효적으로 지배한 사실이 있기 때문에 위 제7항의 주장은 사실에 위반하는 허위 주장임이 명백하다.

---

which is inhabited by fierce tribes; troops would probably have to be stationed in the territory in the latter case, but not in the former, Effective control is also relative in another scene, which was stressed by the Permanent Court of International Justice in the Eastern Greenland Case.

[47] in the thinly populated of unsettled areas the intention and will to not as sovereign, and some actual exercise or display of such authority, will satisfy the required test for title. (Schuschnigg, *supra* n. 57, p.151).

[48] When the territory is uninhabited or uninhabitable, less, it's needed by way of display of authority. : 영토가 무거주이거나 무거주 가능한 경우 당국의 현시가 요구되지 아니한다. (Grant and Baker, *supra* n. 57, p.435).

다음은 법규범에 관한 비판이다. 제6포인트 제7항은 "다케시마 영유권은 확립되지 아니한 것으로 여겨집니다."라고 주장하고 있지만, 前述한 4.3과 같이 원거리이고 무인도에 대한 실효적인 지배는 점유를 필요로 하는 것이 아니기 때문에 위 제7항의 주장이 위법한 것은 논의의 여지가 없다.

앞에서 서술한 바와 같이 실효적인 점유는 그 요건을 충족하여야하기 때문에, 조선의 독도에 대한 실효적인 지배는 국가기관인 국왕의 임명에 의한 것이다. 그러므로 독도에 대한 당시 조선의 실효적인 지배는 당연한 것이다. 그것은 첫째, 국가기관에 의한 것임을 요한다는 요건을 충족하였고, 둘째, 평온·공연함을 요한다는 요건을 구비하였고, 셋째, 당시 조선의 실효적 지배에 있어서 일본의 항의가 없었고 이해관계국간의 항의가 없음을 요한다는 요건을 구비한 것도 검토의 여지가 없었다. 따라서 제7항에서는 다케시마 영유권이 확립되지 않는다는 주장의 성립은 당연할 수밖에 없다.

6. 맺음말

일본외무성이 "대한제국칙령 제41호"의 제정·공표 이전과 이후에 한국의 독도에 대한 실효적 지배의 사실이 없었다고 주장하지만, 동 칙령의 제정·공표 이전에도 그 이후에도 한국이 독도에 대한 실효적 지배의 사실이 있다. 또한 국제법상 원거리이고 무인도에 대한 실효적 지배는 근거리이며 유인도에 대한 실효적인 지배보다 그 정도가 같지 않았다는 것이다. 따라서 원거리이고 무인도인 독도에 대한 실효적 지배는 근거리이며 유인도에 대한 실효적인 지배보다 그 정도가 낮음을 승인해야 한다.

이상으로 독도에 대한 실효적 지배에 대하여 살펴보면서, 다음과 같은 정책 대안을 한국정부 당국에 제의하기로 한다.

첫째, 기 항의한 "다케시마 10포인트" 가운데 제6포인트 제7항에 대한 대일항의의 내용을 수정하고 보완하여 이러한 반론을 추보한다.

둘째, 조선시대의 독도에 대한 실효적 지배를 체계적으로 정리하여 국내와 국제사회에 적극적으로 홍보한다.

【참고문헌】

교학사, 『한국사대사전』 제3권, 2013.

국사편찬위원회, 『한국사』 제38권, 제52권, 제72권, 국사편찬위원회, 2013.

김명기, 『독도강의』, 독도조사연구학회, 2007.

김병렬, 『독도』, 다다미디어, 1997.

동북아역사재단, 『우리 땅 독도를 만나다』, 동북아역사재단, 2012.

손병기, 『고쳐쓰는 울릉도와 독도』, 단대출판부, 2005.

손승철, 「울릉도수토제」, 『독도사전』, 한국해양수산개발원, 2011.

신용하, 『독도의 민족영토사연구』, 지식산업사, 1996.

양태진, 『독도연구문헌집』, 경인문화사, 1998.

외교부, 『대한민국의 아름다운 영토 독도』, 외교부, 발행연도불표시.

유미림, 「장한상의 울릉도 수토와 수토제의 추이에 관한 고찰」, 『한국정치
　　　　학회외교사논총』 제31집 제11호, 2009.

_____, 「만기요람」, 『독도사전』, 2011.

이명래보고서, 『각 관할 도안』 제1책, 광무 10년 4월 29일 조, 보고서 호외.

이태은, 「울릉도검찰일기」, 『독도사전』, 2011.

이홍직, 『한국사대사전』 상권, 교육도서, 1993.

임영정, 「동남제도개척사」, 『독도사전』, 2011.

임영정·김호동·김인우, 『독도사전』, 한국해양수산개발원, 2011.

임영정·허영란, 「심흥택보고서」, 『독도사전』, 2011.

한국해양수산개발원 독도연구소(www.kmi.re.kr).

한국정신문화연구원, 「한국민족문화 백과사전」, 한국정신문화연구원, 1996.

Akehurst, M., A Modern Introduction to International Law, London: Allon, 1984.

Bernardez, Santiago Terres, "Territory Acquisition", EPIL, Vol.10, 1987.

Brierly, J. L., The Law of Nations, 6th ed., London; Clarendon, 1963,

British MOFA, British and Foreign State Paper, Vol.99, 1904.

Brownlie Ian, Principles of Public International Law, 5th ed., Oxford: Oxford
　　　　University Press, 1998.

Burr, Sberri, International Law, 2nd ed., St. Paul; West, 2006.

Chavan, R. S., An Approach to International Law, New Delhi: Sterling Publishers,

1983.

Fitzmaurice, G., "The Law and Procedure of the International Court of Justice, 1951-4", *BYIL*, Vol.32, 1955-6.

Grant, J. P. and J. C. Barker, *Encyclopedic Dictionary of International Law*, 3rd ed., Oxford: Oxford University Press, 2009.

Hall, W. E., *A Treatise on International Law*, 8th ed., London; Clarendon, 1917.

Hingoran, R.C., *A Modern International Law*, New Delhi: IBM, 1978, p.46.

ICJ, *Reports*, 1953, 1992, 2002, 2007, 2008.

Jennings, Robert Y., *The Acquisition of Territory in International Law*, Dobbs Ferry; Oceana, 1963.

Levi, W. *Contemporary International Law*, Boulder; Westview, 1979.

MacGibbon, I. C., "Some Observations on the Part of Protest in international Law", *BYIL*, Vol.30, 1953.

Munkman, A. L. W., "Adjudication and Adjustment - International Judicial Decision and Settlement of Territorial and Boundary Disputes", *BYIL*, Vol.46, 1972-73.

O'Brien, John, *International Law*, London : Cabendish, 2001.

Ott, David H. *Public International Law in the Modern World*, London: Pitman, 1987.

Schuschnigg, Kurt von, *International Law*, Milwaukee; Bruce, 1959.

Schwarzenberger, G. "Title to Territory: Response to Challenge", *AJIL*, Vol.51, 1957.

Triggs, G. D. *International Law*, New York: Butlerworths, 2006.

Visscher, Chareles de, *Theory and Reality in Public International Law*, P.E. Corbott trans. English, Princeton : Princeton University Press, 1968.

Waldock, C. H. M. "Disputed Sovereignty in the Folk Island Dependencies", *BYIL*, Vol.25, 1948.

Wallace, M. M. M. *International Law*, London; Sweet and Maxwell, 1986.

Wilson, D. G. *International Law*, 9th ed., New York; Silver, 1935.

『일본영역참고도』와 국제법원에서 지도의 증거가치

최 철 영

1. 머리말 : 일본영역참고도와 한국의 독도영토주권

1531년 제작된 신증동국여지승람의 동람도(東覽圖)에 수록된 팔도
총도는 강원도의 동쪽 앞바다 가운데 위치한 독도를 우산도로 표현하
였고, 1757년 제작된 동국대전도는 조일(朝日) 간 울릉도쟁계를 통해
촉발된 울릉도와 독도에 대한 영토인식을 반영하여 정확하게 울릉도
와 독도의 위치를 지도에 포함하고 있었다. 19세기 중엽에 제작된 해
좌전도 또한 목판 인쇄지도로서 울릉도와 독도를 조선의 영역으로 정
확하게 표시하고 있었다. 당시 조선의 여러 지도에 울릉도와 함께 독
도가 조선의 영토에 포함되어 있었음에도 일본은 이에 어떠한 항의도
한 바 없었다.[1]

고지도에 표현된 당시 조선의 울릉도와 독도 영유권과 동해상의 위

---

[1] Pilkyu Kim, "Reassessment of Korea-Japan Relations: Acquisition of Dokdo/ Takeshima
and Effectiveness", Address before the International Symposium on Dokdo Island, May
7, 2009, pp.755-756.

치 정보는 이후 일본 정부가 발간한 다양한 지도뿐만 아니라 1945년 동경의 '연합국 최고사령부'(GHQ)가 1946년 1월 29일 작성한 SCAPIN 677「약간의 주변 지역을 정치상 행정상 일본으로부터 분리하는데 관한 각서」에서 확인되었고, 1946년 2월 발간된 연합국최고사령부 행정관할 지역(administrative areas)을 표시하는 지도인 '연합국 최고사령부 관할지역도'에서도 그대로 반영되었다.[2]

하지만 이후 미국의 주도하에 연합국과 전범국가 일본이 1951년 9월 8일 체결한 샌프란시스코 평화조약은 전후 한국과 일본의 영토를 규정하면서 의도적으로 독도에 대한 언급을 하지 않았으며[3] 샌프란시스코 평화조약에 영역관련 조항을 두고 있음에도 불구하고 SCAPIN 677에 기초한 '연합국 최고사령부 관할지역도'와 같은 부속지도를 채택하지 않았다.

샌프란시스코 평화조약이 포함하고 있는 영역관련 조항의 과도한 단순성과 규정 내용의 모호성 그리고 조약당사국의 영토 범위를 확정하는 부속지도의 부재로 인해 침략전범국가로서 일본이 침탈한 영토문제는 카이로 선언을[4] 통해 이미 해결되었음에도 해결되지 않은 문

---

[2] SCAPIN 677의 제3조에는 "일본은 일본의 4개 본도(本島)(북해도(北海島)·본주(本州)·구주(九州)·사국(四國))과 약 1천 개의 더 작은 인접 섬들을 포함한다고 정의된다. … 그리고 제외되는 것은 울릉도(鬱陵島)·리앙쿠르암(岩, Liancourt Rocks; 독도(獨島), 죽도(竹島))·제주도(濟州島) 등이다"고 규정하여 '독도'(Liancourt Rocks, 죽도(竹島)) 등을 일본영토에서 분리한다고 명확하게 규정했다.

[3] 샌프란시스코 회의에서 미국대표인 덜레스는 샌프란시스코 평화조약의 초안이 개별 섬의 귀속을 분명하게 하는 것이 바람직하지만 이에 대한 일치된 각국의 회답을 얻을 수 없으므로 이 문제는 이 조약이 아닌 다른 국제적 해결수단을 원용하여 의문을 해소할 것을 장래로 넘기려고 하였음을 밝혔다. 정태만, 「일본영역참고도와 대일평화조약」, 『독도연구』 19호, 영남대 독도연구소, 2015, pp.225-226.

[4] 1943년 12월 21일 카이로 선언 "일본은 폭력이나 탐욕으로 약탈한 다른 모든 지역에서 구축될 것이다." 카이로 선언의 영토관련 내용의 삽입경과와 관련해서는 장박진, 「카이로선언의 기초와 한반도 독립 조항의 의미」, 『동북아역사논총』 54호, 동북아역사재단, 2016, pp.256-273.

제로 일본이 주장하는 배경이 되었다. 독도에 대한 일본의 도발적 주장이 주기적으로 반복되고 있는 현실에서 일본 국회가 샌프란시스코 평화조약을 비준·승인하는[5] 과정에서 참고한 지도로 알려진 '일본영역참고도'의[6] 국제법적 증거가치에 대한 검토는 중요한 의미를 갖는다. 이 지도는 정부 부처인 일본 해상보안청이 제작한 일본 정부의 공식지도이고, 일본의 영토주권범위를 판단하기 위한 '일본영역참고도'라는 명칭을 포함하고 있어 독도의 영토주권과 관련하여 중요한 국제법적 의미를 갖고 있기 때문에 지도의 증거능력과 증명력에 관한 국제법상 증거법의 법리의 측면에서 일본영역참고도를 깊이 있게 고찰할 필요가 있다.

사실 국제법 분야에서 영토·해양경계분쟁과 관련된 지도의 법적 지위와 가치에 관한 국제조약이나 국제관습법은 아직 형성되어 있지 않다. 그럼에도 불구하고 국제법 학계에서는 국제법원의 영토주권이나 국경 또는 해양경계획정과 관련된 분쟁의 심리절차에서 지도의 증거법상 지위에 관한 중요한 연구가 전개돼 왔다.[7] 이 글에서는 우선 일본 국회의 속기록을 통해 일본 국회와 정부가 일본영역참고도에 대해 어떠한 인식을 하고 있었는지를 살펴보고, 샌프란시스코평화조약의 영역관련 조항의 해석에 참고자료가 될 수 있는 샌프란시스코평화조약 체결 후 일본의 의회에 제출된 부속 또는 참고 지도의 의미를 고

---

5) 일본헌법 제61조. 조약의 체결에 필요한 국회의 승인은 예산에 관한 제60조 2항의 규정에 따르도록 규정하여 조약에 관한 국회의 승인권을 명시하고 있다.

6) 정태만 독도연구포럼 대표는 2015년 10월 8일 서울 종로구 서울역사박물관에서 ㈔독도연구보전협회 주최로 열린 '2015년도 독도영유권 학술대회'에서 일본 정부가 샌프란시스코 평화조약의 국회 비준·승인과정에서 제출한 '일본영역참고도'에 독도가 한국영토로 표기돼 있음을 밝혔다.〈〈KBS뉴스〉〉, 2015.10.8.

7) 박현진, 「영토·해양경계 분쟁과 지도·해도의 증거지위·가치: 독도관련 지도·해도의 법·정책·외교를 중심으로」, 『국제법학회논총』 53권 1호, 대한국제법학회, 2008; 이태규, 「국제재판상 지도의 증거력: 카시킬리/세두두 섬 관련 사건을 중심으로」, 『국제법학회논총』 57권 2호, 대한국제법학회, 2012.

찰하고자 한다. 제3장에서는 국제법상 지도의 법적 지위와 증명력 문제를 국제법원은 영토 또는 해양경계획정과 관련된 판례에서 어떻게 다루었는지를 선행연구를 기초로 한 이론과 실증적 사례를 통해 살펴보고, 제4장에서는 국제법원에서 다룬 다양한 영토·해양경계분쟁 사건 판례에서 지도의 국제 증거법상 법리가 어떻게 변화해 왔는지를 검토함으로써 일본영역참고도가 독도에 대한 우리나라의 국제법상 권원의 존재를 입증하기 위한 증거로서 채택되고 증거가치가 평가되기 위한 요건을 판단해 보고자 한다.[8]

2. 일본영역참고도의 존재와 샌프란시스코 평화조약의 해석

1) 일본국회 속기록

일본정부는 샌프란시스코 평화조약의 비준을 위한 국회 승인절차를 진행하는 과정에서 일본영역참고도를 일본 국회에 제출하였다. 샌프란시스코 평화조약의 비준승인과 관련된 1951년 10월 22일 중의원 특별위원회 회의록, 조약발효 1년 후인 1953년 11월 4일 중의원 외무위원회 회의록, 1970년 3월 24일 참의원 예산위원회 속기록에 일본영역참고도와 관련된 기록이 존재한다.[9]

1951년 10월 22일 국회 중의원 속기록에 따르면 야마모토(山本) 위원은 중의원에서 참고자료로 받은 일본영역참고도의 존재를 확인하면서 일본해(동해)를 지나고 있는 일본의 영역을 나타내는 선이 다케시

---

8) ICJ규정 제38조 1항은 국제사법법원이 재판에 적용해야할 준칙으로서 조약, 국제관습법, 법의 일반원칙을 명시하고 있으며, 이러한 법칙의 발견을 위한 보조수단으로서 학설과 판례를 인정하고 있다.

9) 정태만, 앞의 논문, 2015, p.213.

마(독도) 바로 위를 지나고 있기 때문에 이 지도에서 보면 다케시마(독도)가 우리의 영토인가 혹은 울릉도에 부속되어 조선 등에 옮겨지는가에 대해서 확실히 설명이 필요하다고 요청하였다.[10) 이에 대하여 구사바 정부위원은 "현재 점령 하의 행정구획에는 다케시마는 제외되어 있습니다만 이번 평화조약에 있어서는 다케시마는 … 일본 영토라는 것이 분명히 확인된 것이라고 생각합니다."고 답변하였다.[11)

이후 1953년 11월 4일 제17회 국회 중의원에서는 가와카미(川上) 위원이 평화조약을 비준할 때 국회에 제출한 부속지도가 있으며, 그 부속지도에 다케시마는 분명히 (일본영역에서)제외되어 있음을 지적하였다. 그리고 평화조약비준과정에서 재출된 지도와 관련하여 첫째, 비록 나중에 정부가 서둘러 취소하기는 했지만 평화조약의 비준 당시에 지도가 제출되었음을 확인하고, 둘째, 그 지도에 '일본영역참고도'라고 '영역'이라는 용어가 사용되어 있었으며, 셋째, 당해 지도 안에 분명히 (일본영역에서) 다케시마(독도)는 빠져 있었음을 언급하였다.[12)

그리고 1970년 3월 24일 참의원 예산위원회에서 야마모토 도시나카(山本利壽)의원은 1951년 10월 22일 중의원의 평화조약 및 미일안보조약 특별위원회에서 본인이 발언했던 언급을 다시 한번 확인하고 당시 자신의 언급이 일본영역참고도의 존재로 인해 평화조약이 발효할 때 다케시마가 한국의 영역으로 간주되는 일이 발생하지 않도록 하기 위한 의도에서 나온 발언이었다고 하였다.[13)

---

10) 정병준, 『독도 1947』, 돌배게, 2010, pp.860-861; 정태만, 위의 논문, p.214.

11) 정태만, 위의 논문.

12) 위의 논문, p.217.

13) 정태만, 위의 논문, p.218 재인용. http://www.sangiin.go.jp/에서 검색 가능하다.

2) 샌프란시스코 평화조약과 일본영역참고도의 관계

샌프란시스코 평화조약의 제2조 (a)항은 "일본은 한국의 독립을 인정하고 제주도, 거문도 및 울릉도를 포함한 한국에 대한 모든 권리, 권원 및 청구권을 포기한다"고 규정하고 있다.[14] 일본으로부터 독립하는 한국의 영토범위에 관한 샌프란시스코 평화조약의 영토관련 규정은 과도한 단순함과 모호함으로 인하여 수많은 학자들에 의하여 다양한 해석론이 제기되어 왔으며 동 조항의 해석을 위한 자료로서 샌프란시스코 평화조약의 비준승인을 위해 일본 국회에 제출된 1951년 8월의 '일본영역참고도'는 중요한 무게를 갖는다. 하지만 1946년 2월 '연합국최고사령부관할지역도'와 1952년 5월 마이니치(每日)신문사의 '일본영역도' 또한 '일본영역참고도'와 동일하게 독도를 일본의 영토에서 제외하고 있다는 측면에서 당시 연합국과 일본의 독도영토 주권에 대한 일관된 인식을 보여주는 증거로 제시될 수 있을 것이다.

우선 2차 대전 후 일본을 통치한 연합국최고사령부는 연합국최고사령부의 행정관할구역과 관련하여 SCAPIN 677(1946.1.29)을 통해서 독도를 행정관할구역에서 제외하였으며 이를 '연합국최고사령부관할지역도'(1946.2)를 통하여 시각적으로 표현하였다. 이 지도는 독도의 동

---

[14] 동 조항을 '영토조항'이라고 부르는 것은 제2장(Chapter Ⅱ)이 영역(Territory)이라는 표제로 되어 있기 때문이지만 엄격하게 살펴보면 타당한 명칭이 아니다. 동 조항은 일본과 일본국민이 포기해야 하는 권리, 권원 그리고 청구권이 적용되는 지리적 범위로서 영역을 나타내기 위한 목적으로 규정된 것이다. 이는 제2조의 (b)항에서부터 (f)항까지에 규정되어 있는 영역의 범위가 아시아태평양의 광범위한 지역에 대한 것이고, 이해관계 당사자가 한국, 당시 소련, 중국, 미국 그리고 국제연합(UN)에 이르기까지 다양하며, 이들 영역이 일본과 일본 국민이 포기해야 할 권리, 권원, 그리고 청구권이 존재할 것으로 판단되는 일정한 크기 이상의 유인도들 만을 명시하고 그 외의 작거나 사람이 살지 않는 무인도의 경우에는 당해 섬의 명칭을 전혀 언급하지 않았다는 점에서도 이 규정에 의한 영역 서술이 일본의 주권이 행사되는 영토적 범위를 규정하기 위한 것이 아니라는 것을 확인할 수 있다.

쪽에 반원을 그려 독도를 한국지역에 포함시켰다.

이어 1951년 8월에 일본 해상보안청 수로부에 의해 제작된 '일본영역참고도'는15) 지도의 우측 하단 난외에 "소화 26년 8월 해상보안청 수로부 조제"라고 명기하여 정부제작 지도임을 밝히고 있다. 즉 일본 국토교통성의 외청인 해상보안청(Japan Coast Guard)은 국가기관이므로 '일본영역참고도'는 1951년 9월 8일 샌프란시스코 평화조약 체결 직전에 일본 정부에 의해 제작된 공식지도인 것이다. 동 '일본영역참고도'에는 일본열도를 둘러싸고 있는 '어선조업허가구역'의 경계선이 독도 위를 지나고 있고, 경계선 오른쪽에 독도의 명칭을 "竹島, Take Shima, Liancourt Rocks"로 표시하고 있다. 이 지도는 어선조업허가구역의 경계선을 직선으로 표시하다가 독도의 동쪽에는 명확하게 별도의 반원을 그려 독도를 한국 영역으로 표시하였다.

일본 시마네 현의 다케시마문제연구회는 '일본영역참고도'의 국회제출 사실을 인정하면서 다만 이 지도가 '어선조업허가구역'을 표시한 것이라고 주장한다.16) 하지만 이 지도가 영토에 관한 조약을 비준승인하기 위한 국회 중의원 특별위원회에 영토에 관한 조약과 함께 영토의 범위를 설명하기 위한 시각적 참고자료로 제출된 것이라는 점,17) 지도의 공식명칭에 '영역'이라는 용어가 사용되었다는 점,18) 어선조업허가

15) 일본영역참고도가 샌프란시스코 평화조약 체결 전 제작되었다는 것은 일본정부가 '일본영역참고도'를 샌프란시스코 평화조약의 부속지도로 제작한 것이 아님을 확인하는 것이다.
16) 정태만, 위의 논문, p.219.
17) "영토에 관한 조약과 '함께' 제출"되었다고 서술하고 있듯이 영토에 관한 조약의 부속지도로 제출된 것이 아니라 영토에 관한 조약을 제출하면서 동시에 제출된 것이다.
18) 지도의 명칭 '일본영역참고도'는 지도 좌측상단에 큰 글자로 쓰여 있고, '어선조업허가구역'은 아주 작게 쓰여 있어서, 이 지도가 일본 어선의 조업구역을 나타내기 위한 것이 아니라 일본의 영역을 나타내기 위한 지도임을 쉽게 알 수 있고, '어선조업허가구역'의 경계선을 영역의 경계선으로 사용한 것이라고 판단하고 있다. 하지만 지도에 표시된 글자의 크기가 지도의 제작 목적을 결정하는 것은 아니며, "어선

구역은 영역을 고려하여 설정된 것이라는 점 등을 고려할 때 이 지도
는 당시 일본정부가 인식하고 있었던 영역을 표시하는 지도라고 할 수
있다.19)

　더욱이 '일본영역참고도'가 국가적 논란의 대상이 되었음에도 불구
하고 샌프란시스코 평화조약의 발효 직후인 1952년 5월 일본의 주요언
론사인 마이니치(毎日)신문사는 대일평화조약의 의의, 내용, 조약 발
효 후의 문제를 해설하고, 주요 관계 자료를 첨부하여 '대일평화조약'
이라는 책자를 발간하면서 샌프란시스코 평화조약에 대한 특정한 입
장이 아닌 객관적인 서술을 하고 있다고 밝혔다. 이 책자는 발간의의
를 서술한 서문의 바로 뒤에 '일본영역도'를 첨부하였으며 당해 지도에
도 독도는 한국령으로 명확하게 표시되어 있다.

3) 샌프란시스코 평화조약 영역조항 해석수단으로서 지도

　일본정부가 샌프란시스코 평화조약의 국회 비준승인과정에서 '일본
영역참고도'를 제출한 것은 움직일 수 없는 사실이다. 하지만 일본 국
회가 샌프란시스코 평화조약의 조문과 함께 '일본영역참고도'를 근거
로 하여 조약비준을 승인하였다는 주장은 좀 더 명확하며, 구체적이고
객관적인 근거를 보강해야 할 것이다. 더욱이 일본정부가 샌프란시스
코 평화조약의 영토관련 조항의 이해를 돕기 위해 국회에 제출한 지도
이므로 이를 샌프란시스코 평화조약 비준시 '부속지도로 사용'되었다
고20) 표현하는 것은 국제법상 조약의 '부속(annexed or attached)지도'라

조업허가구역의 경계선을 영역의 경계선으로 사용"한 것이라는 해석은 이를 뒷받
침할 수 있는 근거가 제시되지 않는 한 주관적 판단으로 간주되어 설득력을 갖기
힘들 것이다.
19) 정태만, 위의 논문, pp.219-220.
20) 정태만, 위의 논문, p.225, p.228, p.229 등. 물론 일본국회의 중의원회의록에 나타

는 용어와 개념적 혼란을 낳을 수 있으므로 정확한 용어 사용이 필요하다.[21]

'일본영역참고도'가 일본 국회에서 '참고지도'로 쓰였다고 하더라도 독도를 한국령으로 표기한 지도를 일본정부가 제작하고 국회에 제출하였다는 사실만으로도 일본이 독도를 한국령으로 인정한 것이라고 해석할 수 있는 근거는 충분하다는 주장이[22] 있으나, 독도와 관련된 조약의 부속지도가 아닌 참고용의 지도이고, 이 지도에 대하여 일본 국회에서도 이의가 제기된 바 있으므로 이 지도만으로 독도 영토주권의 귀속이 결정된다고 단정할 수는 없을 것이다. 다만 정부가 제작한 지도라는 점과 샌프란시스코 평화조약에 따른 독도의 영토주권귀속 문제가 논의되는 과정에서 국회에 제출되었다는 점은 당시 일본 정부가 독도를 한국의 영토로 인식하였음을 입증할 수 있는 공식적 증거로서 가치를 갖는다고 할 수 있다. 즉, 일본정부는 샌프란시스코 평화조약의 영토조항과 관련하여 행정부의 이해를 의회에 설명하기 위해 당해 지도를 제출하였기 때문에 일본 정부의 독도 한국영토주권인정이라는 인식을 보여주는 것이며, 비록 의회에서의 논란으로 참고 목적의 지로를 철회하기는 하였지만 그럼에도 불구하고 일본의 정부부처가 공식적으로 제작한 지도에서 독도를 한국영토로 인정하였다는 사실은 변하지 않는다.

난 바와 같이 당시 중의원 의원인 카와카미 의원이 "평화조약을 비준할 때 국회에 제출한 부속지도라는 것이 있다. 그 부속지도를 보아도 다케시마는 분명히 제외되어 있다."고 하여 '일본영역참고도'를 '부속'지도라고 언급한 사실이 있으나 이는 카와카미 의원의 용어사용에 있어 무지로 인한 것으로 판단된다.

[21] 이러한 뜻에서 '일본영역참고도'를 일본에서 "부속지도로 썼다"는 것이 '부속지도다'라는 것과는 다른 의미를 가짐을 인정하면서도 일본정부에서 자체적으로 제작하여 조약의 부속지도로서 영토조항이 포함되어 있는 샌프란시스코 평화조약의 비준승인을 위해 국회에 제출된 것이라고 서술한 것은 여기에서 부속지도가 둘 중 어느 의미인지를 밝히지 않는 한 논리의 전개에서 모호성을 높이는 결과가 된다.

[22] 정태만, 위의 논문, p.230.

3. 국제법원에서 지도의 증거능력과 증명력

1) 지도와 증거능력의 개념

법률용어로서 증거(evidence)는 "법원 혹은 배심원이 자신의 청구를 신뢰하도록 하려는 목적으로 소송당사자의 일정한 행위에 의해 소송 상 법률적으로 제시되는 모든 종류의 입증력 있는 증언, 기록, 서류, 증거서류, 유형물"을 말한다.[23] 사법절차에서 입증책임, 사법심사 수리가능성, 증거로서 관련성, 그리고 일정한 증거의 증거력 내지는 증명력 등을 규율하는 규칙과 원칙들의 총체로서 증거법에 따르면 증거능력이란 법원이 증거로서 받아들일 수 있는가 여부(admissibility of evidence)에 관한 문제이며, 증명력은 증거로서의 지위를 인정하고 이를 전제로 일정한 사실 내지는 주장을 입증할 수 있는 가치의 정도를 의미한다.

증거법의 측면에서 지도는 지리적 사실과 정치적 사실 그리고 권리의 변동을 가져오는 법률사실을 기록하는 수단이며 증거가치를 가지는 도면이다. 영토해양경계 관련 분쟁에서 지도는 당사국의 권리 주장을 뒷받침하는 객관적 증거로서의 법적 지위와 가치에 그 중요한 기능이 있다. 공인지도의 가장 두드러진 기능은 그 제작·간행국가를 구속하는 것이며,[24] 이로 인해 영토분쟁의 당사국들은 빈번히 자국의 당해 분쟁영역에 대한 영토주권을 증명하기 위해 지도증거에 크게 의존하는 경향이 있다.[25] 문서증거로서 정부가 제작한 공식지도는 증거능력

---

23) *Black's Law Dictionary*, 1990.

24) Charles C. Hyde, "Maps as Evidence in International Boundary Disputes", *AJIL*, p.311.

25) Hyung K. Lee, "Mapping the Law of Legalizing Maps: The Implications of the Emerging Rule on Map Evidence in International Law", *Pacific Rim Law & Policy Journal*, 2005, p.159.

을 가지지만 1차적 직접증거인지 2차적 간접증거인지 문제는 당해 지도의 부속성(attribution)과 정확성(accuracy) 기준에 따른다.[26] 조약에 부속되어 있는 지도는 조약과 불가분의 일체를 형성하여 1차적 직접증거력이 인정되지만 그 외의 지도는 2차적 간접증거능력이 인정되거나 전적으로 부정되기도 한다.

국제법정에서는 일반적으로 승인된 법의 일반원칙으로서[27] 증거법의 법리에 기초하여 지도의 증거가치를 판단하고 있기 때문에 더 강력한 지도증거를 가지고 있는 영토분쟁의 당사국은 국제법정에서 더 유리한 지위를 갖게 된다.[28]

2) 지도의 증거법상 지위

영토분쟁의 당사국들은 최선을 다해 자국의 문제 지역에 대한 영유권을 입증하기 위한 증거를 수집하며 이러한 증거의 대부분은 지도 증거이다. 하지만 국제법은 지도의 증거가치(evidentiary value)를 제한하는 매우 확고한 원칙을 가지고 있다.[29] 전통적으로 국제법정은 다른 어느 증거보다도 지도의 증거가치에 대하여 더욱 제한적 입장을 견지해 왔다. 국제법정은 많은 판례에서 직접 보고 작성한 것이 아닌 다른 사람의 말이나 문서에 기초하여 작성된 자료로서 지도에 대하여 2차적 증거로서의 지위 정도만을 인정해 왔다. 이로 인해 지도의 증거가치는 국제 영토분쟁의 가장 논쟁적 문제가 되었으며, 국제법원과 법정들은 지도의 가치에 대하여 각각 다른 증거가치를 인정하게 되었다.[30]

---

26) 이태규, 앞의 글 p.175.

27) ICJ 규정 제38조 1항. c.

28) Hyung K. Lee, op. cit., p.160.

29) Ibid.

30) Durward V. Sandifer, *Evidence before International Tribunals*, pp.229-240.

이러한 입장은 현행 국제해양법에도 그대로 반영되어 있다. 즉 1982년 유엔 해양법협약은 영해를 획정하는 통상기선은 "연안국이 공인한 대축적지도"에 그리고 영해 직선기선과 그 외측한계 및 대향/인접국 간 영해 경계선의 경우에는 "그 위치를 확인하기에 적합한 축척의 해도에 표시할 것"과 동시에 그러한 해도를 적절히 공표하고 그 사본을 유엔 사무총장에게 기탁할 것을 요구하고 있다.[31] 이러한 규정은 연안국이 주장하는 영해, 배타적 경제수역 및 대륙붕 경계를 표시한 연안국 공인해도에 대하여 2차적 증거로서의 증거능력과 증명력을 부여하기 위한 규정으로 해석할 수 있다.[32]

또한 1984년 메인만 해양경계 분쟁사건의 판결에서 ICJ는 "본 판결에 편입되어 있는 지도들은 당사국들이 재판소에 제출한 문서들을 기초로 작성되었으며, 이 지도들은 오직 이 판결의 관련 본문에 대한 시각적 예시목적으로만 제공한 것"이라는 입장을 표명하였다.[33] 이는 국제법원 판결문에 편입된 예시 지도들의 경우 법원이 분쟁당사국들의 이해를 돕기 위해 포함한 지도들에 대하여 제한적 증거능력을 부여한다는 점을 표현한 것이다. 2002년 리키탄/시파단 도서영유권 분쟁사건 판결에서 ICJ는 분쟁당사국 양국이 제출한 많은 공인, 비공인 지도들이 서로 상충되어 결론을 내릴 수 없다는 이유로 그 증거능력을 인정하지 않았지만, 1915년 협정에 부속된 인증지도의 증거능력만은 인정하였다.[34]

31) 유엔해양법협약 제5조, 제7조, 제15조 및 제16조.
32) 박현진, 앞의 글, 2008, p.70.
33) Case Concerning Delimitation of the Maritime Boundary in the Gulf of Maine Area(Canada/USA), ICJ, *Reports*, 1964, p.246.
34) Case Concerning Sovereignty over Pulau Ligitan and Pulau Sipadan(Indonesia /Malaysia), Judgment, ICJ *Reports*, 2002, p.625, paras 47-48.

3) 지도의 정확성 · 객관성 · 획일성

지도가 가지고 있는 가장 큰 약점은 통계와 마찬가지로 허상(lie)을 표시할 수 있다는 점이다.[35] 지도의 본질적 성격상 가지고 있는 크기와 위치 등의 과장(exaggeration)은 동일 지도 내에서 한 부분과 다른 부분 사이에 표시의 차이를 발생시킬 수 있고, 이러한 경우 당해 지도는 제작한 사람에 의한 주관적 결론을 함축하게 된다.

예컨대 1785년에 하야시 시헤이(林子平)가 일본에서 제작한 '삼국접양지도'와 '삼국접양소도'에는 조선의 울릉도가 우산국 명칭으로 조선의 영역으로 표시되어 있으며 이와 함께 일본에서 인식하고 있었던 다케시마(울릉도) 또한 조선의 영토로 표시되어 결국 울릉도를 조선의 영역으로 두 번 중복하여 표시하였다. 이는 하야시 시헤이가 1785년에 제작된 나가쿠보(長久保)의 '개정일본여지노정전도'와 '조선팔도지전도' 등을 토대로 '삼국접양지도'를 제작하면서 '조선팔도지도'를 그대로 모사했기 때문이다.[36] 조선의 지리정보를 참고하는 과정에서 발생한 오류라고 할 수 있다. 결국 '삼국접양지도'가 제작되던 당시 일본에서는 울릉도와 독도를 명확하게 조선의 영역으로 인식하고 있었음을 보여주는 한편으로 울릉도를 두 번 그리는 오류로 인하여 지도의 완성도는 크게 떨어지는 것으로 평가되고 있다.[37]

팔마스섬 중재사건에서 후버 재판관은 인증지도에만 그 증거능력과 증명력을 인정하면서 어떤 지도가 법률상 증거로 채택되기 위한 첫 번째 조건은 지리적 정확성이라고 지적하였다.[38] 하지만 지도와 해도의

---

[35] Keith Highet, "Evidence, the Court, and the Nicaragua Case", *AJIL* 81-1, 1987, p.19.

[36] 호사카 유지, 『우리역사 독도』, pp.301-302.

[37] 이상균, 『19세기 일본지도에 독도는 없다』, pp.131-133.

[38] Island of Palmas Arbitration, pp. 852-853. Daniel-Erasmus Khan, "Max Huber as Arbitrator: The Palmas(Miangas) Case and Other Arbitrations", *EJIL* 18-1, 2007, p.165.

증거능력과 증명력을 인정하기 위한 정밀성의 구체적 판단기준은 제시되어 있지 않고 국제법원의 판결도 일반적 원칙으로서 대축척지도와 소축척지도 사이에 증거능력이나 증명력의 차이에 관한 분명한 입장을 내놓고 있지 않다. 단지 지도가 지나치게 소축척으로 제작되어 요구되는 지상의 위치를 정확하게 표시하지 못하는 경우 국제법원은 그 증거능력을 인정하는데 소극적이다.[39]

에리트레아/예멘 영토분쟁 사건 중재 판정 이후 유엔 에리트레아/에티오피아 국경위원회는 당사국의 구두변론을 거쳐 2002년 4월 13일 국경선을 획정하면서 당사국이 제출한 최소한 250매의 지도들이 서로 상충된다는 이유로 증거능력을 부여하지 않았다. 당사국이 제출한 지도들이 일관성과 객관성을 결여한다는 이유로 그 증거능력을 부인한 것이다. 지도에 사람들의 주관적 법적 결론이 반영되어 있는 경우 국제법원은 대체로 지도를 증거로서 고려하지 않는다.

이렇듯 국제법원은 증거로서 제시된 공인지도의 정확성 조건이 충족되는 경우 특별한 중요성을 가질 수 있다고 하여 지도의 증거능력 판단에 있어 객관성, 중립성, 불편부당성을 강조하고 있다.

4. 지도의 증거능력에 대한 국제법원의 태도 변화

1) 지도의 증거능력에 대한 국제법원의 전통적 입장

영토주권분쟁의 당사국은 자신의 권원을 주장하기 위해 국제법정이 분쟁해결의 준칙으로 인정하는 당사국을 구속하거나 당해 분쟁과 관

---

[39] 지도의 정밀성과 정확성의 판단을 위한 대축척지도, 소축척지도의 문제, 위도 및 경도와 방위 표시문제에 관한 자세한 사항은 박현진, 앞의 논문, pp.77-79.

련되어 있는 국제조약, 기존 행정관할권경계존중(*uti possidetis*) 그리고
실효적 지배(effective control)를 다양한 증거를 통해 입증하고자 한다.
그리고 국제조약의 해석, 기존 행정관할권경계의 획정사실 존재, 실효
적 지배 등의 근거로서 외교문서, 공식문서와 기록 또는 판결, 행정관
할권의 행사사실 기록, 당사국의 국가실행으로서 국내법령 등의 적극
적 의사표시 행위와 묵인과 같은 소극적 의사표시 등과 함께 지도를
제시한다. 지도증거의 증거능력에 관한 국제법은 지도가 증거로 제시
되는 모든 상황에 적용된다.[40]

하지만 전통 관습국제법은 영토주권의 귀속결정이나 경계의 획정에
있어 지도의 가치를 인정하기를 꺼려해 왔다. 지도는 과학적으로 정확
하고 그 수가 많더라도 그것만으로 경계의 정확성을 입증하지는 못한
다고 인식되었다.[41] 이러한 인식에서 지도에 표시된 경계는 특히 신뢰
할 수 있는 권원의 증거로서 성문의 조약과 상반되는 경우 증거가치를
인정받지 못했다. 1927년의 캐나다-뉴펀들랜드 경계분쟁에서 영국추밀
원(Privy Council)의 법률위원회는 캐나다의 정부부처에 의하여 공인된
인증지도 조차도 당해 정부를 공식적으로 구속하는 것으로 취급될 수
없다는 판단을 하였다.[42]

이렇듯 국제법원과 국제법학자들이 지도의 증거력에 부정적인 입장
을 취해 왔던 근거는 지도의 '전문적 성격(hearsay character)' 때문이다.
즉 지도는 전문증거의 사용에 있어 본질적인 위험이 가지고 있는 피할
수 없는 도식성(illustration)을 전형적으로 보여준다는 것이다. 즉 지도
는 지리적 사실과 관련하여 자연적 특징에 대한 현장 조사(original

---

[40] Hyung K. Lee, op. cit., p.162.

[41] Charles C. Hyde, op. cit., p.316.

[42] Gunter Weissberg, "Maps as Evidence in International Boundary Dispute: A Reappraisal", *AJIL*, 57-4, 1963, p.781.

survey)에 근거한 것이 아닌 한 전문증거로 간주되고, 정치적 사실과 관련해서도 지도에 표시된 경계선이 국경의 획정과 관련하여 협상의 책임이 있거나 결정권이 있는 공무원에 의하여 획정되거나, 공식적으로 채택되지 않거나, 당해 경계선을 조사하고 표시하도록 위임된 개인 또는 위원회에 의하여 작성되지 않는 한 전문증거가 된다. 따라서 분쟁당사국의 주권의 범위와 관련된 문제에서 지도는 전문적 성격이나 2차적 성격을 갖는다고 판시되었다.[43] 이러한 국제법원의 매우 제한적인 지도의 역할에 대한 인식은 국제법학자들에 의해서도 적절히 신중한 접근으로 평가되고 있다.[44]

2) 지도의 증거능력에 관한 국제법원 판례

도서영토주권과 관련한 국제 판례에 따르면 국가기관에 의한 어업면허 발급은 해양자원의 이용에 관한 면허행위로서 육지나 도서자원에 대한 면허가 아니므로 육지영토와 도서에 대한 실효적 지배에 근거한 권원을 확립하는 국가권능의 행사로 간주하지 않는다.[45] 이와 달리 지도증거에 의존한 국제법정의 판례에는 1986년 부르키나파소/말리 국경분쟁 사건, 1959년 벨기에/네딜란드 간 국경분쟁사건, 1962년 프레아·비히어 사원사건, 2002년 리키탄·시파단 사건, 2002년 카메룬/나이지리아 간 국경·해양경계분쟁사건, 2002년 유엔 에리트리아/에티오피아 국경위원회에 의한 국경획정결정 등이 있다.

---

43) Indo-Pakistan Western Boundary, R.I.A.A., vol.17, p.85.

44) Ian Brownlie, *The Rule of Law in International Affairs*, Springer, 1998, p.156.

45) The Eritrea/Yemen Arbitration, Phase 1 (Territorial Sovereignty and Scope of the Dispute Award, 1998), Permanent Court of Arbitration(PCA), para 334, 114 *International Law Report* 1.

(1) 팔마스 섬 사건, 리기탄 · 시파단 사건, 노바 스코티아 사건

팔마스 섬의 영유권과 관련된 중재사건에서 후버(Max Huber) 중재재판관은 지도가 그 자체로는 단지 간접적 방증을 제공할 뿐이며, 법적 문서에 부속 또는 편입된 경우를 제외하고는 권리의 승인 또는 포기를 인정하는 문서로서의 가치를 갖지 않는다고 판단하였다.[46]

ICJ 또한 2002년 인도네시아와 말레이시아 간 리기탄 · 시파단 도서 영토주권 분쟁사건에서 "지도는 사건에 따라 정확성이 다른 정보를 구성할 뿐이며, 그 자체로서 그리고 그 존재사실 만으로서는 영역권원을 확립할 목적으로 국제법이 부여하는 고유의 법적 효력을 가진 문서와 같은 권원을 창설하지 않는다. 물론, 경우에 따라서는 그러한 법적 효력을 가지는 경우도 있으나, 이 경우에 그 법적 효력은 그 자체에 고유한 가치로부터 발생한 것은 아니며 이는 문제의 지도가 공식문서의 본문에 부속되어(annexed) 그 문서의 불가분의 일부를 구성하는 경우에 해당된다. 이와 같이 명확히 정의된 경우를 제외하고 지도는 각기 그 신빙성이 서로 다른 단지 부대적 증거로서 다른 정황증거와 함께 실제의 사실을 확립하거나 재구성하는데 이용될 수 있다"고 판시하였다.[47]

노바 스코티아(Nova Scotia) 사건은 사건이 발생한 1750년대의 지리측량기술의 부정확성으로 인한 불신에 기초하여 "지도는 생래적으로 거의 증거물이 되지 않는다. 지리학자들은 오류를 반복적으로 복제하면서 부정확한 측량을 하는 일이 자주 있다. 설령 그 측량작업이 옳았더라도 그러한 측량으로부터 나온 지도는 비록 그것이 일정한 지역의 진정한 위치, 도서와 도시의 형세, 강의 경로 등은 보여줄 수 있을지 몰라도, 그 영역의 한계를 결코 결정할 수 있는 것은 아니며, 영역의

---

[46] Island of Palmas Arbitration, pp.853-854.

[47] Case Concerning Sovereignty over Pulau Ligitan and Pulau Sipadan(Indonesia/ Malaysia), Judgment, ICJ *Reports*, 2002, p.625, paras 88-91.

한계는 진정한 증거에 전적으로 의존한다."라고 언급하였다.[48]

(2) 카시킬리·세두두 섬 사건과 부르키나파소와 말리간 국경선 사건

카시킬리·세두두 섬 사건에서 나미비아는 자국이 제시한 지도에 대한 증거력을 주장하면서 지도가 후속적 관행(subsequent practice)의 특별한 형태이며, 관할권 행사와 시효취득의 묵인이라고 주장하였다. 나미비아는 프레아 비혜어 사원(Temple of Preah Vihear) 사건에서 법원이 "조약 당사자들이 경계선을 나타내는 지도를 승인했다는 것은 당해 조약의 명시적 내용과 다른 해석을 만들어낼 수도 있다"고 한 사실을 특히 강조하였다. 이와 달리 보츠와나는 상대적으로 지도에 덜 의지하면서 이전 지도들 대부분은 그 구체성이 떨어지고 축척도 작아서 당해 사건에서 유의미한 증거력을 제시한다고 보기 힘들다는 점을 지적하였다. 이 사건에서 ICJ 재판관들의 전반적인 의견은 제출된 증거로서 지도의 증거력에 대하여 부정적이었다.[49]

또한 ICJ는 부르키나파소와 말리 간 국경선 분쟁에서, 지도는 사건들마다 각각 서로 다른 정확성을 가진 정보를 단지 제공할 뿐이고 그 존재만을 가지고는 지도 스스로가 영토적 권원(title) 즉 영토적 권리의 창설을 목적으로 국제법에 따라 부여된 법적 힘을 가진 문서가 될 수 없다고 하였다. 그러한 법적 힘을 가지는 경우는 지도가 당해 국가의

---

[48] 오리건 경계선 사건에서는 "지도는 단지 추정적 영토의 한계를 그림으로 묘사한 것이다. … 어떠한 지도도 영토적 권원의 증거로 제시될 수 없다. 지도는 일정한 주장을 그림으로 보여줄 수 있어도 이를 입증하지는 못한다. 증거는 반드시 (진정한) 사실로부터 나와야 하므로 법의 세계에서는 법이 영토적 권원의 토대라고 인식한다. 즉 지도라는 것은 그것이 조약에 부속된 경우와 같은 일정한 특성을 가지지 못한다면, 단순히 그 지도를 작성한 지리학자의 의견일 뿐인데 그러한 의견은 허구 내지는 잘못된 진술에 바탕을 두는 경우가 자주 있다."고 하였다. 이태규, 앞의 논문, pp.172-173에서 재인용.

[49] 이태규, 위의 논문.

의지를 물리적으로 표현한 경우이다. 예컨대 지도가 공식 문서의 본문 일부를 구성하거나 본문에서 부속문서로 언급되어 문서에 첨부되어 있어 그 문서의 '필수적 일부분'을 이루고 있을 때이다. 이렇게 명확하게 정해진 경우를 제외하고 지도는 실제로 사실을 성립시키거나 재구성하기 위하여 여타 정황증거와 함께 사용되는 신뢰성과 불확실성이 각기 다른 비본질적 부대증거일 뿐이라고 하였다.[50]

이러한 입장에서 ICJ는 분쟁의 양 당사국에 의하여 제출된 지도들이 불확실성과 비일관성을 갖고 있다고 보았다. 구체적으로 당해 지도들이 1890년 조약당사자들의 의도를 공식적으로 반영한 지도가 아니라는 점, 지도 가운데 묘사된 경계선의 유효성과 관련하여 당해 조약 당사자 내지는 그 후속적 존재들 간에 명시적이거나 암묵적인 의사의 합치가 없었다는 점에서 제출된 지도증거에 어떠한 형태로도 증거력을 부여하는 것을 거부하였다.

이 사건의 재판관이었던 일본국적의 오다 시게루(小田 滋) 판사는 어떤 정부의 기관이 작성한 지도는 때때로 당해 특정 지역 혹은 섬의 영토성 내지는 주권과 관련한 당해 정부의 입장을 보여주기 마련이지만 다른 보조적 증거 없이 어떤 지도 자체만 가지고 당해 지역 또는 섬의 법적 지위를 결정지을 수 있는 것은 아니라고 하였다. 이어서 그러한 지도에 획정된 경계선은 관련국이 할 수 있는 최대한의 청구주장의 표시로 해석될 수 있으나 그렇다고 그러한 청구를 반드시 정당화시키는 것은 아니라는 이유로 제출된 지도증거의 증거력을 전체적으로 부정하였다. 하지만 위어만트리(Weeramantry) 부소장은 당해 사건에서 제출된 지도증거들 중에서 통계적으로 더 많은 지도들이 동일한 경계 표시를 하고 있다는 사실은 당해 조약의 영역경계에 대한 동시대적인

---

50) ICJ *Reports* 1986, p.582, para.54.

공통된 이해를 의미한다고 판단하였다.[51]

3) 국제법원에서 지도증거능력에 대한 태도변화

지도는 국제적 국경 및 영토주권관련 분쟁에서 중요한 역할을 한다. 영토 또는 해양경계분쟁의 당사국들은 종종 자국의 권원을 입증하기 위해 지도에 크게 의존한다. 영토분쟁 국가가 왜 자국의 권원을 입증하기 위해 대부분 지도로 구성된 증거를 제시하는지는 이해하기 쉽다. 그러나 잎서 살펴본 바와 같이 국제법원과 국제법학자들의 의견은 지도의 증거가치를 제한하는 분명한 원칙을 보이고 있다.[52] 하지만 이러한 국제법정의 판단에 대하여 지도를 증거로 제출한 분쟁당사국들은 동의하지 못하고 있으며, 결과적으로 지도의 증거가치를 어느 정도로 인정할 것인가 하는 문제는 국제 경계분쟁이나 영토분쟁에서 지속적인 논란의 대상이 되었다. 국제법정들 또한 각기 다르게 지도증거의 가치에 대하여 평가해 왔다.

(1) 인디아와 파키스탄간의 Rann of Kutch 사건

인도와 파키스탄의 서쪽 국경과 관련된 Rann of Kutch 사건에 대한 PCA의 중재판정은 부정확하고 모호하며 일관성이 없는 지도증거에 대한 국제법정의 전통적 입장을 보여주었다. 하지만 실측지도(survey maps)에 대하여는 다른 형태의 지도보다 훨씬 많은 무게를 부여하였다. PCA는 분쟁대상 지역과 관련하여 역사적으로 인정되고 명확하게 확립된 국경이 존재하지 않지만 관련된 지도는 영토주권의 주장에 대한 묵인(acquiescence)으로 해석될 수 있다고 하였다. 이는 다시 의도적

---

51) 이태규, 앞의 논문, p.182.

52) Hyung K. Lee, op,cit., p.160.

또는 과실로 인한 일방 당사국의 자발적인 영토주권의 포기로 간주할
수 있는 근거로 사용될 수 있다고 하였다.

이 사건에서 PCA는 비록 공개적으로 지도의 증거가치를 인정하지는
않았지만 광범위한 문제들을 결정하면서 지도증거에 의존하였다.[53]
즉 이 사건에서 국제법정은 제출된 지도에 대한 철저한 분석을 통해
실측지도들이 분쟁당사국에 의하여 주장된 국경에 관한 표식을 담고
있지 않음을 확인하였다. 따라서 이들 실측지도가 증거로서 독립적 중
요성을 보유할 수 없지만 실측지도가 지도제작 부서의 외부 또는 상급
기관으로부터 명시적인 승인을 받았거나 다른 형태의 공식적 승인을
받은 경우에 논쟁이 된 문제에 대한 단순한 사실에 부여된 것보다 더
욱 큰 권위의 중요성을 부여할 수 있으며, 공식적 지도의 누적적 발간
의 효과 및 발간 당시 지도에 부과된 해석은 당해 지도가 국제법정이
직면한 문제의 판단에 있어 결정적 무게(decisive weight)를 부여한다고
판단하였다.

(2) 부르키나 파소와 말리 간 국경분쟁사건

부르키나 파소와 말리 간 국경분쟁사건은 표면적으로 지도의 정확
성에 대한 의심에 기초하여 지도의 증거가치에 대한 국제법정의 전통
적 입장을 견지하고 있지만, 지도가 관련 국가 또는 국가들의 의지
(will)를 실질적으로 표시한 경우에 해당되거나 지도가 공식문서에 첨
부되어 본질적 일부를 구성하는 일정한 경우에는 지도가 영토주권을
구성하는 법적 효력을 가질 수 있다고 하였다.[54] ICJ는 다른 믿을 만한
정보에 상반되는 정보를 담고 있는 지도를 증거로 수락하지 않음으로
써 지도의 증거가치에 대한 종래의 입장을 변경하려는 시도를 하지 않

---

53) Indo-Pakistan Western Boundary (India v. Pakistan), 17 R.I.A.A. 1, 535(PCA 1968).

54) Frontier Dispute(Burkina Faso v. Mali), 1986 ICJ pp.554-582.

았지만 이는 단지 표면적인 서술이었으며 판결문에서는 제출된 지도 중에 두 개의 지도는 특별한 중요성을 갖는다고 하였다. 법원은 하나의 지도에 대하여는 비록 법적 권원을 결여하고 있기는 하지만 동 지도는 중립적 기관에 의하여 제작된 이용가능한 문서의 본문과 정보에 대한 시각적 서술이라고 판단하였다. 그리고 당해 지도에 표시된 날짜와 지도제작 자료의 중립성을 거론하면서, 판결을 지도 중의 하나에 크게 의존하였으며 다른 증거들이 충분치 않을 경우 또는 정확한 국경을 분명히 나타내지 못하는 경우에 지도의 증명력이 결정적 역할(decisive role)을 할 수 있다고 설명하였다.[55]

(3) 국제법원의 지도증거에 대한 무게 변화

위의 사건들에 대한 국제법정의 증거법에 기초한 판결을 보면 지도증거의 증거로서의 가치에 대한 전통적 접근은 현대 국제법에서 재검토되고 있다. 국제법정의 현재 동향을 보면 지도에 대한 접근이 전통적 접근과 상당히 다르다는 것을 알 수 있다. 비록 국제법원이 공개적으로 과거의 소극적 접근원칙을 부정하지는 않지만 그 어느 때보다 지도에 대하여 증거가치를 더 많이 부여하고 있다.[56] 이론적으로 보면 다양한 국제법원의 지도의 증거능력에 대한 태도는 그 동안의 국제법원의 판결을 통해 확인된 지도의 증거력에 관한 국제관습법이 변화하고 있다는 신호일 수 있다. 실제에 있어 국제법에서 지도증거의 중요성 증가는 영토주권분쟁에 관련된 국가들에게 커다란 영향을 준다. 강력한 증명력을 가지고 있는 지도를 제시할 수 있는 국가에게 국제법정의 새로운 증거법규칙은 영토주권의 확인에 있어 유리한 입장에 있도록 한다.

---

55) Ibid.
56) Ibid. pp.582-83, paras. 55-56.

물론 여전히 국제법원에서 지도증거가 그 자체만으로 영토분쟁사건에서 원칙적으로 단독으로 유효한 권원을 확립하는 결정적 증거가 되기는 어렵다. 그러나 조약이나 공식문서, 기록, 결정 등의 본문에 부속, 편입되어 본문에서 명시적으로 언급된 인증지도는 문서와 동등한 1차적 증명력을 갖는다. 조약 등의 문서 본문에 포함되지는 않지만 그 내용의 이해를 돕기 위해 첨부된 예시지도는 2차적이지만 객관성, 중립성과 정확성, 일관성이 인정되는 경우 어느 정도 증거가치를 가질 수 있을 것이다.

이러한 논리에서 일본영역참고도는 샌프란시스코 평화조약의 영역 관련 조항에서 언급된 영역의 범위를 일본 국회의 의원들이 이해하기 쉽도록 참고문서로 제출되었다는 점, 지도의 내용에 정확성을 확보하고 있다는 점, 일본 정부가 제작한 지도이기 때문에 독도의 영토주권 귀속과 관련하여 객관성과 중립성을 부정할 수 없다는 점, 어로 허가 목적의 지도라고 하지만 그 기초로서 일본영역을 표시하기 위한 지도라는 점 등을 기초로 최소한 직접적 2차적 증거로서 가치가 인정될 수 있을 것이다. 다만 일관성의 확보를 위해서 당해지도의 내용이 공인 및 비공인의 후속 지도들에 의하여 유지되고 있었음을 입증하기 위한 노력이 지속적으로 이루어져야 할 것이다.

5. 맺음말 : 일본영역참고도의 국제법적 의미

특정 지역이나 섬에 대한 영토주권의 귀속결정이나 국경획정 분쟁을 해결할 수 있는 일반적으로 수락된 국제조약이 존재하지 않고 국제관습법으로 인정될 수 있는 국제법의 일반이론 또한 없다. 더욱이 영토분쟁은 국가의 사활적 이익에 관한 핵심 사안으로서 국민적 정서에

미치는 영향이 크기 때문에 국제법원이 법원칙에 따라서 해결하도록
양보하기 어려운 문제이다. 그러나 영토분쟁의 당사국들이 지속적으
로 더 많은 증거를 개발하고 발전시킴으로써 그리고 자신들의 입장에
서 국제법을 원용함으로써 자국의 입장을 강화하려고 노력하고 있다.
따라서 영토분쟁 당사국의 입장을 뒷받침하는 지도증거의 역할을 강
화하는 국제법원의 태도 변화는 분쟁해결에 관련된 국가들에게 더 커
다란 유인(incentive)을 제공하는 실질적 효과를 갖게 될 것이다.[57]

국제관습법의 발전에 있어 중요한 역할을 하는 국제중재법원(PCA)
과 ICJ는 영토분쟁에서 지도증거와 관련된 많은 사건을 다루었다. 이
들 국제법원의 판결을 보면 지도의 증거력에 대한 국제법의 소극적 해
석입장을 유지해 왔다. 하지만 PCA와 ICJ가 최근에 다룬 인도와 파키
스탄 간의 서부경계사건,[58] 에리트레아/예멘사건, 캄보디아와 태국 간
의 프레아 비히어 사건, 부르키나파소와 말리 간 경계사분쟁사건, 인
도네시아와 말레이시아 간 팔라우 리기탄 및 팔라우 시파단 사건 등에
서 국제법정은 지도의 증거가치에 대한 접근에서 상당한 변화를 보여
주었다. 1940년대까지 적용되었던 전통적인 지도의 증거가치에 대한
접근은 이제 더 이상 그대로 적용되지 않고 있다.[59]

이러한 국제법원의 지도의 증명력에 대한 태도변화를 고려할 때 독
도문제와 관련하여 제시되는 '일본영역참고도'와 '일본영역도' 그리고
SCAPIN 677에 따른 '연합국최고사령부 관할지도' 등 각기 다른 지도증
거들에 보이는 독도의 영토주권 표시가 대체로 한국 측에 유리하다는
점은 일본이 독도에 대한 영토주권문제를 ICJ에 부탁하자고 주장하는
데 부담이 될 수 있다. 영토주권의 소속을 표시하는 지도증거들을 보

---

57) Hyung K. Lee, op. cit., p.183.
58) The Rann of Kutch Arbitration(India v. Pakistan)
59) Gunter Weissberg, op. cit., p.803.

면 한국이 일본에 비하여 강력한 독도영토주권을 주장할 수 있기 때문이다.

한국은 역사적 고지도 외에도 독도를 한국의 영토로 표시하고 있는 일본에서 제작된 태정관지령의 첨부지도로서 '기죽도 약도'와[60] 같은 일본의 역사적 지도들을 이용하여 독도에 대한 한국의 명확한 영토주권을 입증할 수 있다. 반면에 일본은 독도를 일본의 영토로 표시하고 있는 자국에 유리한 한국지도가 없으므로 오로지 자국의 지도만을 이용할 수 있다. 지도의 중립성에 무게들 두고 제3국에 의하여 제작된 지도에 더 많은 신뢰성을 부여하고 있는 국제법정의 태도를 고려할 때, 자국의 입장과 반대되는 사실을 표시하고 있는 공인지도인 '일본영역참고도'는 일본에 의하여 제작되었기 때문에 소위 금반언(estoppel)의 원칙에 따라 독도를 한국의 영역으로 표시한 제3국이 제작한 공인지도보다 한국에게 더 유리한 것이다. 따라서 한국과 일본이 독도문제를 제3자적 입장에서 해결하도록 부탁하게 된다면 지도의 증거능력과 증명력에 커다란 무게를 부여하고 결정적 판단요소가 되도록 해야 한다.

국제법정의 판례와 국제법의 이론이 지도에 대한 증거능력 부여에 있어 유지해 오던 소극적 입장을 변경한다면 한국의 독도주권의 권원을 입증하는 근거로서 '일본영역참고도'와 '일본영역도' 그리고 제3자에 의한 지도로서 SCAPIN 677에 근거한 '연합국최고사령부관할지역도'는 일본과 제3의 국제적 실체에 의하여 제작되어 정치적 정확성과 중립성을 갖추었을 뿐만 아니라 지도내용의 획일성 또한 상당히 확보하고 있기 때문에 일본의 빈약한 증거들을 압도하는 결정적 증거로서 한국과 일본의 영토관련 논쟁의 해결에 중대한 기여를 할 수 있을 것이다.

---

60) 이성환·송휘영·오카다 다카시, 『일본 태정관과 독도』, 2016, 지성인, pp.293-297 참조.

【참고문헌】

1. 국내문헌

이상균, 『19세기 일본지도에 독도는 없다』, Book Star, 2016.

정병준, 『독도 1947』, 돌베개, 2012.

박현진, 「영토 · 해양경계 분쟁과 지도 · 해도의 증거지위 · 가치: 독도관련 지도 · 해도의 법 · 정책 · 외교를 중심으로」, 『국제법학회논총』 제53권 제1호, 2008.

이태규, 「국제재판상 지도의 증거력: 카시킬리/세두두 섬 관련 사건을 중심으로」, 『국제법학회논총』 제57권 제2호, 2012.

장박진, 「카이로선언의 기초와 한반도 독립 조항의 의미」, 『동북아역사논총』 54호, 2016.

정태만, 「일본영역참고도와 대일평화조약」, 『독도연구』 제19호, 2015.

호사카 유지, 『우리역사 독도』, 책문, 2012.

2. 외국문헌

Daniel-Erasmus Khan, "Max Huber as Arbitrator: The Palmas(Miangas) Case and Other Arbitrations", *EJIL* vol. 18, 2007.

Durward V. Sandifer, *Evidence before International Tribunals* 2nd ed., University Press of Virginia, 1975.

Ian Brownlie, *The Rule of Law in International Affairs*, Martinus Nijhoff Publisher, 1998.

Charles C. Hyde, "Maps as Evidence in International Boundary Disputes", *A.J.I.L.* vol. 27, 1933.

Hyung K. Lee, "Mapping the Law of Legalizing Maps: The Implications of the Emerging Rule on Map Evidence in International Law", *Pacific Rim Law & Policy Journal*, 2005.

Gunter Weissberg, "Maps as Evidence in International Boundary Dispute: A Reappraisal", *A.J.I.L.* vol. 57, 1963.

Keith Highet, "Evidence, the Court, and the Nicaragua Case", *A.J.I.L.* vol. 81, 1987.

Pilkyu Kim, Reassessment of Korea-Japan Relations: Acquisition of Dokdo/
    Takeshima and "Effectiveness," Address before the International
    Symposium on Dokdo Island, May 7, 2009.

시마네현의 '죽도의 날' 제정 이후
국제사법재판소에 대한 일본의회의 인식

최 장 근

1. 머리말

제2차세계대전에서 패전으로 일본의 일본영토는 4개의 큰 섬과 몇 몇 부속 섬으로 한정되고 일본제국주의가 침략한 영토는 환수 조치되어 원래의 국가에 귀속되었다. 1945년 8월 15일 일본의 항복과 더불어 연합국최고사령관의 명령서 SCAPIN 677호에 의해 조선의 독립과 더불어 제주도, 울릉도, 독도를 포함하는 한반도를 일본영토에서 분리시켜 한국영토에 포함시켰다.[1] 그 이후 독도는 연합국의 조치에 의해 한국인이 합법적으로 상륙하고 근해에서 조업을 실시하게 되었다.

그런데 일본은 1954년, 1962년 독도[2]문제를 국제사법재판소(ICJ)[3]에

---

[1] 신용하, 『독도영유권에 대한 일본의 주장비판』, 서울대학교출판부, 2011, pp.1-351; 최장근, 『한국영토 독도의 고유영토론』, 재이앤씨, 2014, pp.69-104.

[2] 명칭의 관해서 다음과 같이 지적해둔다. 일본식 호칭의 경우, 인용은 '다케시마'라고 했고, 일반적으로 일본식호칭 '다케시마'를 지칭하는 말은 '죽도'라고 표기하였다. 그 이유는 '다케시마'라는 용어는 일본이 영토주권을 날조한 논리라는 의미를 포함하고 있다. 한국영토로서의 명칭은 '독도'라고 표기한다.

[3] 국제사법재판소는 본문의 인용문에서는 주로 'ICJ'라고 표기한다.

서 해결하자고 한국정부에 공동제소를 제의했으나 거절되었다. 1954년 의 경우는 1952년 1월 26일 이승만 대통령이 "대한민국 인접해양의 주 권에 대한 대통령 선언"이라는 이름으로 평화선을 선언하고, 그 후 일 본의 독도 침입을 막기 위해 1954년 의용수비대, 1956년 울릉도 경찰을 독도에 주둔시켰다.[4] 1962년의 경우는 1948년부터 한일 협상이 시작되 었는데, 1962년 시점에서 일본이 독도를 한일협정의 의제로 삼겠다고 한 것에 대해 한국이 의제로 삼을 경우 한일협정 체결을 거부한다고 하였을 때 일본이 한국정부에 공동제소를 제의한 것이다. 2012년 일본 정부는 다시 이명박 대통령이 독도를 방문하여 천황의 전쟁책임을 추 궁하였을 때 일본이 독도문제를 법과 정의에 의해 해결하자고 한국정 부에 거듭 공동제소를 제안하였으나 거부되었다.

2005년에는 일본 시마네현이 '죽도의 날'의 조례를 제정하였다. 이에 대해 한국 측이 반발하여 한일 간에 독도논쟁이 발생되었고, 이로 인 해 양국 간의 정치적 문화적 교류가 전면적으로 단절되는 상황이 벌어 졌다. 2012년 이명박 대통령이 독도를 방문하여 한일관계는 다시 한 번 냉각되었고, 이때에도 일본 의회에서 독도문제를 국제사법재판소 에서 해결해야한다는 주장이 나왔다.[5] 그 후 매년처럼 시마네현의 '죽

---

[4] 한국외무부, 2015, 「대한민국의 아름다운 영토, 독도」, https://www.youtube.com/ watch?v=muB4_LNZ2Rk&feature=youtu.be(검색일: 2018년 8월 2일).

[5] 일본정부가 독도 영유권을 주장하는 근본적인 이유는 일본제국주의가 침탈한 영 토에 대한 영유권을 주장하는 것이다. 또 다른 2차적인 이유로서는 해양영토를 확 장하는 것이다. 일본정부는 해양영토의 확장을 추진하고 있다. 독도 영유권 주장 도 그 일환이라고 할 수 있다. 노다(野田)내각의 총리대신은 "일본의 국토 면적은 세계 속에서 60번째, 정말 작은 섬나라이지만, 좀 전에 논의하고 있는 대로, 배타 적 경제 수역, 즉 관리할 수 있는 수역 해역의 면적은 세계에서 6번째입니다. 바다 는 입체이므로 깊이로 보면 세계에서 4번째입니다. 5천m보다 더 깊은 바다가 세계 에서 가장 많이 갖고 있습니다. 거기에는 메탄 하이드레이트나 레어 메탈, 그런 것 이 매장되고 있을 가능성이 많아서 정말로 일본의 프런티어라고 생각합니다. 국토 면적은 좁지만 바다나 우주를 입체적으로 보자면, 일본의 프런티어는 정말 무한대 라고 생각합니다. 그곳을 제대로 개발하는 일에 꾸준히 노력해야 한다고 생각합니

도의 날' 행사 때마다 일본 의회에서는 국제사법재판소에서의 공동제소 혹은 단독제소를 주장하는 인물이 나타났다. 이에 대해 국무대신인 외무대신이 독도문제를 국제사법재판소에 제소하는 안건에 대한 입장을 내놓았다. "일본정부는 1954년, 1962년, 2012년 3차례에 걸쳐 공문서를 통해 한국정부에 대해 독도문제를 국제사법재판소에 위탁하여 국제법에 의거하여 해결하자고 제안하였으나 거절당했기 때문에 가장 적절한 방법을 모색하고 있다는 식으로 대답해왔다.

그런데, 왜 일본은 1948년 이후 지금까지 단지 3번만 한국정부에 제안했을까? 만일 반드시 국제법에 의거하여 해결할 생각이 있었다면 여러 차례 위탁을 제안할 수도 있었을 것이다.

본 연구는 시마네현이 '죽도의 날'을 제정한 이후 일본의회에서는 국제사법재판소에 독도에 대한 제소를 어떻게 인식하고 있었는가를 분석한 것이다.

연구방법으로서 2005년부터 2018년 사이의 국회의사록을 분석하여 일본국회에서 독도를 국제사법재판소에 제소한다고 하는 논의가 어떻게 전개되었는가를 분석했다.[6]

일본이 왜 독도를 국제사법재판소에서 해결하자고 제의하는가에 대한 이유를 규명한 선행연구는 없었다. 다만 일반적 인식으로서 일본측의 입장은 '시마네현 고시 40호'에 의한 영토취득 요건을 갖추었기 때문에 일본이 유리한 영토적 권원을 갖고 있다고 생각하고 있고,[7] 한

다."(第181 回国会 安全保障委員会 第2号, 平成二十四年十一月八日).

6) 2005년~2018년 사이의 의사록을 분석한 이유는 2005년 시마네현이 '죽도의 날'을 제정하고 난 이후 일본의회에서 국제사법재판소 제소에 관한 주장이 자주 등장하였기 때문이다.

7) 川上健三, 『竹島の地理的研究』 古今書院, 1966, pp.9-49; 下条正男, 『'竹島':その歴史と領土問題』 竹島・北方領土返還要求運動島根県民会議, 2005, p.171; 下条正男, 『竹島は日韓どちらのものか』 文春親書 377, 2004, p.188; 田村清三郎, 『島根縣 竹島의 新研究』 島根県総務部総務課, 1965, pp.1-160; 「竹島」, 外務省, https://www.mofa.go.jp/

국 측의 인식은 일본이 무모하게 국제법적 해결을 요구한다는 인식을 갖고 있다.[8] 그러나 필자의 인식은 본 연구에서 규명하겠지만, 일본이 독도에 대한 한국의 실효적 지배의 강화를 단속할 방법이 없게 되었을 때, 국민여론 무마용으로 한국정부에 대해 협박한 것에 불과하다는 것이다.

2. 한국의 항의에 대한 일본국회의 입장

1) 2005년 시마네현의 '죽도의 날' 제정에 대한 일본정부의 입장

시마네현은 2005년 '죽도의 날' 조례를 제정하였다. 일본정부는 시마네현이 제정한 조례에 대해 어떠한 입장을 취하고 있을까? 일본정부가 조례제정에 대해 직접적으로 공식적인 입장을 취한 적은 없었다.

일본 국회에서 야당의원 야마우치 위원은 2006년 10월 11일 일본정부 차원의 "북방영토의 날" 행사와 예산지원에 비교해서 '죽도의 날' 제정에 관해 "정부에서 다케시마의 날을 정하는 그런 움직임을 법무부 장관 쪽에서 각료의 한 사람으로서 취할 생각 아닌가요?"[9]라고 질문했다. 이에 대해 법무대신 미나미노 국무대신은 "일본에서는 아까 말씀드린 잠정 수역도 포함한 양국 관계 수역의 자원의 관리가 이뤄지도록 이 일에 대해서는 정부 간 협의를 노력하는 중이다."라고 하는 것처

---

mofaj/area/takeshima/index.htmle(검색일: 2018년 9월 22일); web竹島問題研究所,https://www.pref.shimane.lg.jp/admin/pref/ takeshima/web-takeshima/e(검색일: 2018년 10월 2일).

8) 제성호, 「독도영유권문제와 국제사법재판소의 관할권」, 영남대학교 독도연구소편, 『독도영유권 확립을 위한 연구 8』 도서출판 선인, 2016, pp.279-321.

9) 「第165回国会 予算委員会 第1号, 平成十八年十月十一日」.

럼,10) '죽도의 날' 조례제정에 대한 특별한 입장은 없었다.

또한 야마우치 위원은 시마네현이 '죽도의 날'11) 조례를 제정한 배
경에 대해, "북방 영토 반환 촉구 국민회의의 지부가 전 도도부현에 있
잖아요. 그것보다 정말 지금까지 정부가 아무 일도 하지 않았다는 생
각이 강합니다. 일본 시마네 현 의회 여러분의 생각은 이런 다케시마
의 날을 제정하고 국제 분쟁, 특히 한국과 갈등을 부추기려고 한 것이
아니다. 어느 쪽인가 하면 일본 정부가 그동안 독도 문제에 대해서 제
대로 대응을 하지 못했다. 그 일본 정부에 대해서 참을 수 없다는 표시
이다."12)라고 하여 북방영토와 비교했을 때 일본정부가 독도 영유권
확립을 위해 아무런 노력을 하지 않는다는 지적이었다. 그렇다면 시마
네현의 '죽도의 날' 조례 제정에 대한 일본정부의 인식은 어떠했는가?

야당의 오가와 카츠야 위원이 '다케시마 문제'에 대해 현 의회가 조
례를 제정한 것에 대한 일본정부의 입장을 질문했다. 이에 대해, 국무
(외무) 장관(마치무라 노부타카)은 "다케시마 문제에 대한 정부의 입장
이라는 것은 지금까지 일관되게 변하지 않은 것이라서, 또 나도 장관
으로 부임한 이후, 저쪽, 반기문 외교부 장관과도 이 문제를 논의한 것
도 있습니다. 어느 쪽도 의연한 태도로 이 영토 문제를 생각하고 있
다."13) 관방장관인 국무 장관(호소다 히로유키)은 "독도에 대해서는 시

10) 위와 같음.
11) 마산시가 4만 명이 거주하는 대마도에 대해 '대마도의 날'을 정했다. 이에 대해 야
당 위원의 질문에 대해 총리는 이 사실을 잘 알지 못했다. 지방자치단체가 정한 것
이다. 그러므로 정부 입장에서 특별히 취할 조치가 없다는 입장이었다.(「第165回国
会 予算委員会 第1号, 平成十八年十月十一日」, 西岡武夫君의 질문에 대해 内閣総
理大臣(安倍晋三君)총리의 답변). 참고로,「平成十八年六月十六日 일본 共産党」은
「竹島の領土権の早期確立に関する請願」에 관해서 반대했다.(「第164回国会 議院運
営委員会 第39号」)
12) 「第165回国会 予算委員会 第1号, 平成十八年十月十一日」.
13) 위와 같음.

마네 현 지역에서는 오랜 역사가 있습니다. 어업자 등도 들어 꼭 백 년 전에 국토로 확립했다는 입장이다. 처음에는 정부에서 뭔가 하지 않겠느냐는 애기가 있었는데 정부로서 할 일은 아직은 거절 말씀 드리고, 그 결과 지방에서 결정했다고 이런 경위가 있습니다."[14]라는 것처럼, 시마네현이 일본정부 차원에서 '죽도의 날' 조례 제정을 요망했으나, 일본정부가 거절하여 시마네현이 조례를 정한 것이었다.

2) 외무성의 1965년 한일회담 당시 독도 영유권 인식

시마네현이 '죽도의 날' 조례를 제정했는데, 일본정부는 이에 대해 적극적인 공식 입장을 취하지 않았다. 지방자체 단체의 활동 정도로 의미를 부여하고 정부의 행사와 무관하다는 입장을 취했다. 그렇다면 왜 일본정부는 시마네현의 조례 제정에 대해 적극적인 입장을 취하지 않았을까? 1965년 한일협정 당시 일본정부와 한국정부사이에 독도문제를 어떤 형태로 처리하였을까? 1965년 당시 한일협정을 체결당시 일본 총리[15]는 사토 수상이다. 사토 수상의 독도 영유권인식에 대해, "공개 문서에는 사토 총리는 이 장관의 회담에서 공문의 해석을 두고 한국 측이 '분쟁에는 독도를 포함하지 않는다고 해도 이의를 제기하지 않겠다고 약속했다고 이 장관의 보고가 있습니다.' 이는 이번에 공개된 한국 정부의 문서에 분쟁에는 독도를 포함하지 않았다. 그렇게 한국 측이 주장해도 이의를 제기하지 않겠다고 약속했다. 당시 사토 총치가 그랬다는 것이다. 이에 대해서 오재희 전 대사는 '나는 회담 현장에는 없어 일본이 문안에서 〈다케시마〉의 삭제에 동의했다는 것 이외

---

14) 위와 같음.

15) 일본의 총리는 일본의 수상과 같은 사람을 일컫는다. 상황과 인용문에 따라 총리와 수상을 혼용하여 사용하였다.

에의 합의에 관한 건은 모르겠다.'라고 했다."16)라는 것처럼, 당시 사토 총리가 한일협정 안에 독도가 일본영토라는 인식을 버리고, 독도가 한국영토라는 것17)을 암묵적으로 인정하였던 것이다.

또한 일본 외무성의 독도 영유권 인식은 "아까 좀 언급했던 신문 기사에서 인용하지만, 그 한국 측이 공개한 문서, 6차 회담 예비 절충 기록에 따르면 일본 외무성 아시아 국장이 '무가치한 섬에서 크기도 히비야 공원 정도. 폭발이라도 하여 없애버리면 문제가 해결된다고 발언한 것으로 나타났다.'라는 것을 들으신 소감은 어떠신가요? 이런 일이 한국 측이 공개한 문서에 실리고 있다고 한다. 이에 대한 생각은 어떠한지 답변해주세요."18)라는 것처럼, 당시 일본외무성은 반드시 독도가 일본영토라는 인식을 갖고 있지 않았다.

그렇다면 2005년 시마네현이 '죽도의 날' 조례를 제정하고 이에 대해 정부차원의 조례제정을 거부한 당시 일본정부의 인식은 어떠했을까? 외무장관 마치무라 국무대신은 "상대방(한국)이 공개한 자료에 대해서 우리가 왈가왈부하는 입장은 아니다. 올해 1월에 청구권 관련 문서 5권을 공개했고, 8월 말에 그 이외의 156권의 문서를 모두 공개했다. 그 안에 그것이 포함됐을 거라고 생각합니다. 이것은 한국 정부가 스스로의 책임 아래 자신들이 보유하고 있는 공문을 공개했다는 것입니다. 그러므로 그들이 갖고 있는 자료가 모두 옳은지 그것에 대해서,

---

16) 「武正 委員」, 第163回国会 外務委員会 第3号, 平成十七年十月二十一日.

17) 신용하, 『독도영유권에 대한 일본의 주장비판』, 서울대학교출판부, 2011, pp.1-351; 송병기, 『鬱陵島와 獨島』, 단국대학교출판부, 1999, pp.93-126; 최장근, 『한국영토 독도의 고유영토론』, 재이앤씨, 2014, pp.69-104; 송병기, 『독도영유권자료선』, 한림대학교, 2004, pp.1-278; 内藤正中・金柄烈, 『史的検証 竹島・独島』, 岩波書店, 2007, pp.62-67; 内藤正中・朴炳渉, 『竹島=独島論争ー歴史から考えるー』, 新幹社, 2007, pp.53-71. 한국외무부, 2018; 「대한민국의 아름다운 영토, 독도」, https://www.youtube.com/watch?v=muB4_LNZ 2Rk&feature=youtu.be(검색일: 2018년 8월 2일).

18) 「武正 委員」, 「第163回国会 外務委員会 第3号, 平成十七年十月二十一日」.

이건 다르다. 저건 옳다고 일일이 코멘트 할 입장은 아니다. 그래서 외무성의 직원의 발언이 어떠했냐는 것에 대해 나는 이것저것을 주석을 달 생각도 없다. 그냥, 다케시마라는 것은 매우 중요한 영토이기에 폭파를 운운했다는 것은 만약 그것이 사실이라면 터무니없는 인식이라고 생각한다."[19]

야당의 타케마사 위원은 이를 분명히 하기 위해 "과연 그래서 일본 측이 어떻게 당시의 정상화 협상을 이해하느냐 라는 의미에서 신속하게 (일본 측 사료)를 공개해야 한다고 하겠습니다."[20]라고 하여 외무성이 독도를 쓸모없다고 인식하였던 것이 사실이냐고 추궁했다.

3) '죽도의 날' 제정(및 독도우편 발행) 안건에 대한 일본정부의 인식

일본정부는 '죽도의 날' 조례가 제정되었을 시점에 일부 일본국민들로부터 '죽도'의 우편발행을 요청받았다. 이에 대해 일본정부는 어떻게 대응하였을까? 외무대신은 독도우편 발행에 대한 일부 일본국민들의 요청을 일본 우편공사 사장에게 문의한 결과, '다케시마' 등을 소재로 한 사진이 붙은 우표를 발행하는 것의 적부에 대해 당시의 외무대신, 가와구치는 "외무성으로서는 당시 외교 관계를 많이 생각해서 신중한 검토를 거친 결과, 일본이 독도 우표 발행을 혹시 단행하면 한일 혹은 만국 우편 연합에서 이 우표 발행에 대해 한일 간에 비난의 공방이 계속될 것이다. 그런 일을 초래하는 것은 비건설적이라는 것으로써 바람직한 대응이라고 보기 어렵다는 판단을 했다. 다케시마 등을 소재로 한 사진이 붙은 우표를 발행하는 것은 삼가는 것이 옳다는 우정 공사의 결론은 현 시점에서는 적당하다는 판단을 하고, 대신으로부터 그런

19) 위와 같음.
20) 위와 같음.

내용의 문서를 우정 공사에게 보낸 것입니다."[21]라고 하여 부작용을 우려하여 시행하지 않았다.

또한 국가가 '죽도의 날'을 제정하였을 경우에 대해서는 "저번에 시마네 현이 다케시마의 날이라는 것을 제정했는데 만약 국가가 다케시마의 날이라는 것을 제정한 경우에는 어떻게 되는가? 북방 영토의 날이 있다. 2월 7일이 북방 영토의 날로 국가가 만들었다. 이것은 열심히 계몽 활동을 하는 것이다. 그래서 일본이 만약 다케시마의 날이라는 것을 국가로 만든 경우는 어떻게 되는가,"[22] 이에 대해 정부 참고인은 "다케시마의 날, 독도는 당연히 국제법적으로나 역사적으로도 일본 고유의 영토에 있어서, 우리나라의 주장에 대해서는 전혀 흔들림이 없습니다. 국가에서 다케시마의 날이라는 것을 제정하는 것의 적부는 아직 정부로서 그 점에 대한 결론을 내지 못했다."[23]라고 하여 거부했다. 즉, "사람이 하는 행위에는 문제가 있다. 적절한 제3자의 판단에 좀처럼 위임할 수도 없다. 그런 것을 관련 당사국이 합의를 하는 것도 쉽지 않다. 역시 양자 간에 철저히 논의하는 과정에서 타당한 결론을 이끌어 낼 수밖에 달리 방법이 없다고 생각하고 있다."[24]고 하는 입장이었다.

3. 일본의회의 국제사법재판소 독도 기탁에 대한 인식

시마네현이 '죽도의 날' 조례를 정하여 한국이 항의함으로써 한일 반

---

21) 「第162回 国会外務委員会 第14号, 平成十七年七月二十二日」.
22) 위와 같음.
23) 위와 같음.
24) 위와 같음.

일 감정이 극에 달하였다. 그래서 야당위원이 "그렇다면 우리나라가, 1954년 이 문제로 헤이그 국제 사법 재판소에 흑백을 가리려고 제소한다고 했을 때 한국 측은 이 문제에 대해서는 영토 문제는 존재하지 않는다고 하여 동의하지 않았다. 나도 이 국제 사법 재판소의 자료를 보면 문제는 당사국의 동의가 없다면 제소할 수 없다는 것이어서 결과적으로는 양국이 모두 동의하지 않으면 기탁할 수 없는 것이지만, 이 점에 대해, 영토문제가 양국 간의 문제이다. 하지만, 국제 사회 속에 확실하기 위해서라도 나는 이러한 절차를 이제 취해야 할 시기가 온 것 아닐까라고 말입니다."²⁵⁾라고 하여 2국 간의 문제이지만, 국제사회의 여론을 환기시켜 국제사법재판소에서 해결해야한다고 주장했다.

이에 대해 외무대신 마치무라 국무대신은 "일본은 1954년 9월 25일자로 구상서를 가지고 독도문제에 대해 국제 사법 재판소에 제소를 한다는 것을 한국 측에 제안하였으나 한국 측은 이를 거부했다는 사실이 있습니다. 다시 한 번 일본 측, 코사카 외무 장관이었다고 생각하는데 1962년 3월 한일 외교장관 회담에서 이 ICJ에 제소하겠다는 것을 한국 외무부 장관에게 재차 제의를 했다. 모두 한국이 거부를 하여 오늘날에 이르렀다."²⁶⁾ 그리고 "상기 위원이 말했듯이 이는 양쪽이 합의를 하지 않으면 이른바 재판 절차에 들어갈 수 없다는 제약이 있습니다."²⁷⁾라고 하여 일본정부는 독도문제는 양국이 합의해야만 국제사법재판이 가능하다는 사실을 알고 있었다.

마치무라 외무대신은 한일협정에서 독도 처리에 대해 '1965년의 교환 공문'에서 "이 교환 공문의 대상으로 독도가 포함되었지. 저희는 당연히 포함된다는 해석을 하고 있지만 한국 측은 독도가 이 교환 공문

---

25) 「第162回国会 安全保障委員会 第4号, 平成十七年三月二十五日」.
26) 위와 같음.
27) 위와 같음.

의 대상에 포함되지 않았다고 하여 이른바 애매모호한 해석으로 이 교환 공문이 교환되었다고 하는 그런 역사적 경위를 갖고 있었던 것이다. 본래라면 한일 국교 정상화 때에 이 문제에 대해서 상당한 격론을 오랫동안 한 결과이다. 여러 선배들의 노력의 성과에 내가 이것저것 말을 하는 것은 부적절할지도 모르지만, 그것은 지금 생각하면 그 시점에서 좀 더 산뜻한 형태를 취하였으면 좋았겠다고 생각한다. 하지만 그것은 관계 정상화라는 큰 명제를 달성하기 위해서, 그것을 아마 애매모호하게 두고 비로소 그 수교 협상이 이뤄졌다는 사실이 있었다고 생각합니다."[28]라고 하여 한일협정을 성사시키기 위해 독도문제를 일본정부가 애매하게 처리할 수밖에 없었다는 인식이다. 다만 일본정부는 "지금까지 여러 차례 정식으로 양국정부 간에 이른바 구상서를 교환"[29]하고 있다고 했다.

앞으로 국제 사법 재판소에 제소에 관해, 마치무라 국무대신은 "앞으로 여러 가지 방법을 생각하지 않으면 안 된다. 그 방법이 하나만이 있는 것은 아니라고 생각한다."[30]라고 했다.

"이 일을 헤이그에 있는 국제 사법 재판소에 제소하려 했을 때 양 당사자의 동의를 얻을 수 없으면 제소할 수 없다는 규칙은 대신들도 알고계시는 대로이다. 이 때 양국이 이를 거부하였을 경우, 우리의 염원인 안보리 상임 이사국에 들어갔을 때, 이를 의제로 삼을 가능이 있나요."[31] 다시 말하면 "유엔 안보리 상임 이사국에 진출했을 때에는 이를 일본 단독으로 의제로 삼을 수 있는지, 그리고 이 일을 해결하기 위해 문제를 제기하고 유엔에서 결의할 수 있는가?"[32]라고 하여 일본이 상

---

28) 위와 같음.
29) 위와 같음.
30) 위와 같음.
31) 위와 같음.
32) 위와 같음.

임이사국이 되었을 때 사법재판이 가능한가라고 문의했다.

이에 대해, 외무대신 마치무라 국무대신은 첫째, "독도에 관해서는 1950년대였다고 기억을 하고 있지만 그런 문제 제기로 한국 측이 이를 거절했다, 그래서 국제 사법 재판소에는 이 문제제기가 불발로 끝난 바 있다."33) 즉 "안보리가 되거나 되지 않거나 국제 사법 법원 의 상황은 마찬가지이다. 양측의 합의가 있어야 이를 다룰 수 있다고 생각합니다."34)라고 하여 양국의 동의가 필요하다는 것이다. 둘째, "국제 평화와 안전에 필요한 것을 논의하는 것이 안보리이다. 그런 의미에서 의제를 설정하는 것은 논리적으로는 가능하다고 생각합니다. 그러나 그것이 많은 나라의 찬동을 얻고, 의제가 될지 아닐지는 별도의 문제이다. 하지만 이론적으로는 그것이 가능하다고 생각합니다."35)라고 하여 일본이 안보리 상임이사국이 되어 많은 국가를 설득하면 논리적으로 독도문제를 의제로 삼을 수 있다는 것이다.

4. 한국의 헬기장 개수공사, 해양과학기지 건설 계획

1) 2011년의 한국의 실효적 지배 강화

2006년부터 2010년까지는 한일 간에 독도에 관해 서로 다툴만한 사건이 거의 없었다. 그래서 국회에서도 독도에 관한 논의는 그다지 없었다. 다만 야당 위원들이 한국이 독도를 불법적으로 점령하고 있는데 이에 대해 일본정부의 입장과 대책을 묻는 질문이 간혹 있을 정도였

---

33) 위와 같음.
34) 위와 같음.
35) 위와 같음.

다. 그런데 일본 민주당정권 시절 2011년 동일본대지진 때에 한국정부가 독도에 대해 실효적 지배를 강화하는 정책을 발표하여 시행했다. 이에 대해 일본국회에서 의원들이 발의하여 집중적으로 논란이 일어나서 독도를 국제사법재판소에 기탁하여 해결해야한다는 주장이 나오기도 했다.

가무라 타이(木村太) 위원은 "다케시마에 한국 측의 부적절한 대응이 더욱 진행되고 있다. 헬기장의 개수 공사, 더구나 대지진이 일어났는데 공사가 착수되었다. 또 해양 과학 기지 건설 계획도 마찬가지이다. 그리고 숙박 시설도 점차로 진행되고 있다. 항의해도 멈추지 않는다. 게다가, 12일에는 한국국회가 다케시마에서 열린다고 보도되었다. 또 한국의 연합 뉴스에 의하면, 14일에는 여당인 한나라당 대표가 독도를 방문하고 일본의 종전 기념일인 15일에는 민주당 대표도 독도를 방문하여 성명서를 발표한다고 한다. 그러자면 지금까지 보다도 더 강력하게 대응을 해야 한다."[36] 자민당의 시모무라 히로부미(下村博文) 위원은 "8월 15일 종전 기념일에 한국의 국회 안에 독도 위원회, 일본에서 말하면 다케시마 위원회, 이런 위원회가 있다고 합니다만 그 위원장이 8월 15일 다케시마에서 위원회를 열겠다는 기자 회견을 했다."[37] 라고 하여 일본정부의 대응을 촉구했다.

또한 "대형 헬기가 24시간 이착륙을 할 수 있다. 이 개수공사가 실은 동 일본 대지진이 일어나고 나서 착공되었다. 이제 곧 완성된다. 이 사실을 외무성도 인정하고 있다."[38] 또한 "한국이 지금 현대건설이 건설을 담당하여 해양 과학 기지를 건설할 예정이다. 중국과 문제가 되고 있는 이어도의 것과 같은 것을 만든다." "이것도 동 일본 대지진이 일

---

36) 「木村 委員」, 「第177回国会 決算行政監視委員会 第6号, 平成二十三年八月十日」.
37) 「下村 委員」, 「第177回国会 決算行政監視委員会 第5号. 平成二十三年七月十四日」.
38) 「佐藤正久」, 「第177回国会 外交防衛委員会 第16号, 平成二十三年八月九日」.

어나고 나서 입찰하였다."³⁹⁾ 그리고 "독도의 숙박시설. 이는 벌써 8월 15일에 완성되었다. 이제 2층 건물이 4층 건물로 이루어졌다. 이어 이번에는 방파제를 만들고, 관광객을 불러들이기 위해 수중공원 같은 것도 만든다. 점점 실효적 지배를 강화하고 있다. 이런 것을 왜 외무성은 일본 국민에게 사실대로 알리지 않는가. 홈페이지에도 이런 것은 실려 있지 않다. 전혀 알 수가 없다."⁴⁰⁾라고 하여 외무성의 소극적인 대응을 질타했다.

또한 "올해의 6월 16일 대한 항공기 에어 버스 A380이 일본 고유 영토인 독도 상공을 시위 비행하는 행위를 실시했다. 이에 항의하는 형태로 외무성은 7월 18일 이후 한 달 동안, 외무성 직원에 대해 대한 항공기의 이용을 공무수행으로 이용해서는 안 된다고 통보했다고 한다. 이 통지는 외무성 직원에 한정한 것으로, 다른 부처의 직원에 대해서는 그 대상이 되지 않았다."⁴¹⁾ "이번에 우리의 자민당 의원단이 한국에 입국하는 것을 거부했다."⁴²⁾

자민당은 민주당정권에 대해 "후지무라 관방장관은 영역 보전에 적절하게 대응하고 있다고 하지만, 179회 국회의 모두에서 언급하였듯이, 민주당 정권은 영토를 지키려는 의지가 없는 것 같다. 그에 대한 의사도 능력도 없는 것이 아니냐는 국민의 대다수가 유감스럽게 보고 있다."⁴³⁾라고 하여 민주당정부의 영토정책에 대한 소극성을 비판했다.

---

39) 위와 같음.
40) 위와 같음.
41) 松本 国務大臣, "정부로서는 6월 16일 대한항공기가 독도 상공에서 시위 비행을 행한 것은 독도에 대한 일본의 입장에 비추어 받아들일 수 없기 때문에 7월 18일부터 한 달 동안, 외무성 직원들의 공무를 위한 대한항공기 탑승을 자제하도록 조치를 취했던 것입니다."
42) 위와 같음.
43) 위와 같음.

2) 국제사법재판소 기탁에 관한 일본정부의 입장

일본국회에서 야당위원들이 한국의 독도 실효적 지배 강화에 대한 민주당 정권의 소극적인 대응을 질타했다. 야당위원들은 독도문제 해결 방법으로서 국제사법재판소 기탁에 관해서도 적극적으로 질의했다.

자민당(自民党)의 사토 마사히사(佐藤正久) 위원은 관방장관에게 질의했다. 즉 국제사법재판 기소에 관해 "이번 문제에 대해서 일본은 더 독도문제를 국제 사법 재판소에 제기해야 한다고 말하는 국민도 많습니다. 그래도 일본은 이제 다시 국제 사법 재판소에서 이를 해결해야 한다고 하는 입장이다. 국민은 외무성이 홍보하고 있지 않기 때문에 알지 못한다. 또한 외무장관은 이것을 한국에 강력히 요구해야 합니다. 사법 재판소에 제소할 것을 한국정부에 강력히 요구해야한다. 그리고 이것을 일본 국민에게 잘 설명하여 국민 여론을 형성해야 된다. 관방장관은 외무대신 마쓰모토에게 국제 사법 재판소에 제소해서 한국과 독도문제 해결을 요구할 생각은 없는가?"[44]라고 질의했다. 이에 대해 국무대신(마쓰모토 다케아키) 관장장관은 "독도 문제에 대해서는 한국과 끈질기게 해결을 위해 노력해갈 생각이다. 지금 언급한 국제 사법 재판소에 기탁하는 것에 대해서는 과거 구상서를 통해 또 외교 장관 회담에서 논의한 것으로 생각한다. 하지만 지금 나 자신은 꾸준히 어떤 방법으로 추진하는 것이 적절한가에 대해 생각하고 있고, 가장 좋은 방법을 찾고 있는 중이다."[45]라고 하여 국제사법재판소 기탁에 관해 적극적인 자세를 취하지 않았다.

이나다 위원은 울릉도를 방문하기 위해 입국을 시도하다가 "입국을 거부당했다."[46] 이에 대해 마츠모토 국무대신(외무대신)은 "본 건에 관

44) 「第179回 国会内閣委員会 第2号, 平成二十三年十月二十七日」.
45) 위와 같음.

해서는 울릉도 방문이 목적이었고, 그리고 통상적인 적정한 절차를 거쳐서 행한 방한이 아니었기 때문에 받아들여지지 않았다. 입국을 거부한 이번 한국 측의 조치는 한일 간의 우호 협력 관계에 비추어 매우 유감스럽다."[47]라는 입장을 취했다.

자유민주당 이나다 도모미 위원이 독도문제의 국제사법재판소 기탁에 관해 질의했다. "대신, 오늘의 보도에서는 이 다케시마 문제를 국제사법 재판소에 회부할 것을 정부가 검토하고 있다고 보도가 있었는데 그 점을 어떻게 생각하는가?"[48] "몇 번을 기소하였는지", "판례는 어떤 것이 있는지"에 대해 질문을 하였다. 이에 대해 마츠모토 국무대신은 "ICJ에 제소를 한다는 것을 알고 있는지 이런 질문이라 생각하지만, 잘 아시는 바와 같이 과거 구상서를 통해, 또 외상 회담에서 이미 40년 가까이 추진한 경과가 있지만, 국제사법재판소에 기탁을 제기한 적이 있었다."[49]라고 소극적으로 입장을 언급했다.

마츠모토 국무대신은 "이 다케시마의 건에 관해서는 1954년에 구상서로 소송할 것을 한국 측에 건의했다, 그리고 62년에는 분명히 당시, 코사카 외무대신이 한일 외무장관 회담에서 제기를 했다. 위원도 잘 알고 계시는 바와 같이 두 당사자가 ICJ에 회부에 합의를 하지 않으면 ICJ의 관할권은 설정되지 않으므로, 한국 측에 제기를 했다는 것이 두 번이라고 이해하고 있다."[50] 판례에 대해서는 "ICJ가 판결한 영유권에 관한 최근 주요 판례로는 몇 건 있는데, 예를 들면 1994년 2월 3일 판결에서 리비아와 차드 사이에 판결이 있었다. 리비아가 문제가 된 영토

---

46) 「佐藤正久」, 自民党の佐藤正久, 第177回国会 外交防衛委員会 第16号, 平成二十三年八月九日.

47) 「第177回国会 外務委員会 第16号, 平成二十三年八月十日」.

48) 위와 같음.

49) 위와 같음.

50) 위와 같음.

를 차드에 반환하는 것이었다. 또 2002년에는 카메룬과 나이지리아 사이의 경계 획정 사건, 같은 해에 인도네시아와 말레이시아 사이에 주권에 관한 사건 등이 있었다. 점거한 측이 패소한 사건도 있고 항의한 측이 승소한 사건도 있다." "무조건 지금 전체적으로 이렇다고 말할 수 없다. 개별사례를 보지 않고 어떤 것은 말할 수 없다."[51]라고 답했다. 따라서 이들 사례를 가지고 독도의 영유권이 간단하게 한국에 있다. 일본에 있다고 말하기 어렵다는 것이다.

야마타니 에리코는 "국제 사법 재판소 제소는 시마네 현 의회가 만장일치로 민주당도 찬성으로 통과했다."라고 하여 국제사법재판소 기탁에 관해 "다케시마의 국제 사법 재판소 제소하는 것, 이것은 현재 어떤 상황에 있는지? 한국이 응하지 않는다고 해서 아직 외무성은 그 일에 착수하지 않았다고 생각한다." "외교 노력하지 않았기 때문에, 그 하나의 상징으로 국제 사법 재판소 제소를 하라고 말하는 것이다." "과거 두 번 거절당한 것은 알고 있다. 1954년과 1962년이다. 지금 점점 더 건물을 건축하고, 헬기장을 만들고, 서퍼들이 서핑을 하러 가고, 이런 것들은 몇 년 지나면 일본이 국제 사법 재판소에 제소하더라도 한국이 독도는 한국의 휴양지라고 할 것이다. 이런 식으로 판결이 나올지도 모른다. 그래서 지금 제소하지 않으면 안 된다. 그리고 왜 한국이 재판을 받지 않는가에 대해 국제사회에 호소해야한다." "지금 북방 영토에 20억 엔, 독도에 관해서는 2천만 엔 미만의 예산 밖에 책정되어 있지 않다. 이것은 너무 차이가 많다. 반드시 내각부에 영토를 지키는 부서를 만들고, 영토, 영해를 지킨다는 형태로 예산을 편성해야한다."[52]라고 하여 독도에 대한 예산을 확충하여 독도 정책을 더욱 적극적으로 추진할 것을 요구했다.

---

51) 위와 같음.
52) 「山谷えり子」, 「第179回国会 内閣委員会 第2号, 平成二十三年十月二十七日」.

이에 대해 일본정부의 국무 장관(후지무라 오사무) 관방장관은 "과거에서 지금까지 1954년 및 62년 다케시마의 영유권에 관한 문제를 국제사법 재판소에 회부할 것을 제안하였는데 그때 거부당하였다. 정부로서는 일본정부의 심각한 우려를 한국 정부에 전하기 위한 모든 수단을 취하고, 이 문제를 평화적으로 해결하기 위해서는 역시 끈질긴 외교정책, 외교 노력을 계속적으로 추진하여 효과적 방안을 찾아내야한다." "정부로서 일본이 심각하게 우려하는 것을 우선적으로 한국 정부에 전하기 위해 모든 수단을 취해야한다는 점입니다. 그리고 분쟁의양 당사자가 ICJ에서 해결을 촉구한다고 합의를 해야만 판결을 할 수있으므로, 일방적으로 노력한다고 하더라도 그 바로 상대방이 합의를이루려고 노력하지 않으면 아무런 소용이 없다고 생각한다."[53]라고 하여 국제사법재판소에 기탁을 하는 것은 한국이 동의하지 않으면 불가능하기 때문에 평화적인 수단을 찾고 있다고 대답했다. 즉 일본정부로서는 한국이 실효적으로 지배하고 있는 상황을 부정할 수 없기 때문에한국의 실효적 조치의 강화에 대해 소극적으로 임할 수밖에 없는 상황을 여실히 잘 나타내고 있다고 하겠다.

요컨대, 본 연구는 시마네현이 1905년 '죽도의 날'을 제정하여 한일관계가 최악의 상황이 되었을 때, 일본정부는 독도문제를 국제사법재판소에 기소하여 해결하는 문제에 대해 어떻게 인식하고 있었는지 검토하였다. 첫째, 2005년 일본 시마네현이 '죽도의 날'을 조례로 제정하였다. 시마네현은 조례를 제정하기 이전에 중앙정부에 대해 북방영토의 날과 같이 중심이 되어 조례제정을 요구하였으나, 중앙정부가 한일관계의 악화를 우려하여 시마네현의 제안을 거부하였던 것이다. 둘째, 중앙정부의 독도 영유권 인식은 1965년 한일 협정에서 사토수상은 한

---

53) 위와 같음.

국이 독도 영유권을 주장하더라도 이의를 제기하지 않겠다고 했고 일본외무성에서는 독도가 무가치한 섬이기 때문에 폭파를 하는 것이 좋겠다고 할 만큼 독도에 대한 영유권 인식을 갖고 있지 않았다. 셋째, 국제사법재판소에서 독도문제를 해결하는 것에 관해서는 일본정부는 당사국인 양국의 동의 없이는 의제가 될 수 없다는 사실을 알고 있었다. 그래서 2005년까지 1954년과 1962년 2번에 걸쳐 한국정부에 건의를 하였으나 한국이 이를 거절하여 국제사법재판소의 의제가 되지 못했던 것이다.

5. 일본정부의 국제사법재판소 제소와 한일협정의 조정안에 대한 인식

2005년 시마네현이 '죽도의 날' 조례를 제정하였는데, 자민당은 정부주도의 '죽도의 날' 조례제정을 제안하고 있다.

야마모토 이치타는 2014년 8월 28일 자민당이 제안한 정부주도의 '죽도의 날' 제정에 대해 "자민당이 제안한 다케시마의 날 제정은 매우 중요하다. 다케시마의 날에는 세계 각국의 공관에 있어서 PR전이라는 말도 있다. 총리는 한국의 다케시마 불법 점거를 세계에 알리고 행동으로 대응할 생각이 있는가?"[54]라고 하여 총리에게 정부주도의 '죽도의 날' 제정을 촉구했다.

이에 대해 내각 총리 대신 노다 요시히코는 "앞으로 이 독도 문제에 대해 국제 사법 재판소에 한일 공동제소 하겠다는 방침을 세우고 있습니다. 이러한 분쟁을 평화적 해결로 일본이 이기기 위해 국제적 여론

---

[54] 「第180回国会 外交防衛委員会 第9号, 平成二十四年八月二十八日」.

을 자기편으로 만드는 것이 매우 중요하다는 생각을 하고 있기 때문에 그 일환으로 할 수 있는 것이 무엇이 있는지 지금의 지적도 참고하여 대응할 것이다."[55]라고 하여 국제사법재판에 한일 공동제소로 일본이 이기기 위해 가능한 방법으로 국제사회를 일본 편으로 만드는 노력을 할 것이라고 했다.

야마모토 이치타는 한일협정의 '조정'안에 관해 "이번 총리로부터 국제 사법 재판소에 제소한다는 이야기가 나왔습니다." "ICJ에 제소하는 것은 좋지만, 지금 외무대신조차도 실효성에 대해 잘 모른다고 한다. 사실 ICJ에서 논의되고 있다는 것은 국제사회에 잘 알려지지 않았다. 그러므로 ICJ에 제소하는 것은 중요하지만 그 실효성을 충분히 고려해서 해야 할 것이다. 또 하나는, 정부는 한일 기본 조약의 교환 공문에 근거하여 '조정으로 해결한다고 하지만, 구체적으로 조정을 어떤 절차로 하는가?'[56]라고 총리에게 국제사법재판소의 제소의 실효성과 조정의 절차에 대한 구체적인 내용을 질의했다. 사실 이런 질문을 한 것은 일본정부가 독도문제 해결을 위한 실효성이나 적극적인 행동을 보이지 않고 있다는 것을 지적했다.

이에 대해 국무대신 겐바 코이치로 외무대신은 "1965년의 분쟁 해결 교환 공문가 지금 수중에 없지만, 이른바 특별한 합의가 없으면, 본래는 외교적 경로로 이 분쟁이 해결되어야한다. 하지만 '조정'은 별다른 합의가 없을 때 바로 조정을 요구할 수 있다는 것으로 이 경우 조정을 요구할 수 있다. 그런데 사실 한일 양국은 아쉽게도 서로 해석이 다르다는 것이 문제입니다. 그 조정의 대상이 일본은 당연히 독도가 포함

---

55) 위와 같음.
56) 위와 같음. 国務大臣 玄葉光一郎 외무대신, "죄송합니다. 자료를 지금 가지고 있지 않지만, 아마 100건 이상이 제소되었고, 현실적으로 논의가 된 것은 4건이었던 것으로 기억하고 있습니다."

된다는 해석입니다. 1965년 그때 분쟁 해결 공문이 맺어진 때의 경위를 생각해보더라도 다케시마가 포함된다고 생각하고 있다. 그런데 공식적인 답변이 있었던 것은 아니지만 아무래도 보도에 따르면 한국 측은 그렇지 않은 것 같다."[57]라고 하여 한국이 1965년 한일협정에서 조정의 대상에 독도가 포함되지 않는다는 입장이기 때문에 실제로 독도 문제를 제3자의 조정으로 해결될 수 없다는 입장을 밝히고 있다.

이노구치 쿠니코(猪口邦子)는 국제사법재판에 대한 한국정부의 태도에 대해 "ICJ에 회부한다고 하지만, 한국은 공동 제소에 대해 거부한다는 응답을 분명히 했는가?" "우선 근본적인 생각으로서 외교에서 자신의 행동의 예측 가능성을 상대에게 알려준다는 것은 신뢰 관계를 위해서 가장 중요하다. 특히 우방에게는 더 중요합니다." "그래서 이번에 일본이 ICJ 공동제소를 제안한 것이 한국이 허를 찔린 듯한 느낌을 받았는가?" "일반적으로는 우선 외교적으로 이를 타개하고, 그리고 한일 분쟁 해결 교환 공문에 따른 조정을 행하고, 여기의 교환 공문집에 그렇게 우선적으로 외교 경로로 이를 행한다고 쓰고 있기 때문이다. 그 다음으로 3단계로 ICJ에 회부하는 것이지만, 물론 동시에 병행해서 하는 것도 가능하다. 오래되었지만 1954년에 그 당시 이 문제가 제기되기도 했다. 최근 그런 것을 평론으로 말하는 사람이 있는 것처럼 동시에 진행할 수도 있다." "또 여러 영토 문제를 안고 있는 나라가 ICJ에 제소를 요구하는 것이 일반적으로 많이 있는지?"[58]라고 하여 국제사법재판소 제소와 동시에 제3자의 조정을 실행할 것과 일본이 복수의 분쟁지역을 갖고 있기 때문에 국제사법재판소에 제소하면 불리하지 않는지에 대해 질의했다.

이에 대해 국무대신 겐바 코이치로 외무대신은 "이번은 주권문제이

---

57) 「第180回国会 外交防衛委員会 第9号, 平成二十四年八月二十八日」.
58) 위와 같음.

므로 주권적 문제인 다케시마에 갑자기 상륙한 것에 대한 하나의 상응 조치로서 실효성이 없다는 것이 예측됨에도 불구하고 제소를 해야 한다고 생각합니다. 또한 영토 문제에 관한 최근의 ICJ판례로는 지난번 말씀 드렸듯이, 추측이긴 하지만 일방적으로 상정한 건이 4건이고, 최근 ICJ전체의 판례로는 2008년의 말레이시아와 싱가포르, 2007년의 니카라과와 온두라스, 1998년의 인도네시아와 말레이시아 간의 합의제소로 2002년 판결, 카메룬과 나이지리아 간의 2002년 판결, 리비아와 차드 간의 94년 판결"59)이 있다고 하며 일방적인 단독제소로는 실효성이 없음을 지적했다.

또한 겐바 외무대신은 "어제, 참고로 부르키나의 파소 외상과 밤, 외무장관 회담을 하고 저녁을 먹었다. 실은 부르키나가 베냉과의 사이에 ICJ에서 현재 합의 회부를 한 상태라고 말했다. 그들도 이웃나라 아프리카의 6개국과 국경을 접하고 있어서 많은 영토문제를 안고 있다는 것이다. 그동안의 경위를 내가 나름 말을 해주었다. 무엇보다도 이러한 영토문제는 법에 따라 해결할 필요가 있다고 생각한다."60)라고 하여 물리적 대응은 의미가 없고 오직 국제재판에 의한 평화적 해결의 필요성을 역설했다. 독도문제도 당장 해결되기 어렵기 때문에 우선 현상유지 상태를 두고 천천히 평화적으로 해결을 하는 것 이외에 방법이 없다는 것이다.

내각 총리대신 노다 요시히코는 이명박 대통령의 독도방문에 대한 대응에 대해 "이번 이명박 대통령의 독도 상륙은 독도에 대한 일본의 입장과는 서로 안 맞고 지극히 유감이고 정부는 의연한 대응 조치를 취하겠습니다. 그 일환으로 정부는 독도 문제에 대해서 국제 사법 재판소에 합의 회부 및 한일 분쟁 해결 교환 공문에 따른 조정에 관한

59) 위와 같음.
60) 위와 같음.

제안을 받았으나 이처럼 국제법에 따른 냉정하고 공정하고 평화적 해
결을 목표로 하고 있습니다. 또 일본의 입장에 대한 대외 발신 강화,
다케시마 영토 문제에 대응한 정부 체제 강화, 기타 앞으로 취할 수 있
는 조치의 검토를 제대로 하고 대응하겠다고 생각합니다."[61]라고 하여
국제사법재판소에 한국과 합의제소를 하거나 조정하여 해결한다고 하
였으나, 사실상 그것은 불가능한 것으로서 일본국민들 앞에 약속을 한
것이다. 이것은 "죽도에 대한 정부의 체제를 강화하는 것"[62] 이외에 새
로운 대책을 추진할 수 없음을 나타낸 것이다.

6. 맺음말

본 연구는 2005년 시마네현이 '죽도의 날'을 제정한 이후 일본정부가
독도 영유권을 국제사법재판소에 제소하겠다고 하였다. 이때에 이를
둘러싼 일본의회와 일본정부의 인식에 대해 고찰하였다.

일본정부가 한국정부에 대해 독도문제를 국제사법재판소에 해결하
자고 과거 3번[63]에 걸쳐 공동제소를 제의한 바 있었는데, 한국이 모두
거절했다. 공동제소를 제의한 일본의 의도를 분석하기 위해 2005부터
2018년까지 일본국회의 논의사항을 시기별로 나누어 검토하였다. 그
내용을 정리하면 다음과 같다. 즉, 2005년에는 후루모토(古本) 위원이
일본 시마네현이 '죽도의 날' 조례를 제정하였고 한국정부가 항의를 하
자 국제사법재판소에서 해결해야한다고 주장했다. 2006년에는 4월 일

---

61) 「第180回 国会 決算委員会 第9号, 平成二十四年九月三日」.
62) 위와 같음.
63) 1954년, 1962년에 이어 2012년에 이명박 대통령이 독도를 방문하였을 때, 일본정부
가 독도 영유권을 국제사법재판소에 공동으로 제소하여 해결하자고 한국에 제의
했으나 거절당했다.

본의 해상 측량선이 배타적 경제수역의 조사를 계획하여, 6월에 측량
선을 독도에 진입을 시도하여 한국에 저지당하자, 민주당의 시노하라
타카시(篠原孝)가 국제사법재판소 재소에 관해 언급했다. 2007년, 2008
년, 2009년, 2010년에는 국제사법재판소 제소에 관한 언급이 없었고,
2011년에는 자민당의원들이 한국정부의 헬기장 개수공사와 해양과학
기지 건설 계획을 막기 위해 국제사법재판을 언급하였다.[64]

요컨대, 일본정부가 독도를 국제사법재판소에서 해결하자고 주장하
는 진의는 다음과 같다. 즉, 첫째, 평소 일본정부와 일본국회에서는 독
도 영유권에 대해 소극적이었다. 그 이유는 이미 평화선을 설치하여
한국이 독도를 실효적으로 점유한 1954년, 한일회담에서 독도 영유권
을 회담의 의제로 삼을 것인지 대해 한국이 독도영유권에 문제가 없음
을 주장하여 일본이 1962년 국제사법재판소에서 해결하자고 제의하였
을 때 한국이 동의하지 않음으로써 국제사법재판소에서 독도영유권
해결이 불가능함을 확인하였기 때문이다.

둘째, 일본이 독도문제를 국제사법재판소에서 해결해야한다고 한국
정부에 제의한 것은 한국이 독도에 대해 강력한 실효적 조치를 취하였
을 때 야당위원들에 의해 언급되었던 것이다. 일본정부는 독도문제를
실질적으로 해결하기 위해 국제사법재판소에 위탁을 제안하는 것이
아니고, 일본국민의 정권 신임도를 위해 취한 액션에 불과했던 것이
다.

셋째, 일본국회에서 야당위원들이라든가 일부 참고인들이 독도문제
를 국제사법재판소에서 해결해야한다고 주장을 한다. 이것은 독도의
영유권에 대한 정확한 지식을 갖고 있지 않고 한국이 일본의 고유영토
를 무력으로 불법점령하고 있다고 하는 일본정부의 표면적인 입장에

---

[64] 2012년 이명박 대통령의 독도방문에 대한 일본정부의 국제사법재판소 제소를 요구
한 것에 대해서는 별고에서 다루도록 한다.

의존하고 있기 때문이다. 사실상 일본정부는 독도문제가 한일 양국의 동의 없이는 국제사법재판소에서 해결할 수 없다는 사실을 잘 알고 있다. 또한 북방영토는 정부차원에서 "북방영토의 날"을 제정하였지만, 독도에 대해서는 정부 차원에서 "독도의 날"을 제정하지 않았다. 또한 당시 시마네현이 지방의회 차원에서 "독도의 날"을 제정하였을 때 이에 대해서도 아주 적극적인 입장은 아니었다. 그것은 전후 독도문제를 둘러싼 한일 양국 간의 정치외교의 협상에서 그만큼 일본의 독도 영유권 주장이 정당하지 못하다는 사실을 잘 알고 있기 때문이다.

넷째, 일본정부는 독도문제를 먼저 국제사법재판소에서 해결하려는 입장은 아니다. 한국이 실효적 지배를 강화함으로써, 일본국민으로부터 영토주권 수호에 대한 의지가 약함을 질책 받을 때 국제사법재판소의 제소를 검토하였다는 사실이다.

다섯째, 2005년 2월 시마네현이 '죽도의 날'을 제정하였고, 한국정부가 이에 항의를 하였을 때, 국회에서 분과위원이 일본정부에 대해 죽도문제를 국제사법재판소에서 해결해야한다는 주장을 했다. 이에 대해 일본정부는 과거 2, 3차례 공동제소를 한국에 제안하였으나 거부되었기 때문에 가정 적절한 방법이 어떠한 것이 있는지 검토 중이라고 하는 형식적 답변만을 반복하여 현실적으로 제3자의 조정에 의한 해결이 불가능함을 표명했다.

결론적으로 독도는 역사적 사실에 입각한 영토적 권원을 바탕으로 한국이 실효적으로 점유하여 통치권을 강화한 것을 보더라도 독도는 한국의 고유영토임에 분명하다. 일본은 독도에 있어서 한국이 실효적 지배를 강화할 때마다 국제사법재판소에 위탁하여 해결하자고 주장한다. 하지만 두 당사자의 합의 없이는 독도를 국제사법재판소에 위탁할 수 없다. 따라서 한국은 일본의 도발을 막기 위해서는 적극적으로 독도에 대한 실효적 지배를 강화하여 한국영토로서의 지위를 확보해야

할 것이다. 그때마다 일본은 국제사법재판소에 제소하여 해결하자고
제안하겠지만, 일방적인 주장에 불과한 것으로 일정한 시간이 지나면
아무런 일이 없었다는 듯이 한국의 실효적 지배 상태는 더욱 강화될
것이다.

【참고문헌】

송병기,『鬱陵島와 獨島』, 단국대학교출판부, 1999.

_____,『독도영유권자료선』, 한림대학교, 2004.

신용하,『독도영유권에 대한 일본의 주장비판』, 서울대학교 출판부, 2011.

영남대학교독도연구소 편,『독도영유권 확립을 위한 연구 8』, 도서출판 선
　　　　인, 2016.

최장근,『한국영토 독도의 고유영토론』, 재이앤씨, 2014.

川上健三,『竹島の地理的研究』, 古今書院, 1966.

下条正男,『'竹島': その歷史と領土問題』, 竹島・北方領土返還要求運動島根
　　　　県民会議, 2005.

_____,『竹島は日韓どちらのものか』, 文春親書377, 2004.

田村清三郎,『島根縣 竹島의 新研究』, 島根県総務部総務課, 1965.

內藤正中・金柄烈,『史的検証 竹島・独島』, 岩波書店, 2007.

內藤正中・朴炳涉,『竹島＝独島論争ー歴史から考えるー』, 新幹社, 2007.

한국외무부,「대한민국의 아름다운 영토, 독도」, 2018.

https://www.youtube.com/watch?v=muB4_LNZ2Rk&feature=youtu.be
　　　　(검색일: 2018년 8월 2일).

「竹島は島根の寶我が領土」, web竹島問題研究所,

https://www.pref.shimane.lg.jp/admin/pref/takeshima/web-takeshima
　　　　(검색일: 2018년 10월 2일).

「竹島」, 外務省,

https://www.mofa.go.jp/mofaj/area/takeshima/index.htmle
　　　　(검색일: 2018년 9월 22일).

울릉도쟁계의 조일 간 교환문서에 대한 논의의 재검토

이 성 환

1. 머리말

독도 영유권 문제에 관한 연구는 한일 양국에서 많은 성과가 있으나, 연구 성과가 많아질수록 논쟁은 더욱 첨예화하고 있는 듯하다. 독도 영유권 문제가 객관적인 학술적 논의보다는 자국 중심의 당위론적 연구 경향을 강하게 내포하고 있기 때문일 것이다. 또 한국에서의 독도문제 연구는 능동적으로 한국의 주장을 체계화하기보다는 일본의 주장을 반박하는 수동적인 경향을 띠고 있다는 비판이 있다.[1] 한국의 독도연구는 일본 외무성의 '죽도문제의 10포인트'에 대한 반론이나 모순을 지적하는[2] 경우가 많다. 독도관련 연구가 상당부분 일본 측 자료

---

[1] 최병학, 「해양영토분쟁과 독도영유권에 관한 연구」, 『지방정부연구』 제14권 제2호, 2010, p.229.

[2] 이에 대한 한국의 대표적인 반론으로는 동북아역사재단 독도연구소, 『일본외무성의 독도홍보 팜플렛 반박문』(2008.9.), 한국해양수산개발원 독도연구센터, 『독도는 과연 일본 영토였는가?(일본외무성 「독도」 홍보 자료에 대한 비판』(2008.7.)이 있으며, 그 외 소논문 등 다수의 연구가 있다.

에 의존할 수밖에 없는 사정은 있으나, 한국의 관점에서 독도문제를 보려는 시도가 필요하다.

이러한 연구 경향을 반영하여 필자는 1699년의 조일 간의 합의(이하 '울릉도쟁계 합의'라 함)와, 태정관 지령(1887년)을 축으로 독도문제에 관련한 쟁점들을 검토하고, 그 연장선상에서 일본의 독도 편입조치 (1905년), 샌프란시스코 평화조약(1951년)의 해석 문제 등에 대한 종합적인 검토가 필요하다고 주장했다.[3] 구체적으로는 17세기 일본의 선점 → 1905년 편입 → 1952년 샌프란시스코 조약으로 이어지는 일본의 독도 영유권 주장의 구도를[4] 일본의 독도에 대한 조선(한국) 영유권 승인이라는 관점에서 재구성해볼 필요가 있는 것이다. 각자의 주장과 권원이 상충되는 영유권 문제의 경우, 상대 당사국의 권원을 인정하는 것은 영유권 문제의 판단에 중요한 요소로 작용하기 때문이다.[5] 이를 위해서는 울릉도쟁계에서 이루어진 조일 간의 합의에 대한 국제법적 의미 분석과, 이를 승계한 태정관 지령의 성격 규정 등이 중요하다. 이는 독도에 대한 한국의 영유권 주장의 주요한 기반이 될 것이다.

2. 쟁점과 문제제기 그리고 제안

오늘날 한일 간의 독도문제는 17세기 말 울릉도쟁계에 그 기원을 두고 있다고 할 수 있다. 1693년 일본의 안용복 납치사건을 계기로 조선과 일본은 울릉도(독도 포함) 영유권을 둘러싸고 치열한 외교 교섭을

---

3) 이성환, 「태정관 지령에서 본 샌프란시스코강화조약」, 동북아역사재단 독도연구소, 『일본의 독도 영유권 주장의 허상』, 동북아역사재단, 2018.

4) 일본 외무성이 2013년도에 제작 배포한 「다케시마를 아십니까」라는 제목의 동영상.

5) 許淑娟, 『領域権原論—領域支配の実効性と正当性—』, 東京大学出版会, 2012, p.164.

전개하고, 최종적으로는 1699년 조선에 대한 울릉도 영유권 인정과 도해금지령을 내용으로 하는 '울릉도쟁계 합의'가 이루어지게 된다. 178년 후인 1877년 일본의 명치(明治) 정부는 '울릉도쟁계 합의'를 태정관 지령이라는 국내 법령으로 공식 승계한다. 따라서 '울릉도쟁계 합의'와 태정관 지령은 불가분의 관계에 있으며, 양자는 단독으로서가 아니라 상호관련성 속에서 분석할 필요가 있다. 그러나 지금까지 양자는 독립적으로 연구되고 울릉도쟁계의 전개과정에 집중하는 경향이 있었다. 울릉도쟁계에 관련된 연구는 역사학 분야에서 많은 성과가 축적되었다.[6]

이러한 역사학계의 연구 성과를 기초로 2013년 박현진 씨(이하 경칭 생략)는 처음으로 울릉도쟁계에 대하여 국제법적인 분석을 시도하였다. 그는 「17세기 말 울릉도쟁계 관련 한·일 '교환공문'의 증명력 : 거리관습에 따른 조약상 울릉·독도 권원 확립·해상국경 묵시 합의」라는 논문에서 "1694년 8월 조선의 공문과 1697년 2월 막부가 대마도주(쓰시마 번주-인용자)를 통해 동래부에 전달한 서한은—ICJ가 확립하고 있는 현대 영토·해양경계 분쟁관련 국제판례에 의하면—양국 간 합의를 기초로 체결된 국제협정(international agreement)이며, 약식조약(treaty concluded in simplified form)을 구성한다"고 규정했다.[7] 그리고

---

6) 대표적인 연구 성과로는 岡田卓己, 「元禄竹島一件(鬱陵島爭界)における幕府の政策決定過程に関する研究－対馬藩家臣の役割を中心として－」, 계명대학교 석사논문, 2018; 장순순, 「17세기 후반 '鬱陵島爭界'의 종결과 對馬島(1696년~1699년)」, 『한일관계사연구』 제45집, 2013; 김화경, 「박어둔과 울릉도 쟁계에 관한 연구 -한, 일 양국 자료를 중심으로 한 고찰」, 『인문연구』 58권, 영남대학 인문과학연구소, 2010; 송휘영, 「'울릉도쟁계' 관련 사료의 재해석」, 『독도연구』 제22호, 2017; 장순순, 「17세기 조일관계와 '鬱陵島 爭界'」, 『역사와 경계』 제84집, 2012; 池内敏, 『竹島問題とは何か』, 名古屋大学出版会, 2012 등이 있다.
7) 박현진, 「17세기 말 울릉도쟁계 관련 한·일 '교환공문'의 증명력 : 거리관습에 따른 조약상 울릉·독도 권원 확립·해상국경 묵시 합의」, 『국제법학회논총』 58(3), 2013, p.141.

그는 조선과 일본의 교환공문은 "사실상 조약체결절차를 충족한 것"이었다고 하면서도 약식조약이라 한 이유를, 조선과 일본 사이의 교섭이 처음부터 울릉도와 독도 영유권에 관한 조약을 체결하기 위해 시작된 것이 아니라 공문교환 과정에서 조선과 일본 사이에 영유권에 관한 합의가 이루어졌다는 점에서 "통상의 조약체결 절차와 다르기 때문"이라고 밝혔다.[8] 이른바 울릉도쟁계의 약식조약설이다. 이는 교환공문의 내용에 대한 해석에 따라 일반 국경조약으로 이해할 수 있는 여지를 남긴 것으로 보인다. 일본이 첫 번째에 보낸 서계에서 '본국죽도(本國竹島)'라고 명기했으며 거기에 대해 조선이 '폐경지 울릉도(弊境之蔚陵島)'라 답을 한 것을 보면,[9] 울릉도쟁계는 처음부터 영유권 교섭이었다고 볼 수 있는 측면도 충분히 있다고 여겨지기 때문이다. 아무튼 박현진의 주장이, 논란의 여지가 전혀 없는 것은 아니지만, 울릉도쟁계에서의 한일 간의 교섭 과정과 결과에 대해 국제법적 논의를 촉발시키는 계기를 제공하였다는 점에서 큰 의의가 있다.

필자는 박현진의 이론을 원용하여 '울릉도쟁계 합의'를 한일 간의 '국경조약'으로 발전시켰다. 박현진은 울릉도쟁계에서 조선과 일본이 주고받은 문서에 대해 국제법적인 의미를 부여하고, '울릉도쟁계 합의'가 도출되는 과정에 초점을 맞추었다.[10] 필자는 그 연장선상에서, '울릉도쟁계 합의'를 법적 구속력이 있는 외교문서로 보고, 그 후 '울릉도쟁계 합의'가 일본에 의해 어떻게 수용되고 실행되었는가에 초점을 맞추었다. 특히 태정관지령을 중심으로 분석을 시도하였다. '울릉도쟁계 합의'의 후속(추후) 관행(subsequent practice)의 하나인 태정관 지령의

---

8) 위의 논문 pp.141-142쪽의 각주 46.

9) 이성환·송휘영·오카다 다카시,『일본 태정관과 독도』, 지성인, 2016, pp.76-80.

10) 박현진,「17세기 말 울릉도쟁계 관련 한·일 '교환공문'의 증명력 : 거리관습에 따른 조약상 울릉·독도 권원 확립·해상국경 묵시 합의」,『국제법학회논총』 58(3), 2013, pp.131-168.

분석을 통해 울릉도쟁계의 성격을 밝히고자 했다.

그런데 여기에 대해 최철영, 유미림은 「1877년 태정관 지령의 역사적 · 국제법적 쟁점검토 - 울릉도쟁계 관련 문서와의 연관성을 중심으로-」라는 논문에서[11] 울릉도쟁계 합의와 태정관 지령에 관련하여 기존의 연구와는 다른 해석과 평가를 시도하였다. (이하 최철영, 유미림의 해당 논문을 편의상 '쟁점검토'라 한다. 그리고 해당 논문을 직접 인용할 경우에는 본문에서 괄호 안에 쪽수만으로 표기한다.) '쟁점검토'는 전반부는 울릉도쟁계의 약식조약설에 대한 검토, 후반부는 태정관 지령에 대한 평가라는 두 부분으로 구성되어 있다. 본고에서는 전자만을 분석 대상으로 하고, 후자에 대해서는 별고에서[12] 논했다. 이를 통해 울릉도쟁계와 태정관 지령에 대한 논의를 보충, 심화시키고자 한다.

'쟁점검토'는 울릉도쟁계 당시에 생산된 조선과 일본 사이의 왕복 문서의 형식 및 문서의 전달 방식, 전달자(messenger) 등에 대해 새로운 평가를 시도했다. 지금까지 울릉도쟁계와 관련하여 조선과 일본 사이에 교환된 문서에 대해서는 대체적으로 공식 외교문서로 취급하고, 전달 방식 및 전달자 등에 대해서는 엄밀한 분석을 하지 않았다. 그러나 '쟁점검토'는 울릉도쟁계 관련문서를 서계와 구상서로 엄격히 구분하여 서계는 정식 외교문서로, 구상서는 정식 외교문서가 아닌 것으로 평가하고, 문서의 전달방식 및 전달자 등에 대해서도 기존의 연구와는 다소 차이가 있는 의미를 부여하였다. 그 연장선상에서 조선 역관 또는 부산 왜관의 관수가 전한 구상서의 내용을 주요 기반으로 한 조선과 일본 간의 합의는 당시의 외교관행에 비추어 정식 외교문서로 보기

---

[11] 최철영 · 유미림, 「1877년 태정관 지령의 역사적 · 국제법적 쟁점검토 - 울릉도쟁계 관련 문서와의 연관성을 중심으로-」, 『국제법학회논총』 63(4), 2018, pp.248-280.

[12] 이성환, 「태정관 지령을 둘러싼 논의의 재검토 - 유미림, 최철영, 『1877년 태정관 지령의 역사적 · 국제법적 쟁점검토』에 대한 반론」, 『국제법학회논총』 64(2), 2019 참조.

어렵기 때문에 "약식조약의 성립을 주장할 수 있는지는 의문이다"(263쪽)
고 했다. 즉 울릉도쟁계의 조약설을 부정한 것이다.

'쟁점검토'가 지금까지 학계에서 소홀하게 취급했던 문서 형식, 전달
행위, 전달자 등에 대해 엄격한 의미를 부여하고자 한 점은 나름 의미
있는 시도라고 할 수 있을 것이다. 그러나 그러한 형식에 대한 엄격성
추구가 울릉도쟁계에서의 조일 간의 교섭의 내용과 의미를 제대로 반
영, 평가하고 있는지에 대해서는 의문이 있다. 즉 조약 등 국제문서의
지위나 효력은 명칭이나 형식 등에 기초한 형식적 정의가 아니라 거기
에 표시된 당사자의 구체적 의사가 더 중요하기 때문이다. 형식적 정
의에 기초한 '쟁점검토'의 주장대로 라면, 당시 울릉도쟁계에서의 조
일 간의 외교 교섭의 성격과, 그 결과로 도출된 합의(도해금지령, 울
릉도 영유권 확인)에 대한 기존의 평가는 재검토 되어야한다. 바꿔 말
하면 '쟁점검토'의 주장대로 약식조약설이 성립하지 않으면, 조선과
일본 간에 전개된 울릉도쟁계는 미완의 교섭으로 끝난 것으로 볼 수
있다. 본고가 '쟁점검토'의 논지를 검토하고자 하는 이유이다.

요약하면 '쟁점검토'는 전체적 맥락이나 의미보다는 형식적 정의와
요건에 지나치게 큰 의미를 부여함으로써 울릉도쟁계에 대한 전체적
인 이해에 혼란을 초래하고 있다고 판단된다. 물론 법적, 외교적 측면
에서 문서의 형식이나 행위 등이 가진 의미를 무시할 수 없으나, 그것
이 문서의 지위나 효력에 대한 결정적 지표(conclusive indicator)가 될
수 없으며,[13] 그 문서나 행위가 가지고 있는 맥락과 의미가 울릉도쟁
계에 대한 평가에서 더 중요하다고 생각된다. 명칭에 관계없이 서면

---

[13] Anthony, Aust, *Modern Treaty Law and Practice*, Cambridge Univresity Press, 2013,
p.20; 박현진, 「경계 분쟁과 '약식조약'의 구속력·증거력: 의사록·합의의사록과
교환각서/공문 해석 관련 ICJ의 '사법적 적극주의'(2951-2005)를 중심으로」, 『국제법
학회논총』 제58권 2호, 2013, p.118.

형식의 국가 간 합의를 일반적으로 '조약'이라 하고(때로는 구두합의도 포함), 조약의 효력에서 위계질서(hierarchy) 내지 상하관계가 존재하지 않는 것도 이러한 의미에서일 것이다.[14]

물론 이러한 인식과 관점의 차이는 기본적으로 시제(intertemporal) 문제에 관한 논란과 직접 관련이 있음을 인정해야 한다. 울릉도쟁계에서의 교환 문서와 교섭 과정을 당시의 상황과 규범에 따라 해석하고 이해해야 할 것인지, 아니면 적용 시(현재)의 상황과 규범에 맞추어야 할 것인지에 대해서는 어느 한쪽에만 우위를 두기에는 많은 어려움이 있다.[15] 당시의 문서와 당사자의 의사 등은 현재의 시점에서 사후적으로 추론할 수밖에 없는 한계를 가지고 있기 때문이다. 당시의 상황과 사건을 현재적 용어로 표현, 설명하고 이해하는 데서 오는 인식과 함의의 한계 등과 겹치는 문제이기도 하다.

같은 의미에서 근대 유럽 국제법의 영유권, 영역주권, 국경 등의 개념을 그 시대에 직접 투영하거나, 그 시대의 외교관계나 법령을 현대의 국제법 및 법령과 동일선상의 개념으로 해석하고 적용해도 좋을지에 대한 논의와 검토가 충분히 이루어지지 않은 상태에서, 구체적 사건에 대한 논의가 이루어질 수밖에 없는 한계를 의식하지 않을 수 없다. 예를 들면 울릉도쟁계에서의 조일 간의 합의를 당시에 사용하지 않았던 '조약'이라는 용어로 규정하고, 또 현대적 의미의 조약의 개념을 적용할 수 있는가에 대한 논란이 대표적이다. 울릉도쟁계에서 조일 간의 교환문서가 내용이나 형식의 측면에서 현대 조약법(조약법에 관

---

14) I. Sei-Hohenveldern, "History of Treaty" in Klabbers & Lefeber, eds., *Essays on the Law of Treaties*, Hague/Boston/London:Martinus Nijhoff Publishers, 1998, p.18; 이규창, 「고시류 조약의 법적 제문제에 대한 고찰」, 『법조』603호, 2006, p.226.

15) 유희진, 「조약해석에서 문맥과 함께 참작되어야 하는 추후합의와 추후관행의 의미: ILC의 작업내용을 예시적으로 WTO협정의 해석에 적용」, 『홍익법학』제14권 4호, 2013, p.643.

한 비엔나협약)상의 조약의 정의나 체결 절차에 부합하는지를 살펴보면 다소 애매한 점이 없지 않은 것도 사실이기 때문이다.

17세기에 이루어진 조일 간의 문서와 합의를 현대 조약법의 정의에 입각하여 의미를 부여하고 논리를 전개하는 데 무리가 없는가에 대해서는 회의론도 있다. 다시 말하면 17세기의 한일 간의 외교 관행과 문서를 현대 조약법의 틀에 맞추기란 쉽지 않으며, 17세기에 조선과 일본 사이에 교환된 문서를 현대 국제법에 대입해 조약여부를 구분하기에는 무리가 있을지 모르며, 또 그러한 방법론이 타당한가에 대한 의문도 여전히 해결되지 않고 있다. 17세기의 문서는 17세기의 관행과 법체계에 맞게 당시 동북아시아의 국제법을 발견하여 이를 적용규범으로 해야 한다는 지적이 있다. 그러나 과연 당시에 동북아시아에 국제법이라고 할 만한 것이 있었는가, 있었다면 그것이 무엇인가에 대한 의문도 있다. 그럼에도 불구하고 조약법에 관한 비엔나협약 및 PCIJ와 ICJ 판례 등에 비추어 과거에 국가 간에 이루어진 합의에 법적 구속력이 존중되고 있는 것은 분명하다.[16) 필자는 이점을 중시하고자 한다. 서부 사하라 사건, 나미비아 사건, 인도네시아 말레이시아 도서분쟁 등의 예에서도 국가 간 합의 및 조약상의 권원에 대한 구속력이 인정되고 있음을 확인할 수 있다.

그러면 구체적으로 울릉도쟁계에서 이루어진 조일 간의 구속력 있는 합의를 어떻게 평가해야 할 것인가. 이에 대하여 박현진은 "역사적 사건·사실이 합법·유효하게 성립한, 대항력 있는 반대의 증거 없이 유지됨으로써 사실상 동일한 적법한 법률사실이 지속될 때, 그러한 사

---

16) A. E. Guzman, "A Compliance-Based Theory of International Law" *California Law*, Vol. 90, 2002; 이석용, 『국제법』, 세창출판사, 2011, p.303; 박현진, 「영토분쟁과 권원간 위계: 조약상의 권원, 현상유지의 법리와 실효지배의 권원을 중심으로」, 『국제법학회논총』 59(3), 2013, pp.118-123 등.

실에 현재의 법을 적용하는 것은 불합리하게 부당한 것이 아니다"[17]는 관점에서 울릉도쟁계 관련 문서(조일 간의 교환문서)를 현대적 의미의 외교문서로 해석하고, 울릉도쟁계에서 이루어진 조일 간 합의를 약식 조약이라 규정했다. 그러나 이러한 주장이 과거의 사실이나 사건에 대해 현재의 법을 소급해서 적용할 수 없다는 법의 일반원칙에 대한 의문까지 해결하는 것은 아니다. 그렇다고 현대 조약법의 정의에 완전히 부합하지 않으니까 조약이 아니라고 무시할 수 있는 것도 아니다. 이러한 의문들에 대해서는 본격적인 논의가 필요하나 본고에서 다루고자 하는 사항은 아니다. 이상과 같은 점을 염두에 두면서 본고에서는 최철영, 유미림 「1877년 태정관 지령의 역사적·국제법적 쟁점검토 - 울릉도쟁계 관련 문서와의 연관성을 중심으로-」에 제시된 내용에 한정하여 논지를 전개하기로 한다.

필자는 박현진의 약식조약설을 원용하였지만, 그것이 약식조약 또는 조약이라고 규정해도 좋을지에 대한 논의는 차치하고, 필자는 '울릉도쟁계 합의'가 조선과 일본 사이에 구속력 있는 합의라는 점을 강조하는 의미로, 그리고 이것이 현대 국제법에서의 실질적인 광의의 '조약'의 성격을 가진 것이라는 의미로 '조약'이라는 용어를 사용한다.

덧붙여, 이와 관련하여 다음과 같은 제안을 하고 싶다. 1693년 안용복사건을 계기로 조선과 일본 사이에서 울릉도(독도 포함)의 영유를 둘러싸고 치열한 외교전이 전개되고, 그 결과 일본 막부는 조선의 주장을 받아들여 1696년 1월 울릉도 도해금지령을 내리게 된다. 그 이후 일본 막부는 이 도해금령을 조선에 통고하고, 이를 조선이 받아들이는 외교적 합의 과정을 거쳐 1699년 양국 간에는 도해금지령을 내용으로

---

17) 박현진, 「17세기 말 울릉도쟁계 관련 한·일 '교환공문'의 증명력 : 거리관습에 따른 조약상 울릉·독도 권원 확립·해상국경 묵시 합의」, 『국제법학회논총』 58(3), 2013, pp.138-139.

하는 울릉도(+독도) 영유권에 대한 최종 결착이 이루어진다. 필자는 지금까지 1699년의 조일 간 합의 내용에서 울릉도 도해금지령을 중요하게 여겨 '도해금지령' 또는 '1699년의 도해금지령'이라 표현했다.

그러나 1696년 막부가 국내조치로 내린 도해금지령과는 1699년 조일 간의 합의에서의 도해금지령은 구별할 필요가 있다. 이에 필자는 본고부터 1699년의 도해금지령을 '울릉도쟁계 합의'라 명명한다. '울릉도쟁계 합의'는 도해금지령과 울릉도에 대한 영유권 확인이라는 두 가지 의미를 다 포괄하는 개념의 용어이다. 울릉도쟁계의 국제(법)적 함의를 강조하는 의미에서도 '울릉도쟁계 합의'라 표현하는 것이 바람직할 것이다. 더 나아가서는 울릉도쟁계 합의에 독도가 포함되어있다는 것이 명백해진 이상, 사건의 의미를 명확히 하기 위해 '울릉도쟁계'를 새로운 용어로 '울릉도·독도쟁계'라 하고, 같은 맥락으로 '울릉도·독도쟁계 합의'라고 하는 것이 가장 바람직하다는 제안을 하고 싶다. (본고에서는 일단 '울릉도쟁계 합의'라 한다.)

3. 조일 간의 교환문서에 대한 평가문제

울릉도쟁계의 약식조약설에 관해서는 이미 박현진이 증명력 등의 법리적 측면과 사료적 측면에서 재논의를 했다.[18] 여기에서는 '쟁점검토'에서 직접 제기된 주요 내용에만 한정하여 살펴보기로 한다. '쟁점검토'에서는 '울릉도쟁계 외교문서=약식조약'에 대해 다음과 같이 기술하고 있다.

---

18) 박현진, 「17세기말 「울릉도쟁계」 관련 조·일 교환공문(사본)의 증명력(II): 국제재판에서의 입증책임·기준과 사서·사료의 증명력을 중심으로」, 『국제법학회논총』 63권 4호, 2018.

울릉도쟁계 외교문서='약식조약'설은 이여의 서계를 조선의 2차 개찬 공문 즉 교환공문으로 거론했다. 권해의 서계를 놔두고 이여의 서계만을 교환공문으로 규정한 것인데 그 근거는 밝히지 않았다. …(중략)… 교환공문의 규정 근거로서 거리관습을 제시한 것은 시기적으로 맞지 않으며, 이여의 서계내용이 그 후 일본 측에 의해 수락되지 않았다면 이를 약식조약을 구성하는 외교공문으로 보기는 어렵다. 더구나 조·일 양국이 왕복한 문서로서 위에서 거론한 것들은 모두 전형적인 서계 형식을 띠고 있으므로 이를 편의상 1차와 2차로 구분할 수는 있지만, 1694년 9월 이여의 서계만을 교환공문에 해당시킬 수 있는 것은 아니다."(p.254).(따라서 '울릉도쟁계 외교문서=약식조약'설은 성립하기 어렵다-인용자).

위 인용문은 약간 난해하게 읽히나, 요점은 ① 거리관습을 제시한 시기가 맞지 않으며, ② 이여의 서계(2차 서계)는 일본 측에 의해 수락되지 않았을지 모르기 때문에 이여의 서계는 외교공문으로 볼 수 없으며, 따라서 약식조약이 성립했다고 보기 어렵다는 의미인 듯하다. ①에 대해서는 박현진의 논문에 맡기기로 하고,[19] 여기에서는 ②에 관해서만 논하기로 한다. 이를 위해서는 울릉도쟁계의 전개 과정을 간략히 언급할 필요가 있다.[20]

1693년 안용복 납치사건을 계기로 일본은 조선 정부에 조선인의 울릉도 입도 금지를 요청했다. 이에 대해 조선 정부는 예조참판 권해(權瑎)의 1차 서계에서 '폐경지 울릉도(弊境地鬱陵島)'와 '귀계죽도(貴界竹島)'를 병기하여 애매한 내용으로 답하였다(二島二名說). 일본과의 마찰을 피하기 위해서였을 것이나, 일본 측은 서계에서 울릉도라는 명칭을 삭제해줄 것(除去鬱陵之名)을 요구했다. 이에 조선 측은 울릉도의

---

19) 박현진, 「17세기 말 울릉도쟁계 관련 한·일 '교환공문'의 증명력: 거리관습에 따른 조약상 울릉·독도 권원 확립·해상국경 묵시 합의」, 『국제법학회논총』 58권 3호, 2013.

20) 논문에서 울릉도쟁계의 전개과정에 대한 서술을 대체로 이성환·송휘영·오카다 다카시, 『일본 태정관과 독도』, 지성인, 2016, pp.21-70, 참조.

영유권을 명확히 하기 위해 1차 서계를 반환받고, 1694년 9월에 예조
참판 이여(李畬)의 명의로 "울릉도는 강원도 울진현에 속하고 죽도와
울릉도는 일도이명(一島二名)이다. 이 사실은 조선의 기록에도 있고,
쓰시마 번(이하 편의상 '쓰시마'라 함)도 이런 사실을 알고 있었다"(弊
邦江原道蔚珍縣有属島名曰蔚陵 或称竹島此之一島而二名也(中略)我国
書籍之所記貴州人亦皆知之)는 내용의 이른바 2차 서계(이여의 서계)를
전달하였다.21) 이 서한(서계)은 조선의 주장을 가장 강력하게 피력한
문서이고 실질적으로 이 내용을 기반으로 조선과 일본 막부사이에 울
릉도쟁계에 대한 합의가 이루어졌다고 볼 수 있다.

2차 서계에 대해 일본(쓰시마 번)은 반발했으나, 조선 측 접위관은
10월 초에 귀경하고, 이어서 10월 말에 쓰시마 번주 소 요시쓰구(宗義
倫)의 사망 소식이 부산 왜관에 전해지면서 교섭이 중단된다. 일본 측
은 서계를 조선 측에 반환하지 않고 왜관에 보관해둔 채로 돌아갔다.
요시쓰구의 사망으로 이후 조선과의 교섭은 은거 후 형부대보(刑部大
輔)라 칭하며 섭정을 하고 있던 그의 아버지 소 요시자네(宗義眞, 3대
번주)가 맡게 된다.

1695년 5월 형부대보는 조선과의 교섭을 재개하기 위해 다카세 하치
에몽(高瀬八右衛門)을 비롯해 스야마 쇼에몽, 아비루 소베에 등 3명을
조선에 파견하여 조선의 2차 서계의 내용을 반박하면서 교섭을 시도
했으나, 진전을 보지 못했다. 이에 스야마 등은 조선과의 왕복 문서 13
통을 베껴 가지고 돌아갔다. 그 후 쓰시마에서는 가신들이 격렬한 논
쟁을 벌였으나 결론을 얻지 못했다. 이에 형부대보는 계획했던 3차 교
섭단의 파견을 중지하고, 지금까지의 교섭과정을 보고하고 앞으로의
교섭 방향 등을 협의하기 위해 에도(막부)로 갔다.

---

21) 위의 책, p.83.

　형부대보는 10월 초에 에도에 도착하고, 12월 7일 조선과의 두 번에 걸친 교섭 경위와 자료, 그리고 그의 의견(구상서)을 정리하여 막부에 제출했다. 막부에서는 아베 붕고노카미를 중심으로 형부대보의 보고 내용에 대한 검토와 협의, 돗토리 현에의 조회, 자체 조사 등을 거쳐 최종적으로 다음해인 1696년 1월 28일 형부대보에게 '죽도(울릉도)도해 금지'에 관한 각서(도해금지령)를 전달했다. (같은 날 돗토리 번에도 전달됨.) 그리고 이를 조선에게 알리라고 지시했다.

　이 과정을 살펴보면 조선의 제2차 서계(이여의 서계)의 내용이 막부에 전달, 수용된 형태로 도해금지령이 나왔다는 것을 알 수 있다. 수용하지 않았다면 막부는 조선과 다시 교섭을 하라고 지시했을 것이다. 따라서 '쟁점검토'가 주장하는 "이여의 서계(2차 서계-인용자) 내용이 그 후 일본 측에 의해 수락되지 않았다면 이를 약식조약을 구성하는 외교공문으로 보기는 어렵다."고 하는 지적은 성립하기 어렵다고 하겠다. 또 '쟁점검토'는 "1694년 9월 이여의 서계(2차 서계-인용자)만을 교환공문에 해당시킬 수 있는 것은 아니다."고 기술하고 있다. 이는 권해의 서계와 이여의 서계 즉, 1차, 2차 서계를 모두 교환공문에 포함시켜야 한다는 의미인 듯하나, 약식조약설을 부정하는 '쟁점검토'의 전체적인 논지에서 보면, 그렇지 않은 것으로 이해된다. 왜냐하면 1차, 2차 서계를 모두 교환공문에 포함시키면, '쟁점검토'가 유보하고 있는 약식조약설이 성립할 가능성이 있기 때문이다.

　이를 전제로 따져보면, '쟁점검토'의 주장은 다음과 같은 점에서 성립하기 어렵다. 우선 1차 서계(권해의 서계)는 조선이 수정된 내용의 2차 서계(이여의 서계)를 전달하기 위해 일본 측으로부터 회수하였다('쟁점검토'에서도 "권해의 서계를 되돌려 주었고"라고 명시하고 있다. 254쪽). 그렇기 때문에 1차 서계는 외교문서로서의 의미를 상실했다고 봐야 한다. 또 '쟁점검토'에서는 "이여 명의의 2차 서계를 (일본 측이)

226 독도 영유권 확립을 위한 연구 XII

정식으로 접수를 하지 않은 채"(255쪽)라고 적고 있으나, 2차 서계는 일본 측이 개찬을 요구하다가 교섭이 중단되면서 부산의 왜관에 보관해 둔 채로 돌아갔다. (그 후에 적어도 조선에 반환하지는 않았다.) 그러나 일본 측이 가져간 사본은 그 후 형부대보에 의해 막부에 보고되었다. 이에 대해 막부는 반환이나 항의 등의 조처나 지시를 하지 않고, 도해금지령을 내리게 된다. 이러한 점을 감안하면 2차 서계는 실질적으로 일본 측에 수용된 것으로 봐야 한다. 이상의 두 가지 점에 비추어 봤을 때, '쟁점검토'의 주장은 수용하기 어렵다.

만약 '쟁점검토'의 주장대로, 일본 측이 1차 서계는 반환하였고, 2차 서계는 접수를 하지 않은 것으로 간주하면, 조선이 일본에 전달한 서계(외교문서)는 한 건도 없는 것이 된다. 즉 조선정부의 의사가 공식적으로 일본에 전달되지 않은 (실질적으로 내용은 전해졌으나) 상태에서 도해금지령이 내려진 것이 된다. 조선 측이 공식적으로 의견제시를 않은 상태에서 막부(일본)가 도해금지령을 내린 것은, 조선과 일본의 합의가 아니라 막부(일본)의 일방적 조치 내지는 선언으로 울릉도쟁계가 완결되었고, 그 결과를 일본이 일방적으로 조선정부에 전달했다는 의미가 된다. 이를 두고 조일 간에 울릉도쟁계가 "완전한 결착", "최종 결착"(247, 253, 259, 264 등)되었다고 주장하는 것은 사실과 논리의 비약으로 보인다.

4. 외교문서로서의 구상서에 대한 평가문제

'쟁점검토'는 울릉도쟁계 당시 조선과 일본 사이에 교환된 문서를 아래와 같이 평가하고 있다.

'울릉도쟁계 외교문서=약식조약'설이 교환공문으로 규정한 1697년 2월 막부의 공문은 역관이 귀국하여 조정에 전한 한문 문서를 말한다. 그러나 이 문서를 교환공문으로 보기는 어렵다. 그 이유는 쓰시마번이 막부가 조선 측에 문서를 건네지 말도록 한 사실을 내세워 조선 측 답서에 보인 '제봉행의 문자'를 삭제할 것을 집요하게 요구했고, 문서 형식도 구상서였으므로 이를 가지고 막부 혹은 쓰시마번이 정식 외교문서를 건넸다고 보기는 어렵기 때문이다. 쓰시마번이 역관에게 건넨 2통의 구상서는 모두 막부의 지시사항을 따른 것이지만, 서계 형식이 아니었다. 게다가 번이 막부에서 문서를 전달받은 방식도 '다케시마 건' 문서는 다른 노중이 열석한 가운데 형부대보에게 건넨 것이고, '인슈 건'은 다른 노중들이 없는 가운데 따로 형부대보에게 건넨 것이기 때문이다.

쓰시마번이 막부가 도해를 금지시킨 사실을 전하는 구상서에는[22] 작성 일자도 발신인도 기재하지 않았으면서 인슈 건 관련 구상서에 대해서만 도시요리가 연명하고 주인(朱印)을 찍은 이유는 자국이 부담을 지는 문서

---

[22] '쟁점검토' pp.267-268에는 이 구상서 및 1877년 내무성이 태정관에 제출한 문서에 대해 다음과 같이 기술하고 있다. "1877년에 내무성은 이 구상서를 일러 역관에게 내린 달서(達書)라고 했다. 중략 (달서는)' 후례에 비해 좁은 범위 즉 관계기관 내지 관계자에게 전해지는 것을 이른다. 원문은 '구상지각'이므로 본래는 일본 국내 문서인데, 내무성은 이를 조선과 관계된 문서라고 여겨 태정관에 제출한 것이다." "내무성이 태정관에 제출한 부속문서 가운데는 1696년 막부가 쓰시마 번에 전한 내부문서도 있지만 대부분은 도해금지령 이후 양국 간 외교문서이다. 다만 내무성은 막부가 도해금지를 결정하기 전 쓰시마 번과 조선 정부가 왕복한 문서 및 박세준의 두 차례에 걸친 서계는 태정관에 제출하지 않았다."
여기에 대해 다음과 같은 점을 지적하고 싶다. 내무성이 태정관에 재출한 문서에는 "역관에게 내린 달서"라고 되어 있다고 했으나, 내무성이 태정관에 제출한 문서에는 '2호(二號)'라고 되어있으며, 달서라는 명칭은 없다. 이는 '달서'는 후대에서 편의상 붙인 것일 뿐이다. 아마 이 문서의 내용이 막부가 쓰시마 번에 전한 문서라는 의미에서, 그리고 막부로부터 받은 내용을 쓰시마가 그대로 조선 역관에게 전달하였다는 의미로 "역관에게 전한 달서"라고 했을 것이다. 역관에게 건넨 문서는 국내 문서가 아니고 외교문서인데, 후대에서 편의상 붙인 '달서'라는 용어를 빌려서 국내문서로 분류하는 것은 납득하기 어렵다.
그리고 1877년 내무성이 태정관 지령을 위해 태정관에 제출한 문서는 울릉도쟁계의 과정을 밝히기 위해서가 아니라 쟁계의 결과를 태정관에 보고하기 위한 것이기 때문에 거기에 관련된 자료만 발췌해서 보낸 것이다. 설사 그것이 국내문서라 하더라도 의미 차이는 없다.

와 조선 조정에 요구를 하는 문서에 각각 다른 외교적 효과를 기대했기 때문일 수 있다. 조선 조정은 문서 형식을 문제 삼아 회답 서계를 거부했지만, 쓰시마번의 계속된 요청 때문에 결국 4월에 박세준 명의의 서계를 전하기에 이르렀다.(p.257)

위 인용문의 요점은 일본(쓰시마 번)이 조선 역관을 통해 보낸 구상서는 서계가 아니기 때문에 "교환공문으로 보기는 어렵"다. 따라서 "울릉도쟁계 외교문서=약식조약"이 성립하지 않는다는 지적인 듯하다. 도해금지라는 중요한 사실을 쓰시마가 서계가 아닌 구상서로 전달했다는 점을 문제 삼는다. 쓰시마가 막부의 지시를 서계가 아닌 구상서의 형태로 격을 낮추어 조선 측에 전달한 것은 사실이다. 여기에는 울릉도의 일본 영유를 강하게 주장했던 쓰시마가 막부의 도해금지령을 수용하여 조선 측에 전달하는데 대한 강한 불만이 작용했기 때문이다. 같은 맥락에서, 쓰시마가 '제봉행(諸奉行)의 문자'를 삭제해줄 것을 요구한 이유는 명확하지 않으나, 쓰시마가 울릉도에 대한 영유권을 유보해두기 위한 의도 때문이었다는 해석이 있기는 하다.[23]

위 인용문에서 지적하고 있듯이 일본(쓰시마) 측이 보낸 문서(구상서)는 "모두 막부의 지시사항을 따른 것"이다. 그리고 쓰시마는 이 문서가 조선 조정에 보고되고,[24] 울릉도쟁계의 "최종 결착의 증거"가 된다는 것도 알고 있었다.[25] 이러한 점을 감안하면 일본 측이 조선에 전달한 문서의 본질은, 이 문서가 일본의 국가(막부)의사를 담고있는 것이며, 그것을 조선 측에 전달했다는 점이다. 구체적으로 이야기하면, 당시 역관이 교섭 임무를 띠고 쓰시마에 간 것은 아니나 (조문 겸 경

---

[23] 大西俊輝, 『第四部 日本海と竹島 元禄の領土紛争記録 「竹島紀事」を読む』 제2권, 東洋出版, 2012, pp.642-643의 註 8.

[24] 위의 책, pp.632-635.

[25] 위의 책, p.628

축 사절로 갔음), 그들이 가져온 문서는 막부의 명을 받아 전달하는 쓰시마의 말을 기록한 것이기 때문에 일본의 국가의사를 담은 외교문서로 볼 수 있다. 중요한 것은 문서의 명칭이 아니라 국가의 의사나 의지가 포함되어 있느냐의 여부이다. 국가 간 공적으로 행해진 구두합의는 물론 국가의사가 내포된 일방적 선언, 성명도 국제법상 구속력을 가지는 것도 이 때문이다.26) 박현진은 구상서(口上書, note verbale)는 구두에 의한 의견교환 내지 대화의 내용과 어법(wording)을 기술한 공식기록(a formal record)이라고 밝히고 있다.27) 이러한 관점에서 박현진은 막부의 의지를 반영한 쓰시마의 구상서를 공적인 외교문서에 해당하는 것으로 보고, 교환공문이라 한 것이다.

구상서의 외교적, 국제법적 의미에 대해서는 다음과 같은 예를 상기할 필요가 있다. 일본의 오키나와 합병에 대한 중국정부의 항의에 대해 명치 일본정부는 1879년 10월에 구상서보다 격이 낮은 각서를 통해 1609년 막부의 오키나와 정벌 사실 등의 조치를 언급하면서 오키나와에 대한 일본의 영유권을 주장한 예도 있다.28) 구상서보다 격이 낮은 각서이지만, 명치 일본정부의 의사가 명확히 반영된 문서이기 때문에 정식의 외교문서로 인정하는 것이다. 그리고 샌프란시스코조약 제10조에는 1901년 일본의 중국에 대한 구상서 및 서간을 공식적인 효력이 있는 문서로 확인하고 있다.29)

---

26) 中谷和弘外, 『国際法』, 有斐閣, 2017, p.99.

27) 박현진, 「영토・해양경계 분쟁과 '약식조약'의 구속력・증거력: 의사록・합의의사록과 교환각서/공문 해석 관련 ICJ의 '사법적 적극주의'(1951~2005)를 중심으로」, 『국제법학회논총』 58권 2호, 2013, p.106.

28) 日本外務省編, 『日本外交文書』 제12권, 日本国際連合協会, 1949, pp.191-200; 森川俊孝, 「条約の承継に関する第二次世界大戦前の日本の実行」, 『横浜国際社会科学研究』 12권 2호, 2007, p.205 재인용.

29) 박현진, 「영토・해양경계 분쟁과 '약식조약'의 구속력・증거력: 의사록・합의의사록과 교환각서/공문 해석 관련 ICJ의 '사법적 적극주의'(1951~2005)를 중심으로」,

또 위 인용문에서는 구상서에 주인(朱印)이 있느냐 없느냐에서도 굳이 차이를 찾고 있는데, 일반적으로 구상서에는 서명을 하지 않는 경우가 많다.[30] 차치하고, 만약에 이것이 교환공문 즉 외교문서가 아니면 무엇인가. 일본(쓰시마)은 조선 정부에 전달될 것을 알면서, 그리고 이것이 울릉도쟁계의 "최종 결착의 증거"가 될 것으로 인식하고 있으면서 외교문서도 아닌 것을 왜 조선 역관에게 전달했으며, 전달 의미는 무엇인가에 대한 설명이 필요하다. 여기에 대해 '쟁점검토'는 "외교적 효과"를 저감시키기 위해서 라고 설명하고 있으나, 충분하지는 않은 것 같다. 또 당시 역관은 단순한 통역자가 아니라 외교 사자(使者)의 자격을 가지고 있었으며, 특정사안에 대한 교섭과 절충을 하기도 하는 등[31] 전문직 외교공무원의 성격을 가지고 있었기 때문에,[32] 비록 도해금지령이나 울릉도쟁계 교섭을 목적으로 쓰시마에 간 것은 아니지만, 외교문서를 수령해올 만한 지위에 있었다. 그렇기 때문에 쓰시

---

p.106.

Japan renounces all special rights and interests in China, including all benefits and privileges resulting from the provisions of the final Protocol signed at Peking on 7 September 1901, and all annexes, notes and documents supplementary thereto, and agrees to the abrogation in respect to Japan of the said protocol, annexes, notes and documents.(日本国は、 1901年9月7日に北京で署名された最終議定書並びにこれを補足するすべての附属書、 書簡及び文書の規定から生ずるすべての利得及び特権を含む中国におけるすべての特殊の権利及び利益を放棄し、 且つ、 前記の議定書、 附属書、書簡及び文書を日本国に関して廃棄することに同意する).

[30] "막부가 도해를 금지시킨 사실을 전하는 구상서에는 작성일자도 발신인도 기재하지 않았으면서 인슈 건 관련 구상서에 대해서만 도시요리가 연명하고 주인(朱印)을 찍은 이유는', 도해금지령을 전하는 구상서는 막부의 의사를 쓰시마가 구두로 전하는 문서이기 때문에 쓰시마의 도시요리가 연명을 하거나 주인을 찍을 수가 없었을 것이고, 인슈 건 관련 구상서는 안용복의 2차 도일에 관한 쓰시마의 의견이 주를 이루고 있기 때문에 연서와 주인을 찍었을 가능성도 있을 것이다.

[31] 윤유숙 편, 『조선후기 왜관과 왜학 역관』, 동북아역사재단, 2018, p.6.

[32] 이훈, 『외교문서로 본 조선과 일본의 의사소통』, 경인문화사, 2011, p.231; 장순순, 「조선후기 한일 양국의 譯官記錄과 倭館」, 『한일관계사연구』 제59집, 2018, p.187.

마도 역관에게 도해금지령을 내려진 사실을 전했을 것이다.

위 인용문에서는, "게다가 번이 막부에서 문서를 전달받은 방식도 '다케시마 건' 문서는 다른 노중이 열석한 가운데 형부대보에게 건넨 것이고, '인슈 건(다케시마 건이 결정난 이후에 발생한 안용복의 소송 건을 가리키는 듯함-인용자)'은 다른 노중들이 없는 가운데 따로 형부대보에게 건넨 것이기 때문"에 외교문서로 보기 어렵다고 지적하고 있다. 이는 쓰시마가 조선에 문서를 전달하기 이전의 단계에서 형부대보가 막부로부터 전달받은 문서이기 때문에 당연히 외교문서가 아니며, 또 쓰시마가 막부로부터 전달 받은 형식의 차이가 조선에 전달된 문서의 가치와 내용의 차이를 가져 오는 것은 아니다. 예를 들면 쓰시마가 막부로부터 문서를 대면으로 받았느냐 팩스로 받았느냐, 아니면 여러 사람이 있는 가운데 받았느냐, 혼자 일대일로 받았느냐의 차이인데, 이러한 형식의 차이가 내용의 차이를 가져오지는 않는다. 굳이 따진다면, 위 인용문에서 이야기하고 있는 "노중이 열석한 가운데" 받은 것과, "노중들이 없는 가운데 따로" 받은 것의 차이는 무엇인가. 다케시마의 건은 막부가 공개적으로 건넸고, 인슈의 건은 비밀리에 전했다는 의미로 읽힌다. "'다케시마 건' 문서는 다른 노중이 열석한 가운데 형부대보에게 건넨 것"이기 때문에, 즉 공개적으로 전했기 때문에 공적 성격이 약하고, 인슈의 건은 비밀리에 전했기 때문에 공적 성격이 강하다는 의미인 듯하다. 그러나 일반론적으로 보면 '노중이 열석한 가운데' 공개적으로 건넸기 때문에 오히려 공적 성격이 더 강하다고 보는 것이 자연스럽다.

덧붙여, "조선 조정은 문서 형식을 문제 삼아 회답 서계를 거부했지만, 쓰시마번의 계속된 요청 때문에 결국 4월에 박세준 명의의 서계를 전하기에 이르렀다."고 했는데, 비록 일본이 보내온 문서 형식에 하자가 있다(違式) 하더라도 조선이 서계로 답을 함으로써, 사후적으로 그리고 내용적으로 일본에서 보내온 구상서도 서계로서의 의미를 가지게 되었다고 볼 수도 있다. 당시 조선 측이 서계가 아님에도 서계로 답을 한데에는, 조선정부는 쓰시마가 막부의 의사를 전한다고 하면서도 서계가 아닌 구상서로 전달하는 등 다소 '불순한 의도'를 가지고 있다는 것을 알고, 막부의 의사를 확인하고 공식화하려는 의도가 있었을 것이다. 장순순의 연구에 의하면 조선 후기 일본에서 보내온 서계에는 절차와 형식을 어긴(違式) 경우가 있음을 알 수 있다. 장순순이 분석대상으로 삼은 일본에서 보내온 135장의 서계에서 149건의 위식(違式)이 있었다고 한다. 이는 위식이 있었다고 해서 반드시 외교문서로서의 의미가 없어지는 것은 아니라는 것을 알 수 있다. 구체적으로 보면, 149건의 위식 가운데 45건은 그대로 수용하거나 개찬 요구가 받아들여지지 않았다. 심지어 일본이 서계를 보내지 않고 답서를 요구한 경우도 2, 3건 있었다. 위 인용문에서 쓰시마가 구상서를 보낸데 대해 조선정부가 서계를 보낸 것은 여기에 해당 한다고 볼 수 있다. 시기적으로도 1671년에서 1700년 사이에 위식이 많은 편이었다고 한다.[33]

5. 울릉도쟁계의 최종합의 여부에 대한 해석과 평가문제

'쟁점검토'는 울릉도쟁계에서 일본이 조선에 전달한 최종 문서를 공식외교 문서로 인정하지 않는다. 그렇다면 울릉도쟁계는 최종적으로 조선과 일본 사이에 합의에 이르지 못한 것으로 평가되어야 하는가. '쟁점검토'가 약식조약설의 성립을 부정하는 가장 강력한 논의는 여기에 있는 것 같다. 아래 인용문은 이에 대한 '쟁점검토'의 주장이다. 다

---

33) 장순순, 「朝鮮後期 日本의 書契 違式實態와 朝鮮의 對應-『邊例集要』를 중심으로」, 『한일관계사연구』 제1집, 1993, p.113.

소 길지만 인용한다.

"울릉도쟁계 외교문서=약식조약'설은 이 문서를 '막부의 1699년 1월 최종 확인공문'이라고 했지만, 확인공문이라고 할 만한 것은 형부대보 명의의 서계뿐이고 관수가 전한 구상서는 공문서로서의 형식도 다 갖추지 못했고 서계도 아니므로 확인공문에 해당시키기는 어렵다."(259~260쪽)

"이러한 현대 국제법상의 개념으로서 교환각서에 의한 약식조약의 형태를 울릉도쟁계 관련 조·일 양국 간 외교문서의 교환에서 찾아 볼 수 있으나, 울릉도의 조선 주권과 이에 따른 도해금지를 최종적으로 확인할 수 있는 일본 측의 최종 문서는 관수의 구상서이다. 막부의 노중이나 쓰시마번 형부대보 등이 아닌 관수의 구상서를 서계로 볼 수 있을 것인가에 대하여는 쓰시마번의 강변에도 불구하고 그 배경을 보면 공식적이며 구체적인 의사를 최종적으로 확인할 수 있는 지위에 있는 관료에 의한 외교문서로서의 형식을 갖추지 못하였다. … (중략) …이는 구상서가 일본 측의 최종적이며 확고한 의사를 대변하는 문서가 아니므로 이를 이용해서 일본 측이 약속의 내용에 대한 구속을 받지 않겠다는 의도가 저변에 있었음을 말한다. 그래서 일본 측은 외교문서로서 서계에는 수신자를 '예조 대인 각하'라고 표시하고 그 내용은 조선이 사정을 잘 살펴 양국의 우호를 통하고 성신의 의리에 힘쓴다는 뜻을 보인 데 대해 감사하며 이를 막부에 전했다는 매우 형식적인 것만을 담았다. 결국 '울릉도쟁계 외교문서=약식조약'설이 약식조약 성립의 근거로 삼은 1699년 3월 최종 확인공문으로서 형부대보 요시자네 명의의 서계는 구체적인 합의의 내용이 없고, 울릉도에 대한 조선주권 인정과 이에 따른 도해금지의 내용은 관수의 구상서에 변칙적으로 담아 전달하면서 사신에 의한 전달이나 서계의 형식을 갖추지 않은 이유를 구두로 강변하고 있을 뿐이다. 현대 국제법의 조약에 대한 기본적 정의는 정식이든 약식이든 합의당사자들 사이의 문서에 의한 객관적 합의 내용에 대하여 국제법의 규율을 받도록 한다는 주관적 의사의 존재가 필요하지만, 울릉도쟁계 당시 조·일 양국 간의 합의는 이러한 법적 구속력에 대한 합의가 존재했다고 판단할 수 있는 근거가 부족하다. … (중략) … 따라서 울릉도쟁계 관련 조·일 양국 간의 외교문서는 현대

국제법적 측면에서 약식조약의 문서형식을 갖추기는 했지만 동시에 현대
국제법의 약식조약으로는 다룰 수 없는 국경관련 사항을 다루고 있음을
알 수 있다."(pp.261-262)

울릉도쟁계에서 일본은 조선의 주장을 받아들여, 1696년 1월 도해금
지령을 내렸고 쓰시마는 이를 구상서로 조선정부에 전했다. 이에 대해
1698년 4월 조선은 예조참의 이선부의 이름으로, 도해금지령을 전달한
데 대한 의례적인 감사 표시와 함께 한 번 더 울릉도의 영유권을 확인
하는 내용의 서계(답서)를 보냈다. 이 답서는 7월 막부에 전달되었으
며, 막부는 더 이상의 조선에 항의하지 말고 문서로 조선에 답을 하라
고 쓰시마에 지시했다. 이는 막부가 조선의 주장을 그대로 수용하고
합의가 이루어 졌음을 확인하는 내용을 문서로 답을 한 것을 의미한
다. 1699년 3월 쓰시마는 막부의 지시대로 예조참의 앞으로 최종 답신
을 보냈다. 이 문서를 끝으로 울릉도쟁계는 막을 내리게 된다. 위의 인
용문은 이 최종 답신에 관련된 내용이다.

위 인용문에서 중요하게 지적하고 있는 것은 "확인공문이라고 할 만
한 것은 (형식적인 내용의-인용자) 형부대보 명의의 서계뿐이고 관수
(館守-인용자)가 전한 구상서는 공문서로서의 형식도 다 갖추지 못했
고 서계도 아니므로 확인공문에 해당시키기는 어렵다", "도해금지를
최종적으로 확인할 수 있는 일본 측의 최종 문서는 관수의 구상서이
다."는 부분이다. 서계는 매우 형식적이고 관수가 전한 구상서는 외교
문서가 아니므로 확인공문에 해당하지 않는다는 점을 강조하고 있는
것이다.

'쟁점검토'는 반복해서 서계는 공식외교문서이며 구상서는 공식외
교문서가 아니라는 관점에서 논지를 전개하고 있다. 이 점에 대해 근
본적인 의문이 제기된다. 이 점에 대해서는 앞에서도 언급했지만, 일

반적으로 구상서는 주로 외교사절을 통해 상대국에 제출하는 정식의 외교문서이며, 주문서 내용이나 설명을 위해 첨부 문서로 사용되기도 한다. 구상서는 당시 쓰시마와 동래부 사이에도 널리 사용되었던 외교문서의 양식이며, 1952년부터 1965년까지 크게 4차례에 걸쳐 독도영유권을 둘러싸고 한국과 일본이 교환한 외교문서도 각서 또는 구상서의 형식이었다는 점을 상기할 필요가 있다.[34]

위 인용문은 형부대보 명의의 서계는 내용이 없는 형식적인 것이며, 실질적인 내용을 담고 있는 관수의 구상서는 서계의 형식을 갖추지 않은 '사신'으로 취급한다. 그리고 구상서에 실질적인 내용을 담은 이유를 "약속의 내용에 대한 구속을 받지 않겠다는 의도가 저변에 있었"다고 해석하고 있다. 여기에서 '사신' 즉 관수의 구상서는 관수 개인의 견해 내지는 의견을 말하는 것으로 이해된다. 이를 액면 그대로 받아들이면, 3년 이상 양국이 논쟁을 전개했던 울릉도쟁계 문제를 막부가 최종 확정하고 조선에 통보하고, 조선정부가 이를 확인하는 외교문서를 보냈음에도 불구하고, 쓰시마(형부대보)가 이를 지키지 않으려는 의도에서 왜관 관수의 구상서라는 변칙적인 방법으로 문서를 조선 측에 전달했다는 의미이다.

이렇게 해석을 하면 조선 측에 전달한 일본의 문서는 막부의 의지를 담은 것이 아니라 쓰시마와 관수의 의지를 담은 것이 된다. 즉 최종적으로 일본이 조선에 보낸 것은 막부의 의지가 아니라 쓰시마의 의사였다는 의미로 읽힌다. 이러한 함의에서 "쓰시마 번은 편법으로 번의 의사를 전"했다고(260쪽) 쓰고 있는 것 같다. 과연 쓰시마와 관수가 막부의 결정을 무시하고 쓰시마 자신의 의사를 전달한 것으로 봐야하는가

---

34) Hyun-jin Park, "Soverinty over Dokdo as Interpreted and Evaluate from the Korean-Japanse Exchange of Notesand Verbales(1952~1965)",*Chinese Yearbook of International Law and Affairs*, vol.35, 2017, pp.47-69.

는 의문이다. 물론 당시 쓰시마는 막부와는 달리 울릉도에 대한 영유권을 집요하게 주장했고, 막부의 결정에 대해 불만으로 가지고 있었으며, 이러한 사정이 반영되어 쓰시마가 문서의 격을 낮추어 보냈다는 점에 대해서는 이해가 간다. 그렇다고 막부의 지시를 받고 최종문서를 보내는 쓰시마가 막부의 뜻과는 관계없이 자기들의 주장을 전했다고 보기는 어렵다.

여기에서 보다 중요한 것은 구상서의 취급에 대한 것이다. 형부대보의 서계 말미에는 "말씀하신 뜻은 이미 막부에 문서로 전하였기에 이에 대략을 말씀드립니다. 나머지는 관수가 구두로 말씀드릴 것입니다"고 적혀있다.[35] 서계는 개괄적인 의사를 전하고 구체적인 내용은 관수가 구상서로 전한다는 뜻이 분명히 나타나 있다. 다시 말하면 구상서는 공문의 본장(本狀)에 해당하고 구상서는 공문 본장의 내용을 구체적으로 설명하는 첨부 문서(添狀)라는 의미이다.[36] 그렇기 때문에 여기에서 서계와 구상서는 고립된 행위(as a isolated act)로 작성된 별개의 문서가 아니라, 행위의 연속적인 시리즈의 부분(as part of a continuing series of acts)이다. 따라서 여기에서 서계와 구상서는 연결된 하나의 문서로 보는 것이 타당하다. '쟁점검토'의 주장처럼, 서계는 외교문서로 취급하고 거기에 첨부된 구상서는 외교문서가 아닌 것으로 구분하여 별개의 문서로 취급하는 것은 온당치 않다. 설사 '쟁점검토'가 강조하는대로, 구상서는 외교문서가 아니라는 주장을 받아들인다 해도, 적어도 여기에서 논하는 형부대보의 서계와 관수가 전하는 구상서는 연결된 하나의 문서로서 서계의 성격을 가진 것으로 보는 것이 자연스럽다. 공문서의 별첨 서류를 따로 떼어내어 공문서가 아니라고 할 수 없

---

35) 이성환 외, 『일본 태정관과 독도』, pp.253-255.

36) https://kotobank.jp/word/%E5%8F%A3%E4%B8%8A%E6%9B%B8-495744(검색일 2019.03.21.)

는 것과 같다.

또 위 인용문에는 "관수의 구상서를 서계로 볼 수 있을 것인가.(중략) 공식적이며 구체적인 의사를 최종적으로 확인할 수 있는 지위에 있는 관료에 의한 외교문서"가 아니라고 하고 있다. 즉 관수가 전한 구상서는 외교문서로 인정할 수 없다는 것이다. 관수가 전한 구상서를 보면, 거기에는 막부가 조선의 주장을 수용한 과정과 이유, 울릉도에 대한 조선의 영유권을 인정하고 도해금지령을 내린다는 등의 내용이 명확히 나타나 있으며 (비록 형부대보의 공치사가 많이 들어 있긴 하지만), 관수 개인의 의견이 아니라 막부의 의사를 전하고 있다는 것을 알 수 있다. 또 이 내용을 조선 조정에도 전달해주기를 바란다고 명시되어 있다. 따라서 관수가 전한 구상서는 조선의 주장을 수용한 막부 즉 일본의 국가의사를 체현한 것이다. 관수가 구상서로 전달했기 때문에 그것을 관수의 개인 견해('사신')로 보는 것은 무리가 있다고 하겠다.

또 "공식적이며 구체적인 의사를 최종적으로 확인할 수 있는 지위에 있는 관료에 의한 외교문서"가 아니라고 하는 점도 검토할 필요가 있다. 관수는 쓰시마가 파견한 왜관의 관리 책임자일 뿐만 아니라 쓰시마(일본)가 조선에 파견한 일종의 외교사절의 대표 성격도 가지고 있다. 요즘 용어로 하면 공사 내지는 총영사격에 해당할지 모르겠다. 1672년 동래부사 이복과 왜관 관수 사이에는 1683년 계해약조의 토대가 되는 조시약조(朝市約條)를 체결한 예도 있으며,[37] 1713년과 1716년에는 관수가 서계의 형식을 변경하도록 통보해온 경우도 있다.[38] 1793년 4월부터 관수 도다 도노모(戶田賴毛)는 역지통신(易地通信)의 교섭에 실질적인 역할을 하였다.[39] 이러한 예에 비추어 보면

37) 윤유숙 편, 『조선후기 왜관과 왜학 역관』, 동북아역사재단, 2018, p.78.
38) 이훈, 『외교문서로 본 조선과 일본의 의사소통』, p.65.
39) 허지은, 「근세 왜관 관수의 역할과 도다 도노모의 역할」, 『한일관계사연구』 제48집,

관수는 충분히 막부와 쓰시마의 의사를 전달할 수 있는 지위에 있다고 하겠다. 직급이 낮은 공무원의 행위도 국가의 행위로 인정하는 것과도 같다. 단순히 말하면 메신저(messenger)가 중요한 것이 아니라 메시지(message)가 중요하며, 통교자의 지위가 외교문서의 법적 지위에 영향을 미치지 않는다는 점을 고려할 필요가 있다.

'쟁점검토'에서는 당시 조선과 일본 사이에는 조약에 해당할 만한 것은 '약조(約條)'라는 용어를 사용하였으나 울릉도쟁계 관련 문서는 그렇지 않기 때문에 국경조약이라 할 수 없다고 하고 있으나(255쪽), 위에서 언급한바와 같이 1672년 동래부사와 왜관 관수 사이에는 무오절목이라고도 불리는 조시약조(朝市約條)가 체결된 예도 있다. 하나의 예로 일반화 하기는 어렵지만, 조시약조의 예는 절목에 해당하는 것도 약조라는 명칭을 사용했다는 것을 보여주고 있다. 문서의 명칭이나 형식이 반드시 자동적으로 문서의 성격이나 효력을 규정하는 것은 아니다. 또 '쟁점검토'가 지적하듯이, 약조가 반드시 조약을 의미한다면, 조시약조의 예는 경우에 따라서 관수가 약조(조약)를 체결할 지위에 있었다는 것을 의미한다.

또 위 인용문에서는 "공식적 외교문서의 의미가 부여되는 봉행문서로서의 서계와 그에 해당되지 않는 구상서를 구분하고 있다"고 했는데, 여기서 봉행문서란 '쟁점검토'가 설명하고 있듯이, 쓰시마의 도시요리(家老)가 연명한 문서를 의미하며, 구체적으로는 쓰시마가 1697년 2월에 조선에 보낸 문서에 6명의 가로가 연서해서 보낸 문서를 말한다. 이에 대한 조선 측의 답서에서 이를 '귀주제봉행문자(貴州諸奉行文字)'라 지칭한 것인데, 쓰시마에서는 이 문구를 삭제해달라고 요구했으나, 조선 측은 이를 거부했다(결국은 삭제를 해줌). 앞에서 언급한대로, 쓰시마가 삭제를 요구한 의도는 명확하지 않으나, '쟁점검토'가 지적하듯이, 이 요구가 외교문서가 아닌 구상서로 격하시키기 위한 것으로 해석하기는 어려울 것 같다. 봉행문서, 즉 봉행의 연서가 있고 없고가 서계냐 아니냐를 구분하는 것은 아니기 때문이다. 예를 들면 앞에서 언급한 형부대보의 서계에도 봉행의 연서는 없다.

덧붙여 위 인용문에서 "현대국제법의 약식조약으로는 다룰 수 없는 국경관련 사항을 다루고 있음을 알 수 있다."고 했는데, 이는 국경관련 사항은 반드시 격이 높은 일반(정식)조약으로 다루어야 한다는 의미인 듯하다. 국경관련 사항은 약식조약으로 다룰 수 없는 것인가에 대한 의문이 남는다. 국제관계에서 국가의 의사표시의 형식은 자유이며, 국가는 구두로도 합의를 형성할 수도 있다. 상설국제사법재판소(PCIJ)는 1933년의 동부그린란드 사건에서 노르웨이 외무장관 이렌이 덴마크에 대해 "이 문제의 처리에 장애를 가져오지 않는다"는 취지로 한 발언이 노르웨이를 구속하는 것으로 판시했다. 또 덴마크와 핀란드 사이의 대벨트(Great Belt)해협의 교량건설을 둘러싼 분쟁이 1992년에 양국 수상의 전화통화로 해결된 예도 있다는 점을 상기하고 싶다.[40] 이들 모두 국경관련 사항이다.

이상을 간략히 정리하면, '쟁점검토'의 논지에 따르면 결국 울릉도쟁계의 최종 합의 내용이 관수의 구상서에 포함되어 있기 때문에 공식외교문서로 보기 어렵고, 또 국경관련 사항은 약식조약이 아닌 일반(정식)조약으로 다루어야 하는데, 울릉도쟁계는 약식조약의 요건마저도 갖추지 못하고 끝나 버린 것이 된다. 이를 감안하면 결국 울릉도쟁계는 공식적으로 합의가 이루어지지 않은 미완으로 종결된 셈으로, 결국은 합의에 도달하지 못했다는 의미이다. 이와 같은 '쟁점검토'의 논지

---

40) 中谷和弘 外, 『国際法』, p.99.

를 수하면, 일반적으로 울릉도쟁계에 의해 울릉도에 대한 조선의 영유
권이 확보되었다고 보는 역사적 관점은 성립하지 않게 되는 것으로 이
해해야 하는가에 대한 의문이 남는다. 물론 울릉도쟁계 이후 일본 정
부가 울릉도에 대한 영유권을 주장한 적이 없고, 조선 영토로 인정한
적이 없다고 주장하지는 않았기 때문에 현실적으로 울릉도쟁계를 통
해 울릉도 영유권 문제는 해결된 것이지만, 적어도 논리적으로는 미완
의 교섭으로 끝났다고 볼 수 있다. 예를 들면, 1887년 간도 영유권을
둘러싼 정해감계(丁亥勘界)가 결렬됨으로써 오늘 날까지 한국과 중국
간에 간도영유권은 미해결의 상태에 있으며, 그 연장선상에서 한중 간
에 국경회담을 재개해야 한다는 논리와 같은 것이다.[41] 실제로 한국간
도학회 등을 중심으로 이러한 주장이 이루어지고 있는 것도 사실이다.

그럼에도 불구하고 '쟁점검토'는 "막부의 지시에 따른 서계가 조선
측에 전달된 1699년 3월의 서계로 양국 간의 교환공문에 의한 의사의
합치가 이루어졌으며, 조선의 예조와 쓰시마 번주 간의 외교 공문을
통한 울릉도의 귀속에 대한 합의교섭에 대하여 쇼군이 최종 결착을 인
정"했고, "조·일 양국 간 울릉도의 귀속에 관한 외교교섭의 합의가 효
력을 발생한 것으로 간주해야 한다"(p.264)고 기술하고 있어, 이해에
혼란을 초래하고 있다. 같은 취지로 '쟁점검토'에서는 "울릉도쟁계관련
외교문서와 태정관 지령은 울릉도와 독도의 조선 영유권을 명시적으
로 인정한 일본정부의 공문서들이다"(p.248), "완전한 결착은 1699년에
12월에 이루어졌다", "법적 구속력을 갖는 조약문서인 울릉도쟁계관련
외교문서"(p.271) 등의 표현을 사용하면서 울릉도쟁계의 공식적 합의
를 강조하고 있다. 그 연장선상에서, '쟁점검토'가 주장하듯이, "귀속에
관한 외교교섭의 합의가 효력을 발생한 것"이며, "명시적으로 인정한

---

41) 이화자, 「광서연간 조청 양국의 을유·정해감계에 대한 재평가」, 『문화역사지리』
제21권 1호, 2009, pp.243-259.

문서"이며, "법적 구속력을 갖는 조약문서"로서 "완전한 결착"을 봤다면, 이는 조일 간의 국경교섭이 완결되어 국경조약이 체결되었다는 의미로 보는 것이 타당하지 않는가.

만약에 '쟁점검토'가 주장하는 논리대로 조일 간의 교환 공문을 외교문서로 인정하지 않고, 또 정식으로 최종 합의에도 도달하지 못했음에도 불구하고 울릉도쟁계가 결착이 되었다고 하면, 앞에서 언급한 바와 같이, 그것은 일본의 일방적인 조치 내지는 일방적 선언에 의한 것으로 비춰질 수도 있다. 비약을 하면, 일방적 조처 내지 선언은 일본이 자의적으로 취소를 할 수 있는 여지를 남기게 된다. 또 국경관련 사항은 약식조약이 아닌 일반조약으로 다루어져야 한다는 '쟁점검토'의 입장을 반영하면, 쟁점검토가 "법적 구속력을 갖는 조약문서인 울릉도쟁계관련 외교문서"라고 기술한 것은, 역설적으로 일반조약으로서의 국경조약(='조약문서')이 성립했다는 의미가 된다는 것이 필자의 판단이다.

6. 야마모토 오사미의 복명서에 대한 해석의 오류에 관하여[42]

'쟁점검토'는 1883년 야마구치 현의 공무원 야마모토 오사미(山本修身)가 작성한 복명서에 관해 언급하고 있다. 이 복명서는 당시 울릉도의 사정을 알 수 있는 사실적인 자료이며, 을릉도쟁계 합의(도해금지령)의 효력 및 이에 대한 당시의 일본의 인식 등을 알 수 있는 매우 중요한 자료이다. 그러나 '쟁점검토'는 이 자료의 문맥을 필자와 정반대로 해석하여 사실을 오인하거나 혼란을 초래하고 있다. 이 문제는 기

---

[42] 이 장은 각주 13)의 논문의 내용과 부분적으로 일치한다. 내용상 두 논문과 모두 관련성을 가지고 있기 때문에 부득이하게 중복하게 되었음.

본적으로는 일본어 해석에 관련된 것이나, 내용적으로는 울릉도쟁계 합의(도해금지령)의 국제법적 지위 및 효력의 지속 기간 등을 확인하는 유력한 근거가 될 수 있다. 이 문서의 이용자들을 위해서도 정확한 해석이 필요할 것 같다. 이와 관련하여 '쟁점검토'는 다음과 같이 기술하고 있다.

> "도시환("독도 관련 일본 태정관 사료 속 교환공문의 조약성 인식,"『근대 관찬사료 속의 울릉도·독도 인식』, (영남대학교 독도연구소 춘계학술대회자료집, 2018.2), 68쪽은 야마모토 오사미(山本修身)의 「출장복명서」(『明治17年 鬱陵島一件錄』 수록)의 내용을 인용하여 "조선과 일본 사이에 조약이 있으므로"라고 했으므로 도해금지령을 조약으로 인정하는 내용이 보인다고 했다. 그러나 위 내용을 해석하면 "이 섬이 귀국 영토라는 것이 피차 정부의 조약에 있으면 배편이 있는 대로 떠날 것인데..."(박병섭,『한말 울릉도·독도 어업』, 한국해양수산개발원, 2009, p.96)가 된다. 이는 1883년 울릉도에 있던 일본인이 조선인에게 울릉도가 조선 땅이라는 사실이 양국 정부의 조약에 있으면 떠나겠다고 말한 것을 가리킨다. 이 복명서는 도해금지령에 관해서는 언급이 없으며 연관성도 없다"(p.274, 각주 95)

야마모토 오사미(山本修身)의 복명서에는 울릉도에 불법으로 들어온 일본 벌목꾼과 이들을 축출하려는 조선관리 사이의 대화가 간략하게 수록되어 있다. 대화록은 ① 조선관리가 울릉도는 조선 땅이기 때문에 오면 안 된다고 하자 ② 일본 벌목꾼은 만국공법에 의하면 무인도였던 울릉도는 일본인이 발견해서 3년이 지나 일본 땅이 되었기 때문에 벌목을 해도 된다고 강변한다. 이에 ③ 조선관리가 그러면 조선정부가 일본정부에 조회를 하도록 하겠다고 하자 ④ 일본 벌목꾼은 양국 정부 사이에 조약이 있으니까 떠나겠다고 하는 흐름으로 구성되어 있다. 즉 만국공법을 내세워 울릉도에서 벌목을 강행하려던 일본 벌목꾼들이 조선 관리의 퇴거 요구에 따라 물러가는 과정을 묘사한 것이다.

복명서의 대화록에는 일본 벌목꾼이 "이 섬은 귀국(조선)의 영토라
는 양국정부 사이의 조약이 있으므로, 배가 오는 대로 떠나겠다"(本島
ハ貴国之所領ナルコト彼我政府二於て条約がアレハ, 便船次第立去ルヘ
シ)고 한 후, 그들은 앞으로 도항하지 않겠다고 하고 떠났다는 표현이
있다.[43] 여기에서 '조약이 있으므로(条約アレハ)'의 표현에 대한 해석
의 논란이 있다. 필자는 이를 "조약이 있으므로"(원인, 이유)로 해석을
했고, '쟁점검토'는 "조약이 있으면"(가정법)으로 해석했다. 필자는 전
자의 해석이 타당하다고 봤으며, 도시환도 필자의 해석을 인용하였다.

논란이 되고 있는 문장은 "이 섬은 귀국(조선)의 영토라는 양국정부
사이의 조약이 있으므로 or 있으면, 배가 오는 대로 떠나겠다"는 부분
이다. 요지는 일본인이 울릉도를 떠나겠다는 것인데, 조약이 있기 때
문에 떠나겠다는 것인지, 조약이 있으면 떠나겠다는 것인지에 대한 의
견 차이이다. 전체 맥락을 보면 조선과 일본 정부 사이에 울릉도는 조

---

43) 대화록 전문은 아래와 같다.

朝鮮人:本島ハ我国之処領ナレハ、外国人等ハ猥リニ渡航上陸スヘキ筈無之、然ル
　　　二斯ク上陸、剩ヘ樹木等ヲ伐採セルハ、日本政府ノ命令カ、又ハ知ラスシテ渡航
　　　セシ哉。
日本人: 日本政府ノ命令アラザレドモ、万国公法二拠ルモ、無人島ハ発見セシ者三
　　　年間其地二居住スルトキハ所有ノ権可有之二付、樹木ヲ伐採スル何ノ妨ケ
　　　カアラン。
朝鮮人: 然ラハ我国政府ヨリ貴国政府ヘ照覆スルコトアリ、然シナカラ今ニシテ不
　　　残本島ヲ立去リ、将来渡航セサルコトヲ承諾スレハ、敢テ貴国政府ヘ照覆
　　　ナスノ煩ヲ省カン。
日本人: 本島ハ貴国之所領ナルコト彼我政府二於テ条約アレハ、船便次第立去ルヘ
　　　シト雖トモ、既二伐採シタル材木ハ如何スヘキカ。
朝鮮人: ソレハ持帰ルモ苦シカラス。
　　　右問答終ハリ日人モ渡航セサル義ヲ承諾シ　互二相別レタリト云フ　尤モ本年ハ朝
　　　鮮國ヨリ渡航セシ者ハ孰レモ永年移住ノ積リニテ　既二従來ノ如キ仮小屋にアラサ
　　　ル家屋ヲ繕ヒシ事四十余戸モ有之由　且ツ土地モ追々開墾シテ耕作地トナシタリト
　　　ノ風評二有之候……[途中省略]
　　　　　　明治十六年九月三日　　　　　　　十等属　山本修身

선 땅이라는 조약이 있기 때문에 떠난다는 의미이다. 실제 이 문답이 끝나고 그들은 앞으로 도항을 하지 않겠다고 약속하고 떠난다. 만약에 "조약이 있으면 떠난다"로 해석을 하면, 대화록의 앞부분에서 언급하고 있듯이, 만국공법까지 들먹이며 강하게 울릉도에 대한 영유권과 벌목권을 주장한 그들이 쉽사리 떠나지 않았을 것으로 보는 것이 자연스럽다.

설사 양보를 하여 "조약이 있으면"으로 해석을 하더라도 이것은 완전한 가정법의 대화가 아니라 조선 관리의 주장을 수용하는 의미의 가정법으로 해석되어야 할 것이다. 구체적으로 살펴보면, 이 문장 바로 앞에는 일본인이 만국공법을 내세워 울릉도에서 벌채를 할 권리가 있다고 주장을 한데 대해 조선 관리는 "그렇다면 우리나라 정부로부터 귀국 정부에 조회하도록 하겠다"고 일갈하자, 일본 벌목꾼이 "조약이 있으면 떠나겠다"고 답한 것이다. 이는 "(당신[조선관리]들이 말하는 대로) 조선과 일본정부 사이에 조약이 있으면 (그 뜻을 수용하여) 떠나겠다"는 의미로서, 조약의 존재를 상정한 대화이다. 또 가정법으로 해석을 하더라도, 그 뒤의 문장과 연결해서 보면, "조약이 있으면 돌아가야 하지만, 벌채한 목재는 어떻게 할까요"라고 해석되는데, 이는 조약이 있다는 것을 수용하고, 돌아간다는 뉘앙스이다.

이러한 혼란이 있을 때는 문언을 문법적으로 해석하는 것이 바람직하다. 문법적으로는 다음과 같이 설명된다. 접속조사 ば(ba)는 문어문법(文語文法) 또는 고전문법에서는 ア(a) 단 즉 미연형 접속(未然形接續)이면 '만약~라면'의 가정법(もし~なら, ~ならば, たら, 假定條件)'으로 해석되고, え(e)단 즉 이연형접속(已然形接續)이면 (현대어의 가정법 연결형태) 원인이나 이유를 나타내는 '~이므로, ~이니까(から, ので, 確定條件)'로 해석된다.[44] 만약 이 시기의 문법에 비추어 가정의 표현이 되려면, 위에서 설명한대로 미연형의 'アレバ(areba)'가 아니라 이연형의 'アラハ(araba)'가 되어야 한다.

이 대화록에서도 같은 용례를 찾을 수 있다. 예를 들면 "この島は我が国の処領ナレハ(nareba, 이연형 접속) 外国人等ハ猥リニ渡航上陸スヘキ筈無之"의 문장과, "然ラハ(sikaraba, 미연형 접속) 我国政府ヨリ貴国政府へ照覆スルコトアリ"의 문장이다. 위 문법을 적용하여 해석을 하면, "이 섬은 조선령이므로 외국인은 함부로 도항, 상륙해서는 안 된다"로 해석된다. 또 의미상으로도 원인이나 이유로 해석하는 것이 타당하다. 왜냐 하면 일본인을 철수시키려는 조선 관리가 "이 섬이 조선령이라면 외국인은 함부로 도항, 상륙해서는 안 된다"는 내용의 가정법으로 표현하지 않을 것이다. 또 같은 대화록에서의 용례로서 '然ラハ(sikaraba, 이연형)'가 있는 데, 미연형 접속의 '만약 그렇다면'으로 해석하는 것이 분명하다. '그러므로'가 되기 위해서는 이연형의 しかれば(然れば, sikareba)의 형태가 되어야 한다.[45] 이상과 같이 양자의 의미와 형태가 완전히 다르다는 것을 알 수 있다. 대부분의 연구자들이 문어문(文語文, 고문)의 일본어를 현대 일본어의 감각으로 읽음으로서 빚어진 부주의에 의한 오류라고 판단되나, 의미가 많이 달라지기 때문에 주의를 요한다고 하겠다.

이 구절의 해석이 중요한 이유는 다음과 같다. 첫째, 이 구절의 해석에 따라 이전에 조선정부와 일본정부 사이에 울릉도 영유를 둘러싼 조약이 존재했느냐, 아니냐를 판단할 수 있다. "조약이 있기 때문에(있으므로)" 떠난다는 말은 과거 조약이 존재했고, 그 조약이 여전히 효력을 유지하고 있다는 것을 보여주는 유력한 근거이다. 그러면 '조약'이 구체적으로 무엇을 가리키느냐인데, 대화록에서 울릉도 영유권에 관련

---

44) 佐伯梅友 外 編著(1985), 『例解古語辞典 第2版』, 三省堂, pp.685-686.

45) 원문의 해석에 대한 설명은 필자가 다수의 일본의 어문학 전문가들에게 확인한 것이다.

된 것임을 명확히 밝히고 있다. 울릉도 영유권과 관련하여 조선과 일본 정부 사이에 조약이라 할 수 있는 것은 울릉도쟁계의 합의가 유일하다. 따라서 여기에서 이야기하는 조약은 울릉도쟁계 합의(도해금지령)를 가리키며, 이를 당시 일본에서는 근대적 언어로 '조약'이라는 용어를 사용하고 있었다고 해석할 수 있다. 바꿔 말하면 일본이 스스로 울릉도쟁계 합의를 조약으로 인식하고 있었다는 것이다.

둘째, 대화록에 등장하는 일본 벌목꾼은 울릉도와 가까운 시마네 현이 아닌 에히메 현 사람이며, 기록자는 야마구치 현 공무원이라는 사실은 울릉도쟁계 합의(도해금지령)가 시마네 현뿐만 아니라 그 외의 지역에서도 근대적 의미의 조약으로 널리 인식되고 있었다는 것을 말한다. 이러한 점에서 '쟁점검토'가 "이 복명서는 도해금지령에 관해서는 언급이 없으며 연관성도 없다"고 단정 하는 것은 타당하지 않다. 도해금지령이라는 단어가 없다고 해서 도해금지령과 관련이 없다고 단정해서는 안 된다. 이러한 사실은, 울릉쟁계 합의(도해금지령)=국경조약설을 강력하게 뒷받침하는 유력한 증거이다. 180년이 지난 후에도 일본인들 스스로 울릉도쟁계 합의(도해금지령)를 조약으로 인식하고 있었던 것을 우리가 굳이 조약이 아니라고 하는 것도 자연스럽지 않다. 또 별고에서 논하는 바와 같이,[46] 후술하는 바와 같이, 울릉도쟁계 합의와 불가분의 관계에 있는 태정관 지령이 국제법적 함의를 가지고 있지 않다고 부정하는 것도 논리적으로 맞지 않다.

---

[46] 이성환, 「태정관 지령을 둘러싼 논의의 재검토-유미림, 최철영, 『1877년 태정관 지령의 역사적·국제법적 쟁점검토』에 대한 반론」, 『국제법학회논총』 64(2), 2019 참조.

7. 맺음말

  이상을 간략히 정리하면 다음과 같다. 첫째, 1693년의 예조참판 권해 명의의 이른바 조선의 제1차 서계는 그 후 조선 정부가 회수하였기 때문에 외교문서로서의 의미를 상실한 것으로 판단했다. (내용은 막부에 보고되었다고 보아야 한다.) 그러나 예조참판 이여 명의의 이른바 2차 서계는 일본이 개찬을 요구하는 등의 곡절은 있었으나, 조선에 반환되지 않았고, 내용도 막부에 보고되었다. 그러나 막부는 이에 대해 이의 제기를 하지 않았으며, 서계를 조선 측에 반환하지도 않았다. 실질적으로 막부는 조선의 2차 서계의 내용을 수용하는 형태로 울릉도 도해금지령을 내리게 된다. 따라서 2차 서계는 실질적으로 외교문서의 효력을 가지고 있었다고 볼 수 있다.

  둘째, '쟁점검토'는 서계와 구상서를 엄격히 구분하여 전자는 공식 외교문서로 인정하고 구상서는 공식적인 외교문서가 아닌 것으로 취급하여 논지를 전개하고 있다. 이러한 관점에서 울릉도쟁계에서의 실질적인 내용은 조선 역관이나 부산 왜관의 관수를 통한 구상서로 전달되었기 때문에 울릉도 쟁계의 약식조약설은 성립하기 어렵다고 주장했다. 쓰시마가 도해금지령 및 울릉도에 대한 조선의 영유권을 인정하는 등의 주요한 내용을 격을 낮추어 구상서로 전한 것은 막부의 도해금지 결정에 대한 쓰시마의 불만이 반영되었기 때문이다. 그러나 이 구상서는 막부나 쓰시마의 형부대보의 의사 즉 일본의 국가의사가 반영된 것이기 때문에 정식의 외교문서로 보아야 한다는 점을 밝혔다.

  셋째, 같은 맥락에서 최종확인 공문에 대한 평가에서 '쟁점검토'는 서계는 내용이 없는 형식적인 것이며, 관수의 구상서에 울릉도에 대한 조선의 영유권 인정과 그에 따른 도해금지령의 내용이 포함되어 있기 때문에 약식조약설이 성립되기 어렵다고 주장했다. 그러나 필자는 이 확인공문은 서계와 구상서를 엄격히 분리해서 별개의 문서로 평가할 수 없다는 점을 밝혔다. 즉 서계에서 "나머지는 관수가 구두로 말씀드릴 것입니다"고 밝히고 있기 때문에 여기에서의 서계와 구상서는 분리할 수 없는 행위의 연속적인 시리즈의 부분(as part of a continuing series of acts)으로 봐야한다. 따라서 최종 확인 공문에서의 서계와 구상서는 연결된 하나의 문서로 보는 것이 합리적이다.

넷째, 사료해석에 관련된 문제로서 접속조사 ば(ba)의 해석에 대해 자세히 언급했다. 즉 '울릉도쟁계 합의'(도해금지령)의 성격 및 효력의 존속 등과 관련성을 가진 야마구치 현 공무원 야마모토 오사미의 복명서에 나오는 "조선과 일본 정부사이에 조약이 있으므로(있기 때문에, 彼我政府ニ於テ条約アレハ"라는 문장의 해석을 문법적으로 자세히 분석했다. 일본어 고전문법 또는 문어문법에서 접속조사ば(ba)는 이연형(e단)에 붙으면, 현대어와는 다르게, 원인, 이유(~ので, ~から)로 해석한다는 점을 밝히고, '쟁점검토'의 해석이 아니라 필자의 해석이 유효하다는 것을 확인했다.

이상을 종합하면 '쟁점검토'가 제기하고 있는 쟁점들은 받아들이기 어려우며, 따라서 기존의 연구 및 학설에 대한 변경의 필요성이 없다고 하겠다. 문서의 형식과 전달 방법 등에 대해 엄밀성을 추구해야 할 필요성은 인정하나, 그것도 전체적인 맥락이나 의미를 훼손하지 않는 범위 내에 머물러야 한다는 점을 강조하고 싶다. 지나친 형식의 엄밀성의 추구가 실질적인 의미를 약화시켜서는 안 될 것이다.

【참고문헌】

김화경,「박어둔과 울릉도 쟁계에 관한 연구 -한, 일 양국 자료를 중심으로
        한 고찰」,『인문연구』58권, 영남대학 인문과학연구소, 2010.

동북아역사재단 독도연구소,『일본외무성의 독도홍보 팜플렛 반박문』,
        2008. 9.

박현진,「17세기 말 울릉도쟁계 관련 한·일 '교환공문'의 증명력 : 거리관
        습에 따른 조약상 울릉·독도권원 확립·해상국경 묵시 합의」,『국
        제법학회논총』58(3), 2013.

박현진,「17세기말「울릉도쟁계」관련 조·일 교환공문(사본)의 증명력
        (Ⅱ): 국제재판에서의 입증책임·기준과 사서·사료의 증명력을
        중심으로」,『국제법학회논총』63권 4호, 2018.

박현진,「영토·해양경계 분쟁과 '약식조약'의 구속력·증거력: 의사록·합
        의의사록과 교환각서/공문 해석 관련 ICJ의 '사법적 적극주
        의'(1951~2005)를 중심으로」,『국제법학회논총』58권 2호, 2013.

박현진,『독도 영토주권 연구 : 국제법·한일관계와 한국의 도전』, 경인문
        판사, 2016.

송휘영,「울릉도쟁계」관련 사료의 재해석」,『독도연구』제22호, 2017.

유희진,「조약해석에서 문맥과 함께 참작되어야 하는 추후합의와 추후관
        행의 의미: ILC의 작업내용을 예시적으로 WTO협정의 해석에 적용」,
        『홍익법학』제14권 4호, 2013.

윤유숙 편,『조선후기 왜관과 왜학 역관』, 동북아역사재단, 2018.

이 훈,『외교문서로 본 조선과 일본의 의사소통』, 경인문화사, 2011.

이규창,「고시류 조약의 법적 제문제에 대한 고찰」,『법조』603호, 2006.

이성환,「태정관 지령에서 본 샌프란시스코강화조약」, 동북아역사재단 독
        도연구소,『일본의 독도 영유권 주장의 허상』, 동북아역사재단,
        2018.

이성환·송휘영·오카다 다카시,『일본 태정관과 독도』, 지성인, 2016.

이화자,「광서연간 조청 양국의 을유·정해감계에 대한 재평가」,『문화역
        사지리』제21권1호, 2009.

장순순,「17세기 조일관계와 '鬱陵島 爭界'」,『역사와 경계』제84집, 2012.

장순순, 「17세기 후반 '鬱陵島爭界'의 종결과 對馬島(1696년~1699년)」, 『한일 관계사연구』 제45집, 2013.

장순순, 「朝鮮後期 日本의 書契 違式實態와 朝鮮의 對應-『邊例集要』를 중심으로」, 『한일관계사연구』 제1집, 1993.

장순순, 「조선후기 한일 양국의 譯官記錄과 倭館」, 『한일관계사연구』 제59집, 2018.

최철영·유미림, 「1877년 태정관 지령의 역사적·국제법적 쟁점검토—울릉도쟁계 관련 문서와의 연관성을 중심으로—」, 『국제법학회논총』 63(4), 2018.

한국해양수산개발원 독도연구센터, 『독도는 과연 일본 영토였는가?(일본 외무성「독도」홍보 자료에 대한 비판』, 2008. 7.

허지은, 「근세 왜관 관수의 역할과 도다 도노모의 역할」, 『한일관계사연구』 제48집, 2014.

I. Sei-Hohenveldern, "History of Treaty" in Klabbers & Lefeber, eds., *Essays on the Law of Treaties*(Hague/Boston/london: Martinus Nijhoff Publishers, 1998.

Hyun-jin Park, "Sovernity over Dokdo as Interpreted and Evaluate from the Korean-Japanse Exchange of Notesand Verbales(1952~1965)", *Chinese Yearbook of International Law and Affairs*, vol.35, 2017.

池内敏, 『竹島問題とは何か』名古屋大学出版会, 2012.

許淑娟, 『領域権原論 - 領域支配の実効性と正当性』東京大学出版会, 2012.

岡田卓己, 「元禄竹島一件(鬱陵島爭界)における幕府の政策決定過程に関する研究－対馬藩家臣の役割を中心として－」, 계명대학교 석사논문, 2018.

大西俊輝, 『第四部 日本海と竹島 元禄の領土紛争記録「竹島紀事」を読む』 제2권, 東洋出版, 2012.

中谷和弘 外, 『国際法』有斐閣, 2017.

日本外務省編, 『日本外交文書』 제12권, 日本国際連合協会, 1949.

森川俊孝, 「条約の承継に関する第二次世界大戦前の日本の実行」, 『横浜国際社会科学研究』 12(2), 2007.

佐伯梅友 外 編著, 『例解古語辞典 第2版』, 三省堂, 1985.

일본의회의 국제사법재판소에 대한 인식

이명박 대통령의 독도방문 이후

최 장 근

1. 머리말

　독도는 역사적으로 보면 한국의 고유영토임에 분명하다.[1] 일본은 1905년 한국의 국권이 취약해져 국내외적으로 정치적 위기에 처해있을 때 외교권 강탈과 더불어 독도 영토를 도취해갔다. 그해 1월 일본정부는 각의결정을 통해 독도가 한국영토라는 사실을 알고 있었으면서도 주인 없는 섬으로 취급하여 국제법의 '무주지 선점'이론을 적용하여 시마네현 고시40호로 일본영토에 편입하는 조치를 취했다. 분명히 이는 타국의 영토를 침략한 불법행위이다. 곧바로 일본은 1910년 한일병합조약을 강압적으로 조치하여 한국의 주권을 침탈하였으나, 1945년 국제사회를 향한 일본의 침략행위가 극에 달하여 급기여 연합국이 히로시마, 나가사키에 원자폭탄을 투하하여 일본을 항복하도록 하고 한국을 독립시켰다. 연합국 최고사령관은 명령(SCAPIN) 677호로 제주도,

---

[1] 内藤正中・金柄烈, 『史的検証 竹島・独島』, 岩波書店, 2007; 内藤正中・朴炳渉, 『竹島＝独島論争ー歴史から考えるー』, 新幹社, 2007.

울릉도와 더불어 무인도였던 독도를 한국영토로서 일본에서 분리시켰다.[2] 일본은 대일평화조약을 체결하는 과정에 독도를 침탈하기 위해 영유권을 주장하였으나, 연합국은 최종적으로 일본의 입장을 지지하지 않았다. 그 후 일본의 독도 영유권 주장은 계속되었지만,[3] 이승만을 비롯한 한국의 역대 대통령들은 독도 영유권에 대해 단호한 입장을 견지하여 독도의 실효적 관할통치를 단행하고 동시에 계속적으로 영토주권을 강화해서 오늘날에 이르렀다.

일본정부는 1954년 독도에 한국이 경찰을 상주시켰을 때, 1962년의 한일회담에서 일본이 독도 영유권을 회담의 의제로 삼겠다는 것에 한국이 동의하지 않았을 때, 독도영유권을 국제사법재판소에 공동 제소하여 해결하자고 한국정부에 요청하였으나 단호히 거절당했다. 일본의회에서 독도영유권의 공동제소가 불가능해지자, 단독제소를 주장하기도 했다.[4]

이명박 대통령이 독도를 방문하였을 때, 일본정부가 이에 대응하는 차원에서 독도영유권에 관해 국제사법재판소에 위탁하여 해결하자고 한국정부에 또 다시 제의하였다. 이때에 일본 국회에서 국제사법재판소 제소에 관해 어떠한 논의가 있었는지 고찰하는 것이 본연구의 목적이다. 연구방법과 활용한 자료에 관해서는 일본 국회의사록을 2005년부터 2018년까지 분석하였는데,[5] 본 연구와 관련해서는 2012년 이후의

---

[2] 신용하,『독도영유권에 대한 일본의 주장비판』, 서울대학교출판부, 2011, pp.1-351; 최장근,『한국영토 독도, 일본의 영유권 조작 방식』, 재이앤씨, 2014, pp.203-238; 内藤正中・金柄烈,『史的檢証 竹島・独島』, 岩波書店, 2007, pp.101-118; 内藤正中・朴炳渉,『竹島＝独島論争ー歴史から考えるー』, 新幹社, 2007, pp.326-342.

[3] 川上健三,『竹島の地理的研究』, 古今書院, 1966, pp.248-274; 田村清三郎,『島根縣竹島의 新研究』, 島根県総務部総務課, 1965, pp.1-160.

[4] 「第181回国会 安全保障委員会 第2号, 平成二十四年十一月八日」, 「일본 국회 속기록」(중의원, 참의원 회의록; 1947년~2018년),『일본 국회 회의기록 검색시스템』, 일본 국회도서관 제공, http://kokkai.ndl.go.jp/(검색일 2018년 5월 6일). 이하「일본 국회 속기록」이라고 함.

자료들을 철저히 분석하여 활용했다.

2. 일본국회의 독도 영유권에 대한 다양한 인식

1) 일본 국회의 독도 영유권에 대한 적극적 인식

이명박 대통령은 2012년 8월 10일 독도를 방문하여 일본천황의 전쟁 책임에 대해 반성을 촉구했다.[6] 이명박 대통령이 왜 예고 없이 독도에 방문을 하게 되었을까? 이명박 대통령이 독도에 방문하기 이전 일본 국회에서는 독도에 대해 논란을 일으키고 있었다. 2012년 1월 26일 호소다 위원은 "독도 콘서트나 패션 쇼 개최, 대규모 부두, 헬기장, 숙박시설 건설에 대해서 항의를 했는가?"[7]라고 한국의 독도 실효적 지배 강화에 대해 총리의 무대응을 질타했다. 또 타나카(야스)위원은 "지난해 8월 1일 자유 민주당의 신도 요시타카 씨, 이나다 토모미 씨, 사토 마사히사 씨가 울릉도, 이곳은 인구 1만 명이나 살고 있는 섬, 여기에 입국하기 위해 갔을 때 대한민국 건국 이래 처음 있는 조치로서 출입국 관리법의 테러리스트 조항을 적용하여 3명의 입국을 거부했다."[8]라고 하여 일본영토에 일본 국회의원의 입국을 거부하는 한국정부의 자세에 대응하지 않았다고 질타했다. 그리고 이토 위원은 "칼라 복사로 배부하여 여러분이 갖고 있겠지만, 이것은 인터넷상의 한국의 날씨에

---

5) 「일본 국회 속기록」.

6) 「第181回国会 安全保障委員会 第2号, 平成二十四年十一月八日」, 「일본 국회 속기록」.

7) 「自由民主党の細田博之」, 「第180回国会 本会議 第2号, 平成二十四年一月二十六日」, 「일본 국회 속기록」.

8) 「国民新党・新党日本の田中康夫」, 「第180回国会 予算委員会 第11号, 平成二十四年二月十七日」, 「일본 국회 속기록」.

보 그림입니다. 여기에 독도, 이른바 다케시마가 일기예보에서 나온
것입니다. 3장의 사진의 제일 오른쪽, 독도 바로 다케시마가 세밀한 일
기 예보도에 실려 있습니다."⁹⁾라고 하여 한국이 독도를 자국의 영토에
포함하여 일기예보를 하고 있는데 일본정부가 무 대응으로 일관하고
있다고 질타했다. 게다가 토야마 이츠키는 "여기에 처음으로 예산 그
래프를 갖고 왔는데, 북방영토의 예산과 다케시마의 예산은 아주 다르
군요. 아마, 독도에 관해서 한국은 필요한 예산을 책정하고 있다고 생
각합니다만, 일본은 매년 외무성의 예산으로 2천만 엔 정도밖에 책정
하지 않고 있습니다. 다케시마의 영토 문제를 해결하기 위해서도 당연
히 영유권 확립을 위한 계발에 힘을 써야하므로 다케시마의 예산에 관
해서도 늘려야 한다."¹⁰⁾라고 지적했다. 즉, 일본국회에서 관련 의원들
이 한국이 "독도 콘서트나 패션 쇼 개최, 대규모 부두, 헬기장, 숙박 시
설 건설에 대해 항의를" 하지 않았다는 것, 2012년 8월 3명의 일본 자
민당의원이 울릉도 입국을 거부당했다는 것, 독도에 대한 한국의 상세
한 일기예보를 묵인하고 있다는 것, 독도영유권 확립을 위한 예산이
한국정부의 예산은 물론이고 북방영토 예산과 비교했을 때도 아주 미
흡하다는 것 등을 지적하여 총리를 질타했다.

이에 대해 내각 총리대신(노다 요시히코)는 "독도에 대한 일본의 입
장은 지금 외무부 장관이 말한 대로입니다.¹¹⁾ 그런 주장을 분명히 해
나가면서 그 전달 방법이나, 여론을 환기시키는 방법 등은 여러 가지
가 있을 수 있습니다. 예산 확보에 대해서는, 금액은 아직 2천만 정도

---

9) 「第180回国会 沖縄及び北方問題に関する特別委員会 第3号, 平成二十四年三月七
　 日」, 「일본 국회 속기록」.
10) 위와 같음.
11) 玄葉 国務大臣, 「러시아 사이의 북방영토도 그리고 다케시마(竹島)도 우리나라의
　 고유영토입니다. 법적 근거없이 점거당하고 있습니다.」, 「第180回国会 予算委員会
　 第6号, 平成二十四年二月九日」, 「일본 국회 속기록」.

이지만 역대 정권과 비하면 가장 많이 증가되었다. 향후 다케시마의 영유권 확립을 위해 예산확보뿐만 아니라 좋은 방법이 없는지 살펴보려고 생각하고 있습니다."[12]라고 하여 보다 적극적으로 독도의 영토주권 확립을 위해 노력하겠다고 대답했다.

민주당 정부의 독도에 대한 인식은 독도 영유권문제로 한일 간의 관계 악화를 원하지 않고, 일본은 일본의 입장이 있지만, 한국은 한국의 입장이 있다고 하여,[13] 독도정책을 대한 민주당 정부의 자세는 아주 소극적이었다.

이번에 이명박 대통령이 독도를 방문하게 된 것은 공개적으로 방문을 언급하지는 않았지만, 돌발적인 행동은 아니었다. 일본정부가 초중고 교과서에 독도가 일본영토라는 의무교육 실시 방침을 결정하였고, 또한 자민당 의원들은 독도를 자국의 영토로 간주하고 일본국회 내에서 독도정책에 소극적이었던 민주당 정부를 질타하고 있었던 것이다.

2) 일본 국회의 독도 영유권에 대한 소극적 인식

이명박 대통령이 2012년 8·15광복절을 앞두고 8월 10일 예고 없이 독도에 방문하여 일본천황의 전쟁책임을 언급했다. 이에 대해 토야마 이츠키 의원은 "8월 10일 일본 영토인 독도에 한국의 이명박 대통령이 상륙한 것입니다만, 이거 정말 용서하기 어려운 일이라 생각합니다. 그리고 한국 국가원수로는 처음으로 독도에 상륙을 하였지만 이것을 막지 못하는 것은 일본으로서는 매우 잘못한 것이라 생각이 듭니다. 다만 이 독도 문제에 대해서는 민주당 정부에게만 책임이 있다고 느껴

---

12) 「第180回国会 決算委員会 第2号, 平成二十四年三月九日」, 「일본 국회 속기록」.
13) 최장근, 「일본 민주당정부의 영토정책에 관한 연구」, 『일본문화학보』 제44권, 한국일본문화학회, 2010.02.28, p.457.

지지 않습니다. 그동안 독도에 실효지배를 강화해온 것을 막지 못한 역대 정부에게 책임이 있다고 생각되어집니다."[14]라고 하여 자민당정권에서 한국의 독도 실효적 지배강화를 묵인했다고 지적했다. 또한 겐바 국무대신은 "말씀하신 대로 먼저 초당파적으로 추진해야 한다고 생각한다. 결국 나카소네 정권과 전두환 시절은 매우 관계가 좋았는데도 헬기장이 만들어졌고, 그 후 김영삼 정권 때 등대가 유인화 되고, 접안 시설이 갖춰졌다. 또한 노무현 정부 때는 28개 사업을 확정하였다."[15]라고 구체적으로 자민당정권의 소극적인 독도정책을 지적했다. 국제사법재판소 제소에 관련해서는 "내가 지금까지 왜 ICJ 제소를 하지 않았느냐고 말했을 때, 한일 관계 전반에 미치는 영향에 대한 고려, 배려라고 말을 했습니다. 그렇다면 지금까지 그런 고려와 배려가 잘 작동되었다고 생각합니까? 저는 이번 상륙으로 더 이상 배려와 고려는 필요 없어졌다고 생각한다. 그래서 ICJ 즉 국제사법재판소 제소, 그리고 1965년의 한일 분쟁 해결의 교환 공문이라는 것이 있는데, 이를 토대로 '조정'을 지금 제안해야하는 상황이고, 영토 문제는 영토 문제로 취급하는 것이 기본이기 때문에 불법 점거라는 말을 일부러 사용하고 있습니다."[16]라고 하여 독도문제를 국제사법재판소에 기탁하여 제3자의 조정으로 해결해야하는 방법 이외에 다른 방법이 없다고 주장했다.

이에 대해 카사이 위원은 "역사적 사실에 대한 얽힌 실을 풀어야한다고 생각한다." "역사 문제는 이제 결착되었다는 이야기를 자주 듣지만, 일본에서 그렇게 말해도 지금 한국 사회에서는 받아들여지지 않고 있다는 사실이다. 우선적으로 역사문제가 해결되어야 양국 간의 대화

---

14) 「外山斎君, 第180回国会 決算委員会 第7号, 平成二十四年八月二十二日」, 「일본 국회 속기록」.

15) 「第180回国会 予算委員会 第28号, 平成二十四年八月二十三日」, 「일본 국회 속기록」.

16) 「外山斎君, 第180回国会 決算委員会 第7号, 平成二十四年八月二十二日」, 「일본 국회 속기록」.

가 시작된다." "일본이 ICJ에 제소하여 문제시했다고 하더라도 정작 한국이 대화의 자리에 나오지 않으면 해결이 될 수 없다. 그래서 마지막으로 총리에게 단적으로 질문하고 싶은데, 무엇보다도 일본이 과거 식민 지배에 대한 근본적 반성이 있어야 독도 문제에 대해서 냉정하게 논의하는 자리가 마련된다고 생각합니다. 그러면, 쌍방이 역사적 사실을 따져서 영토문제를 외교 협상으로 해결하는 길이 열릴 것이라고 생각한다."[17]라고 하여 독도문제는 역사문제이기 때문에 우선적으로 일본이 역사문제에 대해 반성하는 자세가 되어야 만이 양국이 독도문제를 해결할 수 있다는 입장을 피력했다.

이에 대해 외무대신 겐바 국무대신은 "국제사법재판소에 합의 회부로 제소를 제안하고 있습니다. 게다가 1965년의 분쟁해결 교환공문에 따른 조정을 제안하였습니다. 무력으로 해결하는 것이 아니라 제3자의 조정으로 공정하고 평화적으로 분쟁을 해결한다. 일본이 사실 ICJ에 제소를 한다는 것은 일본이 그 결과에 대해 수용할 각오가 필요하다. 그런 의미에서 냉정하고 합리적으로 대응하기 위해서라도 ICJ 즉 국제사법재판소에서, 그리고 국제사회 전체의 이해로 해결하는 법에 의해 해결하는 것이 좋다고 생각합니다."[18]라고 하여 독도문제가 국제법에 의거하여 국제사법재판소에서 해결되어야한다는 주장이다.

또한 내각 총리대신 노다 요시히코는 "이번 이명박 대통령의 독도 상륙은 독도에 대한 일본의 입장과는 받아들이지 못한 행동으로서 지극히 유감이다. 정부는 의연한 대응 조치를 취하겠다. 그 일환으로 정부는 독도문제에 대해서 국제사법재판소에 합의 회부 및 한일 분쟁해결 교환공문에 따른 조정에 관한 제안을 했다. 이처럼 국제법에 따른 냉정하고도 공정하게 평화적인 해결을 목표로 하고 있다. 또한 일본의

---

[17] 「第180回国会 予算委員会 第28号, 平成二十四年八月二十三日」, 「일본 국회 속기록」.
[18] 위와 같음.

입장을 대외적으로 발신을 강화하고, 다케시마 영토문제에 대응하는 정부의 체제를 강화하는 등 기타 향후 취할 수 있는 조치를 제대로 검토하여 대응하겠다고 생각합니다."[19]라고 하여 양국의 입장 차이가 크다는 것을 지적하면서 제3자의 조정을 위해 국제사법재판소에 기탁하여 해결할 것을 한국정부에 제안을 했지만, 한국정부가 동의하지 않기 때문에 국제사회에 '죽도'가 일본영토라는 것을 적극적으로 알리고, 향후 일본정부도 적극적으로 체제를 강화하여 독도 영토화 정책을 추진하겠다는 것이었다.

그렇지만 총리는 한일관계와 독도문제와의 관계에 대해 "한국은 일본에게 있어서 중요한 국가이기 때문에 어려운 문제가 있을 때는 대승적 차원에서 냉정하게 대응해야 한다는 견해이고, 안정적인 한일 관계 구축을 위해서 힘써 가겠습니다.(박수)"[20]라고 하여 이웃국가인 한국과의 안정적인 한일관계를 구축하기 위해서라도 물리적 대응보다는 대국적 관점에서 냉정하게 영토문제에 대응한다는 것이었다. 진정 독도가 일본영토라는 명확한 확신을 갖고 있었다면 이러한 소극적인 자세를 취하지는 않았을 것이다. 다시 말하면 노다 총리는 한국이 독도가 한국영토라고 하여 실효적 점유를 하고 있는 상황에 대해 전적으로 부정할 수 없다는 입장을 내심 갖고 있었던 것이다.

사실 역대 일본정부들은 대부분 독도정책에 소극적인 입장을 취했다. 그 이유는 대일평화조약에서 독도가 일본영토로 결정되지 않았다는 것을 알고 있었기 때문이다.[21] 그래서 한일협정 당시의 사토정권은

---

19) 위와 같음.

20) 「第180回国会 本会議 第35号, 平成二十四年八月二十四日, ○本日の会議に付した案件, 李明博韓国大統領の竹島上陸と天皇陛下に関する発言に抗議する決議案(小平忠正君外十一名提出)」, 「일본 국회 속기록」.

21) 1951년 10월 22일 「일본영역참고도」가 일본국회의 「평화조약 및 미일안전보장 특별위원회」에 배포되었다. 「일본영역참고도」에는 독도와 울릉도가 한국영토에 포

한국의 독도 실효적 점유에 대해 현상유지를 인정했고, 그 이후의 정권들도 소극적인 정책으로 일관해오다가 1997년 김영삼정부가 독도에 선착장을 건설함으로써,[22] 기존의 1965년 체제의 어업협정을 파기하고 1998년의 신한일어업협정 체제를 강요했다.[23] 이때부터 한국의 독도 영유권에 대해 일본의 도발이 시작했던 것이다.

3. 일본의 국제사법재판의 단독제소 준비

일본은 1954년과 1962년 2번에 걸쳐 한국정부에 대해 독도문제를 국제사법재판소에 기탁하여 해결할 것을 제안한 적이 있었으나 한국정부가 이를 거부했다. 2012년 이명박 대통령이 독도에 방문함으로써 이번에도 일본정부는 3번째로 독도 영유권에 대해 국제사법재판소에 공동으로 제소할 것을 제안했으나 한국정부가 이를 거부했다. 이를 계기로 일본 국회에서는 단독제소를 주장하기도 했다.

아즈마(준) 위원은 한국이 공동제소에 동의하지 않은 것에 대해, "독도 문제에 대해 단독 제소를 검토하고 있다고 했는데, 지금 단독제소를 위한 준비상황이 어떠한지, 한국에서 이명박 씨가 천황 폐하에 대한 모욕적인 발언을 해댔다. 국가, 국민의 명예가 크게 손상되었다. 어쩐지 이대로 아무대응도 하지 않고 끝나는 것이 아닌지? 라는 이미

함되어있다.

[22] 「일, 독도 접안시설에 강력 반발…"주권침해" 주장」, 『동아일보』, 1996년 2월 4일, http://dokdocenter.org/dokdo_news/print_paper.cgi?action=print_paper&number=2292&title=프린트(검색일: 2018년 9월 22일).

[23] 「긴급속보! 김대중정권 신한일어업협정체결(1998년 11월 28일), http://bbs1.agora.media.daum.net/gaia/do/debate/read?bbsId=D003&articleId=1672441 (검색일: 2018년 11월 2일).

지가 국제 사회에 지금 퍼지고 있다는 생각이 든다. 11월이라는 기한 을 두고 있는 것 같지만 단독 제소의 검토 상황이 지금 어떻게 되어가 는지?[24]라고 하여 일본정부가 2012년 11월에 독도 영유권 문제를 국 제사법재판소에 단독제소를 하겠다고 언급한 것에 대해 실제로 실행 되고 있는지 그 상황에 대해 질의했다.

이에 대해 외무대신 겐바 국무대신은 "결론만 말씀드리면 지금 준비 를 하고 있고, 준비가 끝난 상황은 아니다. 현 시점은 그 이상도 그 이 하도 아닙니다. 법에 따라 냉정하고 평화적으로 분쟁을 해결할 생각이 다. 그 상세한 내용에 대해서는 소송 전략상 밝힐 수가 없다. 나는 이 명박 대통령이 독도에 상륙한 것을 한국 정부에 대해 ICJ에 공동 회부 및 분쟁해결 교환 공문에 따른 조정을 제안한 선택과 판단은 지금도 잘한 것이라고 생각한다. 하지만 유감스러운 것은 한국이 공동 회부를 수용하지 않은 것이다. 그래서 지금 단독 상정을 준비하고 있는 상황 이다."[25]라고 하여 한국이 공동제소를 거부하여 부득이 일본이 단독제 소를 준비하고 있다고 했다. 하지만 단독제소의 실행내용에 관해서는 대답을 회피했다.

아즈마(슌) 위원은 "어떠한 조건과 상황이 되었을 때 단독제소를 하 는가?"[26]라고 하여 실질적으로 일본정부가 단독제소를 하도록 강요했 다.

이에 대해 외무대신 겐바 국무대신은 "우선 한 가지는 단독상정의 준비를 끝내는 것입니다. 그것과 더불어 한일관계에 어려운 여러 과제 가 있습니다. 그러나 저는 한일관계는 영토 문제는 영토문제로서 서로

---

[24] 「第181回国会 安全保障委員会 第2号, 平成二十四年十一月八日」, 「일본 국회 속기 록」.
[25] 위와 같음.
[26] 위와 같음.

말할 것은 말해야한다고 생각합니다. 그러한 관계이기 때문에 전략적 이익, 혹은 기본적 가치도 포함해서 공유해야한다고 생각한다. 안전보장뿐 아니라 경제, 문화를 포함하여 관계를 발전시켜나가는 사이라는 것도 포함하여 항상 한일 관계를 보고 있습니다. 그래서 지금 나는 한일 간에 있는 어려운 과제에 대해 한국 측이 어떤 방식으로 대응하느냐에 대해 특히 주시를 하고 있습니다."[27]라고 하여 독도문제에 대해 일본입장을 말해야하지만, 한일관계라는 측면에서 독도문제를 다루어야 한다고 하여 적극적으로 단독상정을 할 수 없다는 것을 시사했다.

아즈마(슌) 위원은 "과거 두 번 한국이 공동제소를 거부했습니다. 실제로 일본은 ICJ에 회부를 시도했지만 성사되지 못했습니다. 아마 이번에도 거부하겠지만, 그렇게 되면 제소 자체를 할 수 없게 된다. 그렇게 되었을 때 일본은 어떻게 대응할 것인지?" "가만히 있어서는 안 된다. 일본은 담담하게 조용히 냉정하게 국제 사회를 무대로 하면서 국제법에 따라 명확히 해야한다. 단독제소가 적절하지 않다면 다음 단계로서 국제사회에 대해 호소하는 것이 이미 중요한 시기가 되었다."[28]라고 하여 단독제소도 부당할 경우에는 국제사회에 일본의 입장을 어필하여 일본의 입장을 옹호하는 편을 만들어 독도의 영토문제를 해결해야한다고 제안했다.

이에 대해 외무대신 겐바 국무대신은 "공동제소, 단독제소 등의 다양한 상정, 시나리오를 당연히 생각하고 있습니다. 소송 전략상 지금 그것에 대해 말하는 것은 적절하지 않다고 생각한다. 그것이야말로 상대국이 있기 때문입니다. 그래서 저로서는 아까 말씀드린 것에 최선을 다한다는 것입니다."[29]라고 하여 독도문제의 대응방안에 대해 즉답을

---

27) 위와 같음.
28) 위와 같음.
29) 위와 같음.

피하였다. 독도문제에 대응하는 일본정부의 태도에 대해 아즈마 위원
은 '힘든 모멸적 발언'이었다고 지적하여 사실상 일본정부가 한국의 독
도점유에 대해 아무런 대안을 갖고 있지 않다고 비판했다.

사사키 위원은 일본정부의 단독 제소 추진에 대해 "센카쿠, 독도 등
여러 가지 걱정이 됩니다. 그러나 54년, 62년 이후 국제사법재판소에
공동제소조차도 전혀 없었던 것입니다. 이번에 공동제소를 거절당하
여 단독제소를 한다고 하는데 지금 대비상황이 어떻게 되어 있는지 보
고해 주시겠습니까?"[30]라고 하여 단독제소의 준비사항의 설명을 요구
했다.

이에 대해 외무대신 겐바 국무대신은 "지금 센카쿠, 다케시마(한국
의 독도)라고 하신 거지만 최종적으로는 독도의 건입니다. 말씀하신
대로, ICJ에 대한 국제사법재판소 제소 및 한일 분쟁해결 교환공문을
바탕으로 한국 측에 제안을 했지만, 안타깝게도 한국 측이 응하지 않
겠다는 뜻을 구상서로 보내어 왔다. 그래서 지금은 ICJ(국제사법재판
소)에 대해 단독상정을 하려고 이를 위한 준비를 담담하게 추진 중입
니다."[31]라고 준비의 구체적인 내용은 언급하지 않고 단독제소를 준비
하고 있다고 언급했다. 그것은 사실상 단독제소가 불가능하기 때문에
적극적인 답변을 할 수 없었던 것이다. 일본정부가 실제로 단독제소를
적극적으로 준비하고 있지 않으면서 그렇게 형식적인 답변을 취하는
이유는 한국에 의해 영토주권을 침해당하고 있다고 주장하는 국민들
의 감정을 자극하지 않기 위한 하나의 자구책이라고 하겠다.

한편, 사사키 위원은 2012년 10월 29일 죽도 영유권을 국제사회에
환기시켜야 한다고 강조했다. 즉 "지금 아주 잘하고 있다고 평판이 좋
은 것은 정보를 잘 발신했다는 것이다. 나도 확인을 했다. 그동안 독도

---

30) 위와 같음.
31) 위와 같음.

에 대해서도 센카쿠에 대해서도 일본 입장, 주장, 역사적 경위나 영토에 대한 정당성 등 이것이 정말 제대로 홍보되지 않았다고 생각한다. 상대의 나라의 언어로 번역해서 발신하는 것은 당연하다고 생각하는데, 그것조차도 아주 늦었다. 지금 외무성의 홈페이지를 비롯해서 홈페이지 상에 영어, 프랑스어, 독일어, 러시아어는 물론이고 한국, 중국, 아랍어 및 다른 나라 언어로 번역해서 발신을 하고 있다. 이는 매우 중요한 것이라고 생각한다."[32]라고 평가했다.

즉 다시 말하면, 일본정부가 외무성 홈페이지에 독도가 일본영토라는 논리를 날조하여 세계 각국의 언어로 게재하여 국제사회의 여론을 일본 편으로 돌려서 독도를 일본에 유리하게 해결하겠다는 것이다.

4. 2017-18년 '죽도의 날' 기념행사와 독도 영유권

2017년 2월 22일 시마네현의 '죽도의 날'을 맞이하여 일본 국회에서는 야마다(사토시) 분과원(자유민주당의 야마다 켄지)은 유일하게 2017년에도 2015년, 2016년에 이어 연속적으로 정부주도의 '다케시마의 날' 행사를 강요하는 질의를 했다. 즉 "마침 오늘 2월 22일은 다케시마의 날이다. 시마네 현에서 오늘도 행사가 열리고 있다. 나는 사실상 당선 이래 매년 행사에 참석하였다. 행사에 참석하여 "화이팅~"이라고 외치는 것도 하나의 PR이지만, 그보다 국회에서 이 문제를 다루고 대책을 생각하는 것이 바로 독도 탈환에 이어질 것으로 생각하고, 질문을 하겠다. 먼저 외무장관에게 묻겠다. 오늘 시마네현이 주관하는 다케시마의 날 행사를 개최하고 있는 분들에게 한마디 메시지를 들려주

32) 「第181回国会 予算委員会 第1号, 本国会召集日(平成二十四年十月二十九日)」, 「일본 국회 속기록」.

시죠."[33]라고 하여 일본정부가 적극적으로 행사에 관심을 갖도록 유도했다. 이에 대해 외무대신 기시다 국무대신은 "우선 독도에 대해서는 역사적 사실에 비추어서도 국제법상으로도 명백히 일본 고유의 영토이며 한국에 의한 독도 점거는 국제법상 아무런 근거 없이 이뤄진 불법 점거라고 생각한다.[34] 일본은 이 문제에 관한 국제법에 따라 냉정하고 평화적으로 분쟁을 해결하는 강한 결의를 가지고 있다. 독도문제는 일조일석에 해결될 문제가 아니지만, 지난번 G20의 외무장관 회담 때 실시한 한일 외무장관 회담에서도 다케시마 문제를 제기했다. 한국 측이 분쟁지역으로 받아들이지 않는 것에 대해서는 그 사실을 잘 알고 대승적 관점에서 냉정하고 끈질기게 대응하여 나갈 생각이다."[35]라고 하여 질의자도 똑같은 질문을 계속한 것처럼 외무대신도 매년 똑같은 대답을 형식적으로 반복했다.

야마다(사토시) 분과원은 "외무성의 사무 담당에게 문의하고 싶다. 다케시마를 실제로 회복하기 위한 정부의 대응, 구체적으로 어떤 일들을 하고 있는지 그것이 유효한 것인지를 포함해서 질문을 하고 싶다"[36]라고 하여 실제로 정부가 독도를 회복하기 위해 유효한 조치를 하고 있는지 질의했다.

이에 대해 정부입장의 시호(四方) 정부참고인은 "일본은 독도 문제의 평화적 수단에 의한 해결을 위해 1954년, 1962년 및 2012년 한국 정부에 다케시마 문제를 국제사법재판소에 합의회부 등을 제안했다. 지

---

33) 위와 같음.
34) 본 연구들이 일본영토론의 대표적인 논리이다. 川上健三, 『竹島の地理的研究』, 古今書院, 1966; 下条正男, 『竹島: その歴史と領土問題』, 竹島・北方領土返還要求運動島根県民会議, 2005, pp.1-171; 下条正男, 『竹島は日韓どちらのものか』, 文春親書, 2004, p.377; 田村清三郎, 『島根縣 竹島의 新研究』, 島根県総務部総務課, 1965.
35) 「第190回国会 予算委員会第三分科会 第1号, 本分科会は平成二十八年二月二十二日9(月曜日)」, 「일본 국회 속기록」.
36) 위와 같음.

금까지 한국정부는 일본의 제안을 거부했지만 다케시마 문제를 냉정하고 공정하고 평화적으로 해결하기 위해 이들이 제의에 응하도록 계속적으로 강하게 요구해 나갈 생각이다. 또한 일본의 영토를 둘러싼 정세에 대해 국민여론을 계발하고 국제사회의 올바른 이해를 얻기 위한 국내외 홍보를 강화하고 있다. 예를 들어, 세계 각국에 있는 일본대사관에 의한 대외발신, 그리고 유식자와 보도관계자의 초빙 및 파견, 독도에 관한 동영상이나 팜플렛 등의 작성 및 다케시마 문제를 계발하는 스마트폰 앱의 작성, 배포를 실시하고 있다. 독도 문제는 일조일석에 해결될 문제가 아니지만 대승적 관점에서 냉정하고 끈질기게 대응하여 나갈 생각이다."37)라고 하여 실제로 신속한 해결은 불가능하지만 대국적인 측면에서 다양한 방법으로 노력한다는 각오를 다졌다.

와다 마사무네는 죽도 영유권을 확립하는 방법론으로서 "다케시마는 이미 다양한 역사 자료도 포함해서 이제 과거 상당한 연한을 거슬러가도 일본 고유의 영토라는 것은 분명히 입증이 가능하다. 그러므로 이러한 것을 제대로 한국 측에도 제시하면서 국제사법재판소 회부 또는 한국에 반환하도록 하는 것이 중요하다고 생각한다. 그런데도 나는 역시 영토, 영해에 대한 교육이 중요하다고 생각하고 있고, 국민 사이에서 단호하게 독도를 되찾아야 한다는 인식을 공유하는 것도 중요하다고 생각한다. 하지만 정부가 독도에 대한 각종 활동을 하는 것도 보고, 배포물도 이미 많이 읽었다. 이런 것들은 아주 잘 되고 있다고 생각한다. 단지 국민들에게 관심이 확산되지 않는 것이 분하면서도 사실이다. 더욱더 국내 홍보를 철저히 하여 국민 전체가 다케시마는 이제 어떻게 해서라도 되찾는다는 뜻을 가지도록 하는 것이 중요하다고 생각한다."38)라고 하여 교육을 통해서 일본국민들이 독도에 대한 영유권

---

37) 위와 같음.
38) 「第193回国会 内閣委員会 第2号, 平成二十九年三月九日」, 「일본 국회 속기록」.

의식을 갖도록 하는 것이 중요하다고 강조했다.

이에 대해 영토문제 담당대신 국무장관 마츠모토 준은 방안에 대해, "일본의 영토를 둘러싼 정세가 갈수록 어려워지는 가운데 다케시마 문제 및 센카쿠 열도를 둘러싼 정세에 대해 일본의 입장에 대한 정확한 이해가 널리 국민에게 침투하도록 정부 차원에서 발신을 한층 강화하는 것이 중요한 과제이다. 이 때문에 내각관방에서는 방위성과 연계하여 해상자위대, 항공자위대의 행사에서의 홍보계발용 패널 전시, 또한 주요 도시의 지하철역에서의 홍보용 포스터의 게시 등 영토주권에 관한 홍보계발 활동을 하도록 하고 있다. 국내 홍보를 위해서는 특히 차세대를 담당하는 젊은 세대의 관심을 높이고 올바른 이해를 하도록 하는 것이 필요하다. 이 때문에 전국의 초등, 중등교육 단계의 교원을 대상으로 한 영토주권에 관한 교원 등의 세미나, 또한 검정 교과서의 편집자를 대상으로 한 영토주권에 관한 교과서 편집 세미나 등을 실시해서 학교교육을 통한 홍보계발을 추진하고 있다. 이외에 센카쿠제도 및 다케시마 관련사료, 문헌조사를 해서 목록을 작성하거나 디지털 화상 데이터화를 실시하는 사업 등도 하고 있고, 일본의 영토주권에 관한 논문 등을 영어로 번역하여 국제사회에 홍보하는 사업 등 또 웹사이트나 유튜브를 통해 발신하여 일본의 입장을 정확히 이해하도록 한층 홍보를 강화해야한다고 생각한다. 앞으로도 일본국민이 다케시마는 일본 고유의 영토라는 인식을 제대로 갖도록 국민을 위한 홍보를 강화하려고 한다."[39]라고 하여 일본국민을 향한 홍보활동의 현황과 전망을 제시했다.

요컨대, 한국정부가 일본의 제안을 거부했지만 다케시마 문제를 냉정하고 공정하고 평화적으로 해결하기 위해 한국이 일본의 제의에 응

---

[39] 위와 같음.

하도록 계속적으로 강하게 요구해야한다는 것이다. 또한 일본의 영토를 둘러싼 정세에 대해 국민여론을 계발하고 국제사회의 올바른 이해를 얻기 위한 국내외 홍보를 강화하고 있다. 이를 위해서는 국민에게 널리 침투되도록 정부 차원에서 발신을 한층 강화하는 것이 중요한 과제이다. 그래서 시마네현 주도의 '죽도의 날'을 정부주도로 바꿔야한다는 것이다.

2018년에도 2월 22일 시마네현에서 개최되는 '죽도의 날'을 맞이하여 국회에서 세키(타케시) 분과원은 독도에 관해 질의했다. 즉 "어제 마쓰에 시에서 개최된 다케시마의 날 기념식에 정무관이 참가하셨지만, 저도 그곳에 참여하였다. 외교안보정책을 둘러싸고, 대외적으로 국익을 최우선으로 생각하고 여야 간에 큰 방향성은 같은 이야기라고 확신을 하고, 특히 영토 문제에 관해서는 여야는 없다고 생각하지만, 일본의 영토에 관한 상황 인식 '다케시마의 날'에 관련한 것으로 다케시마에 관련해 다시 질문을 드린다. 식전에서는 여러 사람이 이야기를 했다. 불법적으로 점거 당했기 때문에 억울하다는 인식을 갖고 있는 사람도 있었다."[40]라고 하여 이에 대한 정부의 입장을 물었다. 이에 대해 고노 국무대신은 "일본 땅이라는 것은 물론 국민으로서 정부로서 매우 소중한 것이다. 그러므로 외부의 어떠한 공격으로부터도 단호하게 지켜야한다고 생각한다."[41]라고 하여 영토주권을 침해당하면 안 된다는 입장을 표명했다.

세키(타케시) 분과원은 "한국에서는 예를 들면 한국의 고유영토라는 주장을 싱크 탱크 따위를 만들어 거기서 발신을 행하고 있다. 그런데 일본에서는 소위 학술분야의 투자나 홍보를 위한 투자를 얼마나 하고

---

[40] 「第196回国会 予算委員会第三分科会 第1号, 本分科会は平成三十年二月二十一日」, 「일본 국회 속기록」.

[41] 위와 같음.

있는지?"[42]라고 하여 정부의 다케시마 문제 해결을 위한 지원에 관해 질의했다. 이에 대해 오오타 정부참고인은 "일본의 영토, 주권에 관한 문제에 대해서는 객관적 사실에 근거하여 대응하고 있고, 지식이나 경험을 가진 국내 싱크 탱크를 지원해서 그 조사나 분석을 활용하는 것은 매우 중요하다고 생각한다. 이러한 인식 위에서 우리 정부로서는 국내의 싱크 탱크의 자주적인 영토, 주권, 역사에 관한 연구 활동을 지원하고 그 능력을 강화하는 동시에 연구 성과를 국내외에 충분히 공유, 전파하는 것을 목적으로 올해에 영토, 주권, 역사조사 연구지원 사업비보조금을 만들었던 것이다. 그 예산에 근거해서 공모 심사를 했고, 그 결과 2017년 5월에는 공익 재단법인 일본국제문제연구소가 보조금 교부대상 기관으로 선정되었다. 현재 국제문제연구소는 우선 영토, 주권, 역사에 관한 국내외의 1차 자료의 수집, 분석, 공개, 그리고 더 나아가 해외 연구기관과 협력한 공개토론회 실시, 게다가 연구 성과를 국내외로 발신하는 일을 실행하고 있는 중이다. 이러한 활동을 통해 일본의 영토, 주권, 역사에 관련된 자료 및 지견의 축적이나 내외에 발신이 강화되는 것을 강하게 기대하는 바이다."[43]라고 하여 죽도문제 해결을 위한 지원현황에 대해 상세히 언급했다.

세키(타케시) 분과원은 "역시 해외전문가나 여러 사람과 이야기를 해보면, 방금 말씀한 것과 같이 과학적 근거에 기초한 사실에 입각한 논의를 인용하지 않으면 신용해주지 않는다는 것은 당연한 이야기이고, 지금처럼 보도나 나름의 형태로 일본의 주장을 제대로 논리적으로 만드는 것이 매우 중요하다고 생각한다. 지금 그것에 관련해서 히비야 공원에 있는 영토주권 전시관에 대해 정무관에게 질문을 한다. 일본어만으로 표기되어 있는데, 다양한 언어로 알려야한다고 생각하는데 어

---

42) 위와 같음.
43) 위와 같음.

떻게 생각하는가?"[44]라고 하여 죽도가 일본영토라는 근거를 다양한 언어로 국제사회에 알려야 된다는 것이다.

요컨대, 일본이 독도 영토주권을 회복하기 위해서는 우선 일본정부가 시마네현 주도의 '죽도의 날' 행사를 정부주도로 해야 할 것과 독도문제를 지속적으로 국제사법재판소에 공동제소 또는 단독제소를 해야한다는 것이다. 또한 일본의 영토보전을 비롯한 중요한 외교과제는 국제사회에 올바른 이해를 얻을 수 있도록 대외발신을 강화해야한다. 그리고 한국처럼 일본도 싱크 탱크를 만들어 학술분야에 적극적으로 투자하고 홍보해야한다. 또한 다양한 언어로 독도가 일본영토라는 논리를 세계 각국에 알려야한다는 것이다.

5. 맺음말

본 연구는 2012년 이명박 대통령이 독도를 방문한 이후 일본 의회에서 독도 영유권을 국제사법재판소에 제소해야한다는 논의가 있었다. 이에 대한 일본정부와 의회의 인식에 관해 고찰하였다.

사실 일본은 2012년 이명박 대통령이 독도를 방문하기 직전에 한국의 독도 실효적 지배에 대해 일본국회 내에서 논란을 일으키고 있었다. 어쩌면 이러한 논란들이 대통령의 독도방문을 자극하지 않았을까라는 생각이 든다. 다시 말하면, 야당 국회의원들이 한국이 "독도 콘서트나 패션쇼 개최, 대규모 부두, 헬기장, 숙박 시설 건설에 대해 항의를" 하지 않았다는 것, 2012년 8월 3명의 일본 자민당의원이 울릉도 입국을 거부당했다는 것, 한국의 독도에 대한 상세한 일기예보를 묵인하

---

44) 위와 같음.

고 있다는 것, 독도영유권 확립을 위한 예산이 한국정부의 예산은 물론이고 북방영토 예산과 비교했을 때도 아주 미흡하다는 것 등을 지적하여 정부를 질타했다.

2012년에는 이명박 대통령이 독도를 방문한 것에 대해 항의하는 차원에서 일본정부가 국제사법재판소에 공동으로 제소할 것을 한국에 요구하였으나 거부당했다. 그러자 자민당에서는 단독제소를 언급했다. 2013년에는 2012년의 외무대신이 단독제소를 하겠다고 언급한 것에 대해 사쿠라우치 위원이 단독제소를 주장했고, 2014년에는 아무런 언급이 없었다. 2015년, 2016년, 2017년에는 야마다 사토시(山田賢司) 분과원이 2월 22일 시마네현의 '죽도의 날'을 정부주도로 제정할 것과 한국이 공동제소를 거부했다는 이유로 국제사법재판소의 단독제소를 주장했다. 2018년에는 세키분과원이 정부주도의 '죽도의 날'과 국제사법재판의 공동제소와 단독제소, 더 나아가 죽도영유권에 대한 국내외 홍보의 중요성을 역설했다.

이상처럼 일본정부는 한국에 대해 지속적으로 공동제소를 강요함과 동시에 단독제소의 방안에 대해서도 검토하고 있고, 더 나아가서는 한국이 독도문제를 평화적으로 해결하기를 거부하고 있다고 국제사회를 선동하여 일본의 입장을 옹호하는 세력을 만들어 독도문제를 국제법적으로 해결한다는 생각을 하고 있다는 것을 알 수 있다.

【참고문헌】

1. 국내문헌

신용하,『독도영유권에 대한 일본의 주장비판』, 서울대학교출판부, 2011.

송병기,『鬱陵島와 獨島』, 단국대학교출판부, 1999.

장박진,「SCAPIN 677호 발령의 배경과 그 과정: 행정권 분리의 정치적 의미
와 독도 문제에 대한 함의」,『國際地域硏究』第26卷 第1號, 서울대
학교 국제학연구소, 2017.

최장근,「일본 민주당정부의 영토정책에 관한 연구」,『일본문화학보』제44권,
한국일본문화학회, 2010.

최장근,『한국영토 독도, 일본이 영유권 조작방식』, 재이앤씨, 2014.

송병기,『독도영유권자료선』, 한림대학교, 2004.

일본 국회도서관,「일본 국회 속기록」(중의원, 참의원 회의록; 1947~2018년),
『일본 국회 회의기록 검색시스템』일본 국회도서관 제공,
http://kokkai.ndl.go.jp/(검색일: 2018년 5월 6일).

한국외무부(2018)「대한민국의 아름다운 영토, 독도」,
https://www.youtube.com/watch?v=muB4_LNZ2Rk&feature=youtu.be(검색일:
2018년 8월 2일).

2. 외국문헌

川上健三,『竹島の地理的硏究』, 古今書院, 1966.

下条正男,『'竹島': その歷史と領土問題』, 竹島・北方領土返還要求運動島根
県民会議, 2005.

田村淸三郞,『島根縣 竹島의 新硏究』, 島根県総務部総務課, 1965.

內藤正中・金柄烈,『史的檢証 竹島・独島』, 岩波書店, 2007.

內藤正中・朴炳渉,『竹島＝独島論争ー歷史から考えるー』, 新幹社, 2007.

「竹島は島根の寶我が領土」, web竹島問題研究所,
https://www.pref.shimane.lg.jp/admin/pref/takeshima/web-takeshima/e
(검색일: 2018년 10월 2일).

「竹島」(外務省), https://www.mofa.go.jp/mofaj/area/takeshima/index.htmle
(검색일: 2018년 9월 22일).

제3부

독도에 대한 역사지리적 인식

1905년 '독도편입' 전후 일본 사료에 나타난 울릉도·독도의 지리적 인식

이 태 우

1. 머리말

이 논문은 제국주의 일본이 불법적으로 독도편입을 시도한 1905년 전후 일본 사료에 나타난 울릉도·독도에 대한 지리적 인식을 검토하고, 이를 통하여 일본의 왜곡된 독도영유권 주장의 실태를 재확인하고자 한다.

앞서 필자는 근세와 근대기 일본 관찬사료를 통해 일본의 울릉도·독도에 대한 지리적 인식을 고찰해보고, 독도에 대한 고유영토설과 무주지 편입설의 문제점을 비판한 바 있다.[1] 이러한 연구의 연장선상에서 이 논문은 1905년 일본의 불법적 독도편입 시기 전후인 19세기 말~20세기 초에 걸쳐 작성된 일본의 울릉도·독도 관련 사료들을 검토

---

[1] 이태우, 「근세 일본의 사료에 나타난 울릉도·독도의 지리적 인식 -『죽도기사』, 『죽도고』, 『원록각서』를 중심으로-」, 『독도연구』 제22호, 2017.6, pp.41-67; 이태우, 「근대 일본 관찬사료에 나타난 울릉도·독도 인식 검토 -『조선국 교제 시말 내탐서』, 『죽도고증』, 『태정관 지령』을 중심으로-」, 『독도연구』 제24호, 2018.6, pp.47-74 참조.

하고 독도편입 과정의 부당성과 문제점을 논의해보고자 한다.

최근 독도에 대한 한·일 양측 학자들의 공방이 이어지면서 한국의 독도연구자들은 각자 전문적인 영역에서 깊이 있게 연구를 수행하고 있다. 세밀한 분석과 논리전개를 통해 독도영유권 주장의 정당성을 합리화해나가는 일본 학자들에 대응하기 위해서는 반드시 필요한 연구태도라고 볼 수 있다. 그러나 너무 세분화된 주제에 파고 들다보면 자칫 연구의 본령을 놓칠 수도 있다.

1905년 일본의 불법적 독도편입 조치와 함께 지금까지 이어져 온 일본의 독도영유권 주장의 본질은 그 출발점이 일본제국주의의 침략과 침탈 야욕에서 발생하였다는 점이다. 즉 1904년 발발한 제국주의 국가인 러일 양국 간의 전쟁 수행과정에서 일본이 불법적으로 편입하였다는 점을 간과해서는 안 된다. 일본이 내세우는 독도영유권 주장의 논리는 러일전쟁 중 전략적 거점을 확보하기 위한 독도 망루 설치의 필요성에서 불법적으로 탈취했었던 독도에 대한 권리를 주장하기 위해 끊임없이 사실을 왜곡하고 합리화하는 것이다.[2] 1905년 러일전쟁에서 승리한 일제가 대한제국의 외교권을 박탈하기 위해 강제로 을사조약(을사늑약)을 체결하고, 1910년 한일병탄으로 한반도를 식민지화하기 위한 시발점이 되었던 것이 바로 1905년 2월 22일 〈시마네현 고시 40호〉를 통한 불법적 '독도편입'의 시도였던 것이다.

이하 본문에서는 먼저 1905년 '독도편입' 시도 전후 일본 사료를 중심으로 울릉도·독도에 대한 지리적 인식이 어떻게 나타나고 있는지 고찰해보고자 한다. 이어서 이 시기에 급증하는 울릉도·독도에 대한

---

[2] 1905년 시마네현의 불법적 '독도편입'의 직접적 동기는 러일전쟁 도중 일본 해군이 러시아 태평양 함대의 수뢰 설치와 순양활동을 탐지하기 위해 해군 망루를 설치하기 위한 군사적 목적에 있었다. 신용하,「일제의 독도 해군망루 설치와 독도부근 러·일 대해전(1)」,『독도연구』 25호, 2018.12, 영남대 독도연구소, pp.7-62 참조.

명칭혼란의 문제를 검토해본 후, 마지막으로 울릉도 · 독도에 대한 명칭혼란의 문제도 러일전쟁 승리를 위해 일본이 불법적 '독도편입'을 시도함으로써 결국 사라지게 되었음을 제시하고자 한다.

주요 사료로는『수로지』(1883~1911),『시마네현 고시 제40호』(1905),『죽도급울릉도』(1906),『시마네현소장 행정문서』등이 있다.

2. 〈수로지〉(1883~1911)에 나타난 울릉도 · 독도의 지리적 인식

1905년 '독도 편입'을 전후한 시기에 발행된 일본의 〈수로지〉에는 울릉도 · 독도의 지리적 인식과 관련한 당시의 지리정보를 확인하기 위한 중요한 기록을 찾아볼 수 있다. 수로지에 앞서 발행한 일본의 수로잡지에는 여러 해양정보를 담고 있어 그 가운데 영토인식을 엿볼 수 있다. 수로잡지 제16호(1883)는 조선의 동해안을 기술하면서 마쓰시마(송도)를 다루고 있는데, 여기 나온 마쓰시마는 울릉도를 가리킨다. 일본 함대가 직접 실측하여 북위 37도 48분 동경 130도 32분에 소재한다고 기술하고 있다. 수로잡지 제41호(1883년 7월 발간)에 기술된 울릉도는 오키에서 서쪽으로 140리, 조선에서는 약 80리 떨어져 있는 섬으로 경위도는 북위 37도 22분, 동경 130도 57분으로 기록하고 있다.[3]

본격적인 수로지로 볼 수 있는 것은 1883년에 나온『환영수로지』이다. 이 수로지는 일본 해군 수로국이 편찬한 세계수로지로서 4편「조선동안」'조선동안급제도'에서 '리앙코르토 열암'에 관한 내용을 싣고 있다. 여기서 '리앙코르토 열암'은 독도를 말하는데, 이 수로지는 '독도'

---

3) 유미림 · 최은석,『근대 일본의 지리지에 나타난 울릉도 · 독도 인식』, 한국해양수산개발원, 2010, p.136.

를 조선 동안에 있는 섬으로 보고 그 안에 넣은 것이다. 독도를 '리앙코르토 열암'으로 표기한 수로지로서는 처음인데 아래와 같이 기술되어 있다.[4]

　　○ 리앙코르토 열암
　　이 열암은 1849년 불국선 리앙코루토 호가 처음으로 이를 발견, 선박명을 따서 리앙코루토 열암이라 이름 붙였다. 그 후 1854년 러시아 프리깃토형 함대 팔라다호가 이 열암을 '메네라이'와 '올리부차' 열도라 칭했고, 1855년 영국 함대 호넷호가 이 열암을 탐험하여 '호넷' 열암이라 이름 붙였다. 이 함대의 함장인 프로시스는 이 열암이 북위 37도 14분, 동경 131도 55분 되는 곳에 위치하며 … (이하 생략)

　　1886년 발간된 환영수로지 2권 2판에서도 「조선동안」 '조선동안급제도' 부분에 '리앙코루토 열암'과 '울릉도'를 다루고 있는데 내용은 1883년 판과 유사하다. 울릉도에 대해서는 "울릉도 일명 송도(서양명 다쥴렛)" "오키에서 북서 4분의 3 서쪽 약 140리, 조선 강원도 해안에서 약 80리 떨어진 바다 가운데 고립해 있다"고 하여 『수로잡지』 41호의 기록과 거의 같다.[5]
　　울릉도와 독도에 대한 명칭 혼란이 근대기에 들어와 수십 년간 지속되는 가운데 점차 울릉도는 '마쓰시마'로, 독도는 '다케시마'로 정리되어 가는데, 그 계기를 통상 1894년 일본 수로부의 『조선수로지』 간행으로 본다. 그러나 울릉도를 마쓰시마로 표기한 용례는 『수로잡지』에서 먼저 시작되었고 그 후 『환영수로지』 등을 비롯한 수로지에로 이어졌다.[6]

---

[4] 위의 책, pp.137-138.
[5] 위의 책, p.138.
[6] 위의 책, p.139.

일본 해군 수로부는 1883년에 간행한『환영수로지』제2권의 '조선동안'(朝鮮東岸)에서 처음으로 울릉도와 독도를 '리앙코르토 열암'(列岩)이라는 이름으로 수록하였다. 이어서『환영수로지』제2권 제2판(1886),『조선수로지』(朝鮮水路誌, 1894)와 제2판(1899)에 거의 동일한 내용이 들어 있으며, 심지어 일제의 독도 강제 편입 뒤인 1907년 3월에 발간된『조선수로지』제2개판에도 '다케시마'(竹島)와 울릉도가 포함되어 있다. 특히 일제의 한국병탄 후인 1911년 6월에 간행된『일본수로지』제6권의 '조선동안'에도 울릉도와 '죽도'가 들어가 있다.[7]

이처럼 일본의 불법적인 '독도편입'이 이루어진 1905년 전후의 일본 수로지를 보더라도 여전히 울릉도·독도가 한국영토임을 기록하고 있다. 일본수로지는 일본이 독도를 한국영토로 인식 혹은 인정한 중요한 자료이다. 왜냐하면 먼저 수로지는 국가영토별 혹은 국가별 관할 단위로 편찬되었을 뿐 아니라 섬에 대한 국가별 소속 인식이 담겨져 있으며, 다음으로 일본의 독도 강제 편입 후까지 간행된『환영수로지』와『조선수로지』의 '조선동안'에 모두 울릉도와 독도가 들어 있는 반면『일본수로지』에는 1907년 판에 비로소 독도가 포함되어 있으며, 마지막으로「조선동해안도」와「조선전안」등 해도에 울릉도와 함께 독도가 포함되어 나카이 요자부로 마저도 독도를 한국령으로 인식했을 정도였기 때문이다.[8]

---

[7] 한철호,「일본 수로부 간행의 수로지와 해도에 나타난 독도」,『독도연구』17호, 영남대 독도연구소, 2014.12, pp.136-137.
[8] 위의 글, pp.137-138.

〈그림 1〉 환영수로지

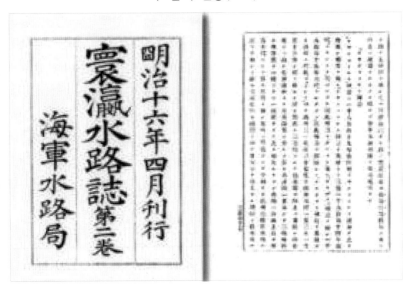

〈그림 2〉 환영수로지 제2권 제2판(1886)

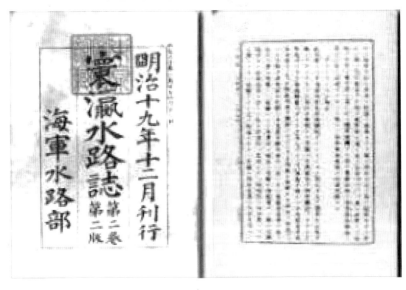

〈그림 3〉 조선수로지(1894)

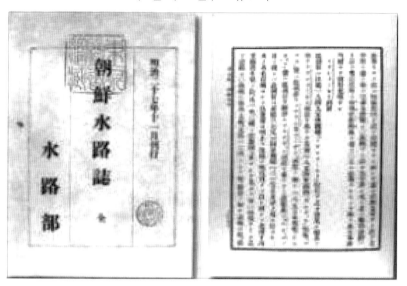

〈그림 4〉 조선수로지 제2판(1899)

〈그림 5〉 조선수로지 제2개판(1907)

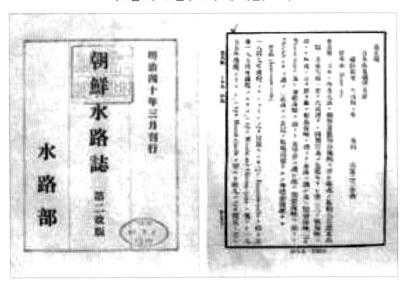

〈그림 6〉 일본수로지 제6권(1911)

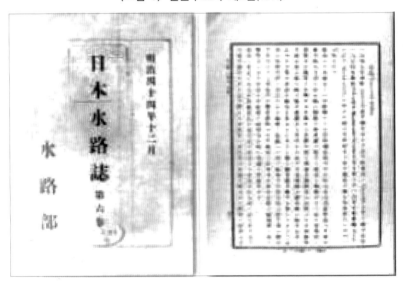

3. 『시마네현 고시 제40호』(1905)에 나타난 울릉도·독도의 지리적 인식

〈그림 7〉 시마네현 고시 제40호

시마네현 고시 제40호
북위 37도 9분 30초, 동경 131도 55분, 오키도[隱岐島]에서 서북으로
85해리[9] 거리에 있는 섬을 '다케시마'(竹島)라고 칭하고 지금 이후
부터는 본현(本縣) 소속의 오키도사(隱岐島司)의 소관으로 정한다.
명치 38년 2월 22일
시마네현 지사 마츠나가 다케요시[松永武吉]

　　비록 내부 회람용으로서 '고시'의 실효성을 가질 수 없다고 보지만,
위의 '시마네현 고시 40호'에는 독도를 지리적으로 북위 37도 9분 30초,
동경 131도 55분, 오키도[隱岐島]에서 서북으로 85해리 거리에 있는 것

---

9) 약 157km(일본의 해상거리 단위 1리(浬)=1.852km를 적용). 현재의 거리와 일치함.

으로 명시하고 있다. 지금의 지리적 위치와 거리와는 약간의 오차가 있기는 하지만 거의 근접하게 인식하고 있음을 알 수 있다. 19세기 중반 이후 근대적 측량기술로 측량이 이루어지면서 1905년 전후로는 독도의 경위도 상의 위치와 거리에 대한 지리적 인식이 어느 정도 자리를 잡은 것으로 보인다.

그러나 문제는 단순히 경위도나 거리에 따른 울릉도·독도의 인식보다도 울릉도·독도의 명칭 변화에 따라 울릉도·독도에 대한 지리적 인식이 여전히 혼란을 겪고 있었다는 점이다. 1905년 소위 '독도편입'이 이루어질 때까지 심지어 위의 수로지에서 보았듯이 1911년까지도 독도를 한국령으로 표시하고 있다. 울릉도·독도에 대한 명칭이 계속해서 바뀌어 왔고, 울릉도·독도를 부르는 명칭도 다케시마, 마쓰시마, 죽도, 송도, 리앙쿠르 락스 등으로 불렀던 것이다. 이것은 그만큼 일본의 독도에 대한 지리적 인식이 불명확하였음을 보여 주는 것이며, 당연히 1905년 '독도 불법편입' 당시까지도 어디에 있는지, 명칭이 무엇인지도 제대로 알지 못하는 독도에 대해 일본이 영유권을 주장한다는 것은 모순이 아닐 수 없다.

따라서 19세기 말에서 1905년까지 울릉도·독도에 대한 명칭이 착종되고 정착되는 과정을 고찰해봄으로써 울릉도·독도에 대한 지리적 인식이 어떤 양상으로 나타나게 되는지, 그리고 그것이 왜 불법적 편입인지 잘 보여줄 수 있다.

1905년 일본정부는 각의 결정을 통해 '독도(다케시마) 편입'을 결정하였고, 시마네현 고시문을 통해 내부 회람으로 비밀스럽게 이 사실을 알리게 된다. 독도가 일본명 다케시마(竹島)라는 명칭으로 최종 확정된 순간이기도 하다. 이렇게 되기까지는 많은 혼란이 있었다.

일본이 '17세기 고유영토 확립설'을 주장하고 있지만, 울릉도·독도 관련 일본의 근세기 사료에 나타난 지리적 인식의 특징을 보면, 일본은 조선에서 울릉도·독도까지 거리를 실제보다 훨씬 더 가까운 것으로 인식하고 있었다. 이는 『원록각서』(1696)와 『죽도기사』(1726)에서 안용복의 진술을 통해 확인할 수 있다. 『죽도고』(1828)에서는 오히려 조선에서 울릉도·독도까지의 거리가 더 가까운 것으로 인식하고 있음을 확인할 수 있다. 이러한 사실은 울릉도·독도가 조선영토라는 사실을 이미 알고 있었기에 공간적 거리보다 인식적 거리가 훨씬 가까웠음을 보여주고 있는 것이다.[10]

마찬가지로 근대기 울릉도·독도 관련 일본의 대표적 관찬사료를 보더라도 독도가 일본영토가 아니라는 인식은 변함이 없음을 확인할 수 있다. 근대 일본의 대표적 관찬사료인 『조선국 교제 시말 내탐서』(1869)에서는 일본 외무성이 "울릉도(죽도)는 물론이고 독도(송도)에 관해서도 기록된 서류가 없다"고 인정하고 있으며, 『태정관 지령』(1877)에서도 "죽도 외일도는 본방(일본)과 관계없음"을 명심하라고 지시하고 있다. 특히 태정관지령의 첨부지도 '기죽도약도'에서 표기된 조선동해-울릉도-독도-오키섬 간의 지리적 거리는 수치상 보더라도 현재의 거리와 거의 일치하고 있으므로 '외일도=송도(독도)는 부인할 수 없는 사실이다. 마지막으로 『죽도고증』(1881)을 보면 1860년대 이후로 당시 일본이 울릉도와 독도의 명칭과 지리에 대한 인식이 매우 혼란스러운 것으로 나타나고 있다. 이것은 울릉도와 독도에 대한 일본의 역사적·지리적 인식이 매우 미약했음을 단적으로 보여주는 것이다.[11]

1880년대 이전까지 일본은 울릉도를 다케시마(竹島)로, 독도를 마쓰시마(松島)로 표기해왔다. 그러다 1880년대에 접어들면서 외무성 문서에서 다케시마(竹島) 또는 마쓰시마(松島)를 모두 울릉도에 대한 명칭으로 사용하는 현상이 두드러지게 나타나기 시작한다. 직접적인 계기

는 일본 외무성이 군함 아마기(天城)호를 파견하여 실지 조사를 실시한 결과 마쓰시마(松島)가 17세기 말 이래 도항금지령이 내려진 울릉도라고 확인했기 때문이다. 외무성은 실지 조사와 고문헌 조사 등을 종합하여 마쓰시마는 조선령 울릉도이고 이 섬은 예전부터 다케시마로 불리어왔다고 확인함으로써 일단 울릉도에 대한 명칭 혼란은 정리했다. 즉 '마쓰시마(송도)는 울릉도이며 일명 다케시마(죽도)'라고 결론을 내렸다.[12]

1883년 3월 31일자 내무경 훈령에는 "일본 명칭 마쓰시마(송도) 일명 다케시마(죽도), 조선 명칭 울릉도의 건은 종전 양국 정부의 의정에 따라 일본 인민이 함부로 도항 상륙하지 않도록 명심할 것"이라고 지시하고 있다. 이 문서에서는 "일명 다케시마(竹島)"라는 표현을 세주로 표기하여 마쓰시마가 울릉도에 대한 주된 일본 명칭이라는 것을 분명히 나타내기까지 하였다.[13]

그렇다면 독도에 대한 명칭 표기는 어떻게 되었을까?

전통적으로 독도의 일본 명칭이었던 마쓰시마(松島), "일명 다케시마"가 울릉도에 대한 명칭으로 자리잡으면서 독도의 명칭으로는 서양 명칭인 리앙쿠르 락스(Liancourt Rocks)를 사용하게 되었다. 마쓰시마와 다케시마가 모두 울릉도를 지칭하는 명칭으로 사용되었기 때문에 1849년 서양 선박으로는 독도를 처음 발견한 프랑스 포경선 리앙쿠르호가 붙인 이름인 리앙쿠르 락스 또는 리앙코르도 열암(列岩)을 사용할 수밖에 없었다. 리앙코르도 열암에서 시작된 독도의 일본 명칭은 리랑코, 량코도, 양코도 등으로 바뀌어가면서 예전의 명칭이던 마쓰시마(송도)와 함께 독도를 가리키는 용어로 함께 사용되었다. 1880년대

---

12) 허영란, 「1905년 '각의결정문 및 '시마네 현 고시 제40호'와 독도 편입」, 『독도연구』 17호, 영남대 독도연구소, 2014.12, p.115.
13) 허영란, 위의 글, pp.115-116.

에 접어들어 일본 외무성을 비롯한 중앙정부에서는 마쓰시마가 울릉도의 명칭으로 정착해가고 있었다. 이와 대조적으로, 시마네 현 및 울릉도 거주 일본인들은 1900년대 초까지도 여전히 마쓰시마(송도)를 독도의 명칭으로 사용하고 있었다.[14]

1900년대 들어 일본정부의 공식기록에서 울릉도를 지칭할 때 마쓰시마나 다케시마 같은 일본식 명칭 대신 울릉도라는 명칭을 단독으로 사용하는 경우가 많아진다. 이 시점에 일본 중앙 정부의 기록물에서 울릉도와 독도는 마쓰시마와 다케시마 대신 울릉도와 량코도로 바뀌게 되었으며 나카이 요자부로의 대하원도 그러한 중앙 정부의 호칭 변화를 반영하고 있는 것으로 볼 수 있다. 그렇지만 명칭 혼란 현상은 여전히 남아 있었으며, 나카이 요자부로의 대하원에도 여전히 당시의 불명확한 명칭 사용이 나타나고 있음을 볼 수 있다. 실제로 1905년 2월 28일자로 나카이가 시마네 현 지사에게 제출한 다케시마 대하원(竹島貸下願)에서는 독도에 대해 '량코섬', '다케시마', '마쓰시마'라는 명칭을 모두 사용하고 있다.[15]

민간에서는 량코도라는 명칭이 확산되는 가운데 해군성 내에서는 그 어원에 해당하는 '리앙코르도 암'이 계속 사용되고 있었다. 일본 군함 니다카(新高)호는 1904년 9월 25일자 항해일지에 "마쓰시마(송도, 울릉도)에서 리앙코르도 암을 실제로 바라본 사람에게 들은 정보임. 한국인은 리앙코르도 암을 독도(獨島)라고 씀. 일본 어부 등은 축약해서 량코도라 부름"이라고 기록했다.[16]

그렇다면 량코도 또는 리앙코르도 암으로 불리워지던 독도가 어떻게 갑자기 다케시마로 불려지게 되었을까?

---

14) 허영란, 위의 글, p.117.
15) 허영란, 위의 글, pp.118-119.
16) 『軍艦新高號日誌』, 1904.9.25.

1905년 소위 '독도 편입' 당시 편입 대상 도서명을 다케시마(竹島)로 하자는 의견을 처음으로 제시한 것은 오키도사 히가시 분스케(東文輔)였다. 그는 독도 편입 약 3개월 전인 1904년 11월 30일 시마네 현 내무부장 서기관 호리 신지(堀信次)에게 보내는 답서 「을서(乙庶) 152호」에서 독도 명칭을 '다케시마'로 부르게 되는 결정적인 의견을 다음과 같이 제시하였다.17)

> 을서(乙庶) 152호
> 이달 15일 서(庶) 제173호로 도서의 소속 등에 관해 조회한 뜻을 알았습니다. 이상은 우리 영토에 편입한 위에 오키 도청의 소관이 되는 데 하등 지장이 없습니다. **명칭은 죽도(竹島)가 적당하다고 생각합니다.** 원래 조선의 동쪽 해상에 송도와 죽도 두 섬이 존재함은 일반에게 구전되는 사실로, 종래 이 지방에서 나무하고 농사짓던 자들이 왕래하던 울릉도를 죽도(竹島)라고 통칭하지만 실은 송도로서, (이는) 해도로 보더라도 명료한 유래가 있습니다. 그렇다면 이 신도(新島)를 놔두고 다른 것을 죽도에 해당시킬 수가 없습니다. 따라서 **종래 잘못 칭해온 명칭을 다른 데로 돌려 죽도(竹島)라는 통칭을 이 신도에 붙이는 것도 가능하다고 생각합니다.** 이 일을 회답합니다.
>
> 1904년(明治 37년) 11월 30일
> 오키 도사 히가시 분스케(東文輔)

오키 도사 히가시 분스케가 시마네 현청에 올린 독도 명칭과 관련한 이 의견서는 외무성 등을 통하여 각의에 올려지고 각의의 심의를 거쳐 최종적으로 독도 편입이 결정된 것이다. 이 의견서의 내용을 다시 정리하면, 종래 이 지방(시마네현) 사람들이 울릉도를 다케시마(竹島)라

---

17) 「을서(乙庶) 152호」(1904.11.30.), 오쿠하라 헤키운, 유미림 역해, 『독도와 울릉도』, 한국해양수산개발원, 2009, p.153.

고 통칭하지만 실제로는 울릉도가 마쓰시마(松島)이며, 새 영토로 편입하는 섬(독도)의 명칭은 다케시마(죽도)가 적당하다. 왜냐하면 조선 동해에는 마쓰시마와 다케시마 두 섬이 있는데, 현지에서는 종래 울릉도를 다케시마라고 통칭해왔지만 그것은 실은 마쓰시마이기에 새로 편입할 섬을 제외하면 다케시마에 해당하는 섬이 없으므로 종래에 잘못 불린 명칭을 전용하여 새로 편입한 섬에 '다케시마'라는 명칭을 붙이는 것이 좋겠다는 것이다.

1880년대~1905년까지 정확한 울릉도·독도의 명칭에 헷갈려하던 일본은 이렇게 하여 독도를 공식적으로 '다케시마'로 명명하게 된다. 1880년대 전후 일본이 독도를 지칭할 때 사용했던 량코도 또는 양코도는 '다케시마'라는 명칭으로 확정되어 지금까지 명명되고 있다. "일본 정부가 과거의 마쓰시마(독도)를 다케시마로 편입하는 과정은 에도시대의 '마쓰시마' 인식과는 별개로, 성급하게 그리고 은밀히 진행된 것이라고 밖에 볼 수 없다."[18] 이것은 오랜 세월 울릉도·독도(우산도) 명칭이 가지고 있는 역사성과 전통성, 고유성을 무시하고 불법적 독도 편입을 위해 은밀히, 성급하게, 즉흥적, 편의주의적 사고방식으로 '다케시마'라는 명칭을 갖다 붙인 것에 불과한 것이다.

4. 『竹島及鬱陵島』(1906)에 나타난 울릉도·독도의 지리적 인식

『竹島及鬱陵島』(이하 『독도와 울릉도』)는 오쿠하라 헤키운(奧原碧雲)이 1905년 2월 22일 소위 '독도 편입'이 있은 후 약 1년 3개월 후인

18) 유미림, 「18~19세기 일본의 '마쓰시마' 인식의 추이」, 『한국정치외교사논총』 40집 1호, 2018, p.188.

1906년 5월 원고를 탈고하고, 1907년 4월 출판한 책이다. 일본 정부는 '독도 편입' 6개월 후인 1905년 8월 시마네 현 지사를 파견하여 1차 독도 시찰하고, 다시 1906년 3월 대규모 시찰단을 파견하여 2차 독도 시찰을 실시하였다. 오쿠하라는 이 때 시찰단에 합류하여 독도와 울릉도를 시찰한 후 출장복명서와 여러 문헌을 참고하여 그 보고서를 『竹島及鬱陵島』라는 제목으로 출판한 것이다.

시찰단은 진자이 요시타로(神西由太郎)를 비롯하여 오키 도사(隱岐島司) 히가시 분스케(東文輔), 마쓰에 세무감독국장 요시다 헤이고, 도청 서기, 현의회 의원, 의사, 신문기자, 사진사 등 45명의 대규모 인원이 파견되었다. 특히 '독도 편입'의 직접적 계기가 된「리앙코 섬 영토편입 및 대하원(貸下願)을 일본정부에 제출한 나카이 요자부로(中井養三郎)도 동행했다. 그런데 이들 독도시찰단은 독도만 시찰한 것이 아니라 울릉도까지 시찰하였다. 명목은 날씨로 인하여 울릉도에 피항하기 위하여 우연히 온 것이라고 했지만, 실제로는 "울릉도 조사도 병행"[19] 할 목적이었다. 속도인 '독도'를 편입했으니 지척에 있는 본도인 '울릉도'를 그냥 지나칠 리 없었을 것이다.

---

19) 『산음신문』 1906년 3월 21일자(『독도와 울릉도』 p.102 각주 79번 참조).

〈그림 8〉 제2차 독도시찰단을 태우고 사이고항에서 출항하는 제2오키마루호

〈그림 9〉 죽도시찰단 일행(오키도청 현관 앞에서). 셋째줄 왼쪽에서 여덟 번째가 오쿠하라 헤키운, 넷째줄 왼쪽에서 세 번째가 나카이 요자부로

〈그림 10〉 독도전경(시찰단원 오노사진사 촬영)

〈그림 11〉 울릉도 군청사 앞 울릉도 군수 일행과 죽도시찰단

『독도와 울릉도』는 1905년 '독도 편입' 후 독도와 관련한 첫 번째 책이다. 따라서 이 책은 1905년 '독도 편입' 이후 일련의 후속 조치를 취하는 과정에서 나온 책이기에 일본의 영토 편입의 정당성을 알리려는 목적이 깔려있음을 염두에 두어야 한다.

이 책에서는 독도가 북위 37도 9분 30초, 동경 131도 55분 0초에 위치해 있으며, 오키국 서단에서 서북쪽으로 85해리(海浬) 약 157km[20] 떨어져 있으며, 사이고 항에서는 100해리 약 185Km떨어져 있다고 기술하고 있다.[21] 현재 우리나라는 독도의 동도와 서도를 분리해서 경위도를 나타내고 있는데 동도는 북위 37도 14분 26.8초, 동경 131도 52분 10.4초, 서도는 북위 37도 14분 30.6초, 동경 131도 51분 54.6초로 각각 표시하고 있다. 현재 독도의 경위도와 거리에 근접한 수치라고 할 수 있겠다. 따라서 1905년 '독도 편입' 전후 시기에 오면 울릉도 · 독도의 지리적 위치를 현재의 위치와 거의 근접하게 파악하고 있음을 알 수 있다.

울릉도의 지리적 위치는 "한국 강원도 해상에 있는 큰 섬으로 북위 37도 29분, 동경 130도 53분에 위치하고 있으며, 거리는 강원도 연안에서 80해리(浬) 약 148Km, 오키 섬에서 서북쪽으로 140해리 약 260Km"[22] 떨어져 있는 것으로 기술하고 있다. 오쿠하라는 울릉도를 한국의 강원도에 해상에 있는 큰 섬으로 인식하고 있으며, 경위도와 거리도 현재와 큰 차이가 없는 것으로 인식하고 있다. 죽도, 송도 등으로 불리던 명칭도 이 책에서는 울릉도로 확정해서 부르고 있다.[23]

『독도와 울릉도』를 편찬한 오쿠하라 헤키운은 독도가 지리상, 경영

---

[20] 85해리는 약 157.420킬로미터로 오키에서 독도 사이의 거리를 157.5 킬로미터로 보고 있는 현재와 비슷하다.

[21] 『독도와 울릉도』, p.13.

[22] 『독도와 울릉도』, p.51.

[23] 『독도와 울릉도』, pp.51-78쪽 참조.

상, 역사상으로 당연히 일본영토로 편입되어야 함을 강조하고 있다. 그러나 시종일관 독도 편입의 정당성을 주장하였음에도 불구하고 그는 여전히 일말의 불안감을 감추지 못한다. 이러한 그의 불안감은 울릉도·독도의 명칭과 관련해서 두드러진다.

> 죽도로 명명하게 된 경위를 보면,『수로지』와 해도에 이미 울릉도를 송도라고 명명한 이상, 죽도에 해당되는 섬은 리앙코 섬 이외에는 찾을 수 없기 때문에 그대로 죽도라고 명명하게 된 것이다. 단지 우리가 의문을 지니는 것은 수로부가 어떤 사료에 근거하여 '울릉도 일명 송도'라고 명명한 것인지, 이것이 근본적인 의문이다. 이런 의문만 풀린다면 죽도라는 명칭 부여에 대한 의구심은 가만히 있어도 저절로 풀린다.[24]

러일 간의 제국주의 전쟁에서 승리하기 위하여 불법적으로 독도를 편입하였지만, 편입 후에도 다케시마라고 호칭하는 것이 정당한지에 대한 확신을 갖지 못하고 스스로 자기 의문에 빠져있음을 알 수 있다. 다시 말하면『독도와 울릉도』를 편찬한 오쿠하라 헤키운 스스로도 '독도편입'의 정당성에 의문을 가지고 있었음을 보여주는 것이다.

이 때문일까? 독도를 시마네현에 '불법편입'한 후에 발간된『오키향토지』[25]에서 영토편입의 정당성을 입증하기 위해서 '사료 재해석'을 감행하며 교묘히 사실을 '왜곡'하기도 한다.[26]

---

24) 오쿠하라 헤키운, 유미림 역해, 「竹島沿革考」,『독도와 울릉도』부록, 한국해양수산개발원, 2009. pp.154-155.

25) 隱岐島誌編纂 편,『隱岐島誌』, 島根縣隱岐支廳, 1933.

26) 오쿠하라 헤키운의 '사료재해석'과 '왜곡' 관련 상세한 논의는 윤소영, 「메이지 후기 지리지·향토지에 나타난 독도 기술」,『독도연구』17호, 2014.12, 영남대 독도연구소, pp.189-194 참조.

5. 『시마네현소장 행정문서』(1876~1911)에 나타난
   울릉도 · 독도의 지리적 인식

『시마네현소장 행정문서1』은 2011년 시마네현 총무부 총무과에서 『죽도관계자료집 제2집』으로 발간한 울릉도 · 독도 관련 자료집이다. 이 자료집에는 명치 9년(1876년)부터 명치 44년(1911년)까지 울릉도 · 독도와 관련된 자료를 수록하고 있다. 「현치요령(현치요령)」, 「훈령」, 「포고」, 「고시」, 「죽도」, 「현령」 등의 문서가 포함되어 있으며, 특히 「죽도」 편에는 '시마네현고시 제40호', '시마네현서 제11호', '을서(을서) 제152호', '리양코도 영토편입 및 대하원', '리양코도 영토편입 및 대하원 설명서', '강치어업허가원', '죽도어렵합자회사설립 신고서' 등의 독도 관련 행정문서들이 수록되어 있다.

그 중에서도 러일전쟁과 '독도 편입'의 관련성을 확인할 수 있는 엽서도 포함되어 있다. 이 엽서는 명치 38년(1905년) 8월 19일 러 · 일 전쟁 중에 마츠나가 부키치(松永武吉) 시마네현 지사가 히가시 분스케 오키도사에게 보낸 것이다. 1905년 독도편입 약 6개월 후에 1차 독도 시찰에 나선 마츠나가 시마네현 지사가 히가시 분스케 오키도사에게 독도 부근 배에서 신 영토 독도를 순시하면서 작성해서 보낸 엽서이다.[27]

이 엽서는 1905년 5월 27일 쓰시마 해전 승리 기념으로 제작된 것으로, 러일 전쟁이 진행 중이던 때에 불법적으로 편입한 '신 영토 독도'를 순시하면서 군사우편으로 보낸 엽서이다. 뒷면 지도는 〈일본해의 전쟁터〉란 제목으로 동해를 사이에 둔 한 · 일 지도 그림이 그려져 있으

---

27) 『죽도관계자료집 제2집: 시마네현 소장 행정문서1』, 시마네현 총무부 총무과, 2011. pp.97-98 참조.

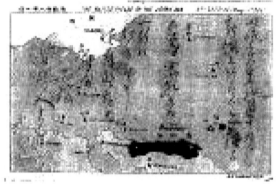

엽서 표면	엽서 뒷면
오키노시마쵸 히가시	명치 38년 8월 19일
분스케(東文輔) 귀하	**신 영토 죽도를 순시함**
	먼저 가서 죄송 용서 바람
죽도부근 배 안에서	일행은
마츠나가 다케요시 수	사도(佐藤) 경무장
행원(隨員)	마츠나가(松永) 지사
(인) 「군사우편」	후지다(藤田)
(인) 「京都丸檢閱濟」	오오츠카(大塚)
	모두 4명이다

며 '울릉도'와 '다케시마'가 각각 표시되어 있다. 시마네현 지사가 독도
를 순시했던 1905년 8월은 아직 러·일 전쟁이 진행 중이었다. 일본은
러·일 전쟁에서 승리하기 위해서, 그리고 러시아 함대와의 전투를 승
리로 이끌기 위해서 독도 망루 설치가 절실했고, '독도 편입'은 이러한
전략적 필요성으로 인해 불법적으로 편입되었던 것이다.

러일전쟁 중에 제작된 이 엽서에는 이미 독도가 '다케시마'로 표기되
어 있다. 일본정부가 '독도 편입' 후 불과 몇 개월 만에 독도(다케시마)
가 표기된 군사우편엽서를 제작·보급하였다는 것은 그만큼 독도가
전략적으로 중요하였고, '독도 편입'의 필요성을 잘 보여주는 것이라
하겠다. 한마디로 이 엽서는 러일전쟁에서 승리하기 위해서 독도를 불

법적으로 편입했음을 잘 보여주는 사실적 증거라고 할 수 있다.

　오쿠하라 헤키운이 편찬한『독도와 울릉도』의「서문」에서 시마네 현 사무관 진자이 요시타로(神西由太郎)는 "죽도(竹島)는 장중한 북해(北海) 상에 멀리 떨어져 있는 하나의 암서(巖嶼)일 뿐이다. 그런데 이것이 일본해 해전(쓰시마 해전)을 계기로 전 세계에 소개되어 영구히 전사(戰史)에 그 이름을 남기게 되었다. 이보다 수개월 앞서 죽도는 일본 영토로 편입, 동시에 시마네 현 소속이 되었으므로 이 역시 명예로운 기념이라 할 수 있다."[28]라고 하여 러일전쟁의 승리를 위해, 동해 한가운데 있는 지리적 위치로 인해, 전략적 필요성에 의해 '독도 편입'이 이루어졌음을 숨기지 않고 있다.

6. 맺음말

　지금까지 1905년 2월 22일 일본에 의한 불법적 '독도편입' 전후 일본 사료에 나타난 울릉도 · 독도의 지리적 인식을 고찰해보았다. 근세 · 근대기 일본 고문서에 나타나는 혼란된 지리적 인식은 1905년을 전후로 한 시기보다 눈에 띄게 줄어든다. 이미 서양의 근대적 과학기술을 앞서 수용한 일본은 근대적 측량법 덕택으로 경위도나 거리를 큰 오차 없이 정확히 측정할 수 있었다. 이러한 경위도 위치나 거리 측정은 울릉도 · 독도에 대한 지리적 인식을 보다 정확하게 가질 수 있도록 해주었다. 19세기 말~20세기 초에 발간된『수로지』,『竹島及鬱陵島』,『시마네현소장 행정문서』등에 나타나는 울릉도 · 독도에 대한 지리적 인식은 현재와 비교해 봐도 큰 차이가 없을 정도이다.

---

28)「서문」,『독도와 울릉도』, p.3.

〈표 1〉 경위도와 거리로 본 독도의 지리적 위치

구분	위도	경도	거리	연도
수로지	북위 37도 14분(호넷호)	동경 131도 55분(호넷호)	-	1899년
리양코섬 영토편입 및 대하원	-	-	오키도에서 85해리(157.42km), 울릉도에서 55해리(101km)	1904년 9월 29일
시마네현 고시 제40호	북위 37도 9분 30초	동경 131도 55분	오키도에서 독도 거리 서북 85리(157.42km)	1905년 2월 22일
죽도급울릉도	북위 37도 9분 30초	동경 131도 55분	오키도에서 독도 거리 서북 85리(157.42km)	1906년 7월
현재	북위 37도 14분(동도)	동경 131도 52분(동도)	157.5km	2018년 2월 현재

그러나 문제는 이러한 지리적 인식의 정확도보다 울릉도·독도의 명칭을 어떻게 확정할지가 더 큰 관건이었다. 해외 진출과 개발 사업으로 이익을 추구하려는 어민이나 사업가들이 끊임없이 죽도(울릉도) 개척원을 요청했지만 태정관 지령(1877) 전후로 일본 정부는 울릉도를 조선의 영토로 인정하지 않을 수 없었다. 이즈음 일본인들이 죽도, 송도 등으로 부르던 울릉도는 송도(마쓰시마)라는 명칭으로 자리를 잡아가지만, 독도에 대한 명칭은 송도, 죽도(다케시마), 리양코도, 리앙코르 락스 등으로 불려지며 특정한 명칭 없이 오히려 혼란만 가중되었다. 울릉도·독도에 대한 지리적 인식은 어느 정도 명료하게 정리가 되었으나, 명칭의 혼란은 오히려 더 가중되고 있었다. 이처럼 울릉도·독도에 대한 일본의 명칭 혼란만 보더라도 불법적 '독도편입'이 이루어진 1905년에 이르기까지 여전히 독도에 대한 명확한 인식이 부재했음을 알 수 있다.

아이러니하게도 러일전쟁은 이러한 명칭 혼란을 종식시키고 독도를 죽도(다케시마)라는 명칭으로 부를 수 있도록 하는데 기여하였다. 그것은 일본이 러일전쟁에 승리하기 위해 전략적 필요성에 의해 독도를 불법 편입해야 하는 상황이 만들어졌기 때문이다. 편입해야 할 섬의 명칭이 확정되지 않고서 (이미 '고시' 등의 규정을 위반해 국제법적으로 불법이기도 하지만) 법적으로 그 섬을 편입할 수는 없기 때문이다. 결국 독도는 제국주의 일본의 영토팽창 정책 속에 '죽도(다케시마)'라는 원치 않는 이름으로 불법적으로 편입된 일제 침략의 첫 번째 희생물이 된 것이다.

【참고문헌】

신용하, 「일제의 독도 해군망루 설치와 독도부근 러·일 대해전(1)」, 『독도연구』 25호, 영남대 독도연구소, 2018.

유미림, 「18~19세기 일본의 '마쓰시마' 인식의 추이」, 『한국정치외교사논총』 40집 1호, 한국정치외교사학회, 2018.

유미림·최은석, 『근대 일본의 지리지에 나타난 울릉도·독도 인식』, 한국해양수산개발원, 2010.

윤소영, 「메이지 후기 지리지·향토지에 나타난 독도 기술」, 『독도연구』 17호, 영남대 독도연구소, 2014.

이태우, 「근세 일본의 사료에 나타난 울릉도·독도의 지리적 인식」, 『독도연구』 20, 영남대독도연구소, 2017.

이태우, 「근대 일본 관찬사료에 나타난 울릉도·독도 인식 검토 -『조선국교제 시말 내탐서』, 『죽도고증』, 『태정관 지령』을 중심으로-」, 『독도연구』 제24호, 2018.

한철호, 「일본 수로부 간행의 수로지와 해도에 나타난 독도」, 『독도연구』 17호, 영남대 독도연구소, 2014.

허영란, 「1905년 '각의결정문 및 '시마네 현 고시 제40호'와 독도 편입」, 『독도연구』 17호, 영남대 독도연구소, 2014.

『죽도관계자료집 제2집: 시마네현 소장 행정문서1』, 시마네현 총무부 총무과, 2011.

『竹島及鬱陵島(독도와 울릉도)』, 오쿠하라 헤키운, 유미림 역해, 한국해양수산개발원, 2009.

『隱岐島誌』, 隱岐島誌編纂 編, 島根縣隱岐支廳, 1933.

『朝鮮水路誌』.

『日本水路誌』.

독도에 대한 일본의 「고유영토론」과 독도 인식

송 휘 영

1. 머리말

일본 정부(외무성)는 2008년 3월 이후 "죽도(독도)는 역사적으로나 국제법상으로나 일본 고유의 영토"라는 기본 주장을 견지하고 있다. 독도에 대한 그 중심논리는 시기에 따라 조금씩 변화하고 있기는 하나, 독도를 주변국과의 영토문제와 함께 취급[1]하고 있으며 어느 경우도 '일본 고유의 영토'라는 프레임을 적용하고 있다. 독도(죽도)에 대해서만 보면, 당초 1905년 2월에 주인 없는 섬을 새로 '발견'하여 일본 영토로 편입하였다는 국제법적 권원을 주로 강조해오던 것에서 1953년 국교정상화 과정에서 독도를 거론하면서 그 역사적 권원에 대한 조사 작업을 본격화하였고, 2005년 '죽도의 날'을 제정하고 난 뒤 시마네현

---

1) 2013년 2월 5일 내각관방에 「영토·주권 기획조정 대책실」을 설치하면서, 이 대책실에서 독도, 북방4개섬(남쿠릴열도), 센카쿠열도(댜오위다오) 등 영토 및 주권 문제에 관련된 도서를 함께 취급하고 있다. 단, 여기서 "영토문제"와 "주권문제"를 구분하여 독도와 남쿠릴에 대해서는 영토문제로, 자국이 실효지배 하는 센카쿠에 대해서는 주권문제로 구분하고 있다.

총무부 총무과에 설치된 〈죽도문제연구회〉의 『제1기 최종보고서』[2]가 일본 외무성에 제출되면서 역사적으로도 일본 고유의 영토였다는 '고유영토론'을 본격적으로 주장하기 시작했다. 그러나 최근 한국의 일본 논리 반박과 일본 국내 역사학자들에 의한 연구결과 등에서 독도에 대한 일본의 '고유영토'라는 주장은 일부 후퇴하고 있다. 그러나 여전히 「무주지선점론」과 「고유영토론」을 함께 주장함으로써 역사적 주장의 맹점들을 적절히 무마시키려는 것 같다. 최근에는 이러한 주장이 교육·홍보 쪽을 강조하는 것으로 그 중점이 옮겨가고 있다.

2018년 3월 30일과 7월 17일에 일본 문부과학성은 고교 『학습지도요령』 및 『학습지도요령해설서』 개정판을 고시하여 확정하였다. 이로써 일본 국내의 모든 초·중학교 사회과 교과서에서 독도가 '일본 고유의 영토'라는 것을 가르치도록 법적으로 의무화하게 된다. 다시 말해 일본의 모든 초·중·고등학교 학생들이 학교교육 현장에서 '고유영토' 교육을 받게 되는 것이다. 그것도 내년도인 2019학년도부터 적용하도록 되어 있기 때문에 늦어도 2020학년도부터는 이러한 교육이 일본국내에서 전면적으로 실시될 예정이다.

본고에서는 이러한 일본의 「고유영토론」을 중심으로 한 역사연구의 동향을 전망하고 과연 이 「고유영토론」이 성립하는가를 검증하기 위해 일본의 독도 인식을 살펴볼 것이다. 따라서 이 「고유영토론」에 관한 연구 동향과 그 계보를 분석할 것이다. 나아가 「고유영토론」의 이론적 근거가 되는 일본의 독도 인지 및 인식[3]에 대해 검토하고자 한

---

2) 竹島問題研究會, 『第2期「竹島問題に関する調査研究」最終報告書』, 島根縣總務部 總務課, 2007.

3) 인지 및 인식의 사전적 의미는 다음과 같다. 인지(認知)는 '어떤 사상(事象)에 대해 지식을 가지는 것'이고, 인식(認識)은 '사물을 보고 그 의미를 이해하는 것'으로 볼 수 있다. 즉 사물에 관한 간접적 지식을 포함하는 개념이 인지라면, 인식은 사물에 관한 직접적 개념을 말한다.

다. 본 연구에서 검토 대상으로 하는 「고유영토론」에 대한 역사적 검토는 국내에서는 거의 이루어지지 않았다. 일본에서 활동 중인 박병섭 (2018)[4]의 연구와 이케우치 사토시(池內敏, 2015)[5]의 연구가 있을 뿐이다. 두 연구 모두 독도 영유권 논쟁의 쟁점 검토의 연장선상에서 일본의 「고유영토론」을 비판적으로 분석하고 있다. 이 글에서는 일본 사료에 나타나는 일본의 '독도 인식'을 바탕으로 접근할 것이다.

2. 일본의 독도에 대한 「고유영토론」의 계보와 연구 동향

1) 일본 「고유영토론」의 계보

일본의 영유권 주장이 본격적으로 제기되는 것은 이승만 대통령에 의한 「평화선」의 선포와 한일 국교정상화 회담을 위한 예비적 접촉의 과정에서이다. 독도의 영유권을 둘러싼 양국의 구상서는 1953년 7월 13일 일본정부의 첫 번째 구상서를 시작으로 1965년 12월 17일 한국 측의 구상서에 이르기까지 4번에 걸쳐 왕복하였다. 이 과정에서 독도가 일본 고유의 영토라고 하는 「고유영토론」의 주장은 1962년 7월 13일 4번째 일본정부의 구상서에서 공식적으로 등장한다.[6]

1952년 4월 28일 샌프란시스코 강화조약이 발효되고 국교정상화를

---

4) 박병섭, 「독도/다케시마 '고유영토론'의 쟁점」, 『독도 영유권의 융복합 연구와 향후 방향』, 학술대회자료집(경북대 울릉도·독도 연구소, 영남대 독도연구소 공동주최), 2018.

5) 池內敏, 「「竹島は日本固有の領土である」論」, 歷史評論, 第七八五号, 2015.

6) 이 예비접촉의 과정에서 일본은 제1차(1953. 7. 13)부터 3차(1956. 9. 20)까지의 주장에서는 독도가 국제법적인 요건을 갖춘 영토(무주지선점)임을 강조하다가 제4차 (1962. 7. 13) 구상서에서 처음으로 독도가 일본의 '고유영토'라고 밝혔는데 이는 일본 스스로 고유영토 주장이 모순임을 나타낸 것이다.

위한 접촉의 과정에서 가와카미 겐죠(川上健三)의 『죽도의 영유(竹島の領有)』(1953.8)와 다무라 세이자부로(田村清三郎)의 『죽도문제의 연구(竹島問題の研究)』(1955.5)가 작성되었다. 이들은 각기 일본 외무성 조약국과 시마네현청 총무과에서 독도 영유권과 관련한 사료 검토를 담당하던 관원으로 이 두 저작은 후일 수정·증보되어 『죽도의 역사지리학적 연구』(川上健三, 1966)[7]와 『시마네현 죽도의 신연구』(田村清三郎, 1965)[8]로 간행되었다. 어쨌든 가와카미(川上)와 다무라(田村)는 독도와 관련된 일본 중앙정부와 지방정부의 담당 관리로서 당시의 시대적 필요성에 의해 사료를 모아 책으로 정리하게 되었다. 두 사람 모두 교토제국대학 출신이지만 가와카미(川上)는 문학부(사학과) 출신이고, 다무라(田村)는 법학부 출신으로 당시 일본 측 논리의 근간을 제공하고 있다. 특히 가와카미(川上)의 연구는 독도 관련 한일 양국의 고문서를 면밀히 해독하여 독도의 영토적 권원이 역사적으로 일본에 있다는 것을 주장하는 역작이었고 지금도 가와카미의 『역사지리학적 연구』는 가히 독도 연구의 바이블적 존재로 좀처럼 넘지 못하는 벽처럼 치밀하다. 독도에 대한 일본의 「고유영토론」은 가와카미가 만들어낸 작품이라 할 수 있으며 다무라의 『신연구』도 여전히 일본 외무성의 논리의 근간을 형성하고 있다.

가와카미의 연구의 주된 성과로 첫째, 한국의 고문헌이나 사료에 등장하는 울릉도와 우산도는 동일한 섬(1도설)[9]이고 조선시대에 한국인들은 독도를 인지하지 못하였다[10]는 것이다. 둘째, 울릉도에서 독도는 목측으로 볼 수 없었고 한국인들은 독도의 존재를 몰랐다는 것이다.[11]

---

7) 川上健三, 『竹島の歴史地理学的研究』, 古今書院, 1966.

8) 田村清三郎, 『島根県竹島の新研究』, 島根県, 1965.

9) 川上健三, 1966, pp.104-106.

10) 川上健三, 1966, pp.274-275.

11) 川上健三, 1966, pp.281-282.

『세종실록』의 「지리지」나 『동국여지승람』, 『고려사』 등에 나타나는 '울릉' · '우산', '무릉' · '우산'이라는 명칭은 모두 울릉도를 가리키는 이칭이라는 것이다. 이러한 그의 논리는 다무라의 연구에서도 그대로 연결되어 있다. 이는 또한 지금의 '죽도문제연구회'가 주장하는 일련의 논리로 그대로 계승되고 있다. 그 대표 주자가 '죽도문제연구회'의 좌장인 시모죠 마사오(下條正男)로 그는 한일 간에 독도논쟁을 거듭하면서 연금술사와 같은 사료해석의 왜곡을 일삼고 있다. 지금도 가와카미의 「고유영토론」은 「죽도문제연구회」 연구 멤버들에 의해 계승 발전되어가고 있다고 하겠다.

가와카미와 다무라의 견해는 물론 당시 일본 정부의 공식견해에 반론을 제기하고 나선 것이 야마베 겐타로(山辺健太郎)의 연구이다.[12] 그는 일본 외무성 등이 주장하는 「고유의 영토」라는 것을 부정하고 나섰고 1905년의 독도 편입 조치도 일본제국주의의 '폭력과 탐욕'의 결과로 간주하고 있다.[13] 야마베(山辺)의 연구는 근대기 일본의 침략성에 주목하여 역사적 경위를 엄밀하게 검토하고 있으며 당시 한일 간에 왕래한 독도에 대한 왕복문서까지 자세히 검토한 것이었다. 또한 당시 외무성이 『죽도의 영유』 등을 통해 주장했던 '죽도(독도)는 역사적으로나 국제법적으로나 일본령'이라는 점에 대해 반론을 제기하는 요시오카 요시노리(吉岡吉典)[14]의 연구가 있다. 그는 여기서 독도를 '영토문제'가 아닌 '정치문제'로 보고 있다.

또한, 독도에 대한 일본 「고유영토론」에 의문을 제기하고 나선 것이 가지무라 히데키(梶村秀樹)[15]와 호리 가즈오(堀和生)[16]의 연구이다.

---

12) 山辺健太郎, 「竹島問題の歷史的考察」, 『コリア評論』 第7巻 第2号, 1965.

13) 위의 책, pp.13-14.

14) 吉岡吉典, 「「竹島問題」とはなにか」, 『朝鮮研究月報』 11, 1962, pp.38-49; 吉岡吉典, 「再び「竹島問題」について」, 『朝鮮研究月報』 16, 1962, pp.22-23.

15) 梶村秀樹, 「竹島＝独島問題と日本国家」, 『朝鮮研究』 182号, 1978.

두 연구에서는 일본의 고유영토를 부정하고 오히려 한일 양국의 고문서 분석에 의해 한국의 고유영토론에 힘을 실어주는 연구였다. 하지만 사료 검토의 엄밀성이란 측면에서 다소 위약한 부분을 내재하고 있는 것 또한 사실이다. 이러한 것들은 나이토 세이츄(內藤正中)의 연구[17]에서 상당부분 보완되었지만, 이케우치 사토시(池內敏)[18]에 의해 부분적으로 부정되기도 하였다. 어쨌든 실증사학적 접근으로 치밀한 고문헌 사료의 고증에 의한 이케우치(池內)의 연구는 더 이상 일본「고유영토론」이 성립되지 않는다는 결론을 내리고 있다.[19] 그러나 그의 논리는 일본과 한국의 중간 즉 동해에 있는 독도를 근세시기에 일본이 일본의 판도로 인식하지 못했지만 그렇다고 해서 한국이 독도를 영토로 인식했다는 증거도 불충분하다는 양비론(兩非論)적 입장을 견지한다.[20] 즉 당시의 독도는 한일 양국 어느 나라도 자국의 영역으로 간주하여 지배하였다고는 할 수 없다는 것이다.

하지만 시마네현「죽도문제연구회」의 멤버들은 좌장 시모죠 마사오(下條正男)를 중심으로 일본의 독도「고유영토론」을 주장하기 위해 사료해석을 자의적으로 하는 등 "예로부터 죽도(독도)는 일본 고유의 영토이다"는 논증을 강화하고 있다.[21] 여기에 겐죠(川上健三)와 다무라

---

16) 堀和生,「一九〇五年日本の竹島領土編入」,『朝鮮史研究会論文集』24, 朝鮮史研究会, 1987.

17) 內藤正中,『竹島(鬱陵島)をめぐる日朝関係史』, 多賀出版, 2000.

18) 池内敏,『竹島問題とは何か』, 名古屋大学出版会, 2012; 池内敏,「「竹島は日本固有の領土である」論」,『歴史評論』No.785, 2015, pp.79-93.

19) 예를 들어, 池内敏, 2015, p.92를 참조.

20) 이케우치 사토시「일본 에도시대의 다케시마-마츠시마 인식」『독도연구』6, 영남대학교 독도연구소, 2009, pp.199-221; 池内敏『竹島問題とは何か』, 名古屋大学出版会, 2012; 池内敏,「竹島/独島と石島の比定問題・ノート」,『HERSETEC』4-2, 2011, pp.1-9.

21) 「죽도문제연구회」제1기 보고서~제3기 보고서와『竹島問題 100問 100答』, 2014를 참조.

세이자부로(田村淸三郎)의 「고유영토론」이 여전히 살아 움직이고 있
는 것이다.

2) 독도에 대한 일본 역사연구의 쟁점과 「고유영토론」

광복 이전 일본의 독도연구는 일찍이 츠보이 구마죠(坪井九馬三)[22]
1930: 33-34)와 다보하시 기요시(田保橋潔)[23]에 의한 연구가 그 발단이
라 할 수 있다. 그때까지만 해도 대개 독도연구는 울릉도 연구의 일환
으로 다루어지는 정도였다. 그러나 광복 이후 이승만 대통령의 평화선
선포, 샌프란시스코 강화조약의 발효, 한일국교정상화 교섭이라는 정
세의 변화 속에서 독도에 대한 조사연구는 비교적 활발히 이루어지게
되었다. 일본의 독도연구는 크게 3개의 시기로 구분할 수 있을 것이
다. 첫째는 전후부터 1970년까지의 시기로 이것을 일본 독도연구의 제
1세대(1945~1970년: 25년간)라고 규정할 수 있다. 한일 양국 간에 독도
에 대한 구상서가 오갔던 바로 이 시기에 역사적 사료를 바탕으로 본
격적으로 검토하기 시작했다. 이들 제1세대 연구자로서 가와카미 겐조
(川上健三), 다무라 세이자부로(田村淸三郎), 야마베 겐타로(山辺健太
郎), 요시오카요시노리(吉岡吉典) 등을 들 수 있다. 둘째는 1970년경부
터 1997년까지의 시기로 제2세대(1971~1997년: 27년간)라 할 것이다.
한일국교정상화 이후 한일 간에는 독도에 대해 비교적 커다란 마찰이
없이 지내온 시기이다. 제2세대의 대표적 연구자로서 가지무라 히데키
와(梶村秀樹), 호리 가즈오(堀和生) 등을 들 수 있다. 셋째, 그리고 IMF
라는 경제위기 속에서 일본이 「한일어업협정」(1965)을 일방적으로 파

---

[22] 坪井九馬三, 「鬱陵島」, 『歷史地理』 38-3, 1921; 坪井九馬三, 「竹島に就いて」, 『歷史
地理』 56-1, 1930.
[23] 田保橋潔, 「鬱陵島その發見と領有」, 『靑丘學叢』 3, 1931, pp.1-30; 田保橋潔, 「鬱陵
島の名稱について(補)」, 『靑丘學叢』 4, 1931, pp.103-109.

기하고 「신한일어업협정」(1998)을 맺으면서 국교정상화 교섭과정에서 야기되었던 독도에 대한 관심이 재점화되기 시작한 것이다. 특히 2005년 2월 22일 시마네현의 '죽도의 날' 제정은 일본 독도연구의 커다란 분수령이 되는 시기이다. 또한 독도에 대한 일본 영유의 논리를 찾고자 하는 「죽도문제연구회」가 그해 6월에 결성되었다. 이 시기를 제3세대(1998~2015년: 18년간)라 할 수 있는데, 독도의 권원을 두고 ① 한국 측 지지의 입장과 ② 일본 측 지지의 입장으로 극명하게 나누어지며, ③ 애매하거나 중립적 입장에 서는 연구자 등으로 분류할 수 있다. ①의 연구자로 나이토 세이츄(內藤正中), 박병섭(朴炳涉), 다케우치 다케시(竹內猛), 호리 가즈오(堀和生), 와다 하루키(和田春樹) 등을 들 수 있으며, ②의 부류에 해당하는 연구자로 「죽도문제연구회」의 시모죠 마사오(下條正男)를 비롯한 스기하라 다카시(杉原隆), 츠카모토 다카시(塚本孝), 후지이 겐지(藤井賢二), 야마자키 요시코(山崎佳子), 나카노 테츠야(中野徹也) 등이 있다. ③은 후쿠하라 유지(福原裕二), 이케우치 사토시(池內敏) 등이 이 부류의 연구자가 아닐까 싶다. 어쨌든 「죽도문제연구회」의 활동으로 말미암아 독도에 대한 관심이 괄목하게 높아졌을 뿐만 아니라 일본의 독도연구가 양적으로도 비교적 활발히 전개되고 있는 형편이다.

그동안 한일 양국의 독도논쟁에서 쟁점이 되어왔던 많은 부분이 사료나 문헌 고증을 통해 실증적으로 새로운 학설로 자리 잡고 있기도 하나, 한편으로 서로 관점과 해석의 차이로 인해 여전히 논쟁의 간극을 남기고 있기도 하다. 우선 수십여 년간 논란의 여지가 있었던 『은주시청합기』(隱州視聽合記)에 나타난 '일본의 서북 한계'(此州)를 둘러싼 문제는 이케우치(池內敏)에 의해 명쾌하게 부정되었다.[24] 즉 일본

---

[24] 이 부분의 해석에 대해서는 「죽도문제연구회」 측은 물론 『은주시청합기』를 번역한 오니시 도시테루(大西俊輝)도 일본의 서북한계는 울릉도까지라고 해석하고 있다.

의 서북한계는 오키노시마(隱岐島)까지라는 것이다. 또한, 「죽도도해
면허(竹島渡海免許)」의 발급 연도를 두고 일본 고문서에서는 1617년
또는 1618년을 정설로 하고 있었다.[25] 그 후 나이토 세이츄(內藤正
中)[26]에 의해 1622년 이후라는 설과 이케우치 사토시(池內敏)[27]에 의
한 1625년 이라는 설이 주장되었다. 당시의 면허장에 연서하고 있는
로쥬(老中)의 직책과 부임 시기를 대응시켜 본 결과 적어도 죽도도해
면허가 발급된 것은 1625년이라는 설이 정설로 자리 잡고 있다.[28]

　다음으로, 『죽도의 역사지리학적 연구』에서 가와카미 겐죠가 주장
했던 「송도도해면허」(松島渡海免許)의 존재에 관한 부분이다. 1650년
경 「죽도도해면허」와는 별도로 송도 도해만을 위해 오야·무라카와
양가가 막부에 「송도도해면허」를 받았다는 것이다. 따라서 1695년 12월
에도 막부가 울릉도의 사정을 돗토리번에 조회한 다음 울릉도(죽도)·
독도(송도)가 돗토리번령이 아님은 물론 일본의 어떤 지역에 부속된
섬이 아님[29]을 인지하게 된다. 또한 지금까지 잘 몰랐던 송도(松島)라
는 섬에 대한 정보까지도 입수하게 된다. 어쨌든 에도 막부는 울릉
도·독도가 일본의 판도가 아님을 인지하고 오랫동안 끌어왔던 「울릉
도쟁계」를 종결시키는 「죽도도해금지령」을 발령하게 된다. 송도는 일
본의 여러 고문서에도 보이듯 일본 측은 죽도(울릉도)의 속도(屬島)로
인지하고 있었다. 따라서 죽도도해금지령은 독도를 포함한 울릉도 도

[25] 문서에 따라서는 죽도도해면허 발급 시기를 1615년이라고 기록하고 있는 문헌도
종종 보인다. 그러나 최근 사료의 정리를 해보면 1626년 또는 1628년의 가능성이
있음을 지적해둔다.

[26] 內藤正中, 『竹島(鬱陵島)をめぐる日朝関係史』, 多賀出版, 2000, pp.49-51.

[27] 池內敏, 『竹島問題とは何か』, 名古屋大学出版会, 2012, pp.39-40.

[28] 일본 외무성의 홈페이지에서도 1618년설을 정설로 내세우고 있다. 일본 외무성 홈
페이지 「竹島問題」를 참조.

[29] 「7개조답변서」(七カ条返答書) 및 「죽도도해금지 및 도해연혁」(竹島渡海禁止并渡
海沿革)을 참조.

해금지라는 의미의 금지령이었지만 송도(독도)를 제외한 죽도(울릉도) 만에 대한 금지령이라는 것이다. 이것을 위해 「송도도해면허」가 대두 된 것이다. 지금까지 「송도도해면허」는 일본 측에 의해 제시된 적도 없거니와 원래 존재하지 않는 송도도해면허장을 제출해 보일 리도 없 었다. 이 「송도도해면허증」도 이케우치의 연구에 의해 존재하지 않았 음이 밝혀졌다.[30]

그리고 안용복 진술의 진위에 관한 부분이다. 일찍이 가와카미 겐죠 는 일부 안용복 공초 기록에서 거짓증언을 바탕으로 안용복을 거짓말 쟁이로 몰아세워 안용복 진술의 전부를 부정하고 있다.[31] 이는 시모죠 마사오(下條正男)를 비롯한 죽도문제연구회의 기본적인 관점이다. 따 라서 관찬서인 『조선왕조실록』의 기록은 신빙성이 낮다고 주장해왔 다. 그러나 최근의 연구에서 안용복 진술의 상당부분이 진실인 것으로 드러나고 있다. 그러나 ① 서계를 받았는가 하는 점, ② 안용복이 에도 로 갔었는가 하는 점, ③ 2차 도일에서 '영토문제'를 항의하기 위해 갔 는가 하는 점 등 여러 가지들은 아직 명확하게 드러내지 못하고 있다. 따라서 거짓말쟁이라고 치부하는 일본 측 주장에 대해 그의 진술의 진 위를 가려 시시비비를 명백히 밝히지 못하고 있다.

마지막으로, 일본 외무성이나 시마네현 '죽도문제연구회'조차 언급 을 꺼리는 1877년 「태정관지령」에서 나타나는 '죽도외일도(竹島外一 島)'에서 '외일도'가 어느 섬을 가리키는가 하는 점이다. 이 문서는 당 시 일본 최고결정기관이었던 태정관(太政官)이 내린 지령이라는 사실 에서 정부의 공적 구속력은 크다 할 것이다. 여기서 '외일도(外一島)'가 만일 독도를 가리키는 송도(松島)라면 메이지 정부가 공식적으로 독도

---

30) 전게 池內敏, 2012, pp.44-47을 참조. 그러나 외무성 홈페이지에서는 여전히 '송도도 해'의 존재가 거론되고 있다. 자세한 것은 외무성 홈페이지 「竹島問題」를 참조.
31) 川上健三, 1966, p.167.

를 타국(=조선)의 영역으로 인정한 것이 된다. 따라서 시모죠를 비롯한 「죽도문제연구회」의 멤버들은 하나같이 '외일도'를 울릉도의 다른 이름인 '송도(松島)'라든가,[32] 울릉도에 이웃한 죽서도(댓섬)를 지칭한다고도 하였다. 그러나 최근 다케우치 다케시(竹內猛)[33]와 이케우치(池內敏)[34]의 연구에서 '죽도외일도'는 울릉도가 아닌 또 하나의 섬 독도(송도)를 가리키는 것임을 명백히 하고 있다. 이것은 태정관문서에 첨부된 지도인 「기죽도약도」와 「시마네현 행정문서」[35]에서 '외일도'를 '이것은 송도를 지칭한다(外一島ハ松 嶋ナリ)'는 기록을 보더라도 분명하게 드러난다. 그러나 시모죠와 「죽도문제연구회」는 이 사실을 감추려 하던 나머지 문서의 왜곡해석까지 덧붙이고 있는 것이다.

이러한 맥락에서 비록 일본의 연구경향이 비록 '고유영토'의 논리에서 '무주지선점'의 논리로 바뀌고 있을지라도 우리는 독도를 역사적 문제로 인식하고 파악하여 '고유영토론'의 논리를 강화하여 반박할 필요가 있다. 그것만이 독도가 한국 고유의 영토라는 것을 정당화 할 수 있기 때문이다. 이를 위해서는 1) 1905년 이전에 이미 우리가 실효적으로 독도를 지배하였다는 증거와 2) 칙령 41호 안의 석도가 독도라는 사실을 사료로써 밝혀내는 작업을 해야 한다. 또한, 3) 안용복 진술의 진위를 명백히 석출하여 「울릉도쟁계」에서의 안용복의 공적을 객관적으로

---

32) 예를 들어, 스기하라 다카시(杉原隆), 츠카모토 다카시(塚本孝), 야마자키 요시코(山崎佳子) 등은 죽도외일도의 '죽도'도 '외일도'도 명칭혼란이 있었던 울릉도 한 섬을 가리킨다고 주장한다. 第2期島根縣竹島問題研究會, 『第2期「竹島問題に関する調査研究」中間報告書』, 島根縣總務部總務課, 2011 참조.

33) 竹内猛, 「「竹島外一島」の解釈をめぐる問題について」, 『郷土石見』 87, 石見郷土研究懇談會, 2011; 竹内猛, 『竹島＝獨島問題「固有の領土論」の歴史的検討』, 報光社, 2010(송휘영·김수희 역 『독도＝죽도문제 '고유영토론'의 역사적 검토』, 도서출판선인, 2013).

34) 池内敏, 『竹島問題とは何か』, 名古屋大学出版会, 2012, pp.137-149.

35) 島根縣總務部總務課, 『竹島問題關係資料第2集 島根縣所藏行政文書』, 島根縣, 2011, p.37.

재평가하고 4) 왜 독도가 역사의 문제인가 하는 논리를 강화할 필요가 있을 것이다. 나아가 5) 해방 후 독도의 처리과정에서 독도가 한국의 영토로 돌아오게 된 당위성을 법적 논리와 문서의 증거력으로 우리의 「고유영토론」을 보완할 필요가 있다.

일본 정부(외부성)의 정책기조는 이미 문부과학기술성에 전달되어 지난 3~7월에 고등학교 『학습지도요령』 및 『학습지도요령해설서』의 개정판을 확정 · 고시하였고 이는 법정의무화가 부가되어 다음 학년도 (2019.4~)부터 바로 적용하도록 하고 있다. 즉 내년도 이후에는 초중고 사회과 교과서는 모두 "죽도(독도)는 일본 고유의 영토이며 현재 한국이 불법점거하고 있다"는 기본 프레임을 명시하여 학교교육현장에서 가르치게 된다. 다만 우려스러운 것은 역사적 소양이 제대로 서지 않은 어린 세대들에게 그릇된 역사교육, 그릇된 영토교육을 주입하여 그들이 기성세대가 되는 머지않은 미래에 이러한 잘못을 어떻게 수습할 것인가 하는 문제가 발생한다.

일본의 국토면적은 약 38만㎢로 세계 60위 정도이지만, 일본이 주장하는 EEZ를 인정한다면 바다영토가 세계 6위인 해양강국이 된다. 그처럼 바다에 대한 집착이 아주 강하다. 해서 패전국이면서 이웃국가와 모두 영토분쟁을 벌이고 있다. 독도에 대해서 일본이 집착을 버리지 못하는 것도 영해에 대한 집착 때문일 것이다. 일본의 독도도발의 목적은 한국의 영토 독도를 "분쟁지역화"하는 것이고 최종적으로는 보다 넓은 바다영토를 확보하고자 함일 것이다. 그런 의미에서 보면 120년 이전 근대기 일본제국주의의 망령이 바다영토로 살아남아 있는 것일지도 모른다. 때문에 일본 외무성의 홈페이지 「죽도」에서도 여전히 「죽도의 영유권에 관한 일본의 일관된 입장」이라 하여 기본 기조를 견지하고 있는 것이다.

○죽도의 영유권에 관한 일본의 일관된 입장

독도는 역사적 사실에 비추어도, 또한 국제법상으로도 명백히 일본 고유의 영토입니다.

한국에 의한 독도 점거는 국제법상 아무런 근거 없이 이뤄지는 불법점거이며, 한국이 이런 불법점거에 근거하여 독도에 대해 실시하는 어떤 조치도 법적 정당성을 갖지 않습니다. 일본은 독도 영유권 문제에 대해서 국제법에 의거, 냉정하고 평화적으로 분쟁을 해결할 생각입니다.

(주)한국 측에서 일본이 독도를 실효적으로 지배하고 영유권을 재확인한 1905년보다 이전에, 한국이 독도를 실효적으로 지배했음을 나타내는 명확한 근거는 제시되지 않았습니다.[36]

최근 일본은 외교적 자극을 삼가면서도 독도(죽도) 교육 및 홍보를 강화하고 있다. 그 특징적인 것들을 보면 다음과 같은 점을 들 수 있을 것이다. 첫째, 오키노시마쵸, 시마네현, 외무성, 내각관방 등 독도 관련 사이트에서 지리적 위치 및 표현용어 통일을 기하고 있다는 점이다. 둘째, 이들 독도 관련 사이트의 상호 연계성을 강화하여 상호 링크함으로써 접근자가 원하는 정보로 쉽게 접근할 수 있도록 하였다. 셋째, 이들 내용을 보면 가급적 감성적 호소 표현을 줄이고 외무성 게재내용에 준하여 기술하고 있다. 넷째, 동영상자료, 만화, 포스터 등 다양한 홍보물을 게시하여 홍보를 다양화하고 있다는 점이다. 예를 들어 신칸센 홍보 포스터의 부착 등은 그 일례를 보여주는 것이다.

---

36) 日本 外務省, 「竹島」: https://www.mofa.go.jp/mofaj/area/takeshima/index. html

3. 일본의 독도 인식과 「고유영토론」

역사적으로 일본에서는 울릉도(죽도)와 독도(송도)의 관계성을 어떻게 보았는가를 살펴보면 그들의 독도 인식을 명확히 파악할 수 있다. 「안용복 사건(=울릉도쟁계)」의 결과 에도 막부가 내린 「죽도도해금지령」과 그 이전의 「죽도도해면허」를 통해서 보면, 그들이 인지하는 '죽도(竹島)'의 범위를 알 수 있다. 일본 측 사료만으로 볼 때 일본 정부가 지금까지 일반적으로 독도(송도)를 울릉도(죽도)의 부속섬으로 인식하고 있었으며, 에도시대 울릉도 도해를 했었던 오야·무라카와 양가의 문서를 통해 보더라도 일본은 독도를 울릉도의 부속섬으로 인식하거나 취급하고 있었다. 에도시대 막부의 「죽도도해면허(竹島渡海免許)」를 얻어 울릉도로 도해했던 오야·무라카와 양가의 독도 인식은 '죽도지내송도(竹嶋之內松嶋)', '죽도근변송도(竹嶋近邊松嶋)' 혹은 '죽도근소지소도(竹嶋近所之小嶋)'라는 것이 기록으로 보이며, 이것은 당시 이들 어민들이 독도를 울릉도의 부속된 섬으로 보았다는 것을 나타내는 것이다. 이것을 구체적인 사료로 살펴보기로 하자. 우선 당시 죽도도해에 관여했던 오야·무라카와 양가의 기록을 보면 다음과 같다.

　ⓐ 「장차 또는 내년부터 **죽도(울릉도) 안에 있는 송도(독도)**에 귀하가 도해할 것이라는 취지를 선년에 시로고로(아베)가 로쥬(老中)님께 허락을 받았다고 합니다.」(「大谷家文書」[37])

　ⓑ 「그런데 **죽도(울릉도) 근처의 소도**에 소선이 도해한다는 뜻을 지난해에 귀하가 말씀하시길, 오야 규에몽 측은 같은 마음이 아니므로 귀하만 보내겠다고 말씀하셨습니다. 그때 우리들이 말하기를, 당분간은 같은 마

[37) 「将又来年より竹島(鬱陵島)之内松島(竹島)へ貴様舟御渡之筈ニ御座候旨先年四郎五郎御老中様へ得御内意申候」(「大谷家文書」1660.9.5.).

음이 아니더라도 틀림없이 어떤 일이 있을 것입니다. 오야도 건너가고 싶
다고 말하고 있으니 같은 마음이 아니라는 것은 사실이 아니라고 생각합
니다. 그 전에는 귀하만 건너가도 된다고 말해두었습니다.」(「大谷家文書」,
1662.9.8)38)

ⓐ「오야가문서」의 기록은 당시 「죽도도해면허」를 주선하고 있었던
아베 시로고로(阿倍四郎五郎)의 독도에 대한 인식을 나타내는 것으로,
당시 요나고성의 성대(城代)였던 아베는 독도를 울릉도 내에 있는 섬
즉 울릉도의 속도로 인식하고 있다. 그리고 ⓑ의 문서는 「오야가문서」
의 1662년 9월 8일 기록으로, 송도도해의 건에 대해 가메야마 쇼자에
몽(龜山庄左衛門)이 무라카와 이치베(村川市兵衛)에 쪽에 보낸 서신의
사본을 오야 가문의 오야 미치요시(大屋道喜)에게 보낸 기록이다. 가
메야마는 아베 시로고로의 측근으로 에도와의 연락책을 담당한 인물
이다. 가메야마도 송도(독도)를 죽도(울릉도) 근처의 작은 섬으로 인식
하고 있다.

ⓒ「죽도(竹島)와 송도(松島)가 조선 부속으로 된 시말(始末), 본 건 **송
도(松島)는 죽도(竹島)의 인도(이웃섬)**으로서 마쓰시마의 건에 대해서는
지금까지 게재된 서류도 없다.」39)

ⓓ「**일본해 내의 죽도외일도** 지적편찬 방침 문의
귀성 지리과(地理寮) 관원이 지적편찬 검열을 위해 본 현(시마네 현)을

---

38) 「然者竹嶋近所之小嶋へ小船渡海之儀去年貴様被仰候ハ大屋九右衛門方ハ同心無之
候間貴様斗にて可遣哉と被申候間其節我等申候ハ当分同心無之候ても定而所務も
有之候大屋も渡度と被申にて可有之候口上にてハ無同心と申分ハ実儀共不被存候、
其内ハ貴様斗御渡し可被 成哉と申置候」(『大谷家文書』目録2-25, 川上健三, 1966,
p.78).
39) 「一 竹島松島朝鮮附属ニ相成候始末 此儀松島者竹島之隣島ニ而松島之儀ニ付是迄
掲載セシ書留モ無之」(「朝鮮国交際始末内探書」, 1870.4)

순회한 바, 동해(일본해) 안에 있는 죽도 조사 건에 대해 〈별지乙 제28호〉
와 같이 조회하고자 한다. (후략)

        메이지 9월 10월 16일   현령 사토 노부히로(佐藤信寬) 대리

                시마네현 참사(參事)   사카이 지로(境二郎)

    내무경 오쿠보 도시미치(大久保利通) 전」40)

      ⓔ 「울릉도와 죽도가 동도이명인 것이 분명하고, 송도 역시 죽도와 동
도이명인 것 같은데, **설사 그렇지 않다고 해도 죽도의 속도인 것 같습니
다.** 위의 죽도 이외에 송도라는 것이 우리 나라 가까운 곳에 있다면 이미
죽도에 일본인이 가서 갈등을 일으킨 적이 있는 것을 볼 때 그 섬보다 가
까운 송도에 가본 사람이 없다고는 절대 말할 수 없습니다.」(『竹島考證』
下, 1881, p.494)41)

이 문서들은 모두 당시 정부의 견해를 나타내는 것들이다. 우선 ⓒ
는 죽도와 송도가 조선부속이 되어있는 경위를 조사해 오라는 메이지
정부에 대해 3명의 외무성관료 사다 하쿠보, 모리야마 시게루, 사이토
사카에가 조선의 내정을 정탐하여 보고한 복명서이다. 송도는 죽도에
이웃한 인도라는 표현에서 알 수 있듯이 당시 외무성에서는 울릉도와
독도를 하나의 세트로 취급하고 있다. 산음지방의 일부 사찬기록에서
보면 오키국의 송도로 기록하고 있는 것들도 있다. 그러나 이것은 당
시 죽도도해면허를 회복하려는 오야·무라카와 양가가 작위적으로 오
키에 부속한 것처럼 적고 있는 것이며, 대부분의 기록에서 독도를 울

---

40) 「【日本海内竹島外一島地籍編纂方伺】   御省地理寮官員地籍編纂荏檢ノ為本縣巡
回ノ砌日本海中ニ在ル竹島調査ノ儀ニ付別紙乙第二十八号ノ通照會有之候處
            明治九年十月十六日 島根縣參事 境二郎 縣令佐藤信憲代理
   内務卿 大久保利通殿」

41) 「蔚陵島ト竹島ハ同島異名ノ事判然シ松島モ亦竹島ト同島異名為ルカ如シ否ラサル
モ其属島ナルカ如シ右竹島ノ外ニ松島ナル者アリテ我近キ所ニアラバ既ニ竹島日
本人行キ葛藤ヲ生セシヲ見レハ其島ヨリ近キ松島ヘハ必ラス行キタル人ナシト云
フベカラズ。」(『竹島考證』下, 1881.9.8., p.494)

릉도의 속도 혹은 근방의 섬으로 인식하고 있다.

ⓓ「태정관지령」이 내려지는 과정에서, 시마네 현의 독도 인식을 보여주는 부분이다. 내무성이 시마네현 앞바다에 있는 도서에 대한 문의를 보내라고 하자, 시마네현은 외무성에서 언급하지도 않은 동해(일본해) 내에 있는 「죽도외일도」에 대해 어떻게 취급할 것인지? 시마네현 지도 포함할 것인지를 내무성에 조회한 문서이다. 시마네현에 대한 조회를 거쳐 울릉도 독도에 대해 조사하여 파악한 결과를 시마네현은 태정관에 보고하였다. 그리고 태정관은 관계서류를 점검한 다음, 일본해(동해) 안에 있는 울릉도와 독도의 두 섬은 일본과 관계없는 섬이라는 결론에 도달하여 이 지령문을 내린 것이다. 「태정관지령」에서 「죽도외일도」는 하나의 세트로 간주되고 있다. 이것은 당시 시마네현의 독도 인식을 나타내는 표현이라고 할 수 있다. 즉 산음지방의 주민들은 과거 겐로쿠시대의 울릉도도해의 사실로부터 전해들은 바로 독도는 울릉도에 가까운 섬으로 하나의 세트로 간주하고 있는 것이다.

ⓔ는『죽도고증』에 실린 외교관련 기록으로, 이 문서는 러시아 공사관의 무역사무관 세와키 히사토(瀨脇壽人)가 1878년 8월 15일 나가사키의 시모무라 유하치로(下村輸八郞)의 의뢰를 받아 제출한 「송도개척원(松島開拓願)」에 대한 검토 결과를 외무성 공신국장 다나베 다이이치(田邊太一)가 송도 조사가 불가하다는 취지의 답서와 기록국장 와타나베 히로모토(渡邊洪基)의 정리 문서 안의 기록이다. 이것으로 보아 당시 외무성에서는 죽도(울릉도)와 송도(독도)의 관계를 명확하게 인식하고 있었고, 울릉도의 이칭으로서의 송도(松島)에 대해서도 외국 해도상의 '마츠시마'라고 기록하고 있는 섬이라는 것을 잘 알고 있었다. 즉 죽도와 송도는 이미 에도시대에 한일 정부 간에 영유권 문제로 이미 결착이 내려진 섬이라는 것과, 송도(독도)가 죽도(울릉도)에 부속한 속도라는 인식을 하고 있었다.

이와 같이 근세·근대의 일본 측 기록에서 독도를 울릉도의 부속섬으로 간주하고 있다는 것이다. 이를 정리하면 다음과 같다. 첫째, 메이지시대 이후에도 이러한 인식은 이어지고 있으며, 1869년 일본 외무성이 조선의 내탐을 위해 파견한 고관의 보고서 「조선국교제시말내탐서(朝鮮國交際始末內探書)」(1870)에서도 송도(독도)는 죽도(울릉도)의 이웃섬(松島ハ竹島ノ隣島ニテ)이라고 보고 있었으며, 외무성의 기록 『죽도고증』(1881)에서도 독도를 울릉도의 속도로 인식하고 있다. 다시 말해, 1870년대 말 울릉도-죽도-송도의 명칭혼란이 있었을 때, 일본 외무성 공신국장 다나베 다이이치(田辺太一)의 「의견서」에서도 '송도(독도)'는 울릉도의 속도(鬱陵島ノ屬島)라는 인식을 갖고 있었다는 사실이다. 둘째, 메이지의 지적편찬 사업을 추진하는 과정에서 죽도(울릉도)와 송도(독도)의 취급을 어떻게 할 것인가 문의한 시마네현의 품의서에 대해, 당시 최고의 결정기관이었던 태정관이 지령으로 울릉도와 독도를 "죽도외일도(竹島外一島)는 본방(일본-필자)과 관계없다"고 하여 두 섬을 하나의 세트로 생각하여 취급하고 있었다. 셋째, 이러한 점을 미루어 볼 때, 에도시대 및 메이지시대 일본에서는 전통적으로 울릉도와 독도의 관계를 한 섬의 부속섬 혹은 하나의 세트로 간주했음은 명백하다. 이러한 것은 일본의 어민뿐만 아니라, 외무성 및 태정관, 해군 수로부까지도 독도를 하나의 독립된 섬으로 보지 않고 울릉도와는 불가분의 섬으로 인식하고 있었다는 것이다.

〈표 1〉 근세 · 근대 일본의 울릉도 · 독도 인식

번호	날짜	기록 내용	문헌	비고
①	1659. 6. 21.	죽도근변송도 (竹嶋近邊松嶋)	『控帳』, 『大谷家文書』	
②	1660. 9. 5.	죽도지내송도 (竹嶋之內松嶋)	『大谷家文書』	
③	1662. 9. 8.	죽도근소지소도 (竹嶋近所之小嶋)	『大谷家文書』	
④	1858. 7. 11.	죽도 · 대판도 · 송도를 함께 죽도라 부른다(竹島 · 大坂島 · 松島合せて世に是を竹島と云ひ)	「吉田松陰書簡」『吉田松陰全集』	대판도(오사카지마=大坂島)는 댓섬을 의미함
⑤	1870. 4. 15.	송도는 죽도의 인도 (松島ハ竹島ノ隣島ニテ)	「朝鮮國交際始末內探書」	『日本外交文書』
⑥	1877. 3. 20.	죽도외일도 (竹島外一島)	「太政官指令文」	울릉도와 독도를 하나의 세트로 생각함
⑦	1878. 12.	송도는 울릉도의 속도 (鬱陵島ノ屬島)	『竹島考證』	외무성 공신국장 타나베(田辺太一)의 '의견서'
⑧	1881. 1. 30.	조선국 울릉도 즉 죽도 · 송도의 건(朝鮮国蔚陵島即竹島松島之儀)	『朝鮮事件』(国立公文書館)p.23.	외무권대 서기관 고묘지(光妙寺)가 내무권대 서기관 니시무라 스테죠(西村捨三)에게 보낸 답서

자료: 필자 작성

　울릉도와 댓섬, 독도를 하나의 섬으로 엮어서 '울릉도(죽도)' 인식하는 사례로는 요시다 쇼인의 문건에서 발견된다. 요시다 쇼인(吉田松陰)은 에도시대 후기에 쵸슈번(長州藩=야마구치 현)에서 쇼가촌쥬쿠(松下塾)를 열고 이토 히로부미(伊藤博文) 등 에도막부 타도를 목표로 하는 뜻있는 인사들을 육성했던 사람으로 유명하다. 쇼인(松陰)은 1858년(安政5) 2월 19일에 가쓰라 고고로(桂小五郎=木戸孝允)에게 편지를 보낸다. 그 내용 중에서 쵸슈번은 유사시에 조선 · 만주를 목표로 하고 있다는 것과 그 때 죽도(울릉도)는 대륙진출의 교두보가 될 것으로 설명하고 있다. 소위 회자되는 「죽도개척론(竹島開拓論)」으로 이는 쇼인의 구상이 가츠라 고고로와의 서신에서 제안되고 있다.

1853년(嘉永6)에 쇼인은 북해도 탐험가로 알려진 마츠우라 다케시로(松浦武四郎)를 만나게 되었고 아마 그때 마츠우라(松浦)로부터 에조치(蝦夷地=홋카이도) 정세와 더불어 죽도 등 동해 쪽의 사정에 대해서도 정보를 입수한 것으로 알려져 있다. 이렇게 시작된 「죽도개척론(竹島開拓論)」[42]은 1858년(安政5)에 이르러 쇼카손주쿠 내부에서 논의되기 시작했다. 당시 다카스기 신사쿠(高杉晋作)도 죽도개척 계획에 적극적이었다. 당시 쇼인은 하기(萩)의 마츠모토(松本)에 있었고, 가츠라는 에도에 있었다. 같은 해 7월 11일 쇼인이 가츠라에게 보낸 서신에서 계획이 보다 구체적으로 언급되고 있다.

ⓕ죽도(울릉도)의 건, **겐로쿠(1688-1704) 시기에 조선에 건네준 막부의 결정**이 있었기 때문에 이것은 어렵다고 이쪽에서도 논의하고 있었습니다. 그러나 현재는 대격변의 시기임으로 조선에 교섭하여, 지금 (죽도가) 빈 섬으로 되어있는 것은 무익하므로, 우리 쪽에서 개간한다고 말한다면 이견은 없을 것으로 생각합니다. 만약 또 이미 서양 오랑캐들이 이미 손을 쓰고 있다면 더욱 버려두기 어려운 것이고, 그들의 기지가 된다면 우리 쵸슈(長州)[43]는 매우 위험합니다. 그러나 이미 그들의 소유가 되어있다면 어쩔 수 없습니다. 개간을 명목으로 하여 도해한다면, 이것은 즉 원대한 항해계획의 최초가 됩니다.

ⓖ**죽도(竹島, 울릉도)·대판도(大坂島=오사카지마)·송도(松島, 독도)를 합해서 이것을 항간에서는 죽도라고 말하고, 25리(98.2km)[44]에 달합니다.** 죽도만으로도 18리(70.7km)입니다. 세 섬 모두 인가는 없습니다. 오사카지마에 대신궁(大神宮)의 작은 사당(祠)이 있고, 이즈모(出雲)에서는 해

---

[42] 이것은 대륙침략론의 일환으로 쇼카손주쿠 내부에서 활발히 논의되고 있었으며, 이것은 쇼인이 사망한 이후인 1860년 그의 문하생 가츠라 고고로와 무라타 죠로쿠(村田藏六)에 의해 「죽도개척건언서(竹島開拓建言書)」가 막부에 제출되고 있다.

[43] 長門藩. 지금의 야마구치(山口)현.

[44] 1리(里)=3.927km.

로로 120리(252km)⁴⁵⁾ 정도입니다. 산물은 장어종류와 좋은 목재가 많아
개간한다면 좋고 아름다운 논밭이 만들어질 것 같습니다. 이 섬이 에조
(蝦夷＝北海島)의 경우처럼 (막부에서) 개간의 명령이 떨어지면, 아래 쵸
슈(長州, 야마구치 현)가 청원하여, 항해하는 것이 가능할 수 있습니다.⁴⁶⁾

이 서신을 보면 요시다(吉田松陰)는 죽도를 겐로쿠(元祿) 시기에 이
미 막부가 조선에 건네준 땅이라고 이해하고 있다. 이것은 덴포 죽도
일건(1836년대) 당시 막부가 「죽도도해금지」의 포고령(御触)에 적힌
내용에 의해 영향을 받은 것이라 할 수 있다. 여기서 중요한 것은 별지
에 적힌 내용이다. 여기서 죽도는 울릉도를 가리키고 송도는 독도를
가리킨다. 오사카지마(大坂島)는 오사카우라(大坂浦＝저동)에 있는 마
노시마(竹嶼)가 와전된 것으로 보이나 댓섬(죽서)을 나타내고 있다. 죽
도(울릉도), 대판도(죽서), 송도(독도)를 합하여 이것을 항간에서는 죽
도라고 말한다는 사실이다. 즉 당시 산음지방에서 전해오는 이야기로
는 울릉도와 죽서, 독도를 총칭하여 울릉도라 인식하고 있다는 것이
다. 이는 17세기 중엽 죽도도해를 하고 있었던 오야·무라카와 양가의
인식과도 일치한다. 송도(독도)를 죽도(울릉도)의 부속섬으로 간주하

---

45) 해로 1리(里)=2.1km.
46) 「竹島論、元祿度朝鮮御引渡の事に付き六ケ敷くもあらんと此の地にても議し申し
   候。併し當時大變革の際に御座候得へば、朝鮮へ懸け合ひ、今に空島に相成り居
   り候事無益に付き、 此の方より開くなりと申し遣はし候はば異論は之れある間布
   く、若し又洋夷ども已に手を下し居り候事ならば、尚ほ又聞き難く、彼れが足溜
   りとならば吾が長州に於て非常の難あり。 併し已に彼れが有と相成り候はば致方
   なし。開墾を名とし渡海致し候はば、 是れ則ち航海雄略の初めにも相成り申すべ
   く候。」
   「竹島・大坂島・松島合せて世に是を竹島と云ひ、廿五里に流れ居り候。竹島計り
   十八里之れあり、三島とも人家之れなく候。 大坂島に大神宮の小祠之れあり、出
   雲地より海路百十里計り。 産物蛇魚類良材多く之れあり、 開墾致し候上は良田美
   地も出來申すべし。 此の島蝦夷の例を以て開墾仰せ付けられば、下より願ひ出で
   航海仕り候もの之れあるべく候。」

여 인식하고 있는 것이다.

이러한 인식은 메이지 정부가 들어서고도 지속이 되었다. 1870년대
에 연이어 발생한 「죽도개척원」과 「송도개척원」47)에 대응하였던 외무
성 기록국장 와타나베 히로모토(渡邊洪基)의 「송도지의(松島之議)」에
서도 나타난다.

> ⓗ듣기에 송도(松島)는 우리나라 사람들이 붙인 이름이며 사실은 조선
> 의 울릉도에 속하는 우산(于山)이라고 합니다. 울릉도가 조선에 속한다는
> 것은 구정부 때에 한 차례 갈등을 일으켜 문서가 오고간 끝에 울릉도가
> 영구히 조선의 땅이라고 인정하며 우리 것이 아니라고 약속한 기록이 두
> 나라의 역사서에 실려 있습니다. 지금 아무런 이유 없이 사람을 보내어
> 조사하게 하는 것은 다른 사람의 보물을 넘보는 것이라고 할 수 있습니다.
> 이웃의 지경(隣境)을 침범하는 것과도 같습니다.48)

여기서 기록국장 와타나베(渡邊)는 송도(松島)는 우산(于山)으로 조
선의 울릉도에 속하는 섬 즉 부속섬으로 명확히 인식하고 있었다. 송
도 즉 독도를 포함한 울릉도가 조선에 속한다는 것은 이미 에도시대에

---

47) 그 당시 근대 제국주의로 발돋움한 일본은 대외팽창을 적극 추진하여 대만을 정벌
하고(1874), 사할린[樺太]·쿠릴[千島] 교환협정을 체결하였고(1875), 오가사와래小
笠原]제도를 편입하고(1876), 류우큐우[琉球]를 귀속시켰다(1879). 그런 와중에 1876
년에 운요호 사건을 계기로 조선을 개국시켰다. 그런 상황 하에서 명치유신 이후
러시아와의 무역에 종사하거나 동해상에서 어로 활동이나 블라디보스토크를 드나
들면서 상업 활동을 하고 있었던 무역상들이 죽도(竹島), 즉 울릉도를 '松島'로 바
꾸어 부르면서 동해상에서 새로운 섬인 '松島'를 발견하였다고 주장했다. 그러면서
일본의 땅임을 내세우고 국익을 내세워 일본 외무성으로부터 개척원을 얻어내고자
했고, 일본 정부는 그 기운에 편승하여 일부 죽도(竹島)를 '松島'로 규정함으로써
울릉도에 대한 야욕을 드러내고 있는 것이다. 그것이 메이지 초기의 잇단 청원서
이다.

48) 「聞ク松島ハ我邦人ノ命ゼル名ニメ具実ハ朝鮮蔚陵島ニ属スル于山ナリト蔚陵島ノ
朝鮮ニ属スルハ旧政府ノ時一葛藤ヲ生シ文書往復ノ末永ク認テ我有トセサルヲ約
シ載テ両国ノ史ニ在リ今故ナク人ヲ遺テコレヲ巡視セシム之レ他人ノ寶ヲ数フト
イフ況ニヤ燐境ヲ侵越スルニ類スルヲヤ」(『竹島考證』下巻)

양국 간의 영유권 분쟁을 거쳐 영구히 조선의 땅이라고 인정했다. 이는 조일 양국의 역사기록에 실려 있는 사실이라고 하여 죽도개척 및 송도개척 청원서를 모두 기각하고 있다. 이들 섬에 들어가 개발하는 행위 등은 다른 사람의 재산을 탐하는 것과 같은 해위로 허락될 수 없다는 것이다. 그 결과 1880년 9월 아마기함(天城艦)이 회항하면서 울릉도에 들러 측량하기에 이른다. 이러한 것은 외무성의 지시에 의해 작성된 『조선국교제시말내탐서』를 통해서도 명확히 확인할 수 있다.

1868년 3월「왕정복고」, 즉 정권 교체(막부→明治정부)의 사실을 조선 정부에 통보하도록 위임 받은 쓰시마번(對馬藩) 주도의 대조선 교섭은 별다른 진전 없이 답보상태를 벗어나지 못하고 있었다. 이에 보신(戊辰) 전쟁의 종식으로 이룬 국내통일과 판적봉환(版籍奉還)[49]으로 인한 중앙집권화의 진전에 힘입어 외무성은 외무성 주도하의 대조선(對朝鮮) 외교·무역 일원화(一元化) 정책의 방침을 표명하였다. 1869년 9월 우선 조선 사정 조사를 위해 외무 관원의 쓰시마 및 조선 파견을 골자로 한 건의서를 태정관(太政官)에 제출하였고, 같은 해 10월 이를 허가 받았다. 태정관으로부터 조사단 파견의 허가를 받은 외무성은 곧바로 파견 준비에 착수했다. 그 과정에서 어려움을 겪었던 것은 파견 관원의 선임문제였다. 당시 조선에 대해 아무런 지식과 경험을 갖고 있지 않았던 외무성은 두 차례나「조선교제사의(朝鮮交際私議)」를 정부에 제출한 바 있는 사다(佐田)에 주목하고 그를 조사단의 대표로 선임했다. 이리하여 사다 하쿠보(外務准權大錄)는 모리야마 시게루(森山

---

[49] 판적봉환(版籍奉還)이란 1969년(明治2) 7월 25일부터 메이지 정부에 의해 실시된 중앙집권화 사업의 하나로, 여러 다이묘(大名)로부터 천황에게 영지(版=版圖)와 인민(籍=戶籍)을 반환하는 것을 말함. 이것의 발안은 히메지번주(姬路藩主) 사카이 다다쿠니(酒井忠邦)에 의함. 이를 바탕으로 후일 1871년 7월 14일 번을 폐지하고 현을 설치하는 폐번치현(廢藩置縣)이 이루어져 막말·메이지초에 존재했던 274개의 번(藩)은 판적봉환 이후 2년만에 소멸함.

茂) 사이토 사카에(齋藤榮) 등과 함께 조선 파견 외무 관원으로 발탁되었던 것이다.

　이러한 외교 관원의 정탐단을 파견하는 데는 메이지 시기 서계문제가 있었다. 메이지 정부가 출범하고 나서 일본은 천황 명의의 새로운 서계를 조선에 보냈고, 조선 측에서는 서계 내용에서 '황제(皇)', '칙(勅)' 등의 어귀로 인하여 서계수령을 거부하여 일시적으로 조일관계는 외교적 단절상태에 있었다. 「판적봉환(版籍奉還)」 등 메이지정부의 중앙집권화와 부국강병의 추진으로 대량의 실업자 사무라이(浪人)가 발생하게 된다. 이를 해소하고 대륙진출의 발판으로 삼아야 한다는 '죽도개척론'과 '조선책략', '정한론' 등 대조선강경론이 일본 조야에서 팽배하고 있었다. 당시 메이지 정부의 태정관은 10여개 항목의 지시를 내리는데 그 시간적 경과를 보면 다음과 같다.

> 1869년 12월 7일 외무성 조사단 사다(佐田白茅) 일행 요코하마 출발
> 1869년 12월 28일 일행 쓰시마 도착
> 　　　: 번의 내력, 지형, 경제상황, 세견선(歲見船)·세사미(歲賜米)
> 　　　　등에 관한 기초조사
> 1870년 2월 9일 조사단 일행 이즈하라(嚴原) 출발
> 1870년 2월 22일 조사단 일행 부산 초량왜관 도착
> 　　　: 일본 국서(「王政復古」에 대한 통보)에 대한 정식 회답 요구
> 1870년 4월 15일 귀국한 외무성 조사단 일행 「建白書」(朝鮮國交際始末
> 　　　　內探書) 제출

　이 과정에서 일본 메이지 정부의 외무성이 중요시했던 것은 쓰시마·조선 파견의 임무 내용이었다. 이때 정탐하도록 지시를 내린 내용을 간단하게 요약하면 다음과 같다.

　① 1609년 이래 조선으로부터 통신사가 내방하여 「번속(藩屬)의 예

(禮)」를 취해 왔는지의 여부, ② 쓰시마로부터 조선에 파견하는 사절의 의전 절차, 조선으로부터 쓰시마에 파견하는 사절의 의전 절차에 대한 파악, ③ 조선으로부터 「감합인(勘合印)」(도항 허가증)을 받는 것은 「入貢」을 의미하는지의 여부 파악, ④ 청국과 조선간의 종주권(宗主權)과 관련해서 조선이 국정 운영에 있어서 독자적인 판단 내지는 정책 결정권을 가지고 있는지의 여부 파악, ⑤ 정부 고위사절(「황사(皇使)」를 조선에 파견할 경우 수도 가까운 곳에 군함을 정박시킬 만한 항구가 있는지의 파악, ⑥ 조선이 러시아에 외교적 보호를 의뢰했는지의 여부와 국경 분쟁의 여부 파악, ⑦ 조선 육군·해군의 무장 및 무기의 실태 여부, ⑧ 조선 국정의 파악, ⑨ 조일 무역과 일본 화폐의 유통 문제, ⑩ 세견선(대마번에서 조선에 매년 정례적으로 파견하는 선박)의 존폐 문제, ⑪ 이즈하라번(嚴原藩(=舊對馬藩))의 「사교(私交)」(대조선 외교업무) 폐지에 따른 보상책 등이다.

외무성(佐田) 조사단은 이상 11개 항목에 걸친 조사를 주된 목적으로 하면서도, 조선 정부에 대해 국서에 대한 답서의 독촉을 부차적인 목적으로 하고 있었다. 여기에 대한 복명서는 13개 조항으로 되어 있고, ⑬「죽도(竹島)·송도(松島)가 조선국 부속으로 된 경위(始末)」이라는 항목이 추가되어 있다. 외무성 출사(出仕) 사다 하쿠보(佐田白茅), 모리야마 시게루(森山茂), 사이토 사카에(齋藤榮) 등 세 명의 외무성 관원이 보고한 『조선국교제시말내탐서(朝鮮國交際始末內探書)』는 다음과 같다.

① 게이쵸(慶長) 겐나(元和) 이래 조선국으로부터 통신사를 보내어 번속(藩屬)의 예(禮)를 취해온 이유
② 쓰시마로부터 조선에 보낸 사자(使者)의 예전(禮典), 조선으로부터 쓰시마에 보낸 사자의 예전(禮典).

③ 조선국으로부터 감합인(勘合印)[50]을 받은 이유, 이는 동국(同國)의
제도를 받아들여 조공을 한 것인가?

④ 조선의 국체(國體)는 신하의 예(臣禮)로써 북경(北京)의 시호를 받는
다고는 하지만, 국정(國政)에 이르러서는 자아(自我) 독단(獨斷)의
권력이 있는가?

⑤ 천황이 사절을 파견하는데, 군함이 수도 근해에 순회함에 있어 좋은
항구의 유무

⑥ 조선국의 건, 러시아의 꾀임(毒吻)에 빠져 몰래 보호를 의뢰한다는
소문(風評)과 경략론.

⑦ 조선국 육해군 무비(武備)의 허실, 기계(器械)의 정조(精粗)

⑧ 내정(內政)의 치부(治否)가 초량(草梁)에서의 기문(記聞)과 같은가?

⑨ 무역의 개시에 관해서는 물품의 교환, 물가의 고저 및 화폐의 선악.

⑩ 세견선의 왕래 존부.

⑪ 쓰시마는 양국 사이에 있는 고도(孤島)로, 외교에 들어가는 비용 및
표류민에 대한 피아의 인도 방법 등 하나의 번(藩)으로 보통 정무
비용(政費) 이외의 비용.

⑫ 조선은 초량 이외에 내지(內地)에 대한 일본인 여행이 어려운가?

1850년대 이후 요시다 쇼인(吉田松陰)의 「정한론(征韓論)」, 「죽도개
척론(竹島開拓論)」이 대두되는 가운데, 메이지 정부가 출범하고 나서
조일의 외교관계는 단절상태에 있었다. 또한 메이지 초 사이고 다카모
리(西鄕隆盛), 기도 다카요시(木戸孝允) 등의 「정한론(征韓論)」이 1870년
대 초 재점화하는 가운데 『조선국교제시말내탐서』는 조선국의 정황과
교제의 경위에 대한 중요한 정보를 제공하고 있으며 이 단초가 되는
것이 사다 하쿠보(佐田伯茅) 등의 복명서이다. 그런 의미에서 『내탐서』
는 막말·메이지 초 일본의 대륙팽창주의 사상 확장의 연장선상에 있

---

[50] 중국의 명나라가 해적이나 함부로 하는 밀무역을 방지하기 위해서 무로마치 막부
에 내린 것으로, 정식 사자인 것을 증명하는 할부(割符)에 찍는 도장을 말한다. 즉
무역허가증과 같은 것이었다.

는 것이다.

다만 기존의 연구에서는 이 『내탐서』 안의 「죽도·송도가 조선 부속이 되어 있는 시말」이라는 13번째 조항에만 한정해서 보고 있으나 여기서 중요한 것은 원래 11개 조항이었던 일본 외무성의 내탐 지시가 보고된 『내탐서』에서 2개 조항이 추가된 경위가 밝혀져야 할 필요가 있다. 다른 하나는 이 13번째 조항이 외무성과 쓰시마번 사이의 조회와 사다(佐田)의 복명서(부속문서)를 통해 면밀히 검토되고 있다는 사실이 간과되고 있다는 것이다. 당시 조일외교의 역사나 조선의 실정 등을 조사한 보고서 『조선국교제시말내탐서』는 외무성에 제출되었다. 그 말미에 조사예정 외의 「죽도·송도가 조선 부속이 되어 있는 시말」을 제목으로 하는 항목이 포함되어 있었다.

① 다케시마(竹島)와 마쓰시마(松島)가 조선의 부속이 된 경위(또는 사정, 始末)

이 건은 마쓰시마(松島)는 다케시마(竹島)의 이웃 섬으로 마쓰시마에 관해서는 지금까지 게재된 서류도 없다. 다케시마(竹島)에 대해서는 겐로쿠(元祿)[51] 년간 주고받은 왕복서한 및 경위가 필사한 그대로입니다. 겐로쿠(元祿) 년도 이후 얼마 동안 조선에서 거류(居留)를 위해 사람을 보내었던 바 있다. 하지만 현재는 이전과 같이 사람이 없으며, 대나무 또는 대나무보다 굵은 갈대가 자라고, 인삼(人蔘) 등이 자연적으로 자란다. 그 밖에 물고기(漁産)도 상당히 있다고 들었다.

이것은 조선국 사정을 현지(實地) 정탐(偵探)한 바로 대략 서면 내용과 같으므로 먼저 귀부(歸府)하였습니다. 이에 따라 건(件)마다 조사서류(取調書類), 그림도면(繪圖面)을 함께 첨부하여 이번에 보고 드리는 바입니다.
　　　午(1870년) 4월

---

[51] 1688~1703년.

외무성 출사(出仕)
사다 하쿠보(佐田白茅)
모리야마 시게루(森山茂)
사이토 사카에(齋藤榮)[52]

이 항목의 사안이 중대한 것임에 비해 그 내용은 원문에서 겨우 6행 밖에 안 된다. 그리고 '죽도(울릉도) 및 송도(독도)가 조선 부속이 된 경위'는 구체적으로 적혀 있지 않다. 그리고 이 자료는 일본에서 경시 되는 반면 한국에서 유독 6행의 문안만 강조되어 왔다. 그러나 최근 『조선국 교제시말내탐서』에는 별본 부록 『대주조선교제취조서(對州 朝鮮交際取調書)』 등의 존재가 밝혀졌고, 그 가운데 본 자료 「죽도일 건(竹島一件)」이 포함되어 있다. 또한 「사다 하쿠보(佐田伯茅) 복명서」, 「사이토 사카에(齋藤榮)의 복명서」, 「모리야마 시게루(森山茂) 복명서」 (1870) 등도 포함되어 있다. 이들 자료는 사다 하쿠보 등이 「죽도일건= 울릉도 쟁계(元祿竹島一件)」를 세밀하게 조사하여 검토하고 있음을 보여주고 있다. 다시 말해 이미 17세기 말 겐로쿠시기에 '영유권 문제' 로 대두된 울릉도쟁계의 결과를 담은 사료 검토한 다음 작성된 보고서

---

52) 「一、竹島・松島朝鮮附屬ニ相成候始末
　　此儀, 松島は竹島之隣島ニて, 松島之義ニ付是迄掲載せし書留も無之, 竹島之義ニ 付ては元祿度之往復書翰・手續書, 寫之通ニ有之, 元祿度後は暫く之間, 朝鮮より 居留之もの差遣置候処, 當時ハ以前之如く無人と相成, 竹木又は竹より太き葭を産 し, 人參等自然ニ生し, 其餘漁産相應ニ有之趣相聞候事
　　右は朝鮮國事情實地偵索いたし候處, 大略書面之通御座候間, 一ト先歸府仕候, 依 之件々取調書類繪圖面とも相添, 此段申上候, 以上.
　　　　午四月
　　　　外務省出仕

　　　　　　佐　田　白　茅
　　　　　　森　山　　茂
　　　　　　齋　藤　　榮」

라는 것이다. 다만 본 자료에도 송도(松島, 독도)에 관한 기술은 없다. 사다 등은 면밀한 조사를 하고난 다음 죽도가 조선 부속이 되었다고 판단하였고, 그 인도(隣島)인 송도(독도)도 이것에 관한 기록이 거의 없음에도 불구하고, 조선부속이 되었다는 결론을 낸 것이다. 이것은 당시 일본 외무성의 세부조사 결과를 바탕으로 내린 공식적 결론으로 메이지 정부의 울릉도·독도 인식을 명확히 보여주는 것이다.

여기서 검토한『조선국교제시말내탐서』는 몇 가지 부속문건을 수반한다. 이와 관련된 부속문서 및 별첨자료는 다음과 같은 것들이다. ① 『다이슈조선교제취조서(對州朝鮮交際取調書)』(1870), ②「외무성출사 사다하쿠보의 건백서 사본(外務省出仕佐田白茅 ノ 建白書寫)」(1870.3.), ③ 「외무성출사 사다 하쿠보의 건백서 사본(外務省出仕森山茂 ノ 建白書寫)」(1870.4.), ④「외무성출사 모리야마 시게루보의 건백서 사본(外務省出仕齋藤榮 ノ 建白書寫)」(1870.4.), ⑤「조선에 파견된 자의 주의사항에 관한 지시안(朝鮮ヘ被差遣候もの心得方御達之案)」(1869.11.) 이에 대한 보다 엄밀한 분석까지 이르지 못하고 있다. 특히 ②~④의 건백서(복명서)에 대한 면밀한 검토와 당시 일본 외무성, 내무성, 태정관을 연결하는 『죽도고증(竹島考證)』, 『기죽도사략(磯竹島事略)』, 「태정관지령(太政官指令)」 등의 문서에서 나타나는 일본의 울릉도·독도 인식과의 연결고리에서 당시의 독도(송도) 인식을 재점검할 필요가 있다.

4. 맺음말

본 연구에서는 독도에 관한 일본 영유권 주장의 근간을 이루는 「고유영토론」이 과연 성립하는가를 살펴보고자 했다. 일본이 주장하는 「고유영토론」은 1953년 국교정상화를 위한 한일 간의 교섭이 진행되는 시기에 당시 외무성 관료 가와카미 겐죠(川上健三)에 의해 제시되었고, 이런 주장을 본격화한 것이 2005년 소위 '죽도의 날'을 제정하고 시마네현 총무부 총무과에 〈죽도문제연구회〉가 설치되고 나서부터라 할 수 있다. 죽도문제연구회의 『제1기 최종보고서』(2007.3.)[53]에서 독도의 역사와 관련되는 자료 및 사료들을 분석하여 정리하였고, 이것이 외무성에 보고되었다. 그 내용이 여과됨 없이 일본 정부의 공식견해로 채택되어 그 이듬해 2월 「죽도문제를 이해하기 위한 10의 포인트」로 등장하여 '17세기 중엽에 이미 독도에 대한 영유권이 확립되었다'는 「고유영토론」 주장이 본격화하는 것이다.

그러나 이와 같은 일본 고유의 영토라는 주장은 한일 양국의 역사연구에서 이미 부정되고 있다. 그럼에도 불구하고 일본 정부의 기조는 흔들림 없이 견지되고 있다. 「고유영토론」을 정당화하기 위해 울릉도와 독도를 별개의 섬으로 분리할 필요가 있었고 「죽도도해금지령」(1696.1.28.)에 독도가 포함되지 않는 것으로 했어야 했다. 또한 시마네현 '죽도문제연구회'의 보고서 등에서는 「태정관지령」(1877.3.29.)에서 일본과 무관한 땅이라고 천명했던 「죽도외일도」까지도 '송도(松島)라고도 불렀던 하나의 섬 울릉도'를 지칭하는 것으로 왜곡해 왔다. 하지만 역사적 기록을 볼 때 울릉도와 독도는 '울릉도(竹島)'라는 '하나의 섬' 혹은 '하나의 세트'로 간주되어 인식되어 왔음을 알 수 있다. 그럼에도 불구하고 여전히 독도는 울릉도와 분리된 별도의 섬으로 왜곡되어 일본 '고유영토론'으로 남아 있는 것이다. 이것이 일본의 독도 교육 독도 홍보 현장에서 제국주의의 망령처럼 살아 숨 쉬고 있다. 본 연구의 분석을 통해 밝혀진 것들을 정리하는 것으로 마무리에 가름하고자 한다.

첫째, 「안용복 사건(竹島一件)」 시기의 문건 및 메이지 정부의 문서

---

53) 竹島問題研究会編, 『「竹島問題に関する調査研究」最終報告』, 島根県総務部総務課, 2007.

등 관찬서에서 일관되게 독도는 일본과 관계없는 땅 혹은 조선의 영토로 인정하고 있음은 최근 많은 연구에서 밝히고 있다. 다시 말해 일본 정부가 주장하는 독도 「고유영토론」은 성립하지 않으며 허구임이 밝혀진 것이다. 그럼에도 불구하고 독도에 대해 '일본 고유의 영토' 운운하는 주장은 더 이상 정당성을 가질 수 없다.

둘째, 에도시대 울릉도 도항을 했던 오야·무라카와 양가의 기록 등과 메이지시대 정부문서 및 울릉도·독도 관련 기록에서도 울릉도를, 죽도(댓섬)와 독도를 포함하는 하나의 제도(諸島)[54] 혹은 주도(主島)로 인식하고 있음을 알 수 있다. 즉 댓섬이나 독도(松島)는 대표 섬인 울릉도에 부속하는 섬으로 간주하고 있었고 이들 섬의 총칭으로 울릉도를 인식하고 있었다. 따라서 에도시대 두 번에 걸친 「죽도도해금지령(竹島渡海禁止令)」은 죽도(竹島)라고 불렀던 울릉도는 물론 송도(松島)라고 불렀던 독도까지 포함한 금지령임을 알 수 있는 것이다.

셋째, 1836년 이마즈야 하치에몽(今津屋八右衛門) 사건 이후 죽도(竹島)와 송도(松島)는 일본 산음지방 연해민에게서 멀어져 갔었다. 그러나 이들 산음지방 연해민들에게 있어 울릉도는 여전히 죽도로 독도는 여전히 송도로 인식되고 있었다. 그리고 일본 태정관과 내무성 및 외무성까지도 울릉도는 죽도(竹島)로, 독도는 송도(松島)로 명확하게 인식되고 있었다. 그러나 가와카미 겐죠(川上健三)가 주장하는 명칭혼란은 존재하지 않았음을 알 수 있다.

그럼에도 불구하고 아직 우리 학계에서는 독도 '명칭혼란론' 혹은 '명칭전도론'이 여전히 살아 숨 쉬고 있다. 메이지시대 서양해도의 유입과 일본 국내 해도 작성과정에서 일본 해군성 제작의 지도 및 수로지 관련 기술 등에서는 울릉도를 송도(松島=마츠시마) 혹은 '울릉도',

---

[54] 제도(諸島)의 사전적 의미는 '두 개 이상의 섬의 집단(集團)'(『広辞苑』第4版, 岩波書店)이라고 정의하고 있다.

독도를 리앙쿠르(リアンクール)로 기록하고 있으나, 태정관, 내무성, 외무성 등을 비롯한 메이지 정부의 다른 부처에서는 일관되게 울릉도를 죽도(竹島), 독도를 송도(松島) 혹은 리앙쿠르(リアンクール)라고 인식하고 있었다. 즉 원래부터 명칭혼란은 존재하지 않았다. 이 명칭혼란의 문제는 「조선국교제시말내탐서」, 「태정관지령」, 『죽도고증』 등에서 조선의 섬으로 인정하는 부분들을 부정하기 위해 만들어진 논리인 것이다.

그러면, 우리는 우리에게 필요한 것, 필요한 대응을 어떻게 해야 하는가를 한번 심각하게 고민해 볼 필요가 있다. 특히 우리 외교부의 독도에 대한 기본 기조를 확실히 할 필요가 있다. 우선, 끊임없이 되풀이되는 일본의 독도 도발에 대한 전략과 전술 그리고 로드맵은 존재하는가(정부) 라는 점이다. 독도에 대해 공세적 입장에 있는 일본은 분명 뭔가 전략과 로드맵 위에서 움직이고 있음을 감지할 수 있다. 그런데 수세적 입장에 있는 우리는 어떤가를 생각할 때 염려스러운 부분이 많다고 할 것이다. 둘째, 애국과 민족주의 정서라는 옷을 입힌 채 대응하는 감성적 대응이 국익에 보탬이 될 수 있는가(유관기관 및 시민단체) 라는 점이다. 셋째, 독도의 진실을 보다 객관적이고 사료에 근거해서 밝히는 연구결과를 얼마나 발굴하여 제시하고 있는가(학계) 라는 점이다. 이런 의미에서 차분히 내실을 기하는 전략적 대응이 필요하고 그렇게 하기 위해 관-학-민이 머리를 서로 맞대고 지혜와 지식과 증거가 될 사료들을 모아 고민해 볼 필요가 있다.

【참고문헌】

김강일, 「對馬島人 退去 이전의 朝日交涉」, 『韓日關係史研究』 제57집, 2005.

김호동, 「독도 영유권 공고화를 위한 조선시대 수토제도의 향후 연구방향 모색」, 『독도연구』 5, 영남대학교 독도연구소, 2008.

김호동, 「조선초기 울릉도·독도에 대한 '空島政策' 재검토」, 『민족문화논 총』 32, 영남대학교 민족문화연구소, 2005.

송휘영, 「「1898(明治31)년 韓國船 遭難事件에 관한 일고찰(山崎佳子)」 비판」, 『독도연구』 12, 영남대학교 독도연구소, 2012.

송휘영, 「「죽도외일도」의 해석과 메이지 정부의 울릉도·독도 인식」, 『일 본문화연구』 52, 2014.

송휘영, 「근대 일본의 수로지에 나타난 울릉도·독도 인식」, 『대구사학』 106, 2012.

송휘영, 「일본의 독도에 대한 "17세기 영유권 확립설"의 허구성」, 『민족문 화논총』 44, 영남대학교 민족문화연구소, 2010.

송휘영, 「일제강점기 울릉도 거주 일본인들의 울릉도·독도 인식」, 『일본 문화연구』 46, 2013.

송휘영, 「『죽도문제 100문 100답』의 「죽도도해금지령과 「태정관지령」 비 판: 일본의 '고유영토론'은 성립하는가?」, 『독도연구』 16, 영남대학 교 독도연구소, 2014.

심기재, 「근대 일본인의 조선 인식-佐田白茅를 중심으로-」, 『일본학보』 제 40집, 1998.

심기재, 「明治 일본의 조선 지식-佐田白茅의 『朝鮮見聞錄』에 대하여-」, 『日 本歷史研究』 제15집, 2002.

이기용, 「'征韓論' 비판 -田中正中의 征韓評論을 중심으로-」, 『韓日關係史研 究』 제8집, 2005.

이케우치 사토시, 「일본 에도시대의 다케시마 -마츠시마 인식」, 『독도연구』 6, 영남대학교 독도연구소, 2009.

정재철, 「근대 일본인의 조선경략론」, 『일본연구』 제1호, 중앙대학교 일본 연구소, 1980.

한철호, 「明治時期 일본의 독도정책과 인식에 대한 연구 쟁점과 과제」, 『韓

國史學報』 제28호, 2007.

牧野雅司,「維新期の書契問題と朝鮮の対応」,『待兼山論叢・史学篇』44, 2010.

石川寬,「明治維新期における対馬藩の動向」,『歴史学研究』(歴史学研究会編) 第709号, 1998.

石川寬,「日朝関係の近代的改編と対馬藩」,『日本史研究』(日本史研究会編) 480号, 2001.

石川寬,「明治期の大修参判使と対馬藩」,『歴史学研究』(歴史学研究会編) 第775号, 2003.

石田徹,「征韓論再考」,『早稲田政治公法研究』第65号, 2000.

石田徹,「明治初期日朝交渉における書契の問題」,『早稲田政治経済学雑誌』No.356, 2004.

池内敏,『竹島問題とは何か』, 名古屋大学出版会, 2012.

池内敏,『竹島ーもうひとつの日韓関係史』, 中央公論, 2016.

川上健三,『竹島の歴史地理学的研究』, 古今書院, 1966.

田村淸三郎,『島根県竹島の新研究』, 島根県, 1965.

内藤正中,『竹島(鬱陵島)をめぐる日朝関係史』, 多賀出版, 2000.

沈箕載,『幕末維新日朝外交史の研究』, 臨川書店, 1997.

田保橋潔,『近代日鮮関係の研究・上巻』, 朝鮮総督府宗高書房, 1972.

第3期竹島問題研究会編,『竹島問題 100問100答』Will3月号増刊, ワック株式会社, 2014.

日本 外務省,『朝鮮外交事務書』, 1869.

日本 外務省,「朝鮮國交際始末内探書」,『大日本外交文書』, 1870.

日本 外務省,「對州朝鮮交際取調書」,『大日本外交文書』, 1870.

「竹島」 http://www.mofa.go.jp/mofaj/area/takeshima/ (검색일: 2018.7.10.)

「竹島＝独島論争(資料集)」 http://www.kr-jp.net/ (검색일: 2018.7.10.)

「竹島問題」http://www.geocities.jp/tanaka_kunitaka/takeshima (검색일: 2018.7.10.)

http://www.pref.shimane.lg.jp/soumu/web-takeshima/ (검색일: 2018.7.10.)

제4부

바람직한 독도 교육의 방안

일본이 부정하는 한국의 독도교육

심 정 보

1. 머리말

역사적으로 독도는 한국과 일본이 영유권을 둘러싸고 조용한 날이 드물었다. 특히 해방 이후 1951년 샌프란시스코 강화조약의 전후처리와 관련하여 1952년 이승만 대통령이 평화선을 선언하면서 독도는 한일 간에 민감한 정치적 이슈로 등장했다. 그래서 당시 한국의 지리교과서에서 독도는 한국의 영토로서 매우 중요하게 다루어졌다(심정보, 2019). 이후 한일 관계가 회복되면서 독도문제는 조금의 잡음이 있었지만, 1950년대 전반과 같이 크게 요동치지 않았다.

그러나 21세기에 들어 일본 시마네현이 독도 불법편입 100년이 되는 2005년에 '독도의 날'을 제정하면서 한국으로부터 강한 반발을 초래했다. 게다가 일본은 2008년 7월 문부과학성의 『중학교학습지도요령 해설 사회편』에 독도를 최초로 명기한 것을 계기로 최근 초중등학교 『학습지도요령』과 사회과 교과서에 독도를 일본 고유의 영토, 한국이 불법 점거 등으로 기술하여 독도 도발은 절정에 달했다. 이에 한국은 엄격한 독도교육을 체계적으로 실시했다.

특히 교육부는 2015 개정 교육과정에서 독도를 범교과학습의 주제로 설정했으며, 초중학교 사회, 고등학교 지리, 역사, 기술·가정 교과서에 이르기까지 독도교육의 내용을 확대했다. 게다가 교육부는 독도 영토주권 수호를 위해 실천 중심의 여러 사업을 추진해 왔다. 예컨대 전국의 독도지킴이 학교 운영, 학생용 및 교사용 독도교재의 개발 및 보급, 독도교육주간 운영 및 찾아가는 독도전시회 개최, 독도바로알기 대회 및 독도교육실천연구회의 운영 등이다(심정보, 2018, pp.234-235). 이들 가운데 일본이 한국의 독도교육을 중점적으로 부정하는 것은 동북아역사재단(2016)이 개발한『고등학교 독도바로알기』이다.

이 교재는 초·중학교의 사회 및 역사 교과서, 그리고 고등학교의 한국지리와 한국사 교과서에 기술된 독도 내용보다 더 구체적으로 다루어졌다. 한국의 독도영유권 논리를 적극 반영했기 때문에 일본의 입장에서는 자신들의 논리에 상반되는 내용으로 가득하다고 해도 과언이 아니다. 따라서 일본은 그들에게 매우 불편한 진실이기에 이 교재의 독도영유권 내용을 절대 인정하지 않는다. 일본에서 독도 왜곡은 2005년 7월 죽도문제연구회 발족 이후 본격적으로 이루어졌다. 그 내용은 2007년 죽도문제연구회편의『죽도문제에 관한 조사연구 최종 보고』를 비롯하여 2012년『제2기 죽도문제에 관한 조사보고 최종 보고서』, 2014년『죽도문제 100문 100답』등에 잘 나타나 있다.

이들 연구 성과를 바탕으로 죽도문제연구회의 좌장 시모조 마사오(下條正男, 2018)는『한국의 죽도교육의 현상과 그 문제점』이라는 소책자를 간행했다. 이 책은 동북아역사재단(2016)의『고등학교 독도바로알기』를 대상으로 한국의 독도교육을 비판적으로 검토하여 내용을 철저하게 부정한 것이다. 시모조 마사오가 이 책의 독도 내용을 집중적으로 공략한 이유는 한국의 독도교육이 적극 반영되어 있기 때문으로 생각된다. 이 책에서 일본이 한국의 독도교육을 부정하는 주요 내용은 한국의 사료에 등장하는 우산도와 우산은 독도가 아니며, 일본의 사료에 표현된 송도는 독도로 볼 수 없다는 것이다.

본 연구의 주요 내용은 한국의 초중등학교 독도교육 내용체계, 교육과정, 그리고 동북아역사재단에서 간행한 초중등학교 독도 교재를 통해 한국의 독도교육 현황을 간단히 살펴본다. 아울러 일본이 부정하는 한국의 독도교육 내용을 유형별로 검토하고, 그에 대한 한국의 입장을 정리하여 그 성격을 명확히 밝히는 것을 연구의 목적으로 한다.

2. 한국의 초중등학교 독도교육 현황

최근 한국에서는 2015 초중등학교 교육과정에 근거하여 초등학교 사회, 중학교 사회와 역사, 고등학교 한국지리와 한국사 교과서에 독도 내용이 중점적으로 기술되었다. 그리고 동북아역사재단은 초등학교, 중학교, 고등학생을 위한 독도 교재를 간행하여 전국의 학생들이 독도에 관심을 갖고 흥미롭게 배우도록 했다. 한국의 독도교육 현황을 사회과 교과서 및 독도 교재를 중심으로 살펴보면 다음과 같다.

1) 초등학교 : 독도에 대한 관심과 애정

초등학교 독도교육의 목표는 "자연환경과 지리적 특성을 공부해 독도의 중요성을 알고 관심과 애정을 갖는다"는 것이다(교육과학기술부, 2011). 2015 초등학교 교육과정에서 독도는 5~6학년 사회 과목에 본격적으로 등장한다. 5학년 '국토와 우리 생활' 단원에서는 국토의 위치와 영역 특성을 탐색하면서 지도에서 독도가 먼저 다루어지며, 이때 독도

관련 내용은 6학년 '통일 한국의 미래와 지구촌의 평화' 단원에서 상세히 다루도록 했다.

이 단원의 목표는 "독도를 지키려는 조상들의 노력을 역사적 자료를 통하여 살펴보고, 독도의 위치 등 지리적 특성에 대한 이해를 바탕으로 하여 영토주권 의식을 기른다"는 것이다. 한편 동북아역사재단(2017a)의『초등학교 독도바로알기』는 독도에 대한 다양한 정보를 통해 독도를 바르게 이해하도록 했는데, 이 교재의 내용 구성은 〈표 1〉과 같다.

〈표 1〉 초등학교 독도바로알기의 내용구성

단원	주요 내용
1. 독도로 여행을 떠나요	· 독도의 위치와 모양 · 울릉도와 독도의 관계 · 활동하기
2. 독도에서 보물을 찾아요	· 독도와 독도 주변 바다에 살고 있는 생물 · 독도와 독도 주변 바다의 해양 자원 · 활동하기
3. 독도의 역사를 알아보아요	· 독도의 옛 이름 · 독도의 역사 · 활동하기
4. 독도를 지키기 위해 노력해요	· 독도를 지키기 위해 노력해온 사람들 · 독도를 지키기 위해 노력해온 기관과 단체 · 활동하기
5. 독도를 세계에 바로 알려요	· 독도에 대한 일본의 잘못된 주장 · 독도를 세계에 바로 알리기 위한 노력 · 활동하기

자료: 동북아역사재단(2017a)

각 단원은 단원도입 → 주제학습 → 활동하기로 이루어져 있다. 단원도입은 단원의 학습 문제와 단원에서 공부할 내용을 미리 생각해 볼 수 있는 만화를 제시하여 관심과 흥미를 유도했다. 주제학습은 각 단원에 두 개의 주제가 있고, 각 주제에서 학습할 내용은 질문을 통해 제시하였다. 그리고 활동하기는 단원에서 학습한 내용을 활용하여 학생들이 스스로 할 수 있는 다양한 활동을 제시하였다.

2) 중학교 : 독도가 우리 영토인 근거 이해

중학교 독도교육의 목표는 "역사적, 지리적, 국제법적으로 독도가 우리 영토인 근거를 이해하고, 논리적으로 설명할 수 있다"는 것이다 (교육과학기술부, 2011). 2015 중학교 교육과정에서 독도는 사회와 역사 과목에서 중점적으로 다루도록 했다. 먼저 사회는 '세계 속의 우리나라' 단원에서 우리나라의 영역을 지도에서 파악하고, 영역으로서 독도가 지닌 가치와 중요성을 파악하도록 했다. 그리고 역사는 '제국주의 침략과 근대 개혁 운동' 단원에서 일본이 독도를 불법으로 점유하였음을 파악하도록 했다.

독도영유권 논리 구축의 일환으로 중학교 검정 사회 및 역사 교과서에는 여러 사료가 사용되었다. 한국의 사료는 삼국사기, 고려사, 세종실록지리지, 신증동국여지승람, 팔도총도, 동국대지도, 해좌전도, 대한제국 관보 제1716호, 대한제국 칙령 제41호 등이다. 그리고 일본의 사료는 은주시청합기, 삼국접양지도, 대삼국지도, 조선동해안도, 태정관지령, 시마네현 고시 제40호, 일본영역도 등이며, 서구의 사료는 조선왕국전도, 스카핀 제677호의 부속지도 등이다. 이들 가운데 삼국사기, 팔도총도, 대한제국 칙령 제41호, 삼국접양지도, 태정관지령, 스카핀 제677호의 부속지도가 가장 많이 사용되었다. 이러한 경향은 고등학교 검정 한국사와 한국지리 교과서에서도 유사하다. 한편 부교재로서 동북아역사재단(2017b)의 『중학교 독도바로알기』는 질의응답, 대화체 형식으로 독도를 이해하도록 했으며, 이 교재의 내용 구성은 〈표 2〉와 같다.

〈표 2〉 중학교 독도바로알기의 내용구성

1 이름이 왜 '독도'인가요?
2 독도는 어디에 있나요?
3 독도는 어떤 곳인가요?
4 독도의 주민들은 어떻게 생활하나요?
5 일본은 왜 독도를 자기 땅이라고 하나요?
6 독도는 고문헌에 어떻게 기록되어 있나요?
7 독도는 고지도에 어떻게 표현되어 있나요?
8 독도는 누가 지켜왔나요?

자료: 동북아역사재단(2017b)

각 단원의 수업은 단원명 → 학습목표 → 캐릭터 → 단원 도입 활동 → 본문 → 탐구활동으로 이루어진다. 캐릭터는 각 단원이 시작되는 부분에 캐릭터를 등장시켜 학생들의 이해를 돕고 학습에 흥미를 느끼도록 유도하였다. 단원 도입 활동은 단원과 관련된 질문을 함께 제시함으로써 이어지는 본문에 대한 관심과 흥미를 제고할 수 있도록 하였다. 그리고 탐구활동은 본문에 제시된 내용을 바탕으로 학생 스스로 탐구하도록 구성하였다.

3) 고등학교 : 독도 수호의 의지와 미래지향적 한일관계

고등학교 독도교육의 목표는 "독도 수호 의지를 갖추고 미래지향적 한일관계에 적합한 영토·역사관을 확립한다"는 것이다(교육과학기술부, 2011). 2015 고등학교 교육과정에서 독도는 한국사와 한국지리에서 다루어진다. 한국사는 '독도와 간도' 단원에서 독도가 우리의 영토임을 역사적 연원을 통해 증명하고, 일제에 의해 이루어진 독도 불법 편입 과정의 문제점을 이해하도록 했다. 주요 학습 요소는 대한 제국 칙령 제41호, 일제의 독도 불법 편입이다. 그리고 한국지리는 '국토의 위치

와 영토 문제' 단원에서 세계 속에서 우리나라의 위치와 영역의 특성
을 파악하고, 독도 주권, 동해 표기 등의 의미와 중요성을 이해하도록
했다.

한편 동북아역사재단(2016)의 『고등학교 독도바로알기』는 초중등학
교 사회과 교과서의 독도내용 및 독도 교재에 비해 수준이 질적으로
높다. 중학교까지의 독도 교재가 관심, 애정을 중심으로 접근했다면,
고등학교의 독도 교재는 역사를 중심으로 동해표기까지 포함하여 4개
의 대단원과 부록으로 구성되었다.(〈표 3〉)

〈표 3〉고등학교 독도바로알기의 내용구성

Ⅰ. 독도 개관 　　1. 독도의 위치와 현황 　　2. 독도의 지형과 생태 Ⅱ. 전근대기의 독도 　　1. 사료에 나타난 독도 　　2. 지도에 나타난 독도 Ⅲ. 근현대기의 독도 　　1. 문호 개방 이후 울릉도와 독도 관리 　　2. 러일 전쟁과 일본의 독도 침탈 　　3. 광복 후의 독도 　　4. 동해 표기 Ⅳ. 독도의 미래 　　1. 독도의 가치 　　2. 독도와 한일 관계 　　3. 독도 수호를 위한 우리의 노력 부록 1. 독도 관련 연표 　　　2. 참고 문헌 　　　3. 자료 및 사진 출처 　　　4. 활동 · 확인하기 해설

자료: 동북아역사재단(2016)

현재 한국의 초등학교 사회, 중학교 검정 사회와 역사, 그리고 고등

학교 검정 한국사와 한국지리 교과서에는 독도가 다양하게 기술되어 있다. 그리고 동북아역사재단, 시도교육청과 민간이 만든 초중등학교 인정 도서로서 독도 교재는 독도에 대한 관심, 흥미, 애정, 이해, 수호 의지 등을 심도있게 다루었다. 이들 가운데 한국의 독도주권을 지리적, 역사적, 국제법적 측면에서 충실한 논리로 심도있게 다룬 것은 동북아역사재단(2016)의 『고등학교 독도바로알기』이다. 이 교재는 한국의 독도연구 성과와 입장을 집약한 것으로 독도주권 교육을 위한 바이블과 같다고 할 수 있다. 그래서 일본은 자국의 입장 및 주장과 상반되는 내용을 부정하면서 그들의 독도영유권 논리를 강화하고 있다.

3. 일본이 비판하는 독도교육의 문제점

앞에서 언급했듯이 현재 한국의 초중등학교에서 실시되고 있는 독도교육과 관련하여 일본이 문제시하는 내용은 동북아역사재단(2016)의 『고등학교 독도바로알기』이다. 이 교재에서 일본이 부정하는 독도교육의 내용은 『삼국사기』를 비롯하여 한국의 여러 고문헌에 표현된 우산도, 우산 등은 독도가 아니다. 그리고 일본에서 간행된 개정일본여지로정전도의 송도, 삼국접양지도의 울릉도 옆에 그려진 작은 섬, 태정관지령의 죽도 외 일도에 표시된 송도는 독도로 볼 수 없다는 것이다. 게다가 대한제국 칙령 제41호의 석도는 독도가 아니다는 입장이다. 이들에 대한 일본과 한국의 주장은 다음과 같다.

1) 『삼국사기』의 우산도

동해 바다에 위치한 독도라는 섬의 인지를 둘러싸고 일본은 늦어도

17세기 후반에는 실효적 지배에 근거하여 독도영유권을 확립했다는 입장이다. 반면 한국은『삼국사기』의 기록을 근거로 일본보다 훨씬 이른 6세기부터 독도는 한국의 영토였다고 주장한다. 독도의 인지 시기는 독도영유권에서 고유영토론과 불가분한 관계이기 때문에 일본은 한국의 주장을 완강히 부정하고 있다. 독도 교재에 기술된 내용과 일본이 부정하는 내용은 다음과 같다.

> 우리나라에서 울릉도·독도에 대한 최초의 기록은 "삼국사기"(1145년)에 나온다. 여기에는 신라의 이사부가 '우산국'을 신라에 복속시킨 내용이 기술되어 있다. 이 우산국에는 울릉도뿐만 아니라 우산도, 즉 오늘날의 독도도 포함된다. 이는 "동국문헌비고"(1770년)에 "울릉과 우산은 모두 우산국 땅이다."라고 한 것으로 알 수 있다(동북아역사재단, 2016, p.22).

이와 같이 한국의 독도 교재에는 512년에 우산국이 신라에 복속되었고, 그 우산국에는 오늘날의 울릉도와 함께 독도가 포함된다고 기술되었다. 그리고 그 증거로서『동국문헌비고』의 내용을 들어 한국은 6세기부터 독도가 한국령이 되었다고 언급했다. 그러나 일본에서는 1770년에 편찬된『동국문헌비고』의 내용으로 1145년에 완성된『삼국사기』의 우산국에 오늘날의 독도가 포함되어 있다는 증거로 사용하는 것은 졸속으로 보았다(下條正男, 2018, p.11).

즉 독도 교재에서 인용한『삼국사기』신라본기의 지증왕 512년 우산국 복속으로 이곳이 신라의 땅이 된 것과 관련하여 그 우산국에는 오늘날의 독도가 포함되지 않는다는 것이다. 그리고『삼국사기』에는 그것을 실증할 수 있는 기술이 없고, 여기에는 우산국의 강역을 울릉도에 한정하여 '지방 1백리'로 명기하고, 13세기에 편찬된『삼국유사』에서도 우산국의 강역을 동일하게 '둘레 2만 6천 7백 30보'(약 40km)로 명기한 것 등을 들어 독도가 우산국에 포함되지 않는데, 독도 교재에서는 이러한 불편한 사실이 무시되었다고 비판했다(下條正男, 2018, pp.14-15).

이와 관련하여 경상북도 독도사료연구회편(2014)은 울릉도에서 독도가 육안으로 보이기 때문에 항상 울릉도 주민들은 독도를 인지하고 있었고, 무인도라도 인지하는 정도만 가지고도 충분히 실효적 지배의 증거가 될 수 있다고 주장했다. 따라서 독도는 512년 우산국이 신라에 병합된 이래 한국의 영토가 아니라, 그 이전 울릉도에 사람이 거주하기 시작한 때부터 한국의 영토라고 보아야 할 것이라고 했다. 그리고 울릉도의 강역이 '사방 지방 일백리', '둘레 2만 6천 7백 30보'로 표기한 것과 관련하여 필자는 특별한 의미가 없다고 본다. 왜냐하면 지리지에는 사람이 거주하는 주요 섬은 구체적으로 언급되지만, 그 주변에 사람이 거주하지 않는 작은 섬들은 제외되는 경우가 흔하기 때문이다.

한편 독도 교재에 기술된 『동국문헌비고』의 "울릉과 우산은 모두 우산국 땅이다"는 내용도 1756년 신경준의 『강계고』, 1745년 이맹휴의 『춘관지』, 1696년 안용복의 진술, 1656년 유형원의 『동국여지지』를 바탕으로 이들 문헌에 등장하는 우산은 독도가 아니다는 결론을 내렸다(下條正男, 2018, p.21). 주요 내용을 정리하면, 1770년에 완성된 『동국문헌비고』에는 "여지지에 이르기를, 울릉과 우산은 모두 우산국 땅이다. 우산은 일본이 말하는 송도이다"라고 기술되어 있는데, 이것은 1656년 유형원의 『동국여지지』의 내용과 1696년 안용복의 허위 진술에 근거한 것으로 그 신빙성에 의문이 있다. 유형원의 『동국여지지』에는 "일설에 우산과 울릉은 본래 한 섬"으로 기술되어 독도가 존재하지 않지만, 『동국문헌비고』를 편찬하는 과정에서 본래의 뜻과 달리 새롭게 가필되었다. 그리고 독도 교재에 생략된 "우산은 일본이 말하는 송도이다"는 부분은 안용복의 허위 진술과 관련이 있다는 것이다.

게다가 『동국문헌비고』의 저본이 된 신경준의 『강계고』(1756), 그리

고 신경준이 저본으로 한 이맹휴의 『춘관지』(1745)에 대해서도 독도는
존재하지 않는다고 했다. 신경준의 『강계고』에는 "내가 살펴보니, 여
지지에 이르기를 일설에 우산과 울릉은 본래 한 섬이라고 하나, 여러
도지(圖志)를 상고하면 두 섬이다. 하나는 그들이 말하는 송도인데, 대
체로 두 섬은 모두 우산국이다"라고 기술되어 있는데, 여기에는 신경
준의 사견이 문장 속에 가필되어 개찬(改竄)되었다는 것이다.

　이에 대해서 경상북도 독도사료연구회편(2014)은 다음과 같이 번역
자체가 잘못 되었음을 지적했다. 신경준은 『강계고』와 『동국문헌비고』
를 저술하면서 이맹휴의 『춘관지』를 참고했다. 그리고 이맹휴는 『신증
동국여지승람』의 울릉도와 우산도 내용을 답습하여 우산도와 울릉도
를 동일하게 취급했다. 그래서 신경준은 의문을 품고, 이 섬들을 검토
하면서 자신과 같은 의문을 품은 자가 『여지지』의 저자였음을 알았다.
결국 신경준은 이 점에 착안하여 자신도 2도설을 주장하게 되었다는
것이다. 그런데 일본 측의 번역에서는 일설이 어디까지인지, 그리고
『여지지』 저자의 견해가 어디까지인지가 분명하지 않다. 이에 한국은
신경준도 『여지지』의 견해를 "대체로 두 섬은 모두 우산국이다"까지로
보고 그대로 따른 것으로 보았다. 그렇다면 이는 개찬(改竄)이 아니라
개찬(改撰)이라고 하는 것이 더 타당하다고 보았다.

2) 세종실록지리지와 신증동국여지승람의 우산도

　한일 간에 독도영유권 논쟁이 시작된 이래, 한국은 울릉도에서 독도
가 보인다는 점에 주목해 왔다. 해방 이후 일본의 독도침탈 시도가 발
생하자 당시 국사관장이었던 신석호(1948)는 문헌 및 현지 조사를 통
해 독도는 울릉도와 지리적으로 가까워 한국 소속임을 주장했다. 그리
고 한국 외무부도 1952년 1월 이승만 대통령의 평화선 선언 이후 일본

정부가 독도문제를 제기하자, 답변 가운데 동일한 입장을 포함시켜 일
본 외무성에 전달했다. 독도 교재에는 울릉도에서 독도가 보인다는 역
사적 사실과 관련하여 다음과 같이 기술되어 있다.

> 독도는 울릉도와 더불어 옛 기록이나 지도에 함께 나온다. 사료에 울릉
> 도에서 우산도(독도)가 보인다고 기록하고 있어 오래전부터 우리 선조들
> 이 독도를 인지하고 있었음을 알 수 있다. 언제부터 우리 선조들이 독도
> 를 인지하고 있었을까?(동북아역사재단, 2016, p.29).

여기에서 옛 기록과 지도는 『세종실록』 지리지(1454)와 『신증동국
여지승람』(1530)에 수록된 팔도총도를 가리킨다. 이들 문헌과 지도에
표현된 우산도와 관련하여 일본에서는 이 섬을 2가지로 구분하여 독
도로 인정하지 않는다. 하나는 안용복이 송도는 곧 우산이라고 진술한
우산도로 박석창의 울릉도도형 등은 울릉도 동쪽에 있는 죽도(댓섬)라
는 것이다. 다른 하나는 『세종실록』 지리지의 우산은 독도가 아니라는
것이다(下條正男, 2018, p.30). 독도 교재에는 『세종실록』 지리지의 우
산이 다음과 같이 기술되어 있다.

> 우산 무릉 두 섬이 울진현의 정동쪽 바다에 있다. 두 섬은 거리가 멀지
> 않아 날씨가 맑으면 서로 바라볼 수 있다(동북아역사재단, 2016, p.33).

이 문장에서 한국과 일본은 날씨가 맑으면 볼 수 있다는 것과 관련
하여 어디에서 어디를 보고 있는가에 대한 해석에 차이가 있다. 한국
은 문장에 '서로'를 보충하여 울릉도에서 우산도가 보인다고 해석하여
울릉도에서 보이는 섬은 독도 이외에 없으므로 우산도는 독도가 틀림
없다고 주장한다. 이에 대해 일본은 볼 수 있다를 한반도에서 울릉도
가 보인다고 해석하여 그 우산도는 독도와 관계가 없다고 했다(下條

正男, 2018, p.34). 그러나 일본은 『세종실록』 지리지의 "두 섬은 서로 거리가 멀지 않아"를 생략하고, '風日淸明則可望見'을 "날씨가 맑은 날에는 한반도에서 울릉도가 보인다"는 의미로 해석한 것은 한문의 초보자도 알 수 있듯이 옳지 않다.

해석에 신통한 방법이 없었기에 일본에서는 외무성의 가와카미 겐조(川上健三)가 1966년에 계산식을 바탕으로 울릉도에서는 독도가 보이지 않는다고 주장했다. 이에 한국은 울릉도에서 독도가 실제로 보인다고 반론하여 가와카미 겐조의 주장은 설득력을 잃게 되었다. 이후 21세기에 들어 시마네현이 '독도의 날'을 제정하고, 문부과학성(2008)이 『중학교 학습지도요령 해설 사회편』에 죽도(竹島)를 명기하면서 한일 간에 독도를 둘러싼 정치적 갈등이 지속되었다. 이에 동북아역사재단은 『세종실록』 지리지의 해석을 뒷받침할 수 있도록 독도가시일수를 조사하여 홍성근 등(2010)은 『독도! 울릉도에서 보인다』라는 연구성과를 내놓았다. 이에 근거하여 독도 교재에는 독도가 울릉도에서 보인다는 사실의 중요성이 다음과 같이 기술되어 있다.

> 우리나라 울릉도에서 맑은 날 육안으로 독도가 보이지만, 일본 오키 섬에서는 보이지 않는다. 울릉군 석포와 도동의 독도 전망대 등 여러 곳에서 맑은 날이면 독도가 관측된다. 이것은 독도가 울릉도 주민의 생활권에 포함되어 있음을 의미한다(동북아역사재단, 2016, p.32).

이 내용에 대해서 일본은 울릉도에서 독도가 보인다는 사실에 별다른 이의를 제기하지 않았다. 그러나 보인다는 것만으로는 독도에서 어업활동을 했다는 증거가 될 수 없고, 독도가 울릉도 주민의 생활권이었다는 증거도 되지 않는다고 보았다(下條正男, 2018, p.32).

한편 일본에서는 『세종실록』 지리지의 속편으로 편찬된 『신증동국여지승람』(1530)의 내용기술과 지도에 표현된 우산도를 독도로 인정하지 않았다. 현존하는 『신증동국여지승람』의 울진현조에는 다음과 같이 우산도가 기재되어 있다.

> 우산도 울릉도 두 섬은 울진현 정동쪽 바다에 있다. 세 봉우리가 곧게 솟아 하늘에 닿았는데, 남쪽 봉우리가 약간 낮다. 바람과 날씨가 산 위쪽의 나무와 산 아래의 모래사장까지 역력히 볼 수 있다. 바람이 좋으면 이틀 만에 도착할 수 있다.

이 내용과 같이 『신증동국여지승람』의 편찬자는 울진현 정동쪽 바다에 우산도와 울릉도 두 섬이 있다는 것을 명확하게 표현했다. 그러나 일본은 날씨가 맑으면 산 위쪽의 나무와 산 아래의 모래사장이 역력히 보인다는 것을 들어, 이 원경은 울릉도에서 본 독도가 아닌, 육지에서 보이는 울릉도의 모습이라고 언급하면서 독도의 존재를 부정했다. 그래서 『신증동국여지승람』의 팔도총도에는 울릉도의 2/3 정도 크기의 우산도가 그려져 있는데, 당연히 그 우산도는 실재하지 않는 섬이라고 했다(下條正男, 2018, p.42). 이러한 논리로 일본은 조선 시대의 고문헌과 고지도에 표현된 우산도는 모두 울릉도의 동도이명(同島異名)이라고 주장한다.

이와 같이 일본이 『세종실록』 지리지와 『신증동국여지승람』의 우산도가 독도라는 것을 철저하게 부정하는 것은 울릉도에서 독도가 보인다는 사실, 그리고 오래전부터 어업 활동의 무대로서 독도가 울릉도 주민의 생활권이었다는 한국의 주장을 저지하기 위함이다.

3) 개정일본여지로정전도와 삼국접양지도

지도는 영토문제를 시각적으로 이해할 수 있는 중요한 자료이다. 한국의 초중등학교 사회과, 한국지리 및 한국사 교과서에는 오랜 옛날부터 독도가 한국령이었다는 것을 증명하기 위해 일본에서 간행된 여러 고지도가 수록되어 있다. 그 중에서 가장 많은 부분을 차지하는 것은 1779년 나가쿠보 세키스이(長久保赤水)의 개정일본여지로정전도와 1785년 하야시 시헤이(林子平)의 삼국접양지도이다. 이들 고지도가 교과서에 실린 것은 저명한 인물이 제작했고, 일본의 영유권 주장에도 문제가 되기 때문이다.[55] 독도 교재에는 일본고지도의 독도와 관련하여 다음과 같은 내용이 기술되어 있다.

> 울릉도와 독도를 표시한 일본의 고지도들은 대부분 울릉도와 독도를 일본 영역 밖으로 표시하고 있다. 독도는 조선 본토와 같은 색으로 칠해져 있거나 조선 가까이에 그려져 있는 것이 대부분이다(동북아역사재단, 2016, p.33).

여기에서 독도가 한국령이라고 할 수 있는 뒷받침이 되는 부분은 독도가 조선 본토와 동일한 색으로 채색되고, 조선 가까이에 그려져 있다는 것이다. 그 증거로 제시한 지도가 개정일본여지로정전도와 삼국접양지도이다. 먼저 교과서에서 개정일본여지로정전도는 죽도(울릉도), 송도(독도) 두 섬이 조선 본토와 함께 채색되지 않은 상태로 그려져 있어 일본 영역 밖의 섬으로 나타나 있다는 사실을 들어 독도가 일본의 영토가 아니라고 했다. 그리고 독도 교재에는 그 이유가 다음과 같이 기술되어 있다.

---

[55] 개정일본여지로정전도는 일본 외무성이 만든 〈다케시마 문제에 관한 10가지 포인트〉에서 홍보자료로 활용되고 있다(일본 외무성 홈페이지). 그리고 삼국접양지도는 1854년 미국과 오가사와라를 둘러싼 영유권 분쟁이 발생했을 때 공식 지도로 사용하여 미국으로부터 영유권을 인정받은 적이 있다. 이 지도는 사찬지도에 해당하지만, 지도의 증거력을 인정받았다는 점에서 의미가 있다(호사카 유지, 2006).

개정 일본여지로정전도에서 죽도(울릉도) 옆에 「見高麗猶雲州望隱州」
로 한 글귀는 일본의 서북쪽 경계를 오키섬으로 기록한 "은주시청합기"의
내용을 두 섬 옆에 그대로 적어 놓아 두 섬이 조선의 영토임을 분명히 하
고 있다(동북아역사재단, 2016, p.33).

지도에 기재된 '견고려유운주망은주(見高麗猶雲州望隱州)'는 1667년
사이토 간스케(斉藤勘介, 豊宣・豊仙)가 오키의 지지를 저술한『은주
시청합기』에 나오는 내용이다(〈그림 1〉). 이 글귀를 해석하면, "여기에
서 고려(조선)가 보이는 것은 정확히 이즈모(出雲)로부터 오키 섬을 원
망(遠望)하는 것과 같다. 그런즉 일본 북서의 땅은 이 주(섬)를 경계로
한다."가 된다. 일본 북서의 경계를 가리키는 '이 주(섬)'에 대해서 한국
은 오키섬으로 간주하여 옛날부터 울릉도와 독도가 조선의 영토였다
고 주장하고 있다.

〈그림 1〉 개정일본여지로정전도(1779)의 독도

　반면 일본에서는 '이 주(섬)'를 독도 또는 울릉도로 보아 옛날부터 울릉도와 독도는 일본의 판도였다고 주장하고 있다. 그러나 최근 일본의 학자들도 '이 주(섬)'는 오키섬에 해당한다는 것을 인정하고 있지만(池内敏, 2001; 大西俊輝, 2007), 그렇게 해석한 이케우치 사토시의 주장을 궤변이라고 했다(下條正男, 2018, p.50). 한국에 대해서는 문헌분석을 게을리하고 자의적으로 해석하는 경향이 있다고 비판했으며, 그러한 현상은 하야시 시헤이의 삼국접양지도에서도 보인다고 했다. 독도 교재에 기술된 삼국접양지도의 독도 관련 내용은 다음과 같다.

　　일본의 하야시 시헤이(林子平)가 저술한 "삼국통람도설" 안에 있는 5장의 부속 지도 가운데 하나이다. 이 지도의 동해 부분에는 죽도(울릉도)와 그 우측의 이름 없는 섬 하나가 조선 본토와 같이 노란색으로 그려져 있고, '조선의 것'이라고 명기되어 있다. 일본은 녹색으로 채색되어 있다(동북아역사재단, 2016, p.34).

　하야시 시헤이는 개정일본여지로정전도의 "견고려유운주망은주(見高麗猶雲州望隱州)"를 자신의 삼국접양지도 울릉도 주변에 기재하고, 새롭게 "조선의 것(朝鮮ノ持也)"이라는 글귀를 가필하였다(〈그림 2〉). 그리고 조선 본토, 울릉도(竹嶋)와 그 옆의 작은 섬 독도를 황색으로 나타내고, 일본은 녹색으로 채색하여 국가의 영역을 구분하였다. 단 울릉도 옆의 작은 섬에는 명칭 표기가 없다. 이들에 주목하여 한국은 옛날부터 울릉도와 독도가 한국의 영토였다고 주장하고 있다. 이에 대해 일본은 울릉도 옆의 작은 섬은 독도가 아닌 현재 울릉도 북동 2km 지점에 위치한 죽도(댓섬)라고 주장하여 지도에서 독도의 존재를 부정했다.

〈그림 2〉 삼국접양지도(1785)의 독도   〈그림 3〉 대삼국지도(1802)의 독도

그동안 한국과 일본에서는 이 작은 섬이 독도인가 아닌가에 대한 논쟁이 있었지만, 최근 발굴된 자료에 따르면 울릉도 옆의 작은 섬은 명칭이 표기되어 독도라는 사실이 밝혀졌다. 즉 하야시 시헤이의 1785년 삼국접양지도를 저본으로 1802년에 제작된 대삼국지도는 이전의 지도보다 상세한 것이 특징이다(〈그림 3〉). 제작자는 울릉도를 종래와 동일하게 죽도(竹嶋)로 표기하고, 그 옆의 작은 섬에는 새롭게 송도(松嶋)를 기재하여 독도가 조선의 땅임을 더 명확하게 표현했다.

4) 태정관지령의 죽도 외 일도

일본의 관찬 및 사찬 고문헌과 고지도에서 독도가 일본의 영역과 무관하다는 의미로 표현된 것들은 적지 않다. 이들 가운데 국가 간의 영토문제에서 결정적 증거 자료가 되는 것은 개인보다는 국가가 공인한 문헌과 지도이다. 한국에서는 일본 정부가 독도를 일본의 영역과 무관하다고 결정을 내린 관찬 문헌으로 1877년 3월 태정관지령의 죽도 외

일도를 주목하였다. 이것은 일본에서 일본의 독도영유권 논리를 무너
뜨리는 치명적인 존재였기에 오랫동안 잠자고 있었다. 그러나 21세기
에 들어 한일 양국 사이에 독도문제를 둘러싼 갈등이 심화되면서 일본
도 이 문헌에 대한 입장을 내놓았다. 한국의 독도 교재에 기술된 태정
관지령의 죽도 외 일도의 내용 기술은 다음과 같다.

> 내무성은 시마네 현이 제출한 기록과 지도 그리고 17세기 말 조선과 교
> 환한 문서 등 울릉도·독도 관계 자료를 5개월 남짓 조사·검토한 후 두
> 섬은 일본 영토가 아니라고 결론지었으나 영토에 관한 중대한 결정이므
> 로 태정관이 최종 결정을 내려줄 것을 요청했다. 이에 태정관은 1877년
> 3월 29일 "죽도와 그 밖의 섬에 관한 건은 본방(일본)과 관계없음을 알
> 것"이라는 지령을 하달했다. 이 지령은 일본 정부가 독도를 일본 영토가
> 아니라고 인정한 공식 문서이다.
> 일본의 일부 학자들은 태정관의 이 지령에 나온 '죽도 외 한 섬'의 '한
> 섬'은 독도가 아니라고 주장한다. 하지만 '기죽도약도'에 '기죽도' 외의 한
> 섬이 '송도'로 표기되어 있으므로 '한 섬'이 '송도', 즉 독도임은 분명하다
> (동북아역사재단, 2016, p.42).

이와 같은 한국의 입장에 대해서 일본은 태정관지령의 죽도 외 일도
의 일도는 독도가 아니라고 주장한다. 일본은 처음에 일도를 죽도(댓
섬)라고 주장했으나, 최근에는 일도가 울릉도를 가리킨다고 입장을 바
꾸었다. 따라서 태정관지령의 죽도(울릉도) 외 일도(울릉도)는 모두 울
릉도가 되며, 독도는 관련이 없다는 것이다. 이러한 논리는 지볼트의
활약과 서양의 지도 및 해도의 영향으로 보았다.

지볼트는 1832년 나가사키 데지마에 소재한 네덜란드 상관의 의사
로 부임한 이래 일본에 관한 자료와 정보를 다수 수집했다. 1830년 귀
국 후에는 그동안 수집했던 방대한 일본 자료를 정리하여 『일본
(NIPPON)』을 시리즈로 간행했다. 그가 1840년에 편찬한 일본전도에는

실재하지 않는 가상의 섬 아르고노트 위치에 죽도(다케시마), 그리고 현재의 울릉도에는 송도(마쓰시마)와 다줄레를 표시했다. 지볼트의 일본전도에는 죽도와 송도가 다른 곳에 표시되어, 본래 있어야 할 자리에는 독도가 없다. 이후 일본학의 권위자였던 지볼트가 일본전도에 독도의 위치와 명칭을 올바르게 표시하지 않아 서양에서는 이들에 대한 혼란을 초래했다. 또한 일본에서도 막말(幕末)부터 메이지기에 걸쳐 서양의 지식이 유입되면서 독도의 위치와 명칭에 혼란을 초래했다.

1877년 태정관지령에서 죽도 외 일도는 일본과 관계없다고 했을 당시, 외래의 지도 및 해도에는 죽도(아르고노트)와 송도(울릉도)를 그린 것, 송도(울릉도)와 리앙쿠르 열암(독도)이 그려진 2종류가 있었다. 이러한 사실은 태정관이 전자의 지도 및 해도(海圖)에 의거하여 죽도 외 일도는 일본과 관계없다고 판단했다고 한다면, '죽도 외 일도'의 '일도'는 울릉도가 된다는 것이다(下條正男, 2018, p.64).

이와 관련하여 태정관은 서양에서 전래된 지도와 해도, 그리고 그 영향에 주목했다는 것이다. 예를 들면 1876년 영국해군해도에 죽도(아르고노트섬)는 삭제되고, 송도(울릉도)와 리앙쿠르 열암(독도)이 그려져 있다. 그리고 1876년 수로부 초대 제도과장 오지리 히데카쓰(大後秀勝)의 조선동해안도에는 송도(울릉도)와 올리부차(서도), 메넬라이(동도)로 표기되어 현재의 독도가 그려져 있고, 죽도(아르고노트섬)는 없다. 또한 러시아 지도를 모사한 1876년 일본해군 수로국의 조선동해안도에도 울릉도를 송도로 표기하고, 현재의 독도를 올리부차, 메넬라이로 나타내었다(下條正男, 2018, pp.62-63).

그러나 당시 해군성을 제외한 일본 정부, 즉 내무성과 외무성, 태정관 등은 울릉도를 죽도, 독도를 송도라고 일관되게 인식하고 있었으며, 결과적으로 태정관지령문의 외 일도는 송도라고 지칭하였던 울릉도가 될 수 없다(송휘영, 2014, p.288). 이는 막말부터 메이지기에 이르기까지 일본 정부의 각 성이 울릉도와 독도를 어떻게 인식하고 있었는가를 살펴보면 알 수 있다(〈표 4〉). 서양에서 제작된 해도의 영향으로 단지 해군성만 울릉도를 송도로 표기했을 뿐이다. 따라서 그것을 일반화하는 것은 무리이다.

〈표 4〉 막말·메이지 전기 일본 정부의 울릉도·독도 인식

시기	태정관 (막부, 내각)		외무성		내무성		해군성		출전
	울릉도	독도	울릉도	독도	울릉도	독도	울릉도	독도	
1837	죽도	송도							天保竹島渡海禁止令
1870	죽도	송도	죽도	송도					朝鮮國交際始末內探書
1875					죽도	송도			磯竹島史略
1876							송도	올리부차 메넬라이	朝鮮東海岸圖
1876					죽도	송도			地籍編纂
1877	죽도	송도	죽도	송도	죽도	송도			太政官指令文

자료: 송휘영(2014, p.289)에서 작성

게다가 태정관지령문에 첨부된 기죽도약도를 보더라도 기죽도는 울릉도, 그리고 송도는 독도임을 알 수 있다(〈그림 4〉). 지도에는 기죽도 옆에 기죽도(울릉도)에서 바라보면 조선은 서북쪽 해상 50리 정도에 있음, 기죽도와 송도 사이에는 기죽도(울릉도)는 송도(독도)에서 서북쪽 40리 정도에 있음, 그리고 오키에는 송도(독도)는 오키섬의 도고 후쿠우라에서 서북쪽 80리 정도에 있다고 기재되어 있다. 이와 같은 거리 관계에서 지도에 표현된 기죽도와 송도는 각각 울릉도와 독도임이 분명하다. 그리고 송도의 모양이 동서 2개의 작은 섬으로 그려진 것도 이 섬이 동도와 서도라는 것을 쉽게 파악할 수 있다.

〈그림 4〉 태정관지령문의 기죽도약도

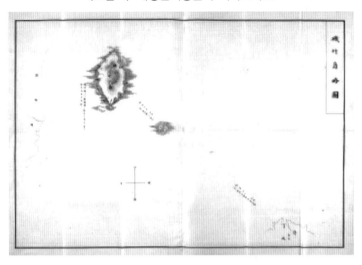

   일본은 그들의 독도영유권 논리에 매우 불리한 태정관지령 죽도 외 일도를 언급하고 싶지 않았지만, 한국이 독도영유권의 증거 자료로 주 장하는 상황에서 그들은 논리를 구축해야만 했다. 그것은 다름 아닌, 태정관지령의 죽도 외 일도는 모두 울릉도라고 왜곡하여 독도의 존재 를 부정하는 것이다. 그렇게 할 수밖에 없었던 이유는 그들이 태정관 지령의 죽도 외 일도에서 일도=독도라는 것을 인정할 경우 일본의 독 도영유권을 포기하는 것이나 다름없었기 때문이다. 그러나 그들이 만 든 논리는 너무나 허술하여 진실을 덮기에는 한계가 있다.

5) 대한제국 칙령 제41호의 석도

   근대 한국과 일본은 각각 독도가 자국의 영토임을 명확히 규정했다. 그것은 한국이 1900년 10월 25일 관보를 통해, 그리고 일본은 1905년 2월

22일 시마네현보에 각각 독도를 자국의 영토로 공포한 것이다. 이에 대해 양국은 서로를 인정하지 않는다. 한국은 일본이 관보가 아닌 지방의 시마네현보에 고시한 것이므로 적법하지 않다는 입장이며, 시기적으로도 한국이 일본보다 앞선다는 것이다. 반면 일본은 대한제국 칙령 제41호에 명기된 석도를 독도로 인정하지 않는다. 이런 가운데 한국은 10월 25일, 그리고 일본은 2월 22일을 독도의 날로 제정하여 매년 기념행사를 실시하고 있다. 한국의 독도 교재에 기술된 석도=독도 내용과 이를 부정하는 일본의 입장은 다음과 같다.

> '대한 제국 칙령 제41호'에 나온 '울릉 전도'는 울릉도 본섬을 가리키고, 죽도는 울릉도 옆의 '댓섬'이며, 석도는 독도를 가리킨다. 당시 울릉도를 자주 왕래하던 전라도 사람들은 독도를 독섬이라고 불렀는데, '독'은 '돌'의 방언이다. 즉 독섬은 곧 돌섬이다. 돌섬은 의미에 따라 한자로 표기하면 '석도'가 되고, 독섬을 소리에 따라 한자로 표기하면 '독도'가 된다. 따라서 돌섬, 독섬, 석도는 모두 독도를 가리킨다(동북아역사재단, 2016, p.45).

이 내용에 대해서 일본은 무모, 독단 등의 용어를 사용하여 석도=독도라는 것을 부정했는데, 주요 내용은 다음과 같다. 먼저 시계열적으로 독도라는 호칭은 1904년 무렵에 처음 사용되었는데, 1900년 칙령 제41호의 영향으로 독도가 석도가 되었다는 논리는 설득력이 없다. 울릉도에 전라도 사람들이 자주 왕래했다는 이유만으로 칙령 제41호의 석도를 독도라고 하는 것은 무모하다. 전라도 사람들이 독도를 독섬으로 부른 것과 관련하여 그 설명에서 독섬이 석도였다는 것은 증거가 되지 않는다. 그리고 조선시대부터 계승된 울릉도의 강역이라는 것이 있는데, 그것을 무시하고 어학적 설명만으로 석도를 독도라고 하는 것은 독단이다(下條正男, 2018, p.69). 이러한 이유를 들어 일본은 독도가

한국령이었던 적이 없으며, 또한 일본이 폭력 및 탐욕으로 빼앗은 지
역에도 해당되지 않는다고 주장했다.

앞에서 언급했듯이 일본은 한국의 고문헌과 고지도에 표현된 우산
도를 울릉도 북동 2km 지점에 위치한 죽도(댓섬)라고 주장하고 있다.
그런데 대한제국 칙령 제41호 제2조에 "군청의 위치는 태하동으로 정
하고 구역은 울릉전도와 죽도, 석도를 관할할 것"으로 규정하였다. 따
라서 여기에 나오는 죽도는 더 이상 석도로 볼 수 없다. 그렇다면 울릉
도 소속의 석도는 어떤 섬인가를 해명해야 한다. 울릉도 주변 해상에
죽도(댓섬)보다 작은 섬들이 있지만, 그것을 석도로 보는 것은 무리이
다. 왜냐하면 한국의 고문헌에 그 섬들이 구체적으로 다루어지지 않았
고, 또한 이슈가 된 적이 없기에 작고 하찮은 섬이 관보에는 기재되지
않기 때문이다. 따라서 석도는 양국에서 역사적으로 자주 문제가 되었
던 독도라고 할 수 있다.

또한 일본은 한국이 독도를 독섬으로 부른 것과 관련하여 독섬이 석
도였다고 설명하는 증거가 없다고 한다. 대한제국 칙령 제41호의 석도
(石島)는 거주민들이 돌섬, 독섬으로 불리는 것을 한자어로 표기한 것
인데, 독은 돌의 방언이다. 이에 대한 규명은 한국에서 1950년대부터
이루어졌지만, 일본에서는 그 이전에 연구가 끝났다. 즉 일본 학자 오
구라 신페이(小倉進平)는 1910년대에 조선 방언을 연구하여 전라도 방
언에서 돌을 독으로 부른다는 사실을 밝혔고, 그의 연구는 일본에서
『조선어 방언의 연구(朝鮮語方言の硏究)』로 간행되었다(유미림, 2008,
p.175).

독도를 돌섬으로 불렀다는 사실은 서구에서도 확인된다. 서양인들
은 19세기 중반부터 오랫동안 독도를 리앙쿠르 록스(Liancourt Rocks)
로 호칭해 왔다. 이 명칭의 유래는 1849년 프랑스의 포경선 리앙쿠르
호의 선장이 동해에서 돌덩이로 이루어진 독도를 발견하고, 당시 선박

의 명칭과 돌덩이를 조합하여 지도상에 리앙쿠르 록스로 표기했던 것이다. 이처럼 동서양에서 독도의 명칭은 돌과 밀접한 관련이 있기 때문에 석도=독도라는 논리는 설득력이 충분하다.

4. 맺음말

일본은 2005년 3월 '독도의 날'을 제정하고, 초중등학교 사회과에서 왜곡된 독도교육을 강화했다. 이에 한국은 초중등학교에서 교과서에 독도 기술, 그리고 전국의 독도지킴이학교 운영, 독도부교재 개발, 독도교육주간 운영, 독도바로알기 대회 등을 통해 다양한 독도교육을 실시했다. 그 결과 한국과 일본은 독도영유권을 둘러싸고 서로를 인정하지 않는 상반된 독도교육이 실시되고 있다. 이에 본 연구는 일본에서 부정하는 한국의 독도교육을 고찰하여 그 성격을 명확히 하였다. 연구결과 일본이 부정하는 한국의 독도교육은 다음과 같다.

첫째, 『삼국사기』의 우산국에는 독도가 포함되지 않으며, 여러 고문헌에 나타나는 우산도 또는 우산은 독도가 아니다는 것이다. 이에 대해 한국의 입장은 울릉도에서 독도가 육안으로 보이기 때문에 독도는 오래전부터 울릉도 주민들의 생활권이었다. 따라서 512년 우산국이 신라에 병합된 이래 한국의 영토가 아니라 그 이전 울릉도에 사람이 거주하기 시작한 때부터 한국의 영토로 보고 있다.

둘째, 일본의 고지도 삼국접양지도에는 독도가 없고, 개정일본여지로정전도의 독도는 일본령이라는 것이다. 이에 대해 한국은 대삼국지도(1802)를 근거로 삼국접양지도의 울릉도 옆에 그려진 작은 섬은 독도임을 밝혔다. 그리고 개정일본여지로정전도는 일본 학자의 연구를 바탕으로 독도가 한국의 영토임을 명확히 했다. 이들 지도는 일본에서 제작된 것으로 독도를 한국령으로 표현했다는 점에서 의미가 있다.

셋째, 태정관지령의 죽도 외 일도에서 일도는 독도가 아닌 울릉도라는 것이다. 이는 단지 서양에서 제작된 해도에 주목한 것으로 이것을 일반화하는 것은 무리이다. 그리고 태정관지령에 첨부된 문서를 보더라도 기죽도와 송도는 각각 울릉도와 독도임이 분명하다. 그럼에도 불구하고 일본이 죽도 외 일도에서 일도=독도라는 것을 인정하지 않는 것은 그들의 독도영유권 논리를 구축하기 위함이다.

마지막으로 일본은 대한제국 칙령 제41호의 석도를 독도가 아니라고 한다. 이에 대해 한국은 일본 학자가 1910년대에 조선 방언을 연구하여 전라도 방언에서 돌을 독으로 부른다는 사실을 밝혀 석도=독도임을 주장하고 있다. 그러나 일본은 전라도 사람들이 독도를 독섬으로 부른 것과 관련하여 그 설명에서 독섬이 석도였다는 것은 증거가 되지 않는다고 했다. 이러한 이유를 들어 일본은 독도가 한국령이었던 적이 없으며, 또한 일본이 폭력 및 탐욕으로 빼앗은 지역에도 해당되지 않는다고 주장한다.

21세기에 들어 한일 양국의 정치적·외교적 갈등과 마찰을 초래한 일본의 독도 도발은 모두 초중등학교 교육에서 비롯되었다. 현재 양국은 서로의 독도교육을 인정하지 않고, 자국에게 유리하도록 해석하여 독도를 자국의 영토로 가르치고 있다. 이러한 독도교육은 미래 세대에게 있어서 상호 간에 대화가 되지 않는 불통의 교육이다. 국가 간의 영토문제와 영토교육은 배타성이 강하지만, 글로벌화 시대에 이러한 문제를 해결하기 위해서는 국가와 민간 차원에서 교류와 대화를 통해 문제의 간격을 좁히도록 노력해야 할 것이다. 그 일환으로 필자는 한일 양국의 학자들이 공동의 독도 교재를 개발하는 것도 하나의 방법임을 제안한다.

【참고문헌】

경상북도 독도사료연구회편,『竹島問題 100問 100答에 대한 비판』, 경상북도, 2014.

교육과학기술부,『초·중·고등학교 독도교육 내용체계』, 교육과학기술부, 2011.

교육부,『초등학교 교육과정』, 교육부, 2015a.

교육부,『중학교 교육과정』, 교육부, 2015b.

교육부,『고등학교 교육과정』, 교육부, 2015c.

동북아역사재단,『초등학교 독도 바로알기』, 동북아역사재단, 2017a.

동북아역사재단,『중학교 독도 바로알기』, 동북아역사재단, 2017b.

동북아역사재단,『고등학교 독도 바로알기』, 동북아역사재단, 2016.

송휘영,「죽도외일도의 해석과 메이지 정부의 울릉도·독도 인식」,『일본문화연구』제52호, 2014.

신석호,「독도의 소속에 대하여」,『사해』제1호, 1948.

심정보,「초중등학교 독도교육실천연구회의 활동 분석」,『독도연구』제24호, 2018.

심정보,「샌프란시스코 강화조약 전후 한국과 일본의 지리교과서에 반영된 독도 인식」,『문화역사지리』제31권 제1호, 2019.

유미림,「일본의 '석도=독도'설 부정에 대한 비판적 고찰」,『해양정책연구』제23호 제1호, 2008.

호사카 유지,「일본의 지도와 기록을 통해 본 일본정부의 독도영유권 주장 비판」,『북방사논총』제7호, 2005.

홍성근·문철영·전영신·이효정,『독도! 울릉도에서 보인다』, 동북아역사재단, 2010.

下條正男,『韓国の竹島教育の現状とその問題点』, ハーベスト出版, 2018.

大西俊輝,『日本海と竹島』, 東洋出版, 2007.

池内敏,「前近代竹島の歴史学的研究序説」,『青丘学叢論集』第25號, 2001.

일본 외무성 홈페이지 (https://www.mofa.go.jp/mofaj/)

일본 중학교 독도교육의 실태

교과서 기술내용의 변화를 중심으로

박 지 영

1. 머리말

2006년에 집권한 아베 신조 일본총리는 '일본 교육 재생'을 슬로건으로 내걸고 '자학적인 교육의 시정'과 '교육수준 향상'을 위해 "교육기본법"을 개정하였다. 그 개정된 "교육기본법"의 제2조에 제시되어 있는 '교육의 목표'[1] 제3항의 "공공의 정신에 기초하여, 주체적으로 사회의 형성에 참여하고 그 발전에 기여하는 태도를 기른다."라는 내용은 "국가와 사회의 필요에 따라 교육이 활용될 수 있음을 시사하는 것으로서, 국가에 의한 교육의 통제가 가능함을 암시하는 문장"으로 해석되고 있다.[2]

이러한 "개정 교육기본법"에 근거하여 새롭게 수립된 '제2기 교육진

---

[1] "教育基本法"(2006년 법률 제120호) 제2조.

[2] 青木廣治, 「教育基本法改定提案の逐條的檢討(前文)」, 『教育基本法改正批判』, 日本教育法學會編), 2004, p.78; 노기호, 「일본교육기본법의 개정 내용과 특징」, 『公法學研究』 第8卷 第2號, 한국비교공법학회, 2007, p.316에서 재인용.

흥기본계획'에 따라 일본은 학습지도요령과 그 해설서를 개정하여 국가의 의지가 담긴 영토교육을 강화하고 있다. 특히 2012년에 출범한 제2기 아베 내각은 일본의 '회복·재생'이라는 슬로건을 재추진하는 정책의 일환으로 '교육재생'이라는 명목하에 각종 우경화 교육정책을 수립하고 있다. 아베는 총리 재취임 직후인 2013년 1월에 '교육재생실행회의'라는 조직을 총리 직속으로 설치하고 2월에는 내각관방에 '영토·주권 대책 기획조정실'을 설치하는 등, 애국심 강조 및 영토 교육에 대한 강력한 의지를 표명하고 있다.

베의 교육개혁 정책은 이미 2012년 11월에 자민당의 교육재생실행본부가 발표한 보고서에 그 내용이 담겨 있는데 교과서와 관련해서는 '자학사관 교과서'가 교육문제의 위기라고 설정하고 있으며, 그 개선을 위해 "가칭 교과용 도서 검정법을 제정하여 상세한 검정기준을 법령으로 정하고, 교과서 채택은 교육장이 단독 결정"하는 방안을 제시하고 있다.

또 2013년 6월에 자민당 교육재생실행본부의 '교과서 검정 실태 관련 T/F'가 총리에게 '교과서 검정·채택 관련 중간보고서'를 제출했다. 그 보고서에는 "교육기본법과 학습지도요령의 개정 이후에도 여전히 '자학사관'에 입각한 기술이 있으며, 지리 교과서의 경우는 모든 교과서에 영토문제를 기술하고 있지만 일본 정부의 주장이 충분하게 반영되어 있지 않다."는 지적이 있었다.

그리고 이러한 문제점을 개선하기 위한 방안을 제시했는데, 그 내용은 "(1)교과서 기술 시에 정부 견해와 판례를 언급, (2)여러 학설이 있는 경우는 다수설과 소수설을 병기, (3)근현대사에서는 확정된 견해와 학설이 없는 사항은 제외하자는 것"이었다. 뿐만 아니라 "'교육기본법'과 '학습지도요령'의 취지를 반영한 교과서 편집·집필을 위해 교과서 검정 과정을 개정하고, 교과서 검정 및 채택에 대한 내용을 규정한 법률(가칭 교과서법) 제정"을 제안하였다.

이러한 제안을 받아들인 일본정부는 2014년 1월 17일에 초등학교 사회과와 중·고등학교 역사·지리·공민 교과서에 적용할 '교과용 도서 검정 기준'을 개정하였다.[3] 그 내용 중에 독도문제와 관련이 있는 내용은 "각의 결정 그 외의 방법으로 표명된 정부의 통일된 견해 또는 최고재판소의 판례가 존재할 경우에는 그것에 의거한 기술이 되어 있을 것"이라는 것이다. 또 1월 28일에는 충실한 영토 교육을 위한다는 명목으로 '중·고 학습지도요령 해설서의 일부 개정안'을 발표했다.[4]

개정된 '학습지도요령 해설서'에서는 독도를 일본 "고유의 영토"로 명기하도록 하였으며, "한국이 불법 점거하고 있다"고 기술하도록 하고 있다. 개정된 규정들의 적용 대상은 중학교의 경우는 사회과의 지리, 역사, 공민 교과서이며, 적용 시기는 2014년부터였다. 독도 관련 규정들이 지리교과서뿐만 아니라 역사교과서로까지 확대되었다는 점에 주목할 필요가 있다.

이처럼 일본 정부는 '중·고 학습지도요령 해설서의 일부 개정안'을 통해 2014년 이후에 검정을 거쳐 발행되는 중학교 지리, 공민, 역사교과서에 구체적인 정부의 지침에 따른 내용을 수록하도록 지시하고 있다. 다음에서는 2014년 '학습지도요령 해설서'의 개정 이전과 이후의 교과서 내용에 대한 비교 분석을 통해 일본 중학교 독도교육의 실태에

---

[3] 「義務教育諸学校教科用図書検定基準及び及び高等学校教科用図書検定基準の一部を改正する告示」(1월 17일), 일본 문부과학성 홈페이지 (http://www.m ext.go.jp) 참조.

[4] 「中学校学習指導要領解説及び高等学校学習指導要領解説の一部改訂について」(1월 28일), 일본 문부과학성 홈페이지 (http://www.mext.go.jp) 참조. '학습지도요령'과 '해설서'는 교육환경과 교육방향의 변화를 반영하여 약 10년을 주기로 개정하도록 되어 있다. 따라서 2014년의 개정은 아주 이례적인 조치이다.

[5] 여기에서 독도명칭은 일본 측의 독도 명칭 기술에 대해서는 '죽도'로 하고 그 외에는 독도로 기술한다.

'중학교 학습지도요령 해설서'의 내용 비교

'중학교 지리 학습지도요령 해설'(2008년 7월 발표)

우리나라(일본)와 한국 사이에 '죽도(竹島)5)'에 대한 주장에 차이가 있다는 점 등에 대해서도 취급, 북방영토와 동일하게 우리나라의 영토·영역에 대한 이해를 심화시키는 것도 필요하다.

'중·고 학습지도요령 해설서의 일부 개정안'(2014년 1월 발표)

〈지리〉

북방영토(하보마이군도, 시코탄, 구나시리, 에토로후)와 죽도에 대해서 각각의 위치와 범위를 확인시키면서 우리나라의 고유 영토이지만 각각 현재 러시아연방과 한국에 의해 불법으로 점거되고 있기 때문에 북방영토에 대해서는 러시아연방에 그 반환을 요구하고 있는 것, 죽도에 대해서는 한국에 대해 누차에 걸쳐 항의를 하고 있는 것 등에 대해서 적절하고 명확하게 다루고, 우리나라의 영토 영역에 관해서 이해를 깊게 하는 것도 필요하다. 또한 센카쿠열도에 대해서는 우리나라 고유의 영토이고 또 실제로 우리나라가 이를 지배하고 있고, 해결해야 할 영유권 문제는 존재하지 않는 것을 그 위치와 범위와 함께 이해시키는 것이 필요하다.

〈공민〉

지리적 분야, 역사적 분야의 학습 성과를 토대로 국가 간의 문제로서 영토(영해, 영공을 포함)에 대해서는 우리나라에서도 고유 영토인 북방영토와 죽도에 관해 미해결 문제가 남아 있는 것과 현 상태에 이른 경위, 우리나라가 정당하게 주장하고 있는 입장, 우리나라가 평화적 수단에 의한 해결을 위해 노력하고 있는 것을 이해시킨다. 또 우리나라 고유 영토인 센카쿠제도를 둘러싼 정세에 대해서는 현상황에 이르게 된 경위, 우리나라의 정당한 입장을 이해시키고 센카쿠열도를 둘러싸고 해결해야 하는 영유권 문제는 존재하고 있지 않다는 것을 이해시킨다.

〈역사〉

'영토의 획정'에서는 러시아와의 영토 획정을 비롯하여 류큐문제와 홋카이도의 개척을 다룬다. 그때에 '우리나라가 국제법상 정당한 근거에 의거하여 죽도, 센카쿠제도를 정식으로 영토에 편입한 경위도 언급한다. 또한 중국과 조선과의 외교도 다룬다.

대해 알아보겠다.

독도문제와 관련된 일본 교과서에 대한 기존 연구는 상당히 축적되어 있는 상태이며 한일양국의 독도교육의 실태에 대한 비교연구도 많이 이루어지고 있다.[6] 그러나 2014년 이후 일본의 교과서 내용에 대한 분석은 그다지 존재하지 않는다. 따라서 이번 연구를 통해서 그 실태에 대한 분석과 향후 방향성에 대한 예측을 해보고자 한다.

2. 일본 중학교 교과서의 독도 교육 추이

일본의 중학교 교과서에 독도 관련 기술이 최초로 수록된 것은 1955년에 검정을 통과한 후타바주식회사(二葉株式社)의 지리 교과서였다. 그 교과서의 '우리나라의 위치' 항목의 지도에는 독도가 죽도(竹島)로 표기되어 있다. 그 후로도 독도에 대한 기술은 산발적으로 이루어졌으나, 본격적인 기술이 시작된 것은 2001년 이후였다.[7]

그 후로 점차적으로 독도에 대한 기술이 늘어나며 일본의 독도에 대

---

6) 독도문제 관련 한일 교과서 연구로는 다음과 같은 연구가 있다. 박병섭, 「일본의 사회과 교과서와 독도문제」, 『독도연구』 제11호, 영남대 독도연구소, 2011; 남상구, 「전후 일본 중학교 교과서의 독도 기술 추이와 현황」, 『영토해양연구』 vol.1, 동북아역사재단, 2011; 김주식, 「한일간의 현안: 독도와 일본 교과서의 역사 왜곡」, 『한국해양전략연구』(strategy 21, 제16권 1호, 통권 제31호), 2013; 김영수, 「한국과 일본의 역사 교과서의 독도 관련 내용 비교와 분석」, 『동북아 역사문제』(주요 현황 분석) 통권 81호, 2013; 남상구, 「일본 초·중·고 교과서의 독도기술 현황과 전망」, 『교과서 연구』 통권 제76호, 2014; 김영수, 「한국과 일본 중학교 역사분야 교육과정과 역사 교과서의 독도 관련 내―2014년 전후 한일 교육과정과 교과서를 중심으로―」, 『독도연구』 제19호, 2015; 남상구, 「일본 교과서 독도기술과 시마네현 독도교육 비교 검토」, 『독도연구』 제20호, 2016; 남상구, 「집요하고 치밀한 일본의 독도교육」, 『한국교원신문』, 2016.5.1.
7) 남상구, 「전후 일본 중학교 교과서의 독도 기술 추이와 현황」, 『영토해양연구』, vol.1, 2011, p.183.

한 교육이 강화되는 측면이 있었다. 특히 2005년 이후로는 일본 '고유의 영토'라는 표현이 추가되는 등 일본 정부의 견해를 무비판적으로 수용하는 교과서가 증가하기 시작했다. 특히 2014년의 '중·고 학습지도요령 해설서의 일부 개정안'이 발표된 이후로는 교과서 내용의 양적, 질적 변화를 초래하였다. 그 내용의 변화를 파악하기 위해 아래에서는 일본에서 채택률이 높은 제국서원(帝國書院), 동경서적(東京書籍), 일본문교출판(日本文敎出版)의 지리와 공민교과서, 교육출판(敎育出版)의 역사교과서를 대상으로 하여 2011년 검정통과 교과서와 2015년도 검정통과 교과서를 비교분석해 보겠다.

3. 2015년 검정통과 일본 중학교 교과서 내용 비교분석

1) 지리교과서

지리교과서의 경우는 2011년 검정통과 교과서와 2015년 검정통과 교과서의 경우 독도관련 내용과 기술량이 대폭 추가되었다.

먼저 제국서원의 지리교과서는 2011년 검정통과 교과서의 경우는 "일본 고유의 영토인 죽도(시마네현)와 관련해서도 한국과의 사이에 서로 다른 주장이 있습니다."[8]라고 하여 한일 간에 독도 영유권 문제를 둘러싸고 서로 다른 주장이 있다는 단순한 내용만 기술하고 있었다. 하지만 2015년 검정통과 교과서의 경우는 ① 17세기에 일본인들이 독도에서 어업을 실시했으며, ② 1905년에 메이지 정부가 국제법에 따라 시마네현에 편입하여 일본 고유의 영토로서 재확인했다. 그러나 ③

---

8) 帝國書院, 『中學校 地理』, 2011, p.125.

〈그림 1〉 중학교 지리, 二葉株式会社, 1955

1952년부터 한국이 일방적으로 자국 영토라고 주장하며 불법점거하고 있는데, ④ 일본은 항의를 하며 국제사법재판소를 통한 해결을 3차례 제의했지만 한국이 응하지 않고 있다는 내용을 상술하고 있다. 뿐만 아니라 별도로 항목을 설정하여 죽도에서 이루어진 일본인들의 어업을 자세하게 설명하면서 "에도시대 초기에는 일본이 죽도에서 어업을 했으며, 메이지 30년대부터 쇼와초기에 걸쳐서는 시마네현의 오키 섬 사람들의 강치잡이나 전복, 미역 채취가 성행"[9]했다는 설명을 추가하고 있다. 그리고 "현재는 죽도를 둘러싼 일본과 한국의 문제가 미해결인 상태이므로 일본의 어선은 거의 어업이 불가능한 상태"[10]라며 마치 한국 측이 일본인의 어업행위를 방해하고 있는 것과 같은 내용으로 기술하고 있다.

---

9) 帝國書院, 『中學校 地理』, 2015, p.127.
10) 帝國書院, 『中學校 地理』, 2015, p.127.

그리고 제국서원의 교과서에 실린 지도와 사진의 경우는 2011년 검정통과 교과서에는 '일본의 배타적 경제수역 범위'[11]와 '규슈지방의 위치와 대륙과의 교류'[12], '쥬고쿠 · 시코쿠 지방의 자연'[13]이라는 제목의 지도에 독도를 '죽도(竹島)'라는 이름으로 기재하고 일본의 영역인 것으로 표기하고 있었다. 그런데 2015년 검정통과 교과서의 경우는 독도의 사진과 함께 독도의 위치 및 거리 관계를 기재한 지도[14]와, '일본의 영역과 영토문제'[15]라는 제목의 지도에 '죽도'라는 이름으로 독도를 표기하고 울릉도와 독도 사이에 국경선을 표시해뒀다. 또 일본의 영역문제와는 아무런 상관이 없는 '아시아 주의 자연환경'[16]과 '동남아시아에 진출한 일본 기업 수'[17]라는 제목의 지도에도 일부러 울릉도와 독도 사이에 국경선을 표시하여 독도가 일본 영토인 것으로 표기하고 있다.

두 번째로 일본문교출판의 지리교과서는 2011년 검정통과 교과서의 경우는 일본 고유의 영토임에도 불구하고 일본인 현재 살 수 없는 섬들 중에 하나로 독도를 소개하면서 "일본과 한국과의 사이에도 시마네현의 죽도를 둘러싼 영토문제가 있습니다. 죽도는 일본 고유의 영토로, 1905년부터 시마네현의 일부가 된 섬이지만, 1952년 이후 한국정부가 불법점거를 계속하고 있습니다.[18]"라고 간단하게 서술하게 있었다. 하지만 2015년 검정통과 교과서에는 독도에 대해 ① 혼슈에서 약 200km 떨어진 일본 고유의 영토, ② 풍부한 어장으로 17세기 초에 일본인이 어업 등에 이용, ③ 1905년 시마네 현에 편입, ④ 1952년부터 한

---

11) 帝國書院, 『中學校 地理』, 2011, p.124.
12) 위의 책, p.170.
13) 위의 책, p.180.
14) 帝國書院, 『中學校 地理』, 2015, p.127.
15) 위의 책, p.124.
16) 위의 책, p.36.
17) 위의 책, p.43.
18) 日本文敎出版, 앞의 책, 2011, p.125.

〈표 1〉 제국서원 중학교 지리교과서의 기술내용 비교

2011년 검정통과	2015년 검정통과
일본 고유의 영토인 죽도(시마네현)와 관련해서도 한국과의 사이에 서로 다른 주장이 있습니다.	일본해에 있는 죽도는 17세기에는 일본인들이 고기잡이를 하고 있었습니다. 1905년 메이지 정부가 국제법에 따라 시마네현에 편입, 일본 고유의 영토로서 재확인되었습니다. 그러나 1952년부터 한국이 일방적으로 자국의 영토라고 주장하고 해양경찰대를 배치, 등대와 부두 등을 건설하여 불법점거를 하고 있습니다. 일본은 이에 항의하여 국제사법재판소에서의 대화를 3번이나 제의하고 있습니다만 한국이 응하지 않은 채 현재에 이르고 있습니다." "어업이 성행했던 옛날의 죽도" 죽도는 음료수를 얻기 힘들어 사람이 살기에는 적절하지 않지만 난류인 쓰시마 해류와 한류인 리만해류가 부딪히는 해역에 위치해 있기 때문에 주변의 바다는 옛날부터 여러 가지 어패류가 잡히는 풍부한 어장이었습니다. 에도시대 초기에는 일본이 죽도에서 어업을 했으며, 메이지 30년대부터 쇼와초기에 걸쳐서는 시마네현의 오키 섬 사람들의 강치잡이나 전복, 미역 채취가 성행했습니다. 현재는 죽도를 둘러싼 일본과 한국의 문제가 미해결인 상태이므로 일본의 어선은 거의 어업이 불가능한 상태입니다.

2011년 검정통과	2015년 검정통과
지도. 일본의 배타적 경제수역 범위	지도. 아시아 주의 자연환경
지도. 규슈지방의 위치와 대륙과의 교류.	지도. 동남아시아에 진출한 일본 기업 수

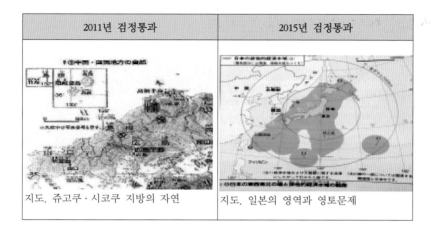

2011년 검정통과	2015년 검정통과
지도. 쥬고쿠·시코쿠 지방의 자연	지도. 일본의 영역과 영토문제

국이 일방적으로 자국 영토라고 주장, ⑤ 한국이 경비대원을 상주시키고 시설을 만들어서 불법으로 점거, ⑥ 일본은 한국에 몇 차례나 엄중하게 항의, ⑦ 1951년 샌프란시스코 평화조약에서도 일본 고유의 영토로 확인, ⑧ 일본은 영토문제를 국제사회에 호소하며 평화적인 해결을 지향, ⑨ 국제사법재판소에 제소하도록 한국에 제안하고 있지만, 한국은 거부하고 있다는 등, 내용과 기술량이 대폭 증가되어 있다.[19] 또 사진과 지도의 경우에는 2011년 검정통과 교과서에는 "죽도"라는 제목으로 사진을 올리고 촬영 시점이 2008년이란 것과 시마네현 오키노시마쵸 소속이라고 기술한 후, "왼쪽의 섬에는 한국이 건설한 시설이 보입니다.[20]"라는 설명이 추가되어 있었다. 그리고 '일본의 영해와 경제수역[21]'이라는 제목의 지도에 일본의 영해와 배타적 경제수역을 표시하면서 그 안에 독도를 '죽도'로 표기하여 포함시키고 있다. 하지만 2015년 검정통과 교과서에서는 '독도와 시마네현의 자료관[22]'이라는 사진에는

19) 日本文教出版, 앞의 책, 2015, pp.118-119.
20) 日本文教出版, 앞의 책, 2011, p.125.
21) 日本文教出版, 위의 책, 2011, p.124.
22) 日本文教出版, 앞의 책, 2015, p.119.

2012년에 새로 촬영한 독도의 항공사진과 시마네현의 '죽도자료관' 사진을 게재하고 독도 항공사진에는 '시마네현 오키노시마쵸 소속'이라고 기술한 후, "동도에는 한국이 건설한 시설이 찍혀져 있습니다."라는 설명문이 게재되어 있으며, '죽도자료관' 사진에는 '죽도가 일본 고유의 영토인 것을 보여주는 지도의 전시'라는 설명문을 게재하고 있다. 또한 '죽도 등의 위치23)', '일본의 주요 산지와 섬24)', '일본의 영역과 배타적경제수역25)'이라는 제목의 지도에 독도를 일본 영토로 표기하고 있으며, 영유권 문제와는 관련이 없는 자연지리적인 내용을 기술하는 '일본 주변 바다의 수심과 해류26)', '일본의 기후구분27)'이라는 제목의 지도에도 울릉도와 독도 사이에 국경선을 표시하여 독도를 일본의 영토로 표기하고 있는 등, 기술 내용과 분량이 상당히 증가되어 있다.

〈표 2〉 일본문교출판 중학교 지리교과서의 기술내용 비교

2011년 검정통과	2015년 검정통과
일본 고유의 영토임에도 불구하고 현재 일본인이 살 수 없는 섬들이 있습니다. (중략) 또한, 일본과 한국과의 사이에도 시마네현의 죽도를 둘러싼 영토문제가 있습니다. 죽도는 일본 고유의 영토로, 1905년부터 시마네현의 일부가 된 섬이지만, 1952년 이후 한국정부가 불법점거를 계속하고 있습니다.	죽도는 혼슈에서 약 200km 떨어진 일본해에 있는 일본 고유의 영토입니다. 죽도주변은 풍부한 어장으로 17세기 초에 일본인이 어업 등에 이용했습니다. 1905년에는 시마네현에 편입되었습니다. 하지만 1952년부터 한국이 일방적으로 자국 영토라고 주장하며 죽도를 취해서 경비대원을 상주시키고 시설을 만들어서 불법으로 점거하고 있습니다. 일본은 한국에 대해서 몇 차례나 엄중하게 항의하고 있습니다. 1951년의 샌프란시스코 평화조약에서도 북방영토와 죽도가 일본 고유의 영토란 것이 확인되었습니다. 일본은 이 조약의 내

23) 日本文教出版, 『中學校 地理』, 2015, p.118.
24) 위의 책, p.134.
25) 위의 책, p.116.
26) 위의 책, p.135.
27) 위의 책, p.138.

2011년 검정통과	2015년 검정통과
	용 등을 근거로 북방영토와 죽도의 영토문제를 국제사회에 호소하며 평화적인 해결을 지향하고 있습니다. (중략) 죽도에 대해서는 이 문제를 국제사법재판소에 제소하도록 한국에 제안하고 있지만, 한국은 거부하고 있습니다.
사진. 竹島(2008년, 시마네현 오키노시마쵸) 왼쪽의 섬에는 한국이 건설한 시설이 보입니다.	사진. 독도와 시마네현의 자료관
지도. 일본의 영해와 경제수역	지도. 죽도 등의 위치 지도. 일본의 주요 산지와 섬

2011년 검정통과	2015년 검정통과
	 지도. 일본 주변 바다의 수심과 해류 지도. 일본의 기후구분 지도. 일본의 영역과 배타적경제수역

    세 번째로 동경서적의 지리교과서는 2011년 검정통과 교과서의 경우는 "일본해상의 죽도는 일본 고유의 영토이지만, 한국이 점거하고 있어 대립이 계속되고 있습니다.[28]"라는 아주 간략한 설명만을 기술하

---

[28] 東京書籍,『中學校 地理』, 2011, p.117.

고 있었지만. 2015년 검정통과 교과서의 경우는 "일본해에 있는 죽도
도 일본 고유의 영토이지만 한국이 불법으로 점거하고 있습니다. 일본
은 이에 항의하는 한편 국제기관을 이용한 해결을 호소하는 등 외교적
인 노력을 계속하고 있습니다.[29]"라고 개략적인 설명을 한 뒤에 독도
에 대한 상세한 내용을 기술하고 있다. 그 내용은 독도가 ① 오키제도
북서 방향 약 150㎢에 있는 시마네현 오키노시마쵸에 속하는 섬으로,
② 오랜 화산이 토대가 되었으며, 파도로 인한 침식으로 현재와 같은
단애(斷崖)로 둘러싸인 지형이 되었으며, ③ 몇 개의 섬으로 이루어져
있지만 표고 168m의 남도(男島)와 표고 97m의 여도(女島)가 그 중심이
고, ④ 동중국해에서 흘러들어오는 쓰시마(對馬) 해류와 사할린에서
흘러들어오는 리만 해류가 마주치는 경계선 근처에 위치하여, ⑤ 게와
오징어, 전갱이 같은 회유어 등 어업 자원이 풍부하다며 독도의 지질
학적, 지형적 특징을 매우 상세하게 설명하고 있다.[30]

　그리고 동경서적의 교과서에는 사진과 지도를 통해서도 독도에 대
한 설명을 기술하고 있는데, 2011년 검정통과 교과서의 경우는 '죽도'
라는 제목으로 2008년에 촬영된 독도 사진을 게재하고 있었으며 시마
네현 소속으로 표기하고 있었다. 또 '일본을 바라보며[31]'라는 제목의
지도에 독도를 '죽도'라는 명칭으로 표기하고 있었다. 하지만 '유럽
주[32]', '일본의 영역과 경제수역[33]'이라는 제목의 지도에는 독도를 표
기하고는 있지 않았지만, '유럽주'에서는 울릉도와 독도 사이에 국경선
을 표시해뒀으며, '일본의 영역과 경제수역'에서는 일본의 배타적 경제
수역 안에 독도를 포함시키고 있다는 것을 알 수 있었다. 그러나 2015

29) 東京書籍, 『中學校 地理』, 2015, p.133.
30) 위의 책, p.134.
31) 東京書籍, 『中學校 地理』, 2011, p.230.
32) 위의 책, p.116.
33) 위의 책, p.116.

년 검정통과 교과서에서는 2012년에 촬영된 독도의 사진을 '죽도'라는 제목을 붙여서 게재하고 "시마네현 오키노시마쵸" 소속으로 기술하고 있다.[34] 그리고 '죽도 주변의 지형[35]'이라는 제목으로 일부러 독도 주변을 확대한 지도와 함께 독도의 2만 5000분의 1 지형도를 게재하고, "오키노시마쵸" 소속으로 게재하고 있다. 뿐만 아니라 '일본의 영역과 배타적경제수역[36]'이라는 제목의 지도에는 본래의 축적이라면 독도가 표기되지 않을 크기의 지도임에도 불구하고 일부러 '죽도'라는 명칭으로 독도를 기재하고 일본의 배타적 경제수역 안에 포함시키고 있다. 또 독도영유권 문제와는 관련이 없을 만한 '아시아주[37]' 지도와 '일본 주변의 해류[38]'라는 제목의 지도에도 독도와 울릉도 사이에 국경선을 표시하여 독도를 일본의 영토로 표기하고 있는 등, 독도 관련 내용의 기술량이 매우 증가한 것을 알 수 있다.

〈표 3〉 동경서적 중학교 지리교과서의 기술내용 비교

2011년 검정통과	2015년 검정통과
일본해상의 죽도는 일본 고유의 영토이지만, 한국이 점거하고 있어 대립이 계속되고 있습니다.	일본해에 있는 죽도도 일본 고유의 영토이지만 한국이 불법으로 점거하고 있습니다. 일본은 이에 항의하는 한편 국제기관을 이용한 해결을 호소하는 등 외교적인 노력을 계속하고 있습니다.(p.133) 죽도는 오키제도 북서 방향 약 150㎢에 있는 시마네현 오키노시마쵸에 속하는 섬들로 일본해 중앙의 바다 안에 있고, 거대한 대지의 가장자리에 위치하고 있습니다. 오랜 화산이 토대가 되어 있습니다만 주위가 파도에 침식된 것으로 현재와 같은 단애(斷崖)로 둘러싸인 지형이 되었습니다.

---

34) 東京書籍, 『中學校 地理』, 2015, p.133.
35) 위의 책, p.134.
36) 위의 책, p.134.
37) 위의 책, p.45.
38) 위의 책, p.145.

2011년 검정통과	2015년 검정통과
	죽도는 몇 개의 섬으로 이루어져 있습니다만 중심은 표고 168m의 남도(男島)와 표고 97m의 여도(女島)입니다. 죽도 주변 바다는 동중국해에서 흘러들어오는 난류인 쓰시마(對馬) 해류와 사할린에서 흘러들어오는 해류인 리만 해류가 마주치는 경계선 근처에 위치하고 있기 때문에 게와 오징어, 전갱이 같은 회유어 등 풍부한 어업 자원으로 혜택을 받고 있습니다."(p.134)
 사진. 죽도 (시마네현 2008년)	 지도. 아시아주
 지도. 유럽주	 사진. 죽도(시마네현 오키노시마쵸, 2012년)

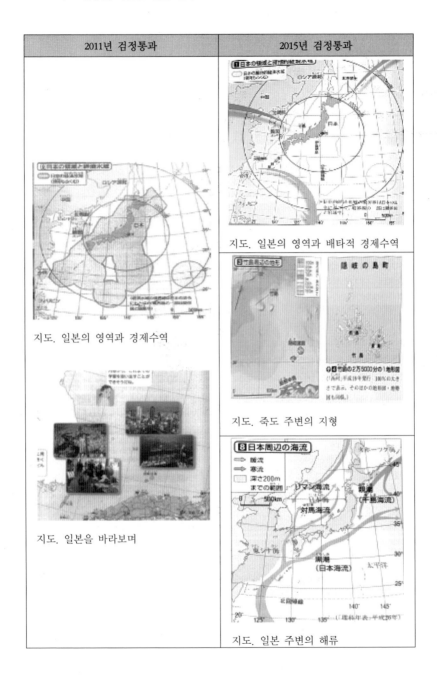

2011년 검정통과	2015년 검정통과
지도. 일본의 영역과 경제수역 지도. 일본을 바라보며	지도. 일본의 영역과 배타적 경제수역 지도. 죽도 주변의 지형 지도. 일본 주변의 해류

2) 공민 교과서

공민교과서의 경우에도 2011년 검정통과 교과서와 2015년 검정통과 교과서의 차이는 명백하게 드러나고 있다. 공민교과서의 경우는 주로 '일본의 영역과 배타적 경제수역'과 관련해서 독도에 대한 내용을 다루고 있는데, 2011년과 비교해서 2015년의 경우는 기술 내용이 상당히 자세해지고 분량도 대폭증가하고 있으며, 문부성의 요구사항을 넘어서는 내용까지 기술하는 등, 상당히 우경화된 경향성을 보이고 있다.

먼저 제국서원의 공민교과서는 2011년 검정통과 교과서의 경우는 '일본의 배타적 경제수역[39]'이라는 제목의 지도에 독도를 '죽도'라는 명칭으로 표기하고 일본의 배타적 경제수역 안에 포함시키는 것에 그치고 있었지만, 2015년 검정통과 교과서의 경우는 독도에 대해서 ① 에도시대 초기에 요나고의 상인들이 어렵을 하고 있었으며, ② 1905년에 일본의 메이지 정부가 국제법에 따라 시마네현에 편입하여 일본의 영토로 재확인했고, ③ 1951년의 샌프란시스코 평화조약에 따라 일본이 포기한 섬 중에 포함되지 않았다[40]는 내용을 기술하고 있다. 또 일본의 영토문제와 관련한 설명 중에서도 독도를 ① 일본 고유의 영토이며, ② 한국이 1952년에 국제법상 근거 없이 경계선을 그어 영유를 선언하고 오늘날까지 불법으로 점거를 계속하고 있으며, ③ 일본은 한국에 대해서 거듭 항의하고 있다[41]는 일본 정부의 주장을 그대로 답습하는 내용을 기술하고 있다. 뿐만 아니라 이 내용과 관련해서 '일본의 배타적 경제수역[42]'이라는 제목의 지도를 게재하고 독도를 '죽도'라는 이

---

[39] 帝國書院, 『中學校 公民』, 2011, p.173.
[40] 帝國書院, 『中學校 公民』, 2015, p.168.
[41] 위의 책, pp.168-169.
[42] 위의 책, p.169.

름으로 표기하여 일본의 배타적 경제수역 안에 포함시키고 있다.

〈표 4〉 제국서원 중학교 공민교과서의 기술내용 비교

2011년 검정통과	2015년 검정통과
· 지도. 일본의 배타적 경제수역	죽도에서는 에도시대 초기에는 요나고의 상인들이 어렵을 하고 있었습니다. 그리고 1905년에 일본의 메이지 정부는 국제법에 따라 죽도를 시마네현에 편입하고 일본의 영토로 재확인했습니다. 죽도는 1951년의 샌프란시스코 평화조약에 따라 일본이 포기한 섬들에는 포함되어 있지 않습니다. 일본해에 있는 시마네현의 죽도도 또한 일본 고유의 영토입니다. 그러나 한국이 1952년에 국제법상의 근거가 없는 채로 경계선(이승만 라인)을 그어 영유를 선언하고 오늘날까지 불법으로 점거를 계속하고 있습니다. 일본은 한국에 대해서 거듭해서 항의를 하고 있습니다.지도. 일본의 배타적경제수역

두 번째로 일본문교출판의 공민교과서는 2011년 검정통과 교과서에서는 "국경선은 인접한 국가들의 큰 관심을 끌고 있고, 실제로 이해관계도 얽혀있습니다. 특히, 경제수역의 설정으로 작은 섬 하나의 영유도 중요"하다는 내용을 기술하면서, 독도문제와 관련해서 "시마네현

근해의 죽도는 한국도 그 영유권을 주장하고 있습니다.[43]"라고 기술하고 있었다. 그러나 2015년 검정통과 교과서에서는 독도문제를 단독으로 다루면서 독도를 ① 1905년에 각의결정으로 시마네현에 편입된 일본 고유의 영토, ② 1952년 이후 한국이 불법으로 점거, ③ 일본은 한국에 대해서 몇 차례나 엄중하게 항의, ④ 샌프란시스코 평화조약에서도 일본 고유의 영토로 확인 등과 같은 일본 정부의 주장을 그대로 답습하는 내용을 기술하고 있다.[44]

또한 일본문교출판의 2011년도 검정통과 공민교과서에는 '일본의 해역과 경제수역[45]'이라는 제목의 지도에 독도를 '죽도'라는 명칭으로 일본의 배타적 경제수역 안에 포함시키는 지도만을 게재하고 있었으나, 2015년 검정통과 교과서에서는 '일본의 영역과 배타적경제수역[46]'이라는 제목의 지도 옆에 독도 사진을 게재하고 '죽도'라는 이름과 시마네현 소속이라는 내용을 함께 기술하고 있는 등, 내용이 추가된 것을 알 수 있다.

세 번째로 동경서적의 공민교과서는 2011년 검정통과 교과서의 경우는 독도에 대해 "오키제도 북서쪽에 위치하고 시마네현 오키노시마쵸에 속하는 일본 고유의 영토입니다. 그러나 한국이 불법으로 점거하고 있어서, 일본은 한국에 대해 항의를 계속하고 있습니다.[47]"라는 내용을 기술하고 있었다. 그러나 2015년 검정통과 교과서에서는 독도가 "오키제도의 북서쪽에 위치"한다고 한 것을 "시마네현의 북서쪽에 위치"한다고 수정한 것을 제외하고는, 2011년 교과서의 내용을 거의 그대로 옮겨서 기술[48]하고 있는 한편 보다 구체적이고 상세한 내용도 추

---

43) 日本文敎出版, 『中學校 公民』, 2011, p.183.
44) 日本文敎出版, 『中學校 公民』, 2015, p.129.
45) 日本文敎出版, 『中學校 公民』, 2011, p.183.
46) 日本文敎出版, 『中學校 公民』, 2015, p.129.
47) 東京書籍, 『中學校 公民』, 2011, p.151.

〈표 5〉일본문교출판 중학교 공민교과서의 기술내용 비교

2011년 검정통과	2015년 검정통과
시마네현 근해의 죽도는 한국도 그 영유권을 주장하고 있습니다. (중략)국경선은 인접한 국가들의 큰 관심을 끌고 있고, 실제로 이해관계도 얽혀있습니다. 특히, 경제수역의 설정으로 작은 섬 하나의 영유도 중요하게 되었습니다. 북방영토, 죽도, 센카쿠제도 주변도 수산자원과 광물자원이 풍부하여 주목받고 있습니다. (p.183)	죽도는 1905년에 각의결정으로 시마네현에 편입된 일본 고유의 영토입니다. 1952년 이후 한국이 취해 지금도 불법으로 점거하고 있습니다. 일본은 한국에 대해서 몇 차례나 엄중하게 항의하고 있습니다. 샌프란시스코 평화조약에서도 북방영토와 죽도가 일본 고유의 영토라고 확인되었습니다.(P.129)
지도. 일본의 해역과 경제수역 (P.183)	사진 및 지도. 일본의 영역과 배타적 경제수역 (P.129)

가로 기술하고 있다. 그 내용은 독도가 ① 시마네현 오키노시마쵸에 속하는 일본의 고유영토, ② 에도시대 초기부터 돗토리번 마을 사람들이 번의 허가를 얻어 이 섬과 주변 바다에서 어업을 행해왔다는 기록이 남아 있음, ③ 일본은 1900년 초에 강치 잡이가 성행한 것에 대응하기 위해 1905년 각의결정으로 시마네현에 편입, ④ 제2차 세계대전 후에 연합국 최고사령관총사령부(GHQ)가 일본의 정치상 권한을 정지한 지역과 어업과 포경을 금지한 지역에는 포함되었지만, 1951년에 서명

---

48) 東京書籍,『中學校 公民』, 2015, p.171.

된 샌프란시스코 평화조약에서 일본이 포기한 영토에는 포함되어 있지 않음, ⑤ 1952년 1월에 일본 어선의 출입을 금지하기 위해 한국의 이승만 대통령이 공해상에 자국 해양자원의 권익 범위로서 국제법에 반하여 설정한 소위 '이승만 라인' 안에 포함, ⑥ 이후 한국이 불법점거하고 있으며, 현재까지 여러 가지 활동을 시행하는 상황이 지속, ⑦ 일본은 불법점거에 대하여 항의하는 한편, 국제사법재판소에 맡겨 평화적으로 해결하자고 1954년, 1962년, 2012년의 세 번에 걸쳐 제안해보았지만, 한국은 이를 계속 거부하고 있다는 것이다.[49]

또 2011년 검정통과 교과서와 2015년 검정통과 교과서에는 모두 "일본의 영역과 경제수역[50]", 또는 '일본의 영역과 배타적 경제수역[51]'이라는 비슷한 제목의 지도를 게재하고 있는데, 2011년 교과서의 경우는 단순하게 일본의 배타적 경제수역 안에 독도를 '죽도'라는 명칭으로 포함시키고 있었으나, 2015년 교과서의 경우는 배타적 경제수역 안에 '죽도'라는 명칭으로 표기하고 별도로 "시마네현의 북서쪽에 위치하며, 시마네현 오키노시마쵸에 속하는 일본 고유의 영토입니다. 그러나 한국이 불법으로 점거하고 있으므로 일본은 한국에 대해 항의를 계속하고 있습니다."라는 내용을 기술하는 등, 독도 영유권에 대한 일본 정부의 주장을 지지하는 내용을 담고 있다.

[49] 東京書籍, 『中學校 公民』, 2015, p.196.
[50] 東京書籍, 『中學校 公民』, 2011, p.151.
[51] 앞의 책, 2015, p.171.

〈표 6〉동경서적 공민교과서의 기술내용 비교

2011년 검정통과	2015년 검정통과
죽도는 오키제도 북서쪽에 위치하고 시마네현 오키노시마쵸에 속하는 일본 고유의 영토입니다. 그러나 한국이 불법으로 점거하고 있어서, 일본은 한국에 대해 항의를 계속하고 있습니다.	죽도는 시마네현의 북서쪽에 위치하며, 시마네현 오키노시마쵸에 속하는 일본 고유의 영토입니다. 그러나 한국이 불법으로 점거하고 있으므로 일본은 한국에 대해 항의를 계속하고 있습니다. 시마네현 오키노시마쵸에 속하는 죽도는 일본의 고유영토이며, 에도시대 초기부터 돗토리번 마을 사람들이 번의 허가를 얻어 이 섬과 주변 바다에서 어업을 행해왔다는 기록이 남아 있습니다. 일본은 1900년 초에 강치 잡이가 성행한 것에 대응하기 위해 1905년 각의결정으로 죽도를 시마네현에 편입하였습니다. 제2차 세계대전 후에 일본이 연합국에 점령되었을 때 연합국 최고사령관총사령부(GHQ)는 일본의 정치상 권한을 정지한 지역과 어업과 포경을 금지하는 지역을 지령하였는데, 여기에는 죽도가 포함되었습니다. 그러나 1951년에 서명된 샌프란시스코 평화조약에서 일본이 포기한 영토에 죽도는 포함되어 있지 않습니다. 1952년 4월 샌프란시스코 평화조약이 발효, 연합국의 지령도 해제되었지만, 동년 1월에 한국의 이승만 대통령이 공해상에 자국 해양자원의 권익 범위로서 소위 '이승만 라인'을 국제법에 반하여 설정, 일본 어선의 출입을 금지했습니다. 이 범위에 죽도가 포함되어 이후 한국이 죽도를 불법점거하고 있습니다. 또한 여러 가지 활동을 시행하는 상황이 현재까지도 계속되고 있습니다. 일본은 이 불법점거에 대하여 항의하는 한편, 죽도 문제를 국제사법재판소에 맡겨 평화적으로 해결하자고 하는 제안을 1954년, 1962년, 2012년의 세 번에 걸쳐 해보았지만 한국은 이를 계속 거부하고 있습니다.

2011년 검정통과	2015년 검정통과
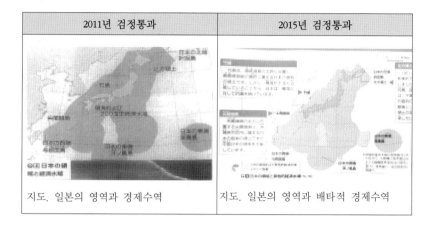	
지도. 일본의 영역과 경제수역	지도. 일본의 영역과 배타적 경제수역

3) 역사 교과서

역사 교과서의 경우는 2014년에 발표된 '중·고 학습지도요령 해설서의 일부 개정안'에 기술되어 있는 것처럼 일본이 "국제법상 정당한 근거에 의거하여 죽도, 센카쿠제도를 정식으로 영토에 편입한 경위도 언급"하도록 되어 있다. 따라서 교과서 발행사들은 기존의 지리교과서와 공민교과서 뿐만 아니라 역사교과서에도 신규로 독도문제에 대한 기술을 확대하였으며, 그 내용을 살펴보기 위해 교육출판에서 발행한 역사교과서를 대상으로 하여 비교분석해보고자 한다.

교육출판의 역사교과서는 2011년 검정통과 교과서의 경우에는 일본의 영토와 관련해서 "북방영토와 함께 죽도 및 센카쿠제도도 일본 고유의 영토"라고 기술한 뒤에 독도와 관련해서는 "한국과의 사이에 그 영유를 둘러싼 주장에 차이가 있어, 미해결의 문제로 남아 있습니다."라는 내용을 기술한 뒤에 독도의 사진을 게재하고 있었다.[52] 그러나 2015년 검정통과 교과서의 경우는 '⑤ 지식을 세계에 추구하여-새로운

---

52) 教育出版,『中學校 歷史』, 2011, p.251.

국제관계의 확립'이라는 장에서 '중국·조선과의 외교'에 대해 기술하면서 연표에서는 독도를 1905년에 시마네현에 편입했다고 기술하고, 또다시 각의결정으로 시마네현에 편입했다는 내용을 서술하고 있다.[53] 그리고 '일본의 외교와 영토의 변화'라는 제목의 지도에도 독도를 '죽도'로 표기하여 두고 있다.

그리고 '일본의 영토와 근린각국-일본의 영토획정과 영유를 둘러싼 각 문제'라는 장에서는 러시아와 일본 간에 영유권을 둘러싸고 문제가 있는 '북방영토', 중국과 일본 간에 문제가 되고 있는 '센카쿠제도'와 함께 독도문제도 기술하고 있습니다. 독도에 대해서는 먼저 "죽도-17세기 중반(에도시대초기)부터 일본은 영유권을 확립"이라고 기술하고 있으며, 구체적으로는 독도에 대해 ① 에도시대 초기에 요나고 주민들이 어렵행위를 했음, ② 1905년, 메이지정부가 국제법에 따라 시마네현에 편입하고, 일본 고유의 영토로 재확인, ③ 샌프란시스코 평화조약 작성 단계에 일본이 표기해야 할 섬에 독도를 포함시켜달라는 한국의 요구를 미국이 거부했음, ④ 1952년, 한국이 일방적으로 경계선을 설정하고 한국령으로 선언하고 불법으로 점거, ⑤ 일본이 항의하고 국제사법재판소 공동제소를 제안했지만, 한국은 응하지 않고 있다는 등의 내용을 기술하고 있다. 그리고 관련 사진으로 '고다니 이헤가 제출한 죽도의 그림지도'와 '오키 사람들이 죽도에서 했던 강치잡이 사진', '시마네현이 발행한 강치잡이 허가증'을 게재하고 설명문을 첨부하고 있다.[54]

'고다니 이헤'의 그림지도에 대해서는 "1896년, 에도막부의 요구에 따라 돗토리번이 제출한 그림지도의 사본입니다. 당시 죽도는 송도라고 불렸으며, 현재의 울릉도를 죽도(기죽도)라고 부르고 있었습니다." 라고 설명을 하고 있다. 하지만 이 설명문에는 당시의 돗토리 번이 이

53) 教育出版, 『中學校 歷史』, 2015, p.165.
54) 위의 책 p.247.

그림지도와 관련해서 '죽도'와 '송도' 두 섬 모두 돗토리번에 속한 섬이 아니라고 인정한 문서를 제출했었다는 사실에 대해서는 언급하지 않고 있다. 또 관련 사진으로 게재하고 있는 '강치잡이 허가증'과 '오키 사람들이 죽도에서 했던 강치잡이 사진은 전자가 1929년에 발행된 것이며, 후자는 1935년에 촬영된 사진으로 모두 일제강점기에 이루어진 행위라는 것에 대한 언급도 하지 않고 있다. 이러한 교과서 내용은 일본인의 강치잡이 관련 사진과 문서를 에도시대의 그림지도와 함께 배치하여 마치 역사가 오래된 것인 것처럼 위장하기 위한 의도로 기술된 것으로 역사적 사실과는 배치되는 내용이다.

이처럼 교육출판의 2015년 검정통과 역사교과서에 기술된 내용은 역사적 사실을 왜곡하는 내용 일색으로 작성되어 있다. 뿐만 아니라 일본 측의 일방적인 주장만을 기술하면서 한국에 대해서는 국제법을 어기면서 불법적인 행위를 하고 있는 국가로 매도하고 있다는 점에서 매우 부적절하다고 할 수 있을 것이다.

4. 맺음말

이상과 같이 일본의 중학교 지리, 공민, 역사 교과서는 2014년에 일부가 개정된 '중·고 학습지도요령 해설서'의 영향을 받아 기술내용의 양적, 질적 증가를 보이고 있다. 이러한 추세는 이미 2011년도에 검정을 통과한 교과서에서부터 그 전초가 발견되고 있다. 일본의 교과서 제작사들은 2008에 개정된 '학습지도요령 해설서'에서 지리과목에 대해서만 "일본과 한국 사이에 '죽도'에 대한 주장에 차이가 있다는 점 등에 대해서도 취급"하라는 문부성의 요구를 확대해서 공민과 역사교과서에서도 다루었다. 그리고 심지어는 "일본 고유의 영토"라는 내용까

<표 7> 교육출판 역사교과서의 기술내용 비교

2011년 검정통과	2015년 검정통과
현재 일본영토와 관련해서는 (중략) 북방영토와 함께 죽도 및 센카쿠제도도 일본 고유의 영토입니다. 일본해에 위치하는 죽도에 대해서는 한국과의 사이에 그 영유를 둘러싼 주장에 차이가 있어, 미해결의 문제로 남아 있습니다.	1905, 죽도를 시마네현에 편입함 1905년에는 죽도를 시마네현에 각각 각의 결정을 따라 편입했습니다.
 사진 1. 竹島	 지도 및 도표. 일본의 외교와 영토의 변화 북방영토와 죽도에는 어떠한 경위가 있을까?(246-247p) 죽도에서는 에도시대 초기에는 요나고의 주민들에 의해 어렵이 이루어지게 되었습니다. 1905년 메이지정부는 국제법에 따라 죽도를 시마네현에 편입하고, 일본 고유의 영토로 재확인했습니다. 샌프란시스코 평화조약 작성 단계에는 한국이 "일본이 포기하는 섬에 죽도를 추가해달라"고 요구했지만 미국도 "죽도가 조선의 영토였던 적은 없다"라며 거부했습니다. 그러나 1952년 한국이 일방적으로 경계선을 설정하고 죽도를 한국령이라고 선언하며 불법으로 점거했습니다. 일본은 항의하고 국제사법재판소에 공동제소하자고 제안했습니다만 한국은 응하지 않고 있습니다.

2011년 검정통과	2015년 검정통과
	사진. 고다니 이헤가 제출한 죽도의 그림지도 사진. 오키 사람들이 죽도에서 했던 강치잡이

2011년 검정통과	2015년 검정통과
	사진. 시마네현이 발행한 강치잡이 허가증 지도. 일본의 영해·배타적 경제수역

지 포함하는 등, 문부성의 요구가 있기 이전에 선제적으로 정부의 우경화 정책에 대응하고 있었다. 그러므로 2014년에 일부 개정된 '중·고 학습지도요령 해설서'는 교과서 제작사들이 이미 2011년에 검정을 통과시킨 교과서 내용에 대한 사후 추인적인 성격이 강하며, 뿐만 아니라 보다 강력한 정부의 우경화된 영토정책을 담은 것이라고 할 수 있다.

그 결과 일본정부의 주도하에 2014년에 개정된 '중·고 학습지도요령 해설서'에 따라 2015년 이후에 검정을 통과하고 간행된 교과서들은 독도문제에 대한 일본정부의 견해를 무비판적으로 수용한 대대적인 대국민 홍보물로 전락해버린 것이라고 할 수 있다. 특히 독도영유권 문제와 관련한 일본 측의 주장인 '고유영토론'과 '무주지 선점론'의 상호 모순을 고려하지 않은 교과서 기술내용은 교과서 집필진들의 학자적 양심마저도 의심하게 만드는 대목이기도 하다.

이처럼 아베정권의 교육재생이라는 슬로건하에 이루어지고 있는 왜곡된 교과서를 통한 교육으로 인해 일본의 청소년들은 잘못된 역사와 영토에 대한 지식을 습득하게 될 것이며, "국가에 의한 교육의 통제"로 인해 발생하는 폐해의 피해자가 될 것이다. 결과적으로 그러한 잘못된 교육이 초래할 고통스러운 미래는 한일 양국 간의 질곡이 될 뿐만 아니라, 일본인 스스로에게도 큰 짐이 될 것임에 틀림없다. 따라서 일본정부는 하루 빨리 이러한 왜곡된 교과서를 시정하여 미래지향적이며 상호 존중하는 교육의 발판을 만들어야 할 것이다.

【참고문헌】

김영수, 「한국과 일본의 역사 교과서의 독도 관련 내용 비교와 분석」, 『동북아 역사문제』(주요 현황 분석) 통권 81호, 2013.

김영수, 「한국과 일본 중학교 역사분야 교육과정과 역사 교과서의 독도 관련 내 ─2014년 전후 한일 교육과정과 교과서를 중심으로─」, 『독도연구』 제19호, 2015.

김주식, 「한일 간의 현안: 독도와 일본 교과서의 역사 왜곡」, 『한국해양전략연구』(strategy 21, 제16권 1호, 통권 제31호), 2013.

남상구, 「전후 일본 중학교 교과서의 독도 기술 추이와 현황」, 『영토해양연구』 vol.1, 동북아역사재단, 2011.

남상구, 「일본 초 · 중 · 고 교과서의 독도기술 현황과 전망」, 『교과서 연구』 통권 제76호, 2014.

남상구, 「일본 교과서 독도기술과 시마네현 독도교육 비교 검토」, 『독도연구』 제20호, 2016.

남상구, 「집요하고 치밀한 일본의 독도 교육」, 『한국교원신문』, 2016.5.1.

노기호, 「일본교육기본법의 개정 내용과 특징」, 『公法學硏究』 第8卷 第2號, 한국비교공법학회, 2007.

박병섭, 「일본의 사회과 교과서와 독도문제」, 『독도연구』 제11호, 2011.

靑木廣治, 「敎育基本法改定提案の逐條的檢討(前文)」, 『敎育基本法改正批判』, 日本敎育法學會編, 2004.

일본 문부과학성 홈페이지 (http://www.mext.go.jp)

〈일본교과서〉

二葉株式会社, 『中學校 地理』, 1955.

帝國書院, 『中學校 地理』, 2011.

帝國書院, 『中學校 地理』, 2015.

日本文敎出版, 『中學校 地理』, 2011.

日本文敎出版, 『中學校 地理』, 2015.

東京書籍, 『中學校 地理』, 2011.

東京書籍, 『中學校 地理』, 2015.

帝國書院,『中學校 公民』, 2011.
帝國書院,『中學校 公民』, 2015.
日本文敎出版,『中學校 公民』, 2011.
日本文敎出版,『中學校 公民』, 2015.
東京書籍,『中學校 公民』, 2011.
東京書籍,『中學校 公民』, 2015.
敎育出版,『中學校 歷史』, 2011.
敎育出版,『中學校 歷史』, 2015.

■ **김도은**

한국해양과학기술원 동해연구소 독도전문연구센터 연수연구원

저서 : 『독도고지도에 대한 국제지도증거법 규칙의 분석적 적용효과』(공저), 『독
도영토에 대한 일본의 영토 내셔널리즘 비판』(공저), 『해방이후 울릉도·
독도 조사 및 사건관련 자료해제 1』(공저) 등

논문 : 「북한 『노동신문』에 나타난독도기사(2009~2017) 현황분석」, 「일본의 독도
영유권 주장에 대한 현황분석 - 오키 구미죽도역사관에 대하여 -」, 「대한
제국칙령 제41호 전후 조선의 독도에 대한 실효적 지배」, 「독도 관련 고지
도의 현황과 특징 분석-영남대 소장 고지도를 중심으로-」 외 다수

■ **김명기**

명지대학교 명예교수

저서 : 『정부수립론의 타당성과 한국의 독도 영토주권』, 『남중국해사건에 대한
상설중재재판소의 판정』, 『한국의 독도영토주권의 국제적 승인』, 『대일평
화조약상 독도의 법적 지위』, 『독도총람』 등

논문 : 「대한민국칙령 제 41호 전후 조선의 독도에 대한 실효적 지배」, 「대한국제
법학회의 독도학술연구조사에 의한 한국의 독도에 대한 실효적 지배」,
「대일평화조약의 한국에의 적용상 제기되는 법적 제문제」, 「남중국해사건
에 대한 상설중재재판소의 판정과 한국의 독도영토주권에의 함의」, 「국제법
상 기죽도약도의 법적 효력」 외 다수

■ 박지영

영남대학교 독도연구소 연구교수

저서 : 『안용복 : 희생과 고난으로 독도를 지킨 조선의 백성』(공저), 『일본이 기억하는 조선인 안용복』(공저), 『1877년 태정관 지령에 관한 연구』(공저), 『동아시아의 바다와 섬을 둘러싼 갈등과 『투쟁의 역사 : 독도를 중심으로』(공저) 등

논문 : 「1696년, 안용복 도일문제에 관한 고찰」, 「일본 중학교 독도교육의 실태」, 「돗토리번 사료를 통해 본 울릉도 쟁계- 몇 가지 쟁점에 대한 검토를 중심으로-」, 「지방자치단체 독도 홍보사이트 비교연구」 외 다수

■ 송휘영

영남대학교 독도연구소 연구교수

저서 : 『일본 태정관과 독도』(공저), 『독도연구의 쟁점 독도연구의 미래』(공저), 『우리 땅 독도지킴이 장한상』(공저), 『독도를 지킨 사람들)(공저), 『전환의 시대, 독도영토주권의 새로운 접근』(공저) 등

논문 : 〈장생죽도기(長生竹島記)〉와 독도 영유권」, 「개정 『학습지도요령』과 『교육과정』의 독도기술 비교검토」, 「근대 울릉도 사회경제 구조의 변천과 독도 인식」, 「2000년 이후 독도관련 역사학 분야 연구의 성과와 향후 과제」, 「독도 『고유영토론』에 관한 일본의국제법적 연구 논거 비판」 외 다수

■ 심정보

서원대학교 지리교육과 교수

저서 : 『불편한 동해와 일본해』, 『地圖でみる東海と日本海』, 『세계화 시대의 세계지리 읽기』(공저), 『증평군 지리지』(공저), 『지구의의 사회사』 등

논문 : 「한일 사회과 예비 교사들의 상대국 이미지와 독도 인식의 비교 분석」, 「사회과 교과서의 독도 내용 현황과 문제점」, 「일본이 부정하는 한국의 독도교육」, 「일본의 지리교육 부흥 운동과 지속 가능 발전 교육」, 「샌프란시스코 강화조약 전후 한국과 일본의 지리교과서에 반영된 독도 인식」 외 다수

■ 이성환

계명대학교 인문국제학대학 일본학전공 교수

저서 : 『이토 히로부미』, 『독도 영토주권과 국제법적 권원』(공저), 『近代朝鮮の境
界を越えた人びと』(공저), 『일본의 독도영유권 주장의 허상』(공저), 『한일
관계와 국경』(공저), 『일본 태정관과 독도』(공저) 등

논문 : 「한국의 영토- 국경문제 연구에 대한 시론(試論)」, 「울릉도쟁계의 조일 간
교환문서에 대한 논의의 재검토」, 「독도문제 연구에 대한 주요 쟁점 검토」,
「일본의 간도 정책 : 일본외교문서를 중심으로(1906~1909)」, 「상징 천황제
와 전후 일본의 민주주의- 분화와 통합 -」 외 다수

■ 이태우

영남대학교 독도연구소 연구교수

저서 : 『울릉도 독도로 건너간 거문도 초도 사람들』(공저), 『해방이후 울릉도 · 독
도 조사 및 사건관련 자료 해제 1』(공저), 『독도 영유권 확립을 위한 연구
X』(공저), 『일제강점기 서양철학의 수용과 전개 : 신문 · 잡지를 중심으로』,
『쉽게 읽는 현대철학』(공저) 등

논문 : 「1696년 안용복 · 뇌헌 일행의 도일과 의승수군에 관한 해석학적 연구」, 「근
대 일본 관찬사료에 나타난 울릉도 · 독도 인식 검토-『조선국 교제 시말 내
탐서』, 『죽도고증』, 『태정관 지령』을 중심으로-」, 「근세 일본의 사료에 나
타난 울릉도 · 독도의 지리적 인식- 〈죽도기사〉 · 〈죽도고〉 · 〈원록각서〉를
중심으로-」, 「1948년 독도 폭격사건의 경과와 발생 배경」, 「독도문제와 관
련한 '스기하라(杉原隆)보고서' 재검토」 외 다수

■ 최장근

대구대학교 인문대학 교수

저서 : 『일본의 영토내셔널리즘 비판』, 『근대 일본지식인들이 인정한 한국의 고
유영토 울릉도와 독도』, 『한국 영토 독도의 고유영토론』, 『한국영토 독
도, 일본의 영유권 조작 방식』 등

논문 : 「일본인들의 독도 영유권에 대한 내셔널리즘적 사고 ―하토야마 유키오
전 수상의 "독도=한국영토론"에 대해―」, 「해방 직후부터 평화선 선언까

지 '경계수역 변경'에 따른 독도 '영유권'에 미친 영향」, 「독도 영유권에 대한 전후 연합국의 영토처리」, 「대일평화조약 이후 일본의 독도에 대한 대응조치」, 「죽도문제연구회의 칙령41호`석도=독도`의 부정과 공론화」 외 다수

■ 최철영

대구대학교 법학부 교수

저서 : 『위기의 한일관계와 독도 영토 주권 관리』(공저), 『독도 영토 주권의 국제법』(공저), 『독도 영토 주권과 국제법적 권원』(공저), 『한반도 평화시대의 독도 영토관리』(공저), 『일본의 독도 영유권 주장의 허상』(공저) 등

논문 : 「겐로쿠, 덴포, 메이지 도해금지령의 규범형성 절차 및 형식의 법적 의미」, 「1905년 일본정부 『각의결정』 등의 국제법적 검토」, 「국제법적 측면에서 독도관련 역사문서 연구동향과 평가」, 「원록각서, 죽도기사, 죽도고의 국제법적 해석」 외 다수